大哉洞庭 岁月芳华

周孝军　主编

湖南师范大学出版社

·长沙·

图书在版编目（CIP）数据

大哉洞庭　岁月芳华／周孝军主编. --长沙：湖南师范大学出版社，2024.12.
—ISBN 978 - 7 - 5648 - 5668 - 7

Ⅰ. G639. 286. 44

中国国家版本馆 CIP 数据核字第 20249RU681 号

大哉洞庭　岁月芳华

Dazai Dongting　Suiyue Fanghua

周孝军　主编

◇出 版 人：吴真文
◇组稿编辑：李　阳
◇责任编辑：李健宁　李　阳
◇责任校对：李　开
◇出版发行：湖南师范大学出版社
　　　　　　地址/长沙市岳麓区　邮编/410081
　　　　　　电话/0731 - 88873071　0731 - 88873070
　　　　　　网址/https：//press. hunnu. edu. cn
◇经销：新华书店
◇印刷：长沙雅佳印刷有限公司
◇开本：889 mm×1194 mm　1/16
◇印张：25
◇字数：680 千字
◇版次：2024 年 12 月第 1 版
◇印次：2024 年 12 月第 1 次印刷
◇书号：ISBN 978 - 7 - 5648 - 5668 - 7
◇定价：99. 80 元

凡购本书，如有缺页、倒页、脱页，由本社发行部调换。
投稿热线：0731 - 88872256　微信：ly13975805626　QQ：1349748847

编委会

　　上面红色的花，是拼音二中两个字首写字母的缩写。红花寓意学校的学生为祖国的花朵，学校是培养学生和人才的地方。

　　中间的绿色是花托，同时也是一本翻开的书，寓意红花需要绿叶衬托。书本寓意学校是学习和传授知识的地方。

　　下面的水，寓意是洞庭湖畔之水，湖湘文化的传承。里面有洞庭两个字，二中的前身就是"洞庭中学"。整个图形寓意二中是洞庭湖畔冉冉升起的一颗明珠，也寓意二中享誉湖湘。

武 冈 市 第 二 中 学

洞庭中学校训：

恭 信 勤 朴

恭：严谨律己

信：以信处事

勤：勤奋学习

朴：节俭朴素

武冈二中校训：

严谨 求实 文明 创新

校风：忠诚 奉献 求真 创新

教风：尚德 敬业 精准 扎实

学风：勤学 好问 博学 笃行

湖南省武冈二中校歌

1=G 4/4　　　（洞庭中学校歌）

刘侃元 词
王国民 曲

大哉 洞庭，八百里 洞庭！我们是 国 难 的 鲜

花，我们是 民族 的 明 星。铁肩 担起了 百年的

国 耻，身世 遭逢了 抗战的 艰 辛，莫说 我们 小，

只要 我们 忠 诚。时 间是 我们 的，祖 国

正需要 我们。　　　 我们 努力，争取光荣！ 洞庭

波兮 木叶 下，　　 湖光浑 太 清，大哉 洞

庭，我们 的 洞 庭！

八十五周年校庆主题歌曲

青 春 二 中

周栩可、周飞跃、周孝军 词
尹晓星 、钟丁涛 曲

1=♭B 2/4

热情洋溢地，进行曲速度

你从抗战硝烟中走　来，　心潮
你从崭新岁月中走　来，　青春

激荡着八百里　洞庭的澎　湃。　你传承了革命先辈的
洋溢着改革　开放的神　采。　你沐浴着圆梦中国的

遗　志，独立解放的强音　响彻校园内外。　法相洞天
阳　光，民族复兴的步伐　分外坚定豪迈。　教育百年

奇，"三杆"展风采，巍巍中山堂，黄埔遗风在。
计，立德树人才，声名播三湘，桃李遍中外。

你书写了国民教育的传　奇，你赓续了湖湘文化的
你经历了凤凰浴火的涅　槃，你搭建了放飞梦想的

血脉。啊，青春二中，激情永在，
舞台。啊，青春二中，初心不改，

无疆大爱彰显名校气概！啊，青春二中，
为国育才只为华夏精彩。啊，青春二中，

展望未来，你是最美的明珠　永放光
赢在未来，你是最美的鲜花

彩！　　永远盛开！

湖南省武冈市第二中学

语文组

林芳香	曾 骅	赵兴中	陶世国	戴慧娥	林锦玉	马燕琼	周定军	黄云辉
李辉文	于建成	林朝晖	陈 君	许 惠	刘玉林	王雪辉	方云平	夏 玮
姜小梅	林 敏	王桂珍	钟一平	黄德江	欧 文	龚欣星	周香英	张家楚
刘拥军	王雪莲	王爱国	唐锡培	赵慕华	唐彩兰	刘承香	欧华艳	唐 花
肖海涛	高菊华	彭 婕	钟艳华	张 艳	邓 芬	刘文娟	刘 军	唐 峰
欧阳照	马众园	林睦春	姚建文	张权花	王淑芳	王建青	李雨君	陈杰伟
邓秋菊	胡常金	周 蓉	宗 哲	蒋钰莹	戴 娟	杨 琳	邹敏丹	刘 意
唐 娟	王万垫							

数学组

钟为民	邓星业	荆继进	李爱英	唐翔华	霍华军	欧建荣	姚家定	向剑峰
姜安军	邓昭众	潘国强	段小波	于兰兰	王金汉	唐卫华	刘继成	陈方叶
刘勇军	杨相周	周孝禄	刘云英	刘立志	刘耕荣	张友秀	何智明	李国庆
张珊源	李崇喜	欧建武	郑 剑	何 林	李 波	伍东明	刘劲华	林 藩
刘盛冶	陈俊艳	李基权	覃 芳	唐志锋	周 艺	杨仁利	唐艳萍	朱 英
李建洪	范玉冰	李小清	夏承伟	杨 超	戴梦妮	张旭林	袁艳婷	谢 波
刘育宙	王万豪	关书正	王亚航	刘 源	毛倩兰	吴 洁	刘 娟	曾 丽
李晶晶	阳水英	姚 伟						

英语组

黄翠云	熊强胜	顾小英	夏云飞	戴 伦	伍宇艳	柳晓华	刘建芳	唐春燕
孙小英	许小辉	龙志干	陈振荣	邓文静	严立琼	尹小燕	黄华云	邓媚娟
林 萍	刘丽梅	邓曙娟	戴丽娟	李益超	刘冬桃	刘新艳	张红梅	夏晓梅
李田英	粟 燕	胡忠德	夏妲芳	匡小花	黎媛媛	林 丹	王 琼	张姝妮
刘文洁	安 丽	王晶莹	林丽梅	陈婷婷	曾 英	陆 芳	程玲玲	夏叶婷
曹莉琼	王超男	毛 颖	杨贤琴	肖 霞	王立英	王 勇	周 婷	杨 佳
李 雯	殷丽焱	林 芳	肖尊兰	李松梅	雷玲玲	邓 媛	肖淑玉	

物理组

邓星平	龚高仕	左建国	余旺花	匡玉玲	李小海	马朝阳	唐启明	马永明
王纲要	邓文彬	李朝民	苏礼远	肖和宝	龙运光	周 童	倪 鑫	马昌金
王丽琼	曾纯华	赵飞屏	段 佳	刘 潇	夏志元	毛 哲	义林芳	王朝阳
刘宣敏	钟 涛	费 锐	徐享栋	钟 新	刘育松	欧阳武林		

化学组

王炳青	唐谟勇	马代群	姚家享	刘 嘉	王立新	易祥柏	唐金斌	黄家洪
吴红兰	周小平	郑叶芳	张 华	宋新喜	邓南夫	肖碧源	周 刚	刘 蕾
夏 意	段 昱	马昌义	李 鑫	段伟鹏	梁玲玲			

心理组

刘 娟	钟爱梅	柳秋红	杨涯珍

教研组教师全名单

生物组
肖 豪	黄民楚	周孝军	刘 泳	李慎雄	匡前程	邓 彬	唐启友	赵雄英
欧清清	莫红英	刘志伟	苏平剑	罗婷婷	孙 思	王 帷	舒果果	朱思琦
梁任阳	李 平	华 雪	易芝琳	钟芳娟				

政治组
肖齐平	刘志会	林彰增	李金龙	彭爱华	任玉琳	李金红	肖 玮	肖立杰
戴永红	呙中波	曾红梅	张 银	欧艳露	唐小方	曾丽萍	钟廷镇	曾 冬
罗 麟	翟 莉	毛小滔	刘吉兰	费文苑				

历史组
刘铁弟	华 娟	周建军	费汉武	蔡 嵘	马根奇	欧志远	邓继喻	周立刚
刘秀英	钟 波	欧丽红	王正阳	胡琳君	李 林	朱远璐	陈叶龙	李念珊
邓昭娣	易超娟	殷卓君						

地理组
匡远耀	毛爱清	朱彬烨	邓爱梅	黄兼明	蒋文骥	肖立才	刘胜武	李飞优
周一军	左 亮	邓联娟	邓 芳	肖 昕	方孺祥	姜桂英	王长春	肖体炼
王 丹	徐艺铭							

音乐组
陈精忠	黎艳华	肖梅花	肖 洁	王 晶	邓 杰	钱海英	林 晴	戴 甜
毛 莉							

体育组
唐希震	钟 鸿	蒲宏建	李小虎	邓东涛	岳洪海	王丽娟	霍春苗	汪 容
刘跃华	赵金山	王福民	曾哲峰	何太平	张 雷	胡 杰	段世勇	张 东

美术组
邓星杰	李 波	毛 文	杨元峰	吕剑昱	谢斯琦	张 琳

信息组
达细梅	黄宏平	何红继	任立群	刘辉君	邓清波	刘 洋	曾 滢	肖江君
夏 季	蒋文俊	林东升	周波华					

综合组
夏建新	唐建中	蒋晋峰	周咏清	沈跃明	李乐武	蒋兴木	杨寒冰	周伟军
许 雄	曾沛夫	张 桂	戴香化	唐建安	廖名义	朱 亮	蒋湘晖	欧阳超
董桂梅	邓 婕							

THE INHERITANCE OF THE BEACON FIRE IN WUGANG NO.2 MIDDLE SCHOOL

薪火相传 武冈二中

道载会稽加特长的新世纪创新型人才

第一任校长 刘忑志
第二任校长 谢行容
第三任校长 匡德德
第四任校长 眼德德
第五任校长 王鉴清
第六任校长 周登阳
第七任校长 李易康
第八任校长 陈湖勋
第九任校长 吴献清
第十任校长 易华
第十一任校长 赵家财
第十二任校长 李良财
第十三任校长 张宇源
第十四任校长 王耀慧
第十五任校长 李鸿章
第十六任校长 成博而
第十七任校长 周德义
第十八任校长 邓立源
第十九任校长 林兰明
第二十任校长 朱学华
第二十一任校长 周慧智
第二十二任校长 王愚名
第二十三任校长 李孝福

严谨 求实 文明 创新

RIGOROUS PRAGMATIC CIVILIZED INNOVATIVE

2024 年是孙中山先生联俄、联共，创建黄埔军校 100 周年。是年，与黄埔军校相关的机构、单位将开展一系列的大型纪念活动。湖南省示范性普通高级中学武冈市第二中学（以下简称武冈二中）的前身是相伴黄埔军校二分校（即黄埔军校武冈分校）而生的湖南省私立洞庭中学，是由黄埔军校二分校办学主任李明灏将军亲自牵头于 1939 年创建的。武冈二中因此乘势开展庆祝建校 85 周年纪念活动。其活动内容主要有：编撰一部校史集，拍摄一部纪录片，登记、整理、编撰一本校友名录，建立一个校史陈列馆，等等。其中，校史编撰是重点。

关于校史书名的确定，经过几番讨论，现任书记、校长即本书主编周孝军先生、执行主编之一曹潺先生与我商议，最后确定为《大哉洞庭　岁月芳华》。

古往今来，为事物定名，无论是对于集体抑或个人都是大事情。可以说，定名既是求知，也是抒情，还是表意。就像一个人为自己的孩子取名时往往寄托了自己的全部理想、追求与向往，同时也表达了不一样的胸怀、情操与格局。

想当年，在抗日烽火连天的 1938 年，为避免战火，培植力量，李明灏先生奉命率领黄埔军校二分校从武汉成建制迁移至武冈。为了解决学校教官及其随行家属子弟上学的问题，先生联谊地方名流、开明绅士，于 1939 年创办了湖南私立初级洞庭中学。招收的学生除军校子弟之外，也有武冈本地和邵阳、洞口、绥宁、新宁、城步的部分学生，教师则大多是来自四方八面的知名学者、教授，如谢仁恕、殷德饶、王国民等。这时的洞庭中学，师生组成与教学方法颇有当时西南联大的境况。

细细想来，李明灏先生将学校取名为"洞庭"，真乃匠心独运：洞庭者，洞庭湖之谓也。洞庭湖虽不是武冈之人文名胜，也不是都梁之历史遗迹，却是代表天地精神和忧乐情怀的湖湘文化之典型形象。其代表志向高远，寄托有中华传统文化源头之称的《易经》所倡导的"天行健，君子以自强不息；地势坤，君子以厚德载物"的天地精神，以及范仲淹在《岳阳楼记》中宣扬的"先天下之忧而忧，后天下之乐而乐"的忧乐情怀。

是时，日寇铁蹄踏破了神州大地。泱泱大国，内忧外患，民不聊生。为培养千万爱国志士，早日驱逐倭寇，建设强大国家，兴办学校，培养有用之才乃时之重也。正如洞庭中学首任校长刘侃元先生所作校歌《大哉洞庭》所云："大哉洞庭，八百里洞庭！我们是国难的鲜花，我们是民族的明星。铁肩担起了百年的国耻，身世遭逢了抗战的艰辛，莫说我们小，只要我们忠诚。时间是我们的，祖国正需要我们。我们努力，争取光荣！洞庭波兮木叶下，湖光浑太清，大哉洞庭，我们的洞庭！"

抚今追昔，心向往之。高歌《大哉洞庭》，令人豪气冲天、壮志凌云。"大哉洞庭，八百里洞庭！"浩瀚宽广的洞庭湖，一望无际，浩浩汤汤。君不见，普天之下，上善若水；水乃万物之精灵，其势孱弱而包容万物，其质柔软而无坚不摧，其体无形而浩浩荡荡。让我们拥有水一样的胸襟和情操，既能可圆可方，顺势而为，又能一泻千里，石破天惊，向海洋奔腾。

刘侃元先生不愧是李明灏先生的同窗好友，也是具有民主开放办学思想的忠诚战士。他为洞庭中学所作校歌《大哉洞庭》，既表心志，明确方向，又聚人心，提振精神，忠实地诠释了李明灏先生为学校取名"洞庭"的深义。为此，学校还设计制作了洞庭中学校徽。校徽全图形象如洞庭湖之君山岿然独立。图中，上为篆书"洞庭"二字，下面水波荡漾，象征洞庭湖光山色，天人合一。

黄埔军校二分校自迁至武冈，在武冈办学七载有余，为抗日前线速培军官两万多名，其中在抗日战争中为国捐躯的学员，有姓名可考者占百分之九十以上。烈士们长眠于国土，也铭刻在武冈二中（洞庭中学）的抗战纪念墙上。与黄埔军校武冈分校相伴成长的洞庭中学，也为国家培养了数以万计的青年才俊。

1945年抗日战争胜利，1946年1月1日黄埔军校二分校迁离武冈，并将二分校校址移交给洞庭中学。从此，洞庭中学与黄埔军校二分校分离，独立办学。

洞庭中学自1939年创建，一直以"湖南"冠名，隶属于省教育厅管理，是一所办学早、规格高，治校严、质量好，格局大、影响深远的学校。建校之初，省教育厅批文设立"湖南私立洞庭初级中学"。后因学校1942、1943年两次参加全省会考，成绩夺冠后，省教育厅批准增办高中，并更名为"湖南私立洞庭中学"，成为一所完全中学。1951年，根据《湖南省管理私立中等学校暂行办法》，学校改选成立新董事会，李明灏、刘寿祺（时任湖南省教育厅副厅长）分别出任校董事会正、副荣誉董事长。

1953年9月10日，省教育厅正式发文，将"湖南私立洞庭中学"更名为"武冈县第二中学"，并确认其为省属重点中学。自此，学校的隶属关系由"湖南"改为"武冈"，办学体制由"私立"改为"公立"。当时，湘西南仅有两所省级重点中学，还有一所即是邵阳市第二中学（简称邵阳二中）。从此，武冈二中被社会广泛称颂为湘西南文化教育的一颗璀璨的明珠。

在武冈二中85年的办学历史里，人才辈出，灿若群星。李明灏将军既是洞庭中学（武冈二中）的创办者，也为北平与长沙的和平解放做出过重要贡献；在学校发展的进程中，呕心沥血，德高望重者，有刘公武、刘侃元、李咸清、宁同魁、张鸿孝、王耀楚、李良时、朱阳明、成诗雨等；毕业于本校的学生更是熠熠生辉的明星，他们中有担任过全国政协副秘书长的范康，有担任过北京军区政治委员的向旭，有中国工程院院士刘筠，有著名出版家龙世辉，有《人民日报》资深记者、理论评论家肖体焕，有国务院北方四省建筑市场首席稽查员苏是嵋，有武汉大学副校长周叶中，有资深外交家周平剑等，还有在国内外科技界深耕的中年科学家，如戴永久、张先杰、蒋太交、唐珺、邹江鹰、钟汇才、段镶锋等，他们在各自的领域里成绩斐然。他们都是武冈二中的骄傲。

武冈二中是我人生不可忘怀的地方。1990年8月组织上安排我到武冈二中工作，当时，李良时任校长，朱阳明任书记，我任副书记兼副校长。1991年上学期，我改任校长。在我的任期内，正逢省教委开展全省重点中学五项工作大检查，下发了湘教普字〔1991〕18号文件《关于开展制止重复教育和重点中学五项工作大检查的通知》，要求各地各校制止重复教育，包括解散复读班、清退插班复读生等。乘省里大检查的契机，学校以迎接大检查为口号、动力，查漏补缺，完善各项规章制度，特别是将正在筹建的设立在农机学校内的洞庭补习学校整体移交给县教育工会，并以过往从补习学校转来的经费为基础，创立了洞庭基金会，以此奖教、奖学和帮扶贫困学生。1991年12月，学校接受了省教委组织的大检查，由于我们事前准备得比较充分，学校在55所省重点中学的检查中排名靠前，受到检查组的好评。1993年4月，我被调往省教委督导室工作。

办学校，就是办文化，也是办事业。培养人才、传承文化、服务社会是学校建设和发展的基本任务。武冈二中在历任校长、教师的共同努力下，继承、发展了洞庭中学的光荣传统，与时俱进，不断创新，逐渐发展成为享誉全国的三湘名校，并形成了自身独特的办学传统和特色：

一是办学条件不断改善，校园文化建设不断深入。校园面积已由当初的几十亩逐渐扩充到300多亩。学校各功能区分区合理，各教学功能用房俱全，教学设施、设备配套齐全。

学校依托独特的地理位置和深厚的文化底蕴而建，校园内古树园林错落有致，从校门前的"法相岩"到红楼旁的"中山堂"等十几处文化、自然景观，成为影响观念、陶冶情操、提升品位的教科书。新生入校的第一课，班主任和任课教师就带领他们参观校园、校史展览馆，给学生讲述武冈二中不平凡的发展史，使学生受到深刻的爱国主义教育、优秀传统文化教育和爱学校、爱教师、爱同学的教育，正如有人所说，了解二中历史的人，没有不爱二中的。独特的校园文化，使师生时时受到浓郁的人文精神熏陶。

武冈二中优美的校园环境，先进的教育教学设备，为全面实施素质教育、促进学生全面发展提供了良好的条件保障。学校先后被评为"湖南省园林式单位""湖南省绿色学校""湖南省文明卫生先进单位""邵阳市书香校园"等。

二是全面贯彻落实党的教育方针，突出教师岗位职责。学校秉承"立德树人、质量兴校"的办学理念，始终将德育工作放在首位，通过加强德育队伍、深挖校本历史资源，夯实班会阵地、党建团建阵地、德育基地阵地、活动育人阵地等，对学生进行德育活动。定期开展中山堂爱国主义教育、植物园劳动教育活动和心理健康教育活动，促进学生核心素养的形成，为学生的全面发展奠基。因心理健康教育工作出色，2022年学校被评为湖南省心理健康教育特色学校。

学校现有在编在岗教职员工382人，学生近6000人。学校以切实提高教师岗位职责履行能力、课程实施能力、课堂教学能力为抓手，有效提升教师专业自觉，促进教师专业化发展，扎实推进教师队伍建设、教师职业道德建设常态化、长效化。通过建立师德监督机制和年终考核机制，不断加强师德师风建设，使教师为人师表、教书育人的使命感和责任感得到落实，师生关系融洽，民主测评满意率高。

学校牢固树立以学生为主体、以教师为主导，师生互动、情感交融的新课堂理念，课堂教学效果优质稳定，高考成绩优异。学校在接受省市督导评估时，专家们普遍感觉校园美、校风好，师生精神焕发，整体素质较高。

三是坚持民主治校，关爱每个学生。学校内部管理务实、规范。学校坚持校务公开制度，重点对教职工反映最强烈的问题，制约学校改革与发展的重点、难点问题，涉及教职工切身利益和普遍关心的问题等，通过会议、报告栏等形式向全体教师公开，自觉接受群众监督。

学校重视学校教育与家庭教育、社会教育的结合，成立了"家庭教育委员会"，并且有专人负责、有专项经费和工作计划。学校分配教职员工指导家长的家庭教育工作，研究解决家庭教育的实际问题。

四是坚持实验探索，逐步建成有特色项目的示范学校。自1987年省教委、体委对学校进行检查验收后，武冈二中被命名为湖南省体育传统项目重点布局学校；1998年4月，学校又被国家体育总局、国家教育部评为"全国体育传统项目学校先进单位"。学校以体育传统项目为突破口和切入点，坚持群体与竞训相结合的原则，增强学生体质，促进学校体育工作的全面开展，取得丰硕成果：高中女子足球队在邵阳市中小学生足球比赛中获第4名；在湖南省第4届中学生运动会和湖南省青少年田径锦标赛中有23人次获奖，1人达国家一级运动员标准，7人达国家二级运动员标准。

学校注重学生个性特长的培养，成立了文学、美术、书法、音乐、舞蹈、演讲等各类兴趣小组和学生社团。将美育、体育和劳育元素融入各项活动中，创设更加生动活泼的育人环境，引导更多的学生走出教室、走进操场，通过体育锻炼促进全面发展。学生参加奥赛、科技创新竞赛尤其是机器人竞赛方面表现优异，成绩斐然。2021、2022年，在省级奥赛中，数学、物理、化学、生物等科目有28人次获奖；在2021年创客、人工智能、机器人等项目的比赛中，获省、市一等奖23项，二、三等奖21项，并多次承办省、市项目的赛事；在成功承办邵阳市2022年中小学生信息素养提升活动和第二十三届湖南省中小学生信息素养提升实践活动线上展示活动的同时，获4项国赛参与奖，获5项省一等奖，5项省二等奖，1项省三等奖。学校传承优良教育传统，充分发挥省示范性高中的辐射作用，以自身优势扶助受助学校增强"造血"功能，推进薄弱学校走上内涵发展的快车道。

以史为鉴，可以明是非、知未来。在隆重庆祝武冈二中（洞庭中学）建校85周年的时候，我们深切缅怀那些为民族解放事业英勇奋斗、光荣献身的先烈们，是他们用自己的生命、鲜血浇灌了祖国的美丽花朵；我们也特别感谢那些为武冈二中（洞庭中学）的建设发展做出不朽贡献的教职员工，他们筚路蓝缕，齐心协力谱写了教育事业的壮丽篇章。

往日已逝，来日可期，让我们携手高歌《大哉洞庭》，在实现中华民族伟大复兴的中国梦的进程中，创造更加光辉灿烂的未来！

是为序。

周德义

2024 年 9 月写于长沙崇文阁

周德义，湖南省武冈市人。哲学教授，博士生导师。曾任武冈农民中专学校校长、武冈二中校长，湖南省教育厅教师处处长、湖南省广播电视大学副书记、湖南省人民政府副主任督学、中共湖南省委教育纪工委书记、省纪委派驻省教育厅纪检组长、省高校巡视组长。现任湖南省教师教育学会会长、湖南省教科院博士后指导教授、岳麓书院客座教授等。主要著作有《我在何方：一分为三论》（2002 年 12 月由湖南人民出版社出版，2003 年重印，2014 年由中国社会科学出版社再版）、《心觉》、《心仪》、《心知》、《人权与法治》等。

目　录

205 / **第五部分　校友征文荟萃**

第一部分

校史概况

　　武冈市二中诞生于抗日烽火遍地燎原的年代，至今 85 年了。我们之所以梳理这段历史，是为了铭记现当代中华民族从屈辱到强盛的演变。不忘初心，不忘来时路。

一、渊源黄埔　校史前述

（1939 年前后）

（一）从武汉分校到武冈分校

湖南省武冈市第二中学的创立，缘于黄埔军校武汉分校迁入武冈。该校迁入武冈后，更名为中央陆军军官学校二分校，又称武冈分校。为了解决二分校教官子弟的教育问题，由二分校中将主任李明灏、教授刘侃元等人创办了湖南私立洞庭初级中学，即武冈二中前身。

公元 1923 年 11 月，国民党临时中央执行委员会决定成立陆军军官学校。1924 年 6 月，黄埔军校在广州黄埔区长洲岛成立，并举行开学典礼，军校宗旨"是培养革命军事人才，组成以军校学生为骨干的革命军，重新创造革命事业"。随后，黄埔军校分别相继在潮州、南宁、洛阳、长沙、武汉等地成立分校。1927 年 4 月国民党右派叛变革命后，武汉分校停办，师生解散。1936 年 1 月，国民政府决定停办陆军整理处军官教导团，恢复组建中央军校武汉分校，1937 年，李明灏调任武汉分校中将主任。

李明灏，湖南醴陵人，早年留学日本东京陆军军官学校，毕业回国后，先后在长沙陆军讲武堂、广州陆军讲武堂学校任职。在抗日战争时期，担任过中央陆军军官学校成都分校和武汉分校中将主任，以及后来的武冈分校中将主任。李明灏曾两次参加东征讨伐陈炯明。长沙"马日事变"后，受毛泽东的重托，他将长沙 70 多名共产党员和革命同志乔装送出险境。1935 年，成都军校政训处处长任觉武准备秘密逮捕 400 名共产党员和进步人士，李明灏得知情报，亲自跑到浙江奉化找到蒋介石，为进步人士辩护，设法保护了这批革命力量。

1937 年卢沟桥事变后，华东、华北大片国土沦于敌手，南京、南昌相继沦陷，日军分两路沿长江进逼武汉。武汉危在旦夕！国民党黄埔军校武汉分校奉命后撤。武汉分校原定迁往湖南邵阳，但邵阳临近通都大邑，战祸易于波及，安全堪忧，无法满足安定教学的需求。时任第十四期学生总队长兼教育处处长的周磐，因曾去过武冈，了解武冈地方偏僻，形成了学员安全的天然屏障，再说武冈的祠堂、庙宇、院子较多，容量较大，具备了办学条件。1938 年 3 月，李明灏将军随即决定武

李明灏将军，湖南私立洞庭初级中学创始人

汉分校迁往武冈。此后，军校更名为中央陆军军官学校第二分校，也称武冈分校。

武汉分校迁入武冈，第十四期第五总队学员也随校迁入。随后，学校在武汉及长沙招考学生，编为第十五期第八总队，一年内完成全程教育。1938年，因战事吃紧，军校在宁波招考学生。因鹰潭到湖南的火车不通，被招考的宁波学生徒步横越江西省。学生分成几个梯队，丢弃笨重物品，把行李整理成约30公斤重的背包，由鹰潭、临川、崇仁、吉安、界化陇，再到湖南，全程700多公里，昼伏夜行。而从武汉招考的第十五期部分学生，从武昌乘火车到湘潭易家湾下车，徒步到武冈，一路风餐露宿，但沿途仍然宣传抗日。这年秋，又招考了第十六期，编入第八总队。

武汉分校初迁到武冈，没有专门的办学地点，校本部暂设在茅坪里的陆家大院（今花园巷，即原武冈县伞厂）和张家花园（今武冈三中），作为教官办公点和校舍。二分校一边办学，一边在城东南法相岩的宝方山修建校舍，因该地易于躲避日寇的飞机。

湖南武冈市城东南的宝方山，李明灏将军故居

武冈城东南的宝方山，"山故有寺，湫隘逼仄且犹颓圮"。李明灏在此选址，先建了办公室和宿舍，后称为李明灏别墅（今为李明灏故居）。1939年3月，校舍建成后，校本部便搬迁到此，而学员及各教学点仍然分布在武冈城乡的各个祠堂里，它们分别是张家花园、许氏祠堂、邓家院子、大皇城杨、李祠堂、高沙曾八支祠、杨氏宗祠，山门尹氏宗祠，公堂上周家祠堂，以及石羊其他祠堂。1944年，武冈时常发出防空警报，为防日军飞机偷袭，8月，校本部临时迁往踏岭斜道张家的张家大院。

二分校校本部的直属机构：办公处、教育处、各总队部、总务处、经理处、军医处、军械处、无线电台、练习营。校本部配属机构：会计处、政治部（含《战斗日报》、毕业调查处、俱乐部）、特别党部；所设机构地址分布情况如下：

政治部、特别党部：设于三里亭邓家祠堂；

军医处、军医院：设于马家桥张家院子；

军械处、军械弹药库：设于万家园；

军需粮秣科：设于城内都梁路五显庙（今五显巷）；

劈刺训练班：设于黄桥铺（今洞口县黄桥铺镇；新中国成立前属武冈辖区）；

印刷社：设于东山村白齐庙；

马匹教训所：设于河道坪；

练习营：设于唐家石山下花园洞；

练习营兵房、军乐队、运输队：设于冷水庙张家坪；

通讯排：设于岩官庙；

修械所：设于荆家石山大园里（河道坪附近）。

附：黄埔军校武冈分校主要将官

姓　名	级　职	籍　贯
李明灏	中将主任	湖南醴陵
毛福成	中将副主任	贵州
周磐	中将副主任（后代理主任）	湖南邵阳
李亚芬	少将教育处长	湖北
王橄鳌	少将教育处长	河北
刘公武	少将政治部主任	湖南华容
沈清尘	少将政治部主任	江苏
张泰祥	少将政治部主任	湖北黄冈
姚价垣	少将办公处长	湖南醴陵
兰尉援	少将军械处长	
李高傅	少将总务处长	
张植标	少将27总队总队长	河北
崔鉴	少将战术主任教官	河北
王平一	少将政治总教官	山东济南
黄裳吉	少将战术主任教官	湖北冯阳
吴在瀛	少将战术主任教官	天津

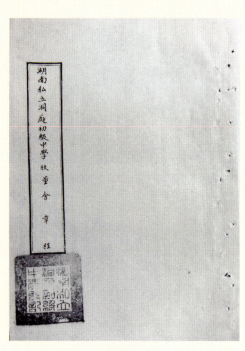

湖南私立洞庭初级中学校董会章程

　　1941年，李明灏提议在校园内建一座中山堂，一为纪念孙中山先生，二为激励师生抗日士气。基建任务交给分校工兵连，主要负责人是主任李明灏和副主任周磐。

　　周磐，字砥平，湖南宝庆（邵阳）人，担任过武冈分校的副主任、代理主任、国民革命军第14兵团中将副司令官、湘军第2师6团团长、国民革命军第8军1师副师长兼1团团长、第14兵团副司令官兼第122军军长等职务。

　　中山堂于1941年3月破土动工，1943年7月建成。

　　中山堂的建筑，系中西合璧大庑顶，外带四个攒尖顶角楼，砖木结构。由正楼、左右厢房、花园等组成。正楼为三层，因原基地在土墩上下，地势南高北低，故正面只外露二层，背面为三层。进正楼大门需登九级台阶。大门往上，三楼墙壁正中竖长方形加三角形、两端是立柱的牌匾，长方形上面是阴刻的"中山堂"三个楷体字。一楼、三楼是军士、军官的住房，二楼——也就是正面看到的一楼——分为三间，正中一间是纪念厅，左右两间分别是图书室、医务室。纪念厅后墙的正中悬挂孙中山总理的遗像，下设一木制长方形供桌，供桌的后面是《总理遗嘱》的石刻一方。三楼后墙正中嵌《中山堂记》石碑一方，记述二分校概况及中山堂修建始末。

二分校中心位置的主要建筑布局：居中为中正楼，两侧分别为应钦楼、崇禧楼，这是校长及校本部的办公楼；应钦、崇禧两楼前面对称分布的六幢平房，是子弟学校的教室；中正楼后是中山堂，中山堂前有两个八角亭子。还有八栋军营平房，以及相应的生活平房和配套设施。现在，中山堂、李明灏别墅和法相岩溶洞组成了国家级的文物保护区，总面积 90706 平方米。

军校在南京时，从第八期起招考高中毕业生，三年毕业。为适应抗战的需要，武冈分校第十四期和第十五期缩短为一年，从第十六期起，又延长至一年半到两年毕业。这是在抗日战争的相持阶段为响应军队所需而采取的措施。

当时，军校的正规教育分为两大部分：一是学科与术科军事教育，由教育处主管，处长为李亚芬，继为周磐，设军事教官，会同总队各级队长分别负责步兵操典、射击教范、阵中军务令、战争纲要等，术科上分为战术课及技术锻炼、操场上操与野外演习；二是政治教育，由政治部主管，主任刘公武，继为沈清尘，设政治教官，上"三民主义""抗战建国纲领""民众组织与训练"等课，提倡"亲爱精诚，团结合作，卫国爱民，不怕牺牲"的校风；另设政治指导员分驻队上，担学生思想言行考核之责。

学校设立的国民党特别党部，由分校主任李明灏兼任特派员，书记长由政治部主任刘公武兼任，主管特别党部的工作。办理吸收党员手续由驻队政治指导员负责，定期在总理纪念周大会上举行加入国民党的集体宣誓。

1939 年秋，抗日战争进入重要关头，二分校再次扩招第十七期学生，分别在浙江宁波、金华，河南南阳，湖北宜昌、巴东，湖南常德、邵阳录取 4000 多人。1940 年 3 月，又在

洞庭中学校歌

法相岩社社歌

黄埔军校二分校政治部主任刘公武（后右一）及家人

福建招收新生，他们从福建的长汀徒步跋涉，经江西、广东到达武冈。这批学员被编为第六、七、二十一、二十七共四个总队。至此，在校学生已达5000余人，这是中央陆军军官学校二分校的鼎盛时期，也是武冈抗日后备力量最强的黄金时代。

（二）抗战怒火点燃武冈分校

"七七事变"后，抗战怒火点燃了武冈分校。时任政治部主任刘公武起到了重要的作用。刘公武，又名庚舜，号耕芜，湖南华容县人，上海沪江大学、上海复旦大学毕业。历任湖南省政府秘书长、湖南和平解放谈判代表团代表等职务。早在1937年7月9日，在国民革命军出师北伐的纪念日，刘公武看到号外报道卢沟桥抗战的消息，就在全校纪念大会上阐述国民革命军出师北伐的历史意义，赞颂卢沟桥上抗日将士英勇抗日的壮举，指出他们吹响了民族战斗的号角，中华儿女都要奔赴疆场，挽救国家危亡。在他们离开武汉之前，上海复旦大学教授洪琛先生率领抗日救亡宣传第二队特意来到武汉，在武昌南湖军校礼堂演出《放下你的鞭子》，更加激起了官兵的爱国热情。学生们纷纷要求尽快上前线，雪洗民族屈辱。由于全校学生强烈请战，一部分学生提前举行了结业仪式。

武汉分校刚到武冈时，虽然武冈偏僻闭塞，给学校带来一定的安全系数，但也因为闭塞，外界许多消息不能及时传入。刘公武与李明灏商量，创办《战斗日报》。1938年4月20日，《战斗日报》由政治部主导创办，刘公武兼任报社社长，并调政治教官龚钦榆担任总编辑（龚原在江西南昌时就是编辑能手）。军校自设电台，直接收录中央通讯社和新华通讯社发布的电讯。《战斗日报》为4开4版，设有抗战论坛、敌情研究、政训研究、国际问题、照妖镜、人物素描及战地通讯、抗战新歌曲、东南半壁等多种栏目。报纸编排新颖，内容生动，受到全校师生和武冈广大群众的喜爱，同时对提振武冈的爱国风气也起到了促进作用。

《战斗日报》社址先设在王城民生工厂内（今市政协大门处），1939年3月，社址迁入石牌坊16号（今都梁医院），1940年改名为《党军日报》。1945年春，日本侵略军侵入武冈境内，报社迁到七步石（今绥宁县境内），与《武冈民报》合刊。是年4月，日本侵略军追踪至七步石，捣毁编辑部，杀害总编辑刘锡畴，另一政治部科员巩固同时被害，从此报刊终结。

《战斗日报》创办的当年，二分校还在县城成立了青年联谊社。联谊社下设平剧（京剧）团、战斗话剧团、军乐队和歌咏队，地址设在三义宫（今寿佛寺巷濂溪宫附近），被百姓称为"今古演义场"。平剧（京剧）团阵容整齐，演职人员40余人，其中有来自关肃霜京剧团的司鼓宋宝东，还有曹玉成、高冠、吴小峰、李杏晨等一班名角。文武场面高超，服饰道具齐全。还有从沦陷区流亡而来的钟自鸣教授和吴为甚、王国民等音乐名流。剧团以"提倡正当娱乐、排除恶劣嗜好，激发抗日情绪"为宗旨。逢节假日即演出京剧、话剧和演唱抗日歌曲。县城不少青年也跟班学戏，激发了更多人对京剧的热情。

黄埔军校成立了平剧（京剧）团，地址设在三义宫。图为情景再现演出照

三义宫演出的主要京剧剧目有《龙凤呈祥》《沙土国扮兵》《搜孤救孤》《苏三起解》《萧何月下追韩信》等；话剧《罗果宫》《古城的怒吼》《凤凰城》《三江好》等抗日名剧。三义宫不仅是戏院，也是宣传抗战的集会点。1943年，武冈县各机关、团体、学校代表，就在三义宫内的中山室大礼堂，举行抗战六周年纪念活动。

从1938年至1945年的七年间，从第十四期到第十九期，二分校共办了十二个学生总队，毕业学生23053人。他们分别被发送到三、四、六、九战区的野战部队；也有分到滇缅边境的远征军，到缅甸、印度作战；还有到苏、浙、皖组织敌后游击队的。许多人在军中担任排、连、营长等职，参加长沙、桂南、衡阳、常德等战役。他们在抗战中不畏牺牲，前仆后继，为国奋战，不辱使命，谱写了一曲英勇抗敌的战歌。

每一届学生毕业时，都会按例到中山堂面向孙中山遗像宣誓，诵读《总理遗嘱》：

"余致力国民革命凡四十年，其目的在求中国之自由平等，积四十年之经验，深知欲达到此目的，必须唤起民众及联合世界上以平等待我之民族，共同奋斗。现在革命尚未成功，凡我同志，务须依照余所著《建国方略》《建国大纲》《三民主义》及《第一次全国代表大会宣言》，继续努力，以求贯彻最近主张开国民会议及废除不平等条约，尤须于最短期间，促其实现，是所至嘱。"

1941年6月，武冈分校第十七期学生毕业时，李明灏将

黄埔军校二分校毕业学生李向武滴血拌红泥在法相岩溶洞内书写的"好男儿杀敌去"

洞庭中学第三届董事会成员、第五任校长周调阳的著作《教育统计学》

军亲自主持毕业典礼，齐唱校歌之后，他向学生赠言："你们是二分校的学生，毕业后就要为二分校争光，希望你们分发到部队后，要练就百发百中的技能，一枪消灭一个敌人，进而夺取抗战的胜利。革命军人应该发扬黄埔精神，舍生取义，抗战到底。你们到前线部队后，都要做到爱祖国，爱人民，做一个保卫祖国的民族英雄。"

当时有一个叫李向武的学员，毕业后准备奔赴抗日前线。他怀揣毕业证，走到法相岩的太保洞，架上云梯，咬破手指，把血液滴到红土里搅拌，然后蘸上血浆红土，在洞的穹顶上写道"好男儿杀敌去"。这六个字各一尺见方，排成弧形，带着热气，闪着血光（太保洞内这六个字至今仍然清晰可见）。

（三）始办洞庭中学的社会背景

战乱时期，二分校有学员 5000 多人，而教官及家属，加上子弟有 2000 多人。子弟不能因战争耽误教育，于是，李明灏便有创办一所中学的想法。最先在 1938 年，他便试行创办了子弟小学，名为和平小学。学校校舍设在城西的西直街许氏祠堂（后为鸿基初级中学校舍，再后为红旗小学校舍，后更名实验小学，学校现迁至同保中路）。和平小学在许氏祠堂办了一年，即搬迁到二分校的校本部（又称李明灏别墅，今称李明灏故居）。

1941 年春，和平小学奉令改为中正小学。1945 年抗日战争末期，学校搬迁至太平门的洞天宫（今跃进路机械厂内），学校也更名为洞天小学。洞天宫原是清朝末年邵阳人在武冈开的商会会所。洞天小学入驻时，此处早已人走楼空，是一个合适的办学大院。1945 年 10 月，黄埔军校二分校从武冈裁撤，部分教师留守洞天小学，周磐任董事长。一年后的 1946 年，洞天小学迁出武冈。

据健在的老人口述，洞天宫商会会所的戏台两边的厢房做了学生的教室，前厅两边的厢房做教师的办公室，小天井处的四合院做了教师的宿舍。洞天小学在当时是武冈最好的小学。抗战后期，美国开始援助中国，给小学生发牛奶、豆粉和罐头，洞天小学可以优先领取。

光有小学还不行，子弟们有很多到了上中学的年龄，不可延误学业。办小学容易，二分校的教官可以兼做教师，但办中学，师资力量相比小学要雄厚、壮大，仅二分校的教官做任课教师，力量不够。办中学对李明灏来讲也是开创性的，盘子很大，困难也很多。

1939 年，李明灏将军与早年留学日本的同乡刘侃元教授商定利用二分校的人力、物力、财力，与地方合作，创办一所中学，先从初级中学办起，最后办成完全中学。当时，武冈城内有湖南私立鸿基初级中学（武冈四中前身），设在茅坪里许氏祠堂（和平小学迁走后，鸿基中学进入）；湖南私立延光初级中学，设在乔家湾刘氏祠堂（今市幼儿园）；其他还有东北、毓兰、双江、硖江、雪峰、扶峰等中学，但这些中学都设在离县城较远的乡下或现在的新宁、洞口等县，并且教学条件简陋，教学质量低下。

民国时期，武冈县总面积 5226 平方公里。新中国成立后，因行政体制变化，疆域多次变动。部分地域分别被划入新宁县、邵阳县、绥宁县、隆回县、城步县，又将西北部划出 80 个乡镇成立洞口县，武冈疆域面积减少至 1549 平方公里。相对当时地域如此广袤的武冈来说，中等学校是相对稀少的。为此，在县城创办一所中学非常有必要。李明灏与刘侃元商量，这所学校不叫子弟学校，不归军校管，全部面向社会办学。

创办之初，困难重重，尤其是经费缺口太大。为了解决这些问题，李明灏将军从军校有限的资金里腾挪挤拨，另一方面，洞庭中学的教职工大都在军校里挂衔占编，领取薪酬。为了满足办学的需要，他动员董事会成员、地方贤达豪绅募资捐款。他曾感慨地说："天下最难的事，莫过于募捐了。"由此可见当时办学的艰难困境。

洞庭中学校训

二、烽火连天　弦歌不辍
（1939—1949）

（一）湖南私立洞庭初级中学的创建

1939 年 2 月 15 日，李明灏组织召开了发起人会议，地址在武冈城西茅坪里的张家花园（今武冈三中），议决了三件事：一是先创办初级中学；二是推荐李明灏、周磐、毛福成、李亚松、刘侃元、刘公武、景凌灏、张凤翔、许浩然、李高傅、高瑞芝先生为董事，并推荐李明灏为董事长，周磐、张

武冈市法相岩摩崖石刻

洞庭中学的校门。校名为国民党元老于右任题字

凤翔为副董事长，刘侃元为第一任校长；三是确定当年9月，学校正式开学开讲。

刘侃元，醴陵人，早年留学日本，毕业于日本东京帝国大学，回国后在广州中山大学、黄埔军校、北平各院校当教授。他积极参加抗日反蒋活动，遭宋哲元部逮捕，经冯玉祥、程潜等营救出狱，回到醴陵家中。因在日留学时即与李明灏交往过，后在广州、武汉又与李明灏交往，李明灏回醴陵时再次遇上刘侃元，便劝他到武冈去。刘侃元此时任国民党总政治部设计委员会委员，到武冈后兼任军校二分校政治教官。

1939年8月26日，学校在武冈张家花园召开第一次董事会，确定学校名称，刘侃元提议取名为"湖南私立洞庭初级中学"。定名"洞庭"，蕴含深意，浩渺洞庭湖，体现了湖南人民的伟大气概，希望广大学子具有洞庭湖一样的博大胸怀，担负起救国、救民之大任。此后，校董会请国民党元老于右任为"洞庭中学"题写了校名。

湖南私立洞庭初级中学（以下简称洞庭中学）的行政组织设校长1人，统管校务，校长以下设教导主任、事务主任、教导员各1人，但教导主任暂由校长兼任。教员薪酬为每小时五角，校长不支薪，各主任每月支30元，教务员每月支20元。

洞庭中学创办时的教师组成，一部分从二分校政治部调来，另一部分由殷德饶和李石清从醴陵和长沙带来。当时殷德饶和李石清在醴陵办湘东师范，因日寇进犯，长沙危急，醴陵也不安全，加之政治上的原因，他们离开醴陵来到武冈，同时从长沙带了几位熟悉教育工作的人士。这些人士与从未办过学的刘侃元一起谋划，携手努力，取得较好的效果。

为开源节流解决办学经费，李明灏将部分任课教师放在二分校挂衔授职，给予校级军衔，薪酬由二分校支付。另一部分由社会的募捐和董事会成员支出。在学校初创时期，社会压力非常大，既有经费不足的压力，也有地方豪绅干涉的压力。为此，李明灏一方面亲自带领人员向社会募捐，一方面尽最大努力取得武冈县政府的支持和团结地方豪绅。这样，既在一定程度上减少了社会阻力，又得到武冈县政府的支持和地方豪绅的慷慨资助。武冈豪绅许辰璋，一个人就给学校募捐学田60亩。

学校各教职工由校长聘任。校长由董事会任命。（见《洞庭初级中学行政组织系统图》）。

洞庭中学没有校舍，李明灏将原驻扎在大皇城的杨、李二姓祠堂（今市政府后面）的官兵转移，腾出祠堂给洞庭中学作临时校舍。1939年9月，学校正式招生。除了军校将官的子弟，还向武冈、新宁、城步、绥宁、邵阳、新化等地招生，开办了8个班，计364人。是年9月23日，正式在杨、李氏祠堂临时学校开课。

校长刘侃元最早对招收学生有顾虑，以为武冈穷乡僻壤，萧条落后，难以招收到合格的新生，因此他首先想到的是在新宁招生。当时新宁比武冈的闭塞程度要低些，还有一些书香世家，于是学校在新宁招收了一批新生，后来在城步也招了一些，最后在武冈和其他县也招了一部分。

两三年后，这些学生进步快、表现好，特别是武冈的学生，非常可爱。武冈学生本质上淳朴、勤劳、忠厚、真诚、肯努力、重感情。洞庭中学当时处于草创时期，没有制定特殊的校规、校法和校纪，好的学风是自然形成的。大家规规矩矩，老老实实，刻苦好学，非常团结，这也证明学生的本质好，未受殖民主义的污染。

学校第一学期开办的课程：公民、国文、英文、算学、动物、植物、历史、地理；第二学期开办的课程除与第一期相同外，另加上卫生、音乐、化学、体育；第三学期开办的课程：英文、算学、历史、地理、物理。教材大多为商务印书馆、湘芬书局、世界书局、中华书局、大东书局、中国文化服务社等出版社出

1938年，中央陆军军官学校二分校迁入武冈后，暂借陆家院子(今花园巷，居民小区)做临时校本部。图为陆家院子

洞庭初级中学行政组织系统图

翻录1939年创建图

```
                    校董事会
                      │
                     校长
          ┌───────────┴───────────┐
        总务处                    教导处
   ┌──┬──┬──┬──┐         ┌──┬──┬──┬──┐
  文  卫  生  庶  会       学  体  训  教
  书  生  产  务  计       术  育  育  务
  组  组  劳  组  组       研  组  组  组
         动             究
         组             组
   │  │  │  │             │  │  │  │
  文  卫 护 庶           体  女 书 训 教 设
  书  生 士 务           育  生 墓 育 学 备
  干  干   干           指  管 管 干 干 干
  事  事   事           导  理 理 事 事 事
                        员  员 员
   └──┬──┘    │         └──┬──┘  └──┬──┘
   总务会议  校务会议      训育会议  教务会议
      └─────────┬──────────┘
            全体教职会议
```

版的书（学生参考阅读书目见《洞庭初级中学学生参考书目》）。

附：洞庭初级中学学生参考书目

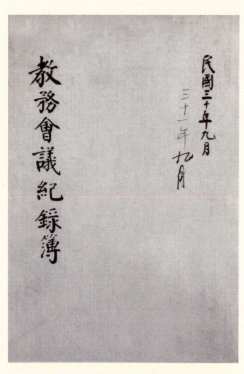

1941 年 9 月，1942 年 9 月：教务会议纪录簿

课文与学年	参考书目	作者及出版社
国文第一学年	学生字典	世界书局编译所 / 世界书局
	中华百科辞典	舒新城主编 / 中华书局
	辞源	方毅等 / 商务书局
	白话译文言	吴起凡 / 湘务书局
	国文学习法	胡震翼 / 中国文化服务社
	作文概说	叶绍钧 / 中国文化服务社
	新著文章作法	胡云翼 / 中国文化服务社
	何谓文学	卢翼野 / 大东书局
	国语文法纲要大讲	黎锦熙 / 中华书局
	简易国文法	余家菊 / 中华书局
	读书法	马雪瑞 / 中华书局
国文第二学年	中国活页文选	胡怀琛主编 / 广益书局
	怎样写报告文学	周纲鸣 / 生活书局
	给青年作家	绮雨译 / 生活书局
	战时初中文选	赵景琛 / 北新书局
	抗战业书第二辑	郑光昭 / 商务书局
	国语注音符号	陆衣言 / 中华书局
	国语注音符号使用法	陆衣言 / 中华书局
	文章体裁	喻守真 / 中华书局
	康熙字典	世界书局
	经传释辞	陈彬苏注 / 商务印书馆
	战国策	商务印书馆
	文心雕龙	黄叔琳注 / 商务印书馆
	四书集注	更新出版社
	古文评注全集	会文堂新记书局
	王阳明全集	王阳明 / 广益书局
	订王六书通	闵寓五 / 广益书局
国文第三学年	文字辩正	周天籁 / 春早书局
	白话文学史	胡 适 / 商务印书馆
	九曲	童装注 / 商务印书馆
	宋元戏曲史	王国维 / 商务印书馆
	国学指导二种	梁启超 / 中华书局
	国文法之研究	金兆梓 / 中华书局
英文第一学年	英文基本正音字表	周庭桢 / 中华书局
	最新英文习字帖	陈鹤琴 / 中华书局
	基本英语会话	张梦麟 / 中华书局
	基本英语例解	张梦麟 / 中华书局
	英语正音教科书	胡宏纶 / 中华书局

（续表）

课文与学年	参考书目	作者及出版社
英文第二学年	英语学习法	钱歌川 张梦麟 / 中华书局
	英华合解辞条	翁良等 / 商务印书馆
	新式英华合解辞条	张谔等 / 商务印书馆
	英汉模范字典	张世鎏 / 商务印书馆
	简易英文法	刘尚一 / 世界书局
	英文单词用法 ABC	林汉达 / 世界书局
	英文最常用四千字表	吴谷正 / 鸿文书局
	现代英文法	白吕尔 / 湘芬书局
	英文拾级	崔嵽 李承翰 / 百城书局
	英文会话	余天歆 / 世界书局
	英文造句法正误评解	倪明材 / 知新书局
	英文标点法 ABC	王翼廷 / 世界书局
英文第三学年	实用英文法	湘芬书局
	英文改错实例	王承绪 / 知新书局
	英国名人文选	商务印书馆编译 / 商务印书馆
	美国伟人文选	商务印书局
	惜荫英文选刻	蒋梦麟 杜人杰 / 商务印书馆
	英美名人书牍	商务印书馆编译 / 商务印书馆
	英法典与作文法	中华书局
公民第一学年	总理遗教	中宣部印 / 文化服务部
	中国国民党概史	邹鲁 / 正中书局
	建国大纲	中宣部印 / 中山文化社
	总理遗教大讲	
	总裁言论	中宣部印 / 中山文化社
	总裁主要演讲	中宣部印 / 中山周刊社
算学第一学年	算术分类图解	于次参 / 冀南学社
	算学学习法	余介石 孙克定 / 中华书局
	算术问题解法指导	匡文涛 / 中华书局
	算术捷径	郭达洲 / 中华书局
	算术表解	藏渭英 / 中华书局
	算术问题解法研究	高季可 / 中华书局
算学第二学年	代数表解	吴祖龙 / 中华书局
	代数学因数分解	黄元吉 / 商务印书馆
	几何表解	孙乐陶 / 中华书局
	几何习题详解	陈元亨 / 九洲书店
	初级平面三角法	喻古弼 / 湘芬书局
	数学辞典	倪德基 / 中华书局
历史第一学年	本国史表解	罗元鲲 / 商务印书馆
	白话本国史	吕思勉 / 商务印书馆
	中外历史	吴墨卿 顾序东 / 光明书局
	中国人名大辞典	方宾观 / 商务印书馆
	中国近代史	陈恭禄 / 商务印书馆

黄埔军校武冈分校学员在法相岩前合影

黄埔军校武冈分校教员在法相岩前合影

（续表）

课文与学年	参考书目	作者及出版社
历史第二学年	中国近代政治史	陈安仁 / 商务印书馆
	中国外交之史的分析	万仲文 / 广西建设研究会
	外国地名人名表	王云五 / 商务印书馆
地理第一学年	本国分省精图	欧阳缨 / 武昌亚新地学社
	中华民国综合地图	丁察金 / 新记书局
	各省明细地图	武昌亚新地学社
地理第三学年	中华现势大地图	王 振 张世奇 / 世界兴地学社
	最新世界地图集	谭 廉 / 商务印书馆
	人生地理学	张其昀 / 商务印书馆
	世界最新形势图	屠思聪 / 世界兴地学社
	中国古今地名大辞典	谢寿昌 / 商务印书馆
	中国历代疆域战事合图	欧阳缨 / 武昌亚新地学社
	最近抗战形势一览图	国民政府军事委员会 军令部调制
动植物 第一学年	精选生物学问题答案	曹 非 / 湘芬书局
	实验植物学	嵇联晋 / 北新书局
	实验动物学	嵇联晋 / 北新书局
理化第二学年	理化学习法	陈润泉 / 中华书局
	化学浅说	张保厚 / 中华书局
	化学表解	卢钱寿 / 中华书局
	化学计算问题与化学方程式	许雪樵 / 中华书局
理化第三学年	物理学表解	卢钱寿 / 中华书局
	物理计算问题解答	王维廉 王正善 / 中华书局
图画第一学年	中国绘画上的大法论	刘海粟 / 中华书局
	图画学习法	潘维因 蒋行智 / 中华书局
	西洋画法纲要	王济远 倪贻德 / 中华书局

注：参考书目历届皆有调整

洞庭中学 1942 年 9 月校务会议录

　　洞庭中学，以"遵照中央颁布的'教育宗旨'宪法第一五八条之规定及其实施方针，以厉行三民主义教育，培养青年基础知识，健全身体与高尚人格，以资升学为宗旨"进行办学。国民教育的通用校训为"礼、义、廉、耻"。礼，即互助、合作、守纪律、重秩序；义，即任侠、果敢、负责任、肯牺牲；廉，即节约、刻苦、辨公私、明职分；耻，即自强、自立、能奋斗、知进取。

　　洞庭中学针对所处时代和办学特点，也特制定了"恭、信、勤、朴"四字为学校的校训。李明灏将军素以治军严、治校严而著称。"恭信勤朴"四个字的校训，他要求每个学生牢记于心，贯彻于身，严谨律己，以信处事，以诚待人，勤奋学习，节俭朴素。

学校的教学严格按计划进行，实行招生考试、升留级制度，真正做到"有教无类"，任何人不得搞特殊。学校设立了"品学兼优奖学金"，凡学业成绩在班上名列前三名、操行甲等的学生，不论家境贫富，均可享受奖学金。另外，学校还专门设立了"贫寒学生奖学金"，凡操行甲等、科目平均85分以上，语、数不低于80分者，经申请可获取奖学金。

学校录取新生，只看考试成绩，不讲私人关系：成绩不合格的，即使是校长、董事长的子女，也不录取；成绩合格的考生，即使是寒门或贫困出身，也一律录取，并给予资助。刘侃元治校严格，学生中凡有斗殴、偷盗、恋爱、赌博行为者，一律要处以记过、辞退或开除等处罚，任何人都不例外。一位副董事长的儿子因谈恋爱而被开除，李明灏的一个侄女因违反校规而被辞退。

经过数年努力，洞庭中学形成了敦品励学，助人律己，志在报国的良好校风。例如，校园内种有桃子、李子、柚子等水果，到成熟的时候，学校统一摘下来，分发到各个班，师生共同品尝。学校没有出现一例随意摘取的现象。

1939年10月1日，因倭寇窥视长沙，武冈空袭警报频传，上午教课时间提早至早晨六点半起床进行学习。为了防止日寇的飞机来袭，学校安排九点半至十二点的时间带学生到野外上自习课。10月15日，由于战事，学校实行联合办公，以节省时间。10月16日，军训部点验员陈克球副监员与西南行营游击训练班参观团20余人来校参观。10月27日始，学校导师轮流夜间监督学生自学，询问并了解学生所需。

1939年11月12日，孙中山诞辰，武冈各界开会追悼阵亡将士，学校教职员工和学生一起祭祀悼念。

11月14日，学校教员草容、周连等三位教员（另一教员记录不详），设计绘制了洞庭中学校徽。校徽全图为三角形，上尖下广，形似君山，岿然独立。图中上写"洞庭"二字，下为水纹，象征洞庭，湖光万顷。

有了校徽，还急需一首校歌。校长刘侃元构思数日，没有下笔，忽然有一天，他在小坐时文思泉涌，如有神助，竟然一挥而就，连一个字也没有改动。歌名就叫《洞庭中学校歌》，

洞庭中学的音乐教材

洞庭中学校徽

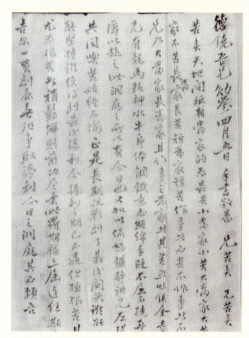

身在重庆的李明灏董事长与洞庭中学校长殷德饶的通信，赞扬他在带领学校晋升完全中学时的精神：兄有龙马精神，水牛身体，钢铁意志，丝绵手段

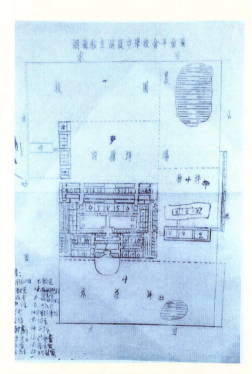

湖南私立洞庭中学校舍平面图（许家大屋）

后由音乐名家，当时是洞庭中学音乐教师的王国民谱曲而成。此歌曲激情洋溢，旋律雄伟，很受洞庭学子喜爱。这首激励洞庭学子的校歌，至今仍为武冈二中校歌，没作更改。多年后，有人对刘侃元说，校歌最后引用屈原和孟浩然的诗句，非常好，不仅有文采和气魄，而且富有历史感，把整个歌词提高到更加广阔的境界。已是耄耋之年的刘侃元说："是啊，我从洞庭中学想到八百里洞庭湖。'洞庭波兮木叶下，湖光浑太清'，这两句诗就自己跳出来了。"

（二）从杨、李二祠迁入许家大屋

1940 年 6 月，学校购买了武冈城东郊塘富冲许家大屋作为新校舍。

许家大屋原是富户许家的住宅，即是一个大院子。有石条砌成的槽门，门上有狮子耍绣球等浮雕。当时因为是战争时期，大院里进驻了一些从战场上下来的伤员，在那里治疗和休养，后来伤员离开后，许家人觉得屋里仍然充满血腥味，不太吉利，便将房子出售。

学校购得许家大屋后，在原有建筑的基础上，根据教学需要增设改造建筑设施。至 12 月 26 日，历时半年，改建教室竣工，所花费用 40 余万元。

学校新建教学楼两栋，平房两座。改造竣工后的学校共设教室 12 间，医务所 3 间，调养室 5 间，图书馆 3 间，实验室 2 间，内外操场 2 个，教职员工和学生宿舍、礼堂、会议室、办公室、储藏室、箱筐室、学生自治会办公室、合作社、杂物室、浴室、理发室、厨房、厕所共 74 间。后来，学校再添教学与生活用具，其中医疗器械 50 件、内外科药品 42 种、学生课桌凳 584 套、写字台、桌椅、学生单人床、教职员双人床等共 966 件。风琴、劳作器具、家具共 76 件。图书 2113 册，图表 52 幅、理化仪器一组共 708 件，化学药品共 278 件，标本 6 盒又 200 种。

学校总建筑面积 3349 平方丈又 75 方尺。

许家大屋的建筑格局，为武冈近郊住宅之冠。前对云山，后枕资水，左右冈密起伏，森林茂密，而南山又相距咫尺，课余可以登高览胜，全城在望，心旷神怡。屋外景色宜人，室内构造坚固，前有朱门，石凳罗列两旁，月台绕砌门外，进门为大厅，再进为正屋，后为燕息之别室，左右为仓储。周以回廊，帘以围墙，皆匠心经营，始克臻此。可惜屋内外靡有甘泉供汲饮。

进入新的校舍，学生们兴高采烈，同时也吸引了许多学校和上级领导前来参观：1940年4月16日，湖南省教育厅主任秘书周调阳莅临学校视察，并做了题为"现时代的青年"的演讲；5月20日，武冈县立女子职业学校（武冈一中前身）学生来校参观；1941年10月，国立第十一中学（岳阳一中前身，校舍设在竹篙塘，今为洞口县地域）师生400余人进入学校参观。

1940年5月1日，学生刘桦华等参加青年节演讲竞赛，获大会冠军。5月2日，学生许焕文等参加青年节论文竞赛，获大会冠军。当日下午，学生自治会召开成立大会，武冈县党部（国民党）总干事翟泰到会致训。

是年8月25日，学校在邵阳、武冈、新宁三县招收初中第五班、第六班新生计100人。10月1日，学校举行小规模的校庆活动，还开展了学校第一届运动会。

1940年，教育部重新修订中学课程标准（见《初级中学每周教学科目及时数表》《中等学校训育科目系统表》）。

公布初级中学每周教学科目及时数表

学年	学期	公民	体育	童子军	国文	算学	博物	生理卫生	化学	物理	历史	地理	劳作	图画	音乐	选修科	总时数
第一学年	一	1	2	2	6	3	4				2	2	2	2	2	3	31
	二	1	2	2	6	3	4				2	2	2	2	2	3	31
第二学年	一	1	2	2	5	4		1	3		2	2	2	2	2	3	31
	二	1	2	2	5	4		1	3		2	2	2	2	2	3	31
第三学年	一	1	2	2	5	4		1		3	2	2	2	2	2	3	31
	二	1	2	2	5	4		1		3	2	2	2	2	2	3	31

附：中等学校训育科目系统表

武冈分校第十四期步兵教练时间分配表

1941 年秋，学校奉教育厅指令修正设班计划，核准招收初中新一班。当时学校共有 9 个班，编为 6 个年级，总人数 332 人。第一、二班 36 人，第三、四班 49 人，第五、六班 68 人，第七班 39 人，第八班 43 人，第九班 64 人。

学校开设课程：公民、童训、国文、英文、算学、动物、植物、矿物、生理、卫生、化学、物理、历史、地理、图画、音乐、劳作。

此时学校的教学力量倍增，教师分别来自祖国的四面八方。由于战争的原因，全国各地的知识分子纷纷南下避难，他们也想在南方找一份糊口的工作。由此，任课的教师来自湖南、湖北、河北、上海、辽宁、江苏、江西、黑龙江等地都有，有教师、教授和著名学者，他们学历高，很多有海外留学经历，年龄大都正当壮年，是个充满活力的教师队伍。

学校的行政组织也做了微调（见《湖南私立洞庭初级中学行政组织系统图》）。

湖南私立洞庭初级中学行政组织系统图（1941年）

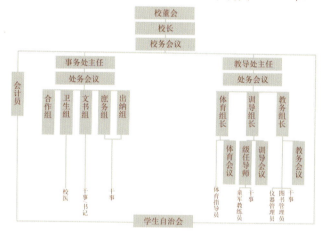

（三）第一任校长刘侃元被迫辞职

1940 年 4 月 9 日，学生自治会开始筹备并发行"讨逆锄奸"壁报专页。学生活动，在社会方面还成立了洞庭剧团、君山歌咏队，洞庭半月刊（壁报）、洞庭期刊，工人夜学班；体育方面有虹光、暴风、浪花、湖潮、狮队、海盗等球队，爬山、远足田径赛、器械操等；学艺方面有国文、算学、演讲、书法等比赛，还办了《童军简报》，刊登全国各省县童子军动态，童子军规程条例，以及武冈的童子军团训练学习等内容。学生活动非常活跃。

可是，校长刘侃元在一次报告中分析战局形势，抨击当局，

湖南私立洞庭初级中学第一任校长刘侃元

遭到一些人的非议。刘侃元在学校周年校庆时撰写长联："五千年古国,傀儡登场,几辈英雄随逝水;八百里洞庭,江山无恙,中兴事业传后人。"

刘侃元早在北平各院校任教时,就积极参加抗日反蒋活动,是颇有声望的左派教师。他担任洞庭中学首任校长至1941 年,被迫辞去校长职务。当时二分校有各种恶势力,地方也有各种恶势力,国民党、三青团都想打入学校。省立六师(后为武冈师范)校长杨某某,听说刘侃元与国民党不一致,怀疑他是奸细,为了试探他,便邀他去六师演讲。刘侃元明白杨某某居心不良,演讲中避免反蒋,只分析时局,只讲抗日。

杨某某虽然没抓到刘侃元的辫子,但还是大造刘侃元反蒋谣言,说他抨击当局,一定要审查他,打倒他。二分校副主任周磐对刘侃元说,重庆有命令,撤销他的设计委员职务,同时要对他进行审查。李明灏也掩护不了,只好要刘侃元保护好自己,辞去校长职务,赶快离开武冈。

古老的武冈法相岩见证了湖南私立洞庭初级中学的创立与成长

当时二分校派来了两个党棍进入洞庭中学,一个叫王经魁,一个叫尹汝山。王经魁来学校后,没干什么好事,尹汝山比他更厉害,企图控制洞庭中学,搞得人心惶惶。刘侃元与殷德饶商量对策,因恶势力太大,不敢贸然反抗,只得消极抵制。最终,国民党、三青团仍然没能在洞庭中学成立和发展组织。

创办洞庭中学时,不少优秀教师就是刘侃元不辞劳苦,亲自到长沙、醴陵等地聘请来的。刘侃元当校长时,也亲自授课。他教公民课,从不用规定的课本,而是讲从猿到人,讲社会发展史,给学生讲唯物论的基础知识;他教历史课,讲每个历史阶段的生产力和生产关系的变化,讲农民起义、民族英雄;他讲语文课,除了讲语文课本上的文章,还要选《古文观止》中的经典之作和世界文学名著,让学生开阔视野,获得有深度的知识。

刘侃元被迫辞去校长职务,在董事会的记录上,也就是明面上,是因病辞职。这是不得已而为之,要避免政治问题。刘侃元离开武冈半年后,觉得风头已过,再说自己并没什么大问题,就回了洞庭中学继续教书,只是不再当校长。直至日寇打到武冈,黄埔军校被裁撤,刘侃元才离开洞庭中学。

(四)继任校长谢行恕

1941 年 7 月 10 日,刘侃元辞去校长职务。7 月 30 日,校董事会正式聘请谢行恕继任校长。

谢行恕，邵阳县人，1931年毕业于上海国立劳动大学农艺系；1932年下学期任南京市私立九一八中学总务主任兼自然教员；1933年上学期至1934年下学期，任邵阳县立简易乡村师范学校农场主任兼农业教员；1935年上学期至1936年下学期，任醴陵县立简易乡村师范学校农场主任兼农学生物教员；1937年下学期任私立三民中学高中部生物与初中部植物教员；1938年上学期至1939年上学期，任邵阳县立简易师范学校国文、农业教员；1939年下学期至1940年上学期，任湖南私立洞庭中学国文、动物、劳作教员；1941年上学期任教务组长兼生物、公民教员；到1941年继任洞庭中学校长。

谢行恕当初是应刘侃元之邀，参与筹办洞庭中学，任董事会董事，主管学校教务，兼授动物、植物、生理卫生、生物等课程。谢行恕老师讲生物课和动、植物课，有三分之一的课程是在附近农田和校园菜地里进行的。他的言传身教，既增长了学生的农业知识，又培养了他们热爱劳动的观念。

谢行恕担任校长后，行政组织稍有调整：学校设校长1人，总揽全校一切事宜，设教导、事务二处，各置主任1人。教导处下设教务、训导、体育、卫生四组，各置组长1人，教务、训导干事各1人，班级导师每班1人，童子军教练员1人，女生指导员1人，图书仪器管理员1人，分掌教务、训导、体育、卫生及管理图书仪器等事宜。事务处下设文书、庶务兼出纳二组，各置干事1人，分掌全校文书拟撰及庶务出纳事宜。设会计员1人，办理全校会计事宜。书记二人，办理全校文书缮校及管卷事宜。

谢行恕校长在任期间，对校务推进多有助益，他力谋添置图书，并前往衡阳、桂林等地，购置大批图书。后来，学校又配备了一些体育器材：篮球8个、垒球3个、排球8个、乒乓球网4副（球六打）、乒乓球拍9副、气筒2个、铁球2个、标枪3支、纪录旗2面、跳高架1座、撑竿跳高架1座、铁叉3副、皮带尺1把、灰车1个、码表1个、号令旗2面、记录板6块、接力棍6根、单杠1副、双杠1副。

谢行恕担任校长的时间在洞庭中学的历任校长中是最短的。1942年下学期他辞去校长职务，但继续在校任教。他担任初中的动物、植物课和高中的生物课教学，同时兼管劳动课，还分管学校环境绿化工作。他有计划地培植树木花草，美化校园，让来校园的参观者都赞不绝口。

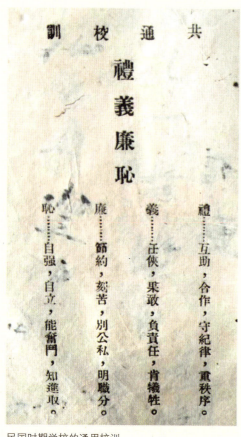

民国时期学校的通用校训

（五）劳动结出丰收果

1942 年 7 月 1 日，李明灏董事长下聘书聘请殷德饶为洞庭中学校长。8 月 22 日，殷德饶正式走马上任，成为洞庭中学的第三任校长。

殷德饶出身于湖南醴陵一个书香门第家庭，毕业于北平大学机械系，曾为武汉大学教授、醴陵简易乡村师范学校校长。大学期间加入中国共产党，后参加了著名的秋收起义。洞庭中学创办之初，他就到洞庭中学执教，担任班级导师兼物理老师。

殷德饶未上任前，学校召开董事会会议，决议二分校每月给学校津贴 1000 元。二分校的教官在校服务期内，各官嫡系子女自 1942 年起免收学费、俸米。

殷德饶上任后不久，由于战争的原因，物价上涨很快，学校在开销上便现出窘迫来。学校立即将学生的学期俸米升为 7 斗 2 升，或折市场价钱支付。学生的理发、洗衣、灯油等费用，由学生、教职员工捐款 1—3 元（学生 1 元，百元工资以下的教职员工 1 元，其余 2—3 元），由总务处和学生自治会负责统一收取。部分开销不足的地方，由学生俸米剩余折款补充。

1942 年 9 月，学校召开校务会议，决议两项事宜：一是以国文、算学、英语为主课，并缩短授课时间，坚定自学时间。二是改善伙食，在原 3700 元的基础上增加 1400 元，并另加牙祭费 1000 元。为了不降低伙食，学校延续了谢行恕校长倡导的生产劳动，组织学生开展生活自救。

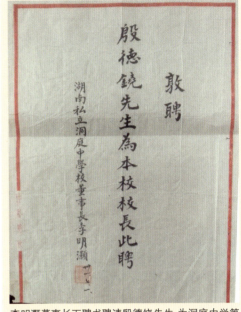

李明灏董事长下聘书聘请殷德饶先生 为洞庭中学第三任校长

这年开学，学校要求每个学生来校报到，必须交一把自备的锄头和一只下蛋的母鸡，才允许注册。锄头是每周一节劳动课挖土、种菜、植树的必备工具；母鸡交学校鸡场喂养。劳动课由校长殷德饶和教师谢行恕亲自兼任。

学校迁入塘富冲许家大屋新校舍，还有许多的设施待完善。上劳动课或是课外活动，师生们一同挑土平整操场。操场平整后，主要劳动是种菜。学校周围有几十亩菜地。殷德饶校长上劳动课时，通俗地讲解劳动创造世界的意义，讲种菜、养鱼、养猪、养鸡改善学生生活的重要性，批评那种鄙视劳动的思想。对有些学生入校自己挑行李的行为大加赞扬，从而使学生逐渐养成以劳动为荣的风气。

当时除种菜以外，学校还有两口鱼塘，一年要下几千尾鱼苗；鸡场养了几百只母鸡；食堂喂了二三十头肥猪，每月杀一头猪改善生活。每逢元旦、端午、中秋、校庆等节日，还能吃到鱼、鸡。一段时期，还能经常吃到鸡蛋。来学校参观的人，对学校这种自己动手改善伙食的做法很是赞赏。

校园内还有十几棵橙子树，有一片蟠桃林，结了果子没人私自采摘，成熟后由学校组织学生统一收摘，分给师生品尝。

学校把劳动作为教育的重要内容。学校在大皇城杨、李二祠时，就组织学生每天早晨或黄昏到武陵井挑水，每月到离城五里的五里牌运柴。学校迁到塘富冲后，买了40多亩地、两口塘，师生自己动手种菜、养鱼。每届新生入校时，必须备好一把锄头、一根扁担、一担畚箕。学校的蔬菜种得很好，白菜大蔸的有上十斤，冬瓜大个的七八十斤。除了种菜，还要扯草养鱼、喂猪。年近50岁的刘侃元也不避寒暑，爬山越岭，与学生同住同劳动。大家动手生产劳动，节省了开支，食堂伙食办得很不错。虽然萝卜、白菜、豆豉、辣子、油炸豆腐是常菜，但一周打两次牙祭，能吃到大钵子的猪肉、牛肉，有时吃羊肉，在艰难的抗战时期是非常难得的。

（六）两届毕业会考学业成绩获全省第一

1942年6月12日，校长谢行恕和导师殷德饶，率领初中部第一、第二班学生，参加湖南全省第十二届中学毕业会考。学生每人向学校交一张标准相片和预交伙食费等两万元，多退少补。学生要带一瓶水、一块墨、一床毯子，佩戴考生符号，及一至两千元另外开支费用。相片后面写上学生名字并加盖校长私章。学生去参加会考出发中，学校放鞭炮欢送至离学校五里路外的惜福亭（今玉带桥头）。

毕业会考考期三天，考试科目是国文、算学、历史、地理、化学、物理。考试地点设在竹篙塘（今洞口县境内）国立十一中（岳阳一中前身）。在端午节前后，由导师殷德饶和校长谢行恕带领考生，步行90多里路前往竹篙塘。第一天到高沙市（今洞口县境内），第二天到达竹篙塘。学生集中住在国立十一中的学生宿舍里。

考试前的晚上，殷德饶带着一名工友，拿着研磨好的一大钵墨汁，分发给学生，倒入学生的墨盒里。那时的考试，有些科目仍然用毛笔答卷。殷老师叮嘱学生，要有信心，不要紧张，要看清考题再答，努力考出好的成绩来。

会考结果，洞庭中学参加考试的41名同学全部合格毕业。

洞庭中学高中部第一班毕业纪念

洞庭中学的总成绩名列全省第一，打响了头一炮，校长谢行恕被戴上了荣誉鲜花。

1943 年，第五、第六班学生参加湖南省第十四届毕业会考。考试定在 5 月 27 日、28 日、29 日，考试科目仍然是国文、算学、历史、地理、化学、物理。

当时，第五、第六班有个学生，名叫胡湘文。在考试前因病请假回了黄桥铺（今洞口县境内）家里治疗。罗世藩老师为争取胡湘文同学参加会考，在会考前一天，派游明章、王泽运同学到黄桥铺接他。

其实，胡湘文不是病得不能参加考试，而是因病复课不扎实，怕考不好影响学校声誉，私下决定不参加会考。罗老师了解后，相信他能考出较好成绩，就鼓励他参加。这样，胡湘文才同意参加会考。这次会考由殷德饶校长、罗世藩老师带队，会考结果和 1942 年会考一样，第五、第六班同学考得非常好，学业成绩再次名列全省第一。

洞庭中学两次参加全省会考，两次名列全省第一，立刻名震三湘。这事报到省教育厅，当时在省教育厅任主任秘书的周调阳大为惊喜，教育厅厅长王凤喈特通令嘉奖，并颁发奖金一万银元（分两次发放）。学校领了这一万元后，购买了许多图书和教学仪器，充实了教学内容，改善了教学条件。

国民政府省教育厅厅长王凤喈通令嘉奖湖南私立洞庭中学

有人总结洞庭中学会考夺冠，有五个原因。一是学校注重德、智、体全面发展，培养学生的理想、志气、道德和情操；二是学校特别注重教学质量，除教科书外，还印发教师自编的讲义材料；三是有一批学识渊博尽心尽责的优秀教师；四是对会考做了精心的准备，做了细致周到的思想工作和组织工作；五是学生集体寄宿，晚间集中在教室自修，学习风气浓，学习成绩整体水平高。

（七）洞庭初级中学在战火中晋升为完全中学

学校两次在全省会考中夺冠，在三湘教育界名声大振。毕业会考第一次夺冠时，学校就有晋升完全中学的想法，并向教育厅递交了申请报告。可是，由于战乱，物价飞涨，学校经济拮据，教学陷入了举步维艰的境地。

如果学校晋升为完全中学，还要增强教师队伍，教学开支会更大。但是，学生毕业会考夺冠，是申请晋升完全中学的良好时机，要是不趁热打铁，今后再申请兴办高中，恐怕会更困难。

1943年3月，蒋介石将李明灏调至陪都重庆担任警备司令。当时是抗日战争最为紧张的时期，学校升格高中，不逢时日，殷德饶频繁与身在重庆的董事长李明灏通信，说有些教师思想动摇，不太安心教书，还有几个教师已经离开了学校。4月5日李明灏收到信后，即复一封长信，信中说："天地间最苦事莫如募捐，弟自愿退居董事而不愿长董事者实以此也。"信中谈及他千方百计为洞庭奔走募捐。特别是他在信中誓言："国家到了今日，我不入地狱谁入地狱？文天祥、史可法也是人，我实难于做鬼！此所以使洞庭中学苦，使各位先生苦，此所以物以类聚，人以群分。"信的最后相信洞庭"日新又新"。

后来李明灏给殷德饶的信中又说，高中能办成更好，办不成就不办或缓办。

李明灏再回信，说他携全家从重庆回醴陵时，筹措了10万元，叫弟弟从重庆带回，可是，在路上由于战乱和花费，只剩下3万元，而且还不知什么时候才能交付给洞庭中学（最终洞庭中学收到这笔钱没有，无从考究）。

李明灏后来在给殷德饶的信中建议，增加田租和学生俸米，学费也相应提高，以过难关。要把离开学校的个别教师从蓼湄学校（今洞口县高沙镇内）请回来。学校的奖学金也不能减，只将学生获奖的主要科目成绩提高到80分以上。

建议学校向学生收取的学费，分别是：高一2720元，高二高三2750元，初一2720元，初二初三2730元。（详细费用见《洞庭中学学费收取一览表》）。

洞庭中学高中部第三班毕业留念

洞庭中学学杂费收取一览表

项目/年级	金 额（元）
一、学校征收各项费用	
学宿费	260
体育费	40
图书费	30
杂费	60
讲义费	20
维持费	300
二、学校理科实验费	
高一	30
高二高三	60
初一	10

（续表）

项目 / 年级	金 额（元）
初二初三	20
劳作及童子军实习费	20
教师生活补助费	150
三、学校代收其他费	
膳费	1800
预偿费	30
四、总 计	
高一	2720
高二高三	2750
初一	2720
初二初三	2730

这年，武冈的上空时常响起警报声，但没见日军飞机入侵。学校为了防止日军飞机突然进入，决定教师四点四十分起床，放学时间改为下午五点，中午强迫学生午睡。学生游泳课由老师负责，地点在安乐桥。学校修正学生请假规定：期限在一日以上者，除直系亲属丧亡或自己身体有病以外，不得超过一次，并须有家长申请函件；请假四日以上由教导处核准，一星期以上的由校长核准。

在这样艰困时段，殷德饶把离走的教师请了回来，也尽最大的努力向社会募捐了较多资金。用学校老师的话说"殷德饶校长硬是挺过来了"。1943年秋，省教育厅批准洞庭中学增办高中，从此"湖南私立洞庭初级中学"去掉了"初级"二字，更名为"湖南私立洞庭中学"。在这经济困难时段，许多不可能完成的事，反而激发出殷德饶的智慧和勇敢，在与学校老师的共同努力下，这年秋天，学校开始向社会招收高中班学生。

李明灏闻讯也大为惊讶，在给殷德饶的回信中大讲当家苦，说殷校长当学校这个家辛苦了，赞誉他："兄有龙马精神，水牛身体，钢铁意志，丝绵手段，不屈不挠，再接再厉以赴之，洞庭之所以有今日也。"

在这最艰难时期，学校的建筑略有改造（见《湖南私立洞庭中学校舍平面图》）。学校占地面积563方丈（市尺），建图书馆1间、教室12间、实验室2间、体育场7个（露天）、寄宿生宿舍20间、教职员办公室15间、学校办公室1间、大礼堂1间、食堂1间、教职员休息室1间、厨房3间、浴室2间、厕所10间、公丁室4间、传达室1间、游艺室1间、仓库10间、

李明灏（后排右3）与毛泽东等人在北京天坛留影

学生自治会办公室 1 间、疗养室 4 间、会客室 1 间、理发室 2 间。

这一年，为了教职员工安居，新建宿舍两大座于校舍右方山坡上，距校千步之遥，来去方便。宿舍内共有堂屋 4 间、卧室 16 间、厨房 4 间、杂屋 1 大间，可供教职员 8 家住宿。原计划是建三大座的，因材料购置的问题耽搁。后又建一大食堂，工未完成一半，闻日军将侵入，全体教师和学生开始大转移（后面详述）。

1943 年 12 月 21 日凌晨 2 时许，日军飞机 4 架侵入邓家铺至县城附近领空，在高沙、木札垄、太阳坪、石头山、易家坳等处进行机枪扫射，并投弹 30 多枚。

烽火连天，但学校依然在保证安全的情况下，继续开展学校的正常活动：1943 年 4 月 8 日，新宁私立楚南初中及新宁县中学生来校与本校学生进行篮球比赛；5 月 7 日，学校举行第二届运动会，全体学生参加；5 月 13 日，湖南省教育厅督学卢觉来校视察，并召集全体学生训话；6 月 21 日，湖南省教育厅督学刘卧南来校视察；10 月 31 日，军事考察团叶肇军长来校参观并对学生训话；11 月 16 日，中央军校第六分校副主任偕同王军长来校参观；11 月 29 日，湖南省教育厅王凤嗜厅长莅临学校训话。

学校成立"家庭教育委员会"，推行家庭教育事业，分配学校教职员指导学生家庭教育工作，协助推进学校家庭两地教育，研究推行家庭教育实际问题。

同时学校还成立了"湖南私立中学山门学会"的学生组织，宗旨是联络感情，促进学业。通信处设在山门黄市正街（今洞口县境内）。

童子军也办得如火如荼。制定了童子军章程，童子军团内的童子军加入两个月后，须依照中国童子军登记规程请总会登记（见《中国童子军组织系统表》）。成立童子军由县党（国民党）部或教育当局呈请中国童子军省理事会转呈中国童子军总会，批准后成立名为"中国童子军某省某县中国童子军"，业务由省理事会指导。

童子军实行战时服务训练。温习课程、学习战争专技、学唱歌曲、学习战时手工、学习游击等。参加贫户或征军家属服务。参加除夕团欢会，元旦、春节团拜会，或新年同乐会。参加冬季露营、游行。武冈童子军办了报刊，发给省内各团及有关机关，按月呈送总会。

黄埔二分校从 1938—1944 年在公堂上周家祠堂办学，数以千计军官在此学习。图为山塘尾村民设立的"黄埔井"

（八）日寇入侵，师生两度大转移

战争渐渐逼近武冈，物价飞涨，殷德饶给李明灏的信上说，新上市的辣椒 120 元一两（旧计量单位：十六两等于 1 斤），一元钱在地上，连叫花子都懒得弯腰拾起来。李明灏明白殷德饶的意思，回信说他近日大病了两场，高烧 41℃。战乱中，他携 80 岁的老母和家眷逃到靖县，生活上向别人借钱 100 万元。后，修缮房子又借了些钱，所以，不能给学校经济上的支持。

洞庭中学与全国各地学校一样，难以生存下去。校长殷德饶写信给李明灏说了此事，李明灏当时在昆明，后前往重庆，回信说当前国难，谁还关注一所学校，如果能保则保，不能保即将洞庭中学解散。

1944 年夏天，日寇进逼武冈，形势危急，洞庭中学面临解体的危险，是停办，还是暂时避难他乡，必须立即做出抉择。殷德饶校长在教导主任王鉴清等老师的支持下，果断决定，继续办学。

1944 年秋，由于日寇做垂死挣扎，妄图攻占芷江空军基地，并打通粤汉铁路这条陆上交通线，加紧向衡宝地区增兵，频繁地向湘西南的邵阳、武冈、新宁、城步等地进犯。9 月初，日寇飞机两次轰炸武冈县城。第一次轰炸后，学校即通知学生做好转移的准备；第二次轰炸后的次日，学校即组织师生经武冈县城，出旱西门向城步西岩方向进发。

1944 年夏天，日寇围攻武冈城复原图

学校的贵重仪器、设备、资料等装箱运往西乡（今邓元泰辖地）江塘的夏胜如（高一班学生）家中隐藏起来；许家大屋的校舍由总务陈子哲老师留守，负责保护学校财产。在临行前，从二分校领来 20 支俄式步枪和子弹（到绥宁后又领了 20 支），再从高中学生中挑选了 20 名身强力壮的学生（后增加到 40 名学生），组成校卫队，由军训教官许天章带领。学校的先遣队打前站，为后续人员安排宿营地。学生一人一个铺盖卷，一提篦衣物和学习用品，用一根竹扁担挑着；老师拖儿带女，在蜿蜒崎岖的山道上挑着炊具、粮食、衣服，随同转移。

当时由于从武冈西行的人很多，山路狭窄，人流拥挤，行进速度非常缓慢，有时一天走十几里，二十几里，最多走三四十里。宿营时按小分队（班级）到村里和集镇的老乡家借宿，以小分队为单位起火做饭。伙食费从学校总务长那里领取。这样各自为政，倒也灵活方便。在西岩停了三天，继续西进，一路上停停走走。

附：中国童子军组织系统表

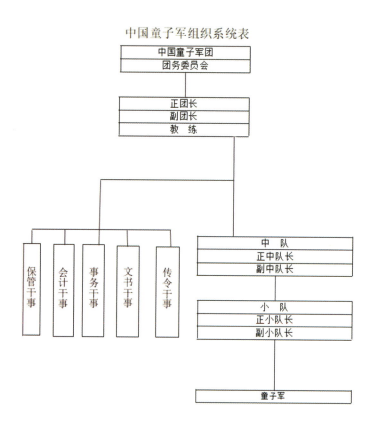

黄埔二分校校舍：尹氏祠堂

　　在从西岩市到长铺子的路上，路过梅口。转移的队伍过了梅口10多里路后，师生200多人就开始爬山。先锋开路，枪杆断后，按连排编制，一一行进。当先头部队的人爬到山腰，山脚那边的山冲里出现几个人，向转移队伍放了几枪。有人喊："土匪来了！""快！快！快！"队伍里脚步声、喘气声、惊吓声，响成一片。

　　这边师生已惶恐不安，那边土匪还在放枪，这时武装的校卫队员们，端起枪朝土匪那边一阵猛射。土匪知道这边有防备，就不敢过来掠抢钱财物品。大家急忙上山，累得气喘吁吁，汗流满面，终于爬到山顶，才坐下休息。

　　当天赶到长铺子宿营。

　　经过约一个星期的行军，在中秋节前到达了绥宁县城。

　　经先遣队人员联系，学生进入绥宁县立中学临时腾出的几间寝室里，这便是大家的栖身之处。部分带家属的教师找民房住下。学生吃饭就利用县中的食堂，炊事员准备好饭菜，待绥宁县立中学生吃完饭以后，洞庭中学的学生再开饭。

学生逃难到绥宁后，学生安置好铺位，就开始自学。第三天，学校开始复课。绥宁县中的过道、食堂、凉亭，成了洞庭中学学生的临时课堂。当时随学校到绥宁的学生，有高中第一、第二、第三班和初中第十班，共四个班的学生。绥宁县中的学校，由于加上了武冈学生，场地有点逼仄，学校环境不太好。后来，经学校与绥宁县政府交涉，半个月以后，学校由绥宁县中搬到场地稍宽敞的孔庙内。孔庙进门左右两排厢房做学生的宿舍兼课堂。听课学生就坐在地铺上，膝盖成了学生的课桌。条件虽然简陋，但学生们能随遇而安，专心致志学习。

师生进入孔庙不久，学校从二分校领来一批旧棉军装，发给没有过冬棉衣的学生。

学校军事训练也加紧了，每周有两节军事课，从拆卸、擦洗、使用枪支的基本常识学习，到班、排、连、营的作战训练，既有课堂讲授，又有实际操练，如野外演习和实弹射击。学校这样重视学生的军事训练，是为最坏的情况作准备，万一形势恶化，就把师生拉到湘黔边境打游击。

晚上，学生轮流站岗放哨，保卫学校的安全。

学生吃的粮食是向当地粮库借的。开始绥宁县的县长不同意，那时周调阳正好在绥宁，便做了县长的工作。经得同意后，学生即到二三十里以外的粮库去背粮。在冬天到来之前，即到二十多里外的深山里砍、运竹子修补临时伙房。学生们生活紧张又艰苦，但他们以苦为乐，在战乱中都能完成学习任务。

陆军军官学校校歌

这年腊月二十九，流亡的师生们，在绥宁县文化馆的礼堂上，上演了大型古装剧《岳飞》。剧本是老师自行改编的，曲子是老师谱的，演出道具服装，包括岳飞大将的盔甲，都是师生们自己制作的。这场演出在绥宁县引起强烈反响，台上台下群情激奋，高昂悲壮的《满江红》歌曲，两三日之内就在当地学生中传开了。

1945 年初放寒假时，战争形势趋向缓和，学校的师生从绥宁返回武冈。是年 4 月，日寇进犯湘西，打到武冈。洞庭中学师生再次逃难。虽然日寇飞机不时来袭，但师生们有了逃难的经验，这次是将学生分成小分队，由各个老师带领。一路上有学生打前站，安排住宿、烧好饭菜，等待老师学生到达。

日寇大军步步压境，师生们翻山越岭，到达武阳镇时正值黄昏。这时先遣队人员发现了敌人踪迹，学校决定借这暮色苍茫的掩护下，将师生转移到河对面十里之外处安宿，待机再继续前进。当天晚上，日军闯入武阳镇大肆烧杀，所幸师生没一人受到伤害。

因师生离开武冈匆忙逃难，所带粮食有限，每到一处，殷德饶校长即开具学校借条，向当地粮食管辖的粮仓索取粮食。粮食按人定量分配，尽量保证师生不饿肚子。尽管旅途艰苦，前途莫测，师生们却意气风发，毫无沮丧之感。遇到庙堂或墓地空阔之处，有机会仍然进行教学，真正做到了"烽火连天而弦歌不辍"。

这么多人出来，一天的粮食消耗不少，很快，粮食又见窘迫了。咬牙坚持了一段时间，最后没有办法，老师们就摊开门板，变卖衣物。虽如此，但大家都是抱着乐观的态度。在最艰难的时候，校长殷德饶和主任王鉴清打听到县长是明德中学的校友，顿时喜形于色。他俩立即前往县府求援，县长一口答应，学校即转危为安。

武冈形势稍有好转时，师生们便从会同返回武冈。到了武冈后，战争仍然没有完全消停，听说许家大屋曾遭日寇的飞机轰炸，是个危险区域，大家就没回学校，200多名学生暂时借住在南门外寺背冲的青云庵里。邮件通信也在此处。

这年，武冈粮价再次暴涨，且一日高过一日。没办法之际，殷德饶校长就向会同的校友县长开口借粮，借得粮食59石8升，后省政府拨救济粮款39000元，解了燃眉之急。

1945年8月15日，日军投降，如平地一声惊雷。学校从南门外的寺背冲青云庵迁回了许家大屋校舍。耗资百万的可容千人的尚未建成的大食堂，木石俱焚，仅剩瓦砾。还有其他楼房也成了废墟。此后六年，学校没有大的建设，后来经过董事会努力，才逐渐恢复了食堂、大礼堂、图书馆、科学馆等建筑。

日寇投降，全校师生兴高采烈。武冈县也举行庆祝活动，全校师生赶到县城，参加全城人民庆祝胜利的提灯会，心情欢畅。

学校师生两次逃难期间，临危受命的陈子哲，负责留守学校保护财产。陈子哲誓言，日本鬼子没打进大门，决不逾墙走避，擅离职守。他几个月严守岗位，未出过大门，还经常派人到绥宁、会同通报情况，消除大家的后顾之忧，还顺便送一些生活物资。日寇经过武冈城边，他加倍警惕，守护校产。逃难的师生归来，看到全校基本物资一如往昔，校具和贮存几百石粮食的谷仓，丝毫无损。还有寄放在西乡江塘夏胜如学生家的图书、仪器，也完整无损地保存下来。

武汉黄埔军校二分校迁入武冈各祠堂之一的高沙镇的曾八支祠（当时属武冈地域管辖范围，现为洞口县地域）

殷德饶校长在庆功会上，为陈子哲、参与守校的另一名老工友、夏胜如各授一块金牌，以资奖励。

（九）日寇投降前后的峥嵘岁月

一边是战火连天，安全危急；另一边是教书育人，不舍昼夜；还有一边是反动势力，猖獗作歹。虽然如此，学校竭尽全力让既定的教学计划顺利进行。

学校颁布规定：学生成绩在 65 分以上，才能升级；主课 65 分以下的学生留级；60 分以下或操行恶劣的学生予以辞退；成绩特别差的学生予以辞退。学生不能结婚，如结婚者即辞退。学生迟到一次，罚金若干元，迟到两次，罚金翻倍，迟到三次者勒令休学。

1944 年 3 月 10 日，湖南省第六师范学校（后为武冈师范）毕业生来校参观。是年 4 月 23 日，学校举行第三届运动会。6 月 24 日，黄埔军校第二分校教育处王处长来校讲演印度问题。

从 1939 年至 1944 年学校从事人员职务，和其他的事宜，几次变动和调整（见《主持校务人员更迭概况表》《教务人员更迭概况表》《训育负责人更迭概况表》《事务人员更迭概况表》。

附：**主持校务人员更迭概况表**

主持校务人员更迭概况表

姓　名	职　务	主政起讫时期
李明灏	董事长	1939 年起
周　磐	副董事长	1940 年起
张凤翔	副董事长	1940 年起
刘侃元	校长	1939 年 8 月至 1941 年 8 月
谢行恕	校长	1941 年 8 月至 1942 年 8 月
殷德饶	校长	1942 年 8 月起

1945 年洞庭中学师生从会同回武后，暂借住在青云庵内，即南门外水南桥附近（今青云庵已拆毁）

中央陆军军官学校第二分校第十六期第八总队第四分队全体教官学生结业期满合影。1940年3月10日摄于公堂上周家祠堂

附：教务人员更迭概况表

教务人员更迭概况表（1939 年至 1945 年）

姓 名	职 务	负责起讫时期	备 注
刘侃元	教导主任	1939 年 8 月至 1941 年 8 月	校长兼任
谢甲南	教务主任	1941 年 8 月至 1942 年 2 月	
谢羡安	教务主任 / 教务组长	1942 年 2 月至 1944 年 8 月	
王监清	教导主任 / 教务主任	1942 年 8 月至 1944 年 1 月	
王国民	教务组长	1944 年至 1945 年 8 月	
罗世璠	体育组长	1942 年至 1943 年 8 月	兼童子军管理员
唐高柄	体育组长	1943 年 8 月起	
雷洁非	教务员	1940 年 2 月至 1942 年 2 月	
姚希姬	教务员	1942 年 2 月至 1942 年 8 月	
唐治民	教务员	1942 年 8 月至 1944 年 8 月	
李桌雄	图书管理员	1943 年 2 月至 1944 年 7 月	
谢克毅	图书仪器管理员	1944 年 2 月至 1944 年 8 月	
李兼善	图书仪器管理员	1944 年 8 月至 1944 年 9 月	

附：训育负责人更迭概况表

训育负责人更迭概况表（1939 年至 1945 年）

姓 名	职 务	负责起讫年月
尹汝三	训育主任	1941 年 8 月至 1943 年 2 月
陶欣吾	女生管理员	1943 年 2 月至 1943 年 7 月
余立夏	女生管理员	1943 年 8 月至 1944 年 7 月

（续表）

姓 名	职 务	负责起讫年月
经亚元	女生管理员	1944 年 8 月起
江以南	训育员	1944 年 2 月至 1945 年 7 月

附：事务人员更迭概况表

事务人员更迭概况表（1939 年至 1945 年）

姓 名	职 务	负责起讫年月	备 注
李敦鑫	事务主任	1939 年 8 月至 1939 年 2 月	
罗国元	事务主任	1939 年 2 月至 1941 年 2 月	
刘岳乔	事务主任	1941 年 2 月至 1942 年 8 月	
陈平一	总务主任	1942 年 8 月至 1944 年 8 月	
李颖之	总务主任	1944 年 8 月起	1942 年 8 月至 1944 年 8 月任出纳组长
陈子哲	事务员 / 事务组长	1941 年 1 月至 1941 年 8 月	1941 年 8 月起
姚希姬	出纳组长	1942 年 2 月至 1942 年 8 月	
唐治民	出纳组长	1944 年起	
杜竞农	校医 / 卫生组长	1939 年 8 月至 1940 年 2 月	1943 年 8 月至 1944 年 7 月
李凤	校医	1940 年 8 月至 1942 年 2 月	
林瘦梅	校医	1942 年 2 月至 1942 年 8 月	
柳国钧	卫生组长	1942 年 8 月至 1943 年 7 月	
王俊兴	卫生组长	1944 年 2 月至 1945 年 2 月	
曹修耒	卫生组长	1945 年 2 月起	
龙子永	书记	1940 年 2 月至 1941 年 8 月	
周齐民	书记	1941 年 8 月至 1943 年 2 月	

中央陆军军官学校第二分校迁驻武冈暂借张家花园作临时军校校舍（现为武冈市第三中学）

（续表）

姓　名	职　务	负责起讫年月	备　注
陈显骏	书记	1943年8月起	
卢振鹏	书记	1944年10月起	
徐公毅	训育主任	1942年2月至1942年6月	
邹绍祺	训育主任	1942年6月至1942年8月	
李左黄	训育组长	1942年9月至1944年2月	1945年2月改任秘书
赖利贞	训育主任	1944年2月起	
李琼珍	女生管理员	1939年8月至1941年2月	
王永学	训育员	1941年8月至1942年2月	
李明远	训育员	1942年2月至1943年2月	
李文玉	女生管理员	1941年2月至1942年2月	
常业恺	女生管理员	1942年2月至1942年8月	
谭靖民	女生管理员	1942年8月至1943年1月	
王国民	训育员	1943年2月至1943年7月	

中央陆军军官学校二分校办的《战斗日报》

其时《战斗日报》报社及印刷厂

学校按计划进行教学，或在许家大屋校舍，或在转移途中及暂住之地的绥宁、会同，战火不断，弦歌不辍。战争是影响学习的大敌，更是对师生生命的威胁。

1945年4月22日，日军第三四师团从新宁侵入武冈安心观、五里牌一带，被国军第五十八师一七二团阻击。次日，日军2000余人迂回威溪冲、蔡家塘等地，复遭国军第五十八师阻击。4月26日，国军第五十七师与日军6000余人在安心观、踏踏岭、李家山、高沙、竹篙塘一带进行激战。5月1日，国军第九十四军第五、四十四、一二一师在荆竹铺、黄茅、李家山、转湾、踏踏岭一带形成东西夹击之势，击溃日军2000余人。第五师十四团在龙田、扶冲地带激战三昼夜，歼敌600余人。同月7至16日，国军第九十四军在武冈荆竹铺、龙田、高沙、风神岩、花桥、曹家坳、黄家冲等地与日军激战，打死打伤日军 2900 余人。至 26 日，日军全部败退。

战争正是激烈时，为了增强抗日力量，湖南省主席兼司令薛岳、军政部和教育部向各学校致电招兵。凡年满十八周岁的男女，自愿申请服役。志愿服役学生，如曾受军训合格，选为军士，训练期满后择优送考中央陆军军官学校。依其所习学科及志愿，服任特种兵、特业兵、空军，及适当之军事辅助勤务（见《学生志愿服役办法》）。

附：军政部公布的学生志愿服役办法

学生志愿服役办法

军政部（国民政府）三十二年（1943 年）十二月公布

第一条	学生志愿服役，除照一般兵役法令外，均依本办法之规定。
第二条	凡中等学校以上学生，志愿服役，应向学校申请登记，并以年满十八岁以上为限。
第三条	学校志愿服役学生，在登记时，由校医作初步身体检查，其标准如下：一、身长一百五十五公分以上者；二、体重四十六公斤以上者；三、胸围七十六公分以上者；四、五官四肢及肺脏正常者；六、无重沙眼及痔疾及精神病者；
第四条	合于前条初步身体检查之学生，由学校造其志愿服役学生姓名年籍清册，送请当地军（师）管区司令部复查验收。
第五条	军（师）营区司令部接到前项清册后，应派军医到学校复行检查，复行检查时，不及第三条各款规定标准者，仍在原校继续求学。
第六条	军（师）管区司令部，对于查检合格学生，规定入营时间及地点，举行定期入营，在入营前对于营舍被服等项，应事先准备适当，其有自备应用衣物在规定范围以内者，尽量携带。
第七条	前条合格学生，编组为教导队，由军政部集中办理，或由军（师）管区司令部办理之。前项教导编训另定之。
第八条	志愿服役之学生，如曾受军训合格者，得选为军士，训练期满后得择优送考中央陆军军官学校。
第九条	志愿服役之学生，训练期满后，得依其所习学科及志愿，服任特种兵、特业兵、空军，及适当之军事辅助勤务。
第十条	学生服役后，应保留其学籍，其在服役期间之战绩，由部队考核通知原学校，以备退伍回校肄业时，按其程度酌予升级。

1939 年黄埔军校二分校校本部，后称李明灏别墅

（续表）

第十一条	学生服役中，如有逃亡情形，除依法办理外，须开除其学籍。
第十二条	凡中等以上学校，年满十八岁之女学生，志愿服役，应向学校申请登记后，造其清册，送请当地军（师）管区司令部，听候调任军事辅助勤务。
第十三条	公教人员党员团员志愿服役时，适用本办法之规定。
第十四条	本办法自公布日施行。

许多符合条件的学生纷纷报名服役，也有其他学校的学生和社会上青年也来报名。具体多少人报名服役，没有具体数据可查。

1945年9月22日，因之前的湘西会战，学校受灾，向省教育厅申请救济款。各受灾学校都有救济款。洞庭学校分配到救济费184800元，以及主副食费141450元。

战乱时期，人心惶惶，什么也跟着乱了。1944年，二分校派来一个军训教官，名叫曾新。他一来学校，就煽动学生把矛头对准殷德铙校长，说殷校长有贪污行为。一些不明真相的学生就闹腾起来，刘侃元老师出面找学生谈话，才平息学生情绪，同时，学校组织学生清算账目，经过三天清算，没有发现问题。学生自治会向全体学生报告了查账结果，一场风波才算平息下来。曾新也灰溜溜地离开了学校。

洞庭中学一批思想进步的老师，以自己的言行教育学生，影响学生。这些教师中，有公开的共产党员罗世藩老师，有隐蔽的共产党员殷德铙、何松年、廖六如、陈平一、李石静。有参加共产党领导的进步组织的王国民、谢行恕、萧敏颂等。

国民党当局曾向音乐老师王国民下毒手：重庆来的特警，将王国民老师叫到传达室，带队的警官从公文袋中抽出几页音乐讲义油印稿纸，其中有《古怪歌》《大刀歌》《劳动歌》和《校歌》，然后从公文夹中取出拘捕证，押走了王国民老师。

李明灏将军很快知道了这事，马上与武冈航空站联系，下令暂停这架飞机返航。特警刚带王国民到航空站，然后就收到了李主任下达的"暂停返航"命令，他们无可奈何，只得改变面孔，对王老师以礼相待，转而将他带到法相岩李主任驻地。

特警进了门，见到李明灏主任，立正敬礼喊报告。李主任的夫人把王国民老师请进来坐下，并亲手端茶。适时，李老太夫人从内房出来，把王国民老师邀进了她的住房。特警报告

1938年，中央陆军军官学校二分校迁入武冈后，暂借陆家院子（今花园巷，居民小区）做临时校本部。图为陆家院子门脸

之后，李主任一一做了说明，证明和担保王国民是个好老师，又给这批特警写了第二天返航的证明，保证他们回重庆复命不受责处，此事从此了结。

（十）黄埔军校二分校裁撤，洞庭中学迁往二分校校址

1945 年 10 月，黄埔军校二分校从武冈裁撤，二分校与洞庭中学分离。是年 12 月，军政部部长陈诚指令二分校主任李明灏，同意柴镜蓉报告，将二分校营房拨作洞庭中学作为校舍。二分校房地为暂时借用，今后如军部需要，应即归还。1946 年 1 月 1 日，二分校与洞庭中学正式交接。2 月春季开学时，洞庭中学整体搬迁到法相岩宝方山的原黄埔军校二分校，即是现在的武冈二中校址。

宝方山的武冈二中校园宽阔，校区面积 800 余亩，风景秀丽，环境幽静，人文景观颇丰，是办学胜地。校区的法相岩，在唐宋时，已成为闻名遐迩的游览胜地。王昌龄赋《法相洞天》诗篇，宋楼钥留"碧玉簪"摩崖石刻。前人题名太保、花乳、芙蓉、朝阳、迎阳、隐仙、栖真和上屏八洞。洞中跌宕起伏，钟乳石玲珑满目，天作地藏，有龙眠迹、石马恋槽、五蛇出洞、玉仙妆台、岩中飞瀑、擎天一柱、海龟觅食、珍珠塔、暗花楼、千丘田等奇观。宝方山的古代建筑有法相寺、元帝庙和二邓先生祠。

1946 年 1 月 31 日，殷德铙因病辞职，由王鉴清继任校长。

王鉴清，长沙人，曾在北平农业大学、北平私立中国大学中国文学系学习，1927 年奔赴广州，进入黄埔军校，参加共产党领导的进步组织活动。因反对蒋介石反革命政变，被捕入狱。出狱后，在长沙等地多所学校分别任教。1940 年到竹篙塘（当时为武冈辖区）国立十一中任国文、公民教员等。未任洞庭中学校长前，王鉴清为中央军校二分校政治教官、洞庭中学国文教员兼教导主任。

王鉴清 1946 年春接任校长后，即去长沙等地请来教师萧敏颂、彭秉朴、赖云、赵连城、傅启虞、左宗朴、曾光炎、李昌董等名师，壮大了一支力量雄厚的教师队伍。

1946 年 2 月 6 日，学校宰牛 1 头，宰猪 1 头，设宴欢送殷德铙校长。宴席设在学校操场，共 80 桌，各班代表向殷德铙校长敬酒，殷校长喝得醺然大醉。9 日，全体师生合影，欢

1942 年黄埔军校武冈分校 17 期鄂籍同学留影

送殷校长离校。

王鉴清继任校长后，学校一切教学工作和学生活动正常进行，该整治校风的整治校风，该进行的学生活动，也放手让学生们去做。

1946年3月23日，高四班学生陈继光、初十七班学生吕开政在城区赌博，屡教不改，学校给予学籍开除处分。

4月13日，高中部学生自由去河滩坪看阳戏。

5月8日，学校制定组织规程大纲，宗旨是遵照中央颁布教育宗旨，及其实施方针以厉行三民主义教育培养青年基础知识，健全身体与高尚人格以资升学为宗旨。组织规程规定，设校长一人，由董事会聘任，并呈请湖南省政府教育厅备案。校长之下设秘书室、教务事务两处，以及高中、初中两部。教务处下分设图书室及教务、体育两组；事务处下分设庶务、卫生、生产劳作三组。高初中部各置教导干事或教导组长。另设会计室，由董事会派会计员。规程内规定各教工的职责与义务。

5月25日，蓼湄中学军团（今洞口县境内）学生由教官率领到洞庭中学参观传技，并举行了篮球、排球比赛，洞庭中学获胜。

因日寇入侵，学生两次逃往绥宁和会同，为筹柴炭油盐蔬菜的钱，学校多方筹措无果，便向学生挪借一千零五十万元，以渡难关。

因两次疏散，日军轰炸校舍，教学设备损失，以及学校粮食紧缺，即向武冈县田赋粮食管理处申请救济。管理处拨一百零九石二斗粮食应急。

9月12日，学校召开校友成立大会。校内学生筹备资金130万元，其他毕业后的校友入会人员每人交基金1万元。费用拟作图书购置等办校经费。

是年，武冈城各学校联合运动会，洞庭学校获得亚军，仅次于湖南第六师范学校（后为武冈师范）。

因学生两次转移，遵照省教育厅的指令，学校给予学生每人1千元救济；在学校看守校舍的教师，每人奖励1千元。

1946年9月，学校法相岩社由学生李庆苏和黄文品发起成立。每月出一期壁报。

10月23日，学生自治会召集家长举行隆重的慰问会、游艺会，地址在三义宫（今寿福寺巷廉溪宫旁边），当晚演出话剧《复活》。

与湖南私立洞庭中学学生朝夕相处的中山堂

12月28日，武冈民报第二版刊登《洞庭中学李和平来函，界陈改进意见》一文，对洞庭中学师生极尽诋毁诬蔑，全体学生均愤愤不平。29日，王鉴清校长、谢行恕董事，前往民报交涉，无结果。后学生进入民报社，与编辑部人员发生冲突，主编被打伤。国民党当局严令王鉴清校长查办肇事者。王鉴清校长为了保护学生，宁可自己丢掉饭碗，坚持不能惩处学生，被迫于1947年辞职回长沙。

（十一）新中国成立前夕，旭光初照

1947年春，王鉴清辞职后，周调阳继任校长。

周调阳，1893年12月出生，武冈人，著名教育家。湖南私立洞庭中学第一届董事会成员，为洞庭中学第五任校长。1921年入北京师范大学，参加平民教育社，主编《平民教育》周刊；1923年毕业后，任教于长沙岳云中学、省立第一师范、省立长沙一中、私立洞庭中学等校；1931年后，任湖南省教育厅督学、主任秘书等职，推行乡村教育和平民教育。中华人民共和国成立后，任湖南省参事室参事，从事古籍整理工作。著有《儿童心理学》《教育统计学》《教育行政概要》等，撰有《王船山遗书勘记》《王船山著述考略》等。1964年在长沙去世，享年72岁。

1947年10月1日，是学校的校庆日。早晨，初、高中学生往法相岩附近摘桐果；下午全体师生聚餐，并举行庆祝仪式；晚上演出话剧《草原故事》《母爱与妻爱》。

80年代的校门

10月22日，校董事会第13次会议决定，因前届期满，选举周磬为新一届董事长，廖耀湘、许浩然为副董事长。28日，正式交接工作。

抗日战争胜利后，国内反内战的呼声一浪高过一浪。北京大学校友许英和武汉大学校友邓光植等，寄给洞庭中学大批关于"反内战、反饥饿、反迫害"的爱国学生运动宣传资料。

学校法相岩社在壁报上贴出宣传文章，师生们争相阅读，轰动全校。随后，彭准今、黄文品和李庆苏合译上海《密勒氏评论报》（英文版）关于朝鲜和解放区的长篇报道，连续几次全版转载。还有《解放区印象记》的文章，具体生动地介绍了解放区的情况，师生们也是争相阅读。

法相岩社影响很大，编辑队伍也随即壮大。后期的法相岩社，由留在洞天小学（今跃进路机械厂内）的教师黄文品，发展了高七班的周清澈和高九班萧汉柏（萧平）入社。再后来，法相岩社发展到十多人，由张海辉任社长、周清澈任副社长、萧汉柏任主编、钟哲民任副主编。

法相岩社除在校内每双周出一期墙报外，还在《武冈民报》上每双周编一版副刊。学校墙报以时事评论为主，刊登各地校友寄来的有关学生运动的报道和时事评述，特别是对解放区的介绍，深受广大学生们的欢迎。

法相岩社经常在二邓祠聚会，社员们学唱解放区歌曲。校长周调阳积极支持，并为法相岩社写了社歌歌词："岩石奇伟，岩洞清幽，风景天然好息游。我们集团学习，我们一起藏修。寻找真理，争取自由，不达目的誓不休。我们直追急起，我们赶上迎头。"随后，音乐教师王国民为社歌谱了曲。

1948年10月18日下午2时，校友会第二次监理会在法相岩二邓祠召开，议定创办油印季刊《洞庭校友》，校庆日出特刊。

这一年，南京政府教育部连续发了密令，限制学生活动，镇压学生运动。武冈县政府勒令学校学生宣誓"戡乱"，要求师生遵守"剿匪公约"，却没有达到预期，反而起到相反的作用。进步的教师在课堂上和非课堂上，彻底揭露国民党反动派的罪行，并大力宣传解放战争的形势，激发了学生的革命热情。进步书刊和歌曲也在学生中迅速流传。

洞庭中学的进步教师分别加入地下党领导的新民主主义研究会，积极开展了解敌情、发动群众、迎接解放的工作。这些优秀的爱国的洞庭中学教师，列举如下：

罗世藩老师，邵阳市人。早年留学苏联，共产党员，大革命时期在上海从事工人运动，曾追随陈独秀。1932年被捕，1937年国共合作后获释放。1940年开始在洞庭中学任教。他为学生写了《劳动歌》《挑水歌》《挖土歌》，编导了短剧《打城隍》，参加演出《放下你的鞭子》。他是位多才多艺的教师。

王国民老师，长沙人，毕业于上海音专，武汉大学教授，曾入军校武汉分校军乐队工作，后在军校二分校工作。洞庭中学创办时，他即为洞庭中学音乐教师。他为《劳动歌》《挑水歌》《挖土歌》等歌曲谱曲。他教唱了大量的抗日救亡歌曲。王国民老师也是多才多艺，唱、弹、作曲、指挥都行。擅长管乐，号吹得好，风琴、钢琴也弹得好。1946年庆祝元旦，他在县城王城坪广场，指挥几百名学生大合唱《黄河大合唱》《资

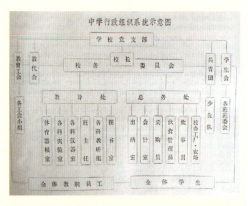

中学行政组织系统示意图

水三唱》。《资水三唱》是王国民老师创作的作品。

喻科盈老师，浏阳人，原在浏阳中学教书，后到洞庭中学教化学。他上课不用带教本，只拿一支粉笔，讲得条理分明，生动有趣。他为帮助家境贫困的学生上学，设"优秀贫寒奖学金"，获得者可免交全部学费。设"品学优秀奖学金"，成绩名列班上前三名，操行名列甲等，都可享受这项奖学金。

三、激荡岁月　教育革命
（1949—1976）

（一）解放初期，调整教学方向

1949 年暑假，法相岩社组成两个学习小组，组织学习一些解放区文件与毛泽东著作，学唱解放区歌曲并学跳秧歌舞，以迎接武冈解放。10 月，解放军围城，在城内的法相岩社成员就在原洞天小学着手写欢迎标语。

解放军攻入县城，巷战尚未结束，而欢迎解放军的标语就张贴出去了。洞庭中学的进步学生思想相当活跃，以各种形式与国民党反动派进行巧妙而坚决的斗争，让学校学生和武冈县民众欢欣鼓舞。

1949 年 10 月 10 日，武冈正式宣告解放，而后，解放军部队从东门的和合街（后称解放路，再后恢复原街名）浩浩荡荡进城。解放初期，共产党对私立学校暂不接收，只做政治指导。

1950 年，武冈县人民政府遵照省确定的"暂维现状，逐步改进"这一接管学校的总方针，接管了洞庭中学。政府先对学校进行了初步整顿改造，取缔了国民党团活动，取消了训导（育）制度和"公民""军训""童子军训练"等课程，开设了革命的政治课程和其他新课程。争取、团结、改造知识分子，对原有教职员工，除个别反革命分子外，一律照常供职。

学校也遵循共产党的教育方针和不同时期的基本路线，联系学生实际，通过课堂教学、班主任工作、课外活动和社会实践等途径，向学生进行思想政治教育。组织师生批判封建的、买办的、法西斯的思想，进行革命人生观的教育。

这一年，学校校长周调阳被选为武冈县第一届第一次各界人民代表大会常务委员、教育界常务委员。

武冈二中高 30 班全体同学合影（从左至右，前排依次是：刘先玲、刘梅芳、周满妹、刘谋松、胡承泽老师、王惠臣、蒋开诚；后排依次是：朱愤睦、唐谟堂、尹华梯、刘定楠、曾凡和、刘国汉、王仁国、李金田。）

武冈二中高 35 班毕业纪念（1963.7）

1996年，省教委副主任级督学陈清（中）在我校检查工作时与我市、校领导合影留念

1996年，省教委副主任级督学胡学军来校视察工作

从1950年开始，学校进行"爱祖国、爱人民、爱劳动、爱科学、爱护公共财物"的国民公德教育，建立升降国旗的制度。围绕土地改革、镇压反革命、抗美援朝三大运动，进行反封建教育、爱国主义和国际主义教育。

学校师生积极参加对"三大运动"的宣传，清除亲美、崇美、恐美思想，增强了民族自尊心、自信心、自豪感，学生积极参加社会活动，踊跃参军参干。洞庭中学高中部参军参干的就有400多人。1951年3月，学校师生与全县各学校师生集会、游行，愤怒声讨美帝发动侵略朝鲜的战争罪行，并广泛开展抗美援朝、保家卫国的爱国主义教育运动；开展订立爱国公约、捐献飞机、大炮和拥军优属活动。洞庭中学学生人平捐出人民币4元，有的学生把买草鞋的钱也捐了出来。

1951年10月，根据《湖南省管理私立中等学校暂行办法》，学校成立了新董事会，推选进步人士周调阳、石易安、谢行恕、肖国汉、向实、谢羡安、唐庆祥、董公健、刘渭仲、曾荣森等十人为校董，推选李明灏、刘寿祺为正副名誉董事长，委任肖国汉为副校长，主持校政，学校在新的董事会和校务委员的领导下，工作很快上了正轨，在校学生增至500余人。

1952年上期，学校建立共青团组织。

当年，因武冈行政区划变化，县部分中学被划为邵阳县、隆回县、洞口县，武冈县只留下四所中学，分别是县立初级中学、私立洞庭中学、云山中学和鸿基中学。

（二）学校更改为公办武冈县第二中学

1953年9月10日，湖南私立洞庭中学改为公办，更名为武冈县第二中学。1954年，被湖南省教育厅确立为省重点中学，这是邵阳地区仅有的两所省重点中学之一。

1953年下期，武冈县政府派党员陈励任二中校长。

这一期，学校进行过渡时期总路线的教育，使学生了解过渡时期总路线的基本内容，明确中国社会主义革命和建设的前途。同时开展学习刘胡兰、邱少云、黄继光、罗盛教和苏联的马特洛索夫、丹娘、卓娅和舒拉等英雄人物的活动。

为响应毛泽东主席"要使青年身体好、学习好、工作好"的号召，学校开展评选"三好"学生活动。实施《中学生守则》时，突出劳动教育和共产主义品德教育。组织学生学习《农业发展纲要》，学习吴运铎"把一切献给党"的精神。对初中毕业生进行以正确对待升学和就业为主要内容的劳动教育，号召学生学习邢燕子、董加耕，树立"以农为荣，以农为乐"的思想。

1954 年 9 月，调共产党员易世廉为校长，同年 11 月，易世廉去省委党校任教，调时任邵阳市二中副校长李咸清来校任校长，李咸清任校长时间最长，一直到 1966 年元月。

1954 年，在教工中开始建立教育工会。

1956 年，在省教育厅指示的"加速发展，提高质量，全面规划，加强领导"的工作方针指引下，学校扩大招生。5 月，二中教师程苏民代表邵阳境内中学出席全国文教战线先代会。

武冈县在城区的中学成立中国共产党在城中学联合支部，李咸清任支部书记。

这年，学校单独成立党支部，校长李咸清兼任书记。在党的领导下，学校进行了一系列的整顿和改革，既继承和发展了前洞庭中学的优良办学传统，又有不少的独创和革新。具体表现如下：

（1）扩大规模，增建校舍，添置设备。经过几年的发展，学校规模大体稳定在 21 个班，在校学生 1100 名左右。教学设施也不断扩充，新建理、化、生实验室，扩大图书馆、阅览室，并开辟了面积有八十余亩的学农基地。

1996 年，湘籍部分人大代表与我市、校领导合影留念

（2）逐步形成一个坚强的领导班子和一支"又红又专"的教师队伍，行政领导精干，整个班子只有 5 人（校长、正、副教导主任，总务主任，团委书记），全校教职工增加到 60 人左右，学历一般是本科毕业生，高、初中毕业班均有相应的把关教师，为提高教学质量提供了有力的保证。

（3）在教学管理上，突出"三个精心"，即精心备好每一节课，精心上好每一堂课，精心辅导好每一个学生。特别注意良好学风的培养，学校倡导的三项学风成为广大学生的自觉行动，这三项学风一是独立思考，认真上好每堂课；二是充分有效地利用时间；三是按时认真完成各科作业，行款格式合乎要求。

1996 年 7 月，省教委考试中心领导来我校检查高考考务工作

（4）注重德育，培养学生的自治能力。学校共青团、学生会、少先队的工作开展得有声有色，学校、班里各项工作全由团、队、学生会干部抓，真正做到了学生自己管理自己，自己教育自己，既锻炼和培养了大批学生干部，也培养了广大学生的自治能力。

（5）勤工俭学、自力更生，艰苦建校。校农场由学校统一规划核算，分班经营管理。三年经济困难时期，蔬菜做到了自给有余。其他服务性劳动亦正常开展、学校组织了缝纫组、理发组、自办了红砖厂、石灰厂等。

从新中国成立到1966年前的十七年间，是武冈二中发展史上稳步前进的重要时期、升学率一直较高，如1958年、1960年、1961年，高中毕业生的升学率达到90%以上。武冈二中一直以教育教学质量高而蜚声省内外。

（三）教育革命

武冈二中在1966年以前，大体稳定在21个教学班（高中12个、初中9个）规模，在校学生1200人左右。

中共中央主席毛泽东在1957年2月《关于正确处理人民内部矛盾的问题》的重要讲话中提出了"我们的教育方针，应该使受教育者在德育、智育、体育几个方面都得到发展，成为有社会主义觉悟的有文化的劳动者。"学校按照这一教育方针积极进行教育改革。

这一年，学校恢复1956年秋季停开的政治课，配合相关政治运动，加强时事政策学习，教育学生了解社会主义革命和建设的巨大成就，认识中国共产党的领导是社会主义事业胜利的根本保证，确立坚定正确的政治方向。学校成立学生政治思想教育领导小组，对毕业班学生进行劳动教育和前途教育。

1958年7月，期末考试后，学校组织学生到湾头桥公社参加"双抢"；9月，学校停课，组织学生参加栗山园露天煤矿挖煤会战，当时的口号是"超英赶美""全民炼钢铁，万人上矿山"，会战历时1个月；10月，学校组织学生到米山宣传"三面红旗"，并在山坡上、田埂边、大路旁用石灰写标语："鼓足干劲，力争上游，多快好省地建设社会主义""人民公社好"等。

当月，在城的武冈师范、一中、二中、云山初中、鸿基初中，联合组成"红专人民公社"，统一建立教育、生产劳动体系。根据上级"半年转风气、两年半自给、三年全自给"的口号，开展革命教育，武冈县中、小学校大办工厂、农场，师生参加劳动。县城5所中学办机械厂、红砖厂、水泥厂、缝纫厂等10个工厂，办农场10个，产值20202元。由于劳动时间过长，师生有三分之二的时间都在劳动中，学校的教育计划不能完成，学生的成绩也大幅下降。

1996年10月，省委副书记郑培民（中）在武冈二中书记何志贤（前排右一）、校长邓立强（前排左一）陪同下参观校园建设

1996年12月，部分湘籍全国人大代表来我校视察工作。图为著名数学家侯振挺教授在为我校题词留念

年底，中央批转教育部党组《关于教育问题的几个建议》之后，纠正了教育革命中一些过头的做法，强调学校要恢复以教学为主的正常秩序，发挥教师的主导作用。武冈二中落实政策，恢复了原来的教学秩序，以教学为中心，教育教学质量逐步提高。

根据建设社会主义总路线的精神和教育革命的要求，学校教育学生破除迷信，解放思想，坚持"又红又专"的方向，增强了劳动观点，培养了劳动人民的思想感情和吃苦耐劳的精神。

为执行省教育厅颁发的中学教学计划，学校初中开设语文、数学、历史、地理、社会主义教育、生产基础知识、物理、化学、生物、外语（以俄语为主）、体育、音乐、图画。高中减去音乐、图画。劳动列入正式课程。学校每周劳动4小时。

1997年，省教委纪检书记杨敏之来校视察工作时，参观学校校史馆

1958年至1960年，贯彻"教育为无产阶级政治服务，教育与生产劳动相结合"的方针，开展教育革命。大力克服教育"三脱离"（脱离政治、脱离生产、脱离实际）的倾向，实行"三结合"（结合政治、结合生产、结合学生实际），进行"三改革"（改革教材内容、改革教学方法、改革教具），对原用教材进行"砍、补、换、合"。在教学方式方法上，打破课堂教学的单一形式，"走出去"进行现场教学，采取预习、讲授、参观、操作、总结等步骤。

三年国民经济困难时期，学校着重进行形势教育和革命传统教育：请"三老"（老工人、老贫农、老红军）作报告，组织参观工厂、公社和阶级斗争展览，开展忆苦思甜、新旧社会对比活动，教育学生艰苦奋斗、自力更生，增强克服困难的信心。

学校的班级分成若干小组，挖了野菜，煮熟拌了糠，或别的杂粮，做成粑粑，或者直接当饭吃。"忆苦思甜吃野菜"，是当时革命教育的一个重要组成部分。

1997年5月，副省长唐之享（前排左三），省长助理、省教委主任许云昭（前排左四）等领导在武冈二中视察工作

1960年2月25日，《中国青年报》发表模范少先队员刘文学的事迹，号召全国青少年向刘文学学习。刘文学为了保护农村集体利益，被坏分子杀害。学校即开展了"学习刘文学，做毛主席的好孩子"活动。

5月，学校根据县文教科拟定的《武冈县教学改革规划（草案）》，开展了教学改革的群众运动，大上"双高"（高速度、高质量）课。开展"双百"（即学生每学期语文读百篇文章，写百篇作文）运动和"四今"（即今日事，今日毕；今日课，今日懂）运动。7月，开展"三反"运动（反贪污、反浪费、反官僚主义）。

"双高""双百"等运动过于激进，不切实际，后来对其进行了修正。

1963至1966年上半年，强调智育第一，追求升学率，武冈县各中小学工厂全部下马。在城区各中等学校的农场被邻近社、队或企事业单位占有。农村学校学农基地被邻近生产队或社员占去。

学校按上级要求，结合社会主义教育，向学生进行"兴无灭资""反修防修"的教育，开展学习毛泽东著作、学雷锋、学王杰、学人民解放军的活动。学生的精神面貌发生了巨大变化，热爱集体、助人为乐、拾金不昧、遵纪守法之风蔚然兴起。这期间，初三以上各年级的政治课，一度由每周两节增至四节。

1961年，苏是嵋考入清华大学。

1962年，汪兴谦考入清华大学。

1963年1月23日，省教育厅转发教育部《关于有重点地办好一批全日制中小学校的通知》。武冈县确定武冈二为重点学校，是四所中小学之一。

1964年学校组织教师学习毛泽东的《十大教学法》，贯彻少而精的原则，提倡启发式，废止注入式，培养生动活泼的学习风气，并进一步重视汉语拼音教学和推广普通话，取得较好的效果。

这年高37班毕业生肖海考入北京大学。

1965年贯彻毛泽东的"七三"指示，为解决"学生负担太重"的问题，调整教学计划，每周上课总时数控制在28课时以内。全年劳动一个月到一个半月，每学期不超过20天。

1966年3月5日，教育部、全国教育工会发出《关于在教育战线上掀起一个活学活用毛主席著作新高潮的通知》，和武冈县的要求，学校掀起学习毛主席著作的高潮。为贯彻"五七"指示，学校师生下厂、下队劳动，建立学工、学农基地，走政治建校道路。

1969年，全县中学除留武冈二中仍归县办外，其余均下放到公社办，小学均下放到大队办。

1970年，全县公办教师集中在二中办"一打三反"学习班。

1971年1月，吴盛才任学校党支部书记、革委会主任，

1997年7月，原邵阳市教委主任郭国清陪同日本大野町教育代表团在武冈二中参观访问

1998年，中央候补委员、省政协副主席石玉珍（右八）等领导来我校考察时留影

刘文明任副校长，整顿教学秩序，狠抓教学质量，恢复了1966年以前的一些做法，并面向社会，办起了农机、财会、卫生、植保等专业班。

1972年，县教学辅导站建立，兼管在职教师的培训，至1973年，县教育行政部门委托武冈二中办师资短训班。

1973年3月，李庆早任党支部书记、革委会主任。

1974年5月，庾根源任学校党支部书记、革委会主任。

这年，武冈县公交系统办的子弟学校，校址先设在县柴油机厂内，后借武冈二中前栋平房做教室，1976年迁入城内红卫中学（今武冈三中）。

武冈县办了"七二一"工人大学，"五七"大学，卫生学校，武冈二中相应开办了卫生、农机、化工、植保专业班，共培训545人。

四、正本清源　回归教育
（1976—1994）

（一）拨乱反正

1976年9月，中共中央主席毛泽东在北京逝世，各中小学举行集会悼念毛主席。二中师生参加武冈县在皇城坪举行的大型追悼会。追悼会上，学生和群众哭成一片，部分人还昏迷过去，即被卫生人员抬到皇城坪旁边的招待所里（今政协大楼内），进行治疗或休息。

1976年10月，粉碎了"四人帮"。武冈县又委托学校开办县"五七"大学，学制为一年制和半年制。还开办了一年制的中小学教师短训班。11月，学校师生员工集会、游行，庆祝粉碎"四人帮"的伟大胜利。

"文革"中，武冈二中是"重灾区"、校容校貌遭到严重破坏，教学设施、实验仪器、图书资料损失殆尽，长期以来形成的优良学风不复存在，一大批有影响的名老教师遭受打击迫害——武冈二中元气大伤。1977年恢复高考时，十个应届毕业班仅两个人考上邵阳师专。

1977年，学校拨乱反正，思想政治工作得到恢复和发展，

1999年5月，教育部副部级督学杨金土（左三）在武冈市副书记谭中云（右一）副市长李良时（左一）教委主任王集中（左三）陪同下视察武冈二中工作

普遍开展"学雷锋、树新风、创三好"活动。地、市（县）分别召开"三好"学生代表会，表彰一批德智体全面发展的学生。遵照"理论与实际相结合"的教学原则，学校兴办了钢球厂，并开辟了生物园地。

在贯彻教育部颁发的《中学生守则（试行草案）》的同时，着重向学生进行四个方面的教育：坚持四项基本原则（坚持社会主义道路，坚持人民民主专政，坚持共产党的领导，坚持马克思列宁主义、毛泽东思想）；树立革命理想，培养共产主义道德和文明礼貌行为，向对越自卫反击战的英雄学习。强调思想政治工作要从实际出发，讲求实效，坚持正面教育，实行疏导的方针。

1978年4月22日，邓小平同志《在全国教育工作会议上的讲话》中指出："我们要提高人民教师的政治地位和社会地位，不但学生应该尊重教师，整个社会都应该尊重教师。"1983年9月，湖南省书记毛致用在全省普通教育工作会议上指出："教师是人类灵魂的工程师，是我们党的依靠力量，理应受到尊重。"武冈县认真贯彻上级领导的指示，广泛开展"尊师重教"的宣传活动，打造"教师光荣""教师要受到社会尊重"的舆论，切实提高教师的政治地位。

5月，县委调整学校领导班子，调宁同魁任党支部书记兼校长。

宁同魁，1925年4月出生于湖南省邵东县。1978年5月至1984年1月任武冈二中校长。大学中文本科毕业。1949年5月参加革命，历任湖南人民解放军总队大队长、中国人民解放军连长，邵阳县人民政府文教科长、秘书，武冈师范、武冈县人大常委会副主任，邵阳师范专科学校党委书记。论著《我当中学校长的几点体会》《教师职业得失论》，先后在中央教育科学研究所及邵阳师专书刊上发表，并被选载在《中国国学院年度最佳文艺精品集》《首届"博文杯"全球汉诗精英集》中；著作《往者如斯》，编著《孔孟人学精华译解》。主要事迹载入《中国当代教育名人辞典》《军人风云录——共和国军中人物传记大观》及《众星之光——湖南大学校友成就录》。

新的领导班子坚定不移地执行党的十一届三中全会以来的路线、方针、政策，在思想上、组织上进行了一系列大胆的拨乱反正，平反冤假错案的工作，一大批名老教师又重新聚集到了武冈二中。这时期，恢复和建立了一系列行之有效的规章

1999年5月，武冈市政协主席朱振宙等领导在武冈二中检查工作

1999年9月，武冈市副市长刘盛刚（右二）教委王集中（左三）等领导在武冈二中检查教育工作

制度，积极改善办学条件，扩大办学规模。

这几年学校有所改观，大致表现以下几个方面：

住房条件的改善。几年间，国家拨款12万，自筹资金3万元，新建教职工住房五栋，改建1栋，计38套间和12个单元；维修住房53间。共计4千多平方米，人均住房面积20多平方米。

教学方面的改革。学校各科教学中贯彻"少、精、活"的原则。数学课的教学，采取四段教学法：一是课前笔练五至十分钟，以复习旧课、引入新课，加强教学的针对性，促使学生积极思维。练后抽阅，指出正误；二是课堂讲授三十分钟左右，把概念讲清，知识讲准，思路讲活；三是课堂笔记，对当堂课讲过的公式、法则、定理引导学生直接运用，做到讲练结合；四是布置课外作业题，这是课堂教学的补充与发展。

基本技能的训练。英语教师伍桂林特别重视课文教学，培养和提高学生的阅读能力，教学效果很好。英语教师周小鹰，敢于创新，打破传统从字母入手的教法，试验从音标入手进行教学。打破传统的以写为主，试验以听说带读为主。

实验教学。学校的理化仪器、生物标本较全，在搞好演示实验的同时，加强分组实验。钻研教材，千方百计提高课堂教学质量。数学教师钟介澍钻研教材分三步完成：一是局部钻研，二是研究习题，三是整体研究。所谓"局部钻研"就是要彻底弄清楚教材上的各个概念、定理、公式（法则）；"研究习题"包括两个方面，一是研究它的配置，一是进行实际演算。"整体研究"；即研究教材的结构，清理好体系，搞清楚一个单元、一章书的重点、难点。

1978年下期起，学校恢复了初中班的招生（中断了七年），每年招初中4个班，高中6个班。

根据教育部颁《全日制十年制中小学教学计划（试行草案）》开课。初中开设政治、语文、数学、外语、物理、化学、地理、历史、生物、生理卫生、农业基础知识、体育、音乐、美术。高中减去生理卫生、音乐和美术。全年"兼学"（学工、学农、学军）时间，初中6周，高中8周。高中二年级实行文理分科，理科班不设地理、历史；文科班不设物理、化学、生物。

学校实行教师岗位责任制，见《武冈县人民政府文教办公室教师岗位责任制》。

1999年10月，武冈市委书记向才昂（前右三）市长廖继芳（右）人大常委会主任殷南楚（左四）政协主席朱振宙（右二）等领导在武冈二中检查工作

湖南省副省长唐之享（前排左五），省长助理、省教委主任许云昭（左四），省教委副主任张作功（右四），邵阳市常务副市长刘新民（右五），邵阳市副市长刘伦华（右三），邵阳市教委主任曾建屏（右一）等领导与武冈市、二中领导合影留念

省委台办领导来武冈中山堂考察调研

陈精忠老师1997年在湖南省中小学幼儿园艺术节
音乐课教学比武中获省三等奖

附：武冈县人民政府文教办公室教师岗位责任制（修改稿）

一、教师的职责是教学。在农村推行生产责任制后，教师必须正确处理生产与教学的关系，回家协助生产不能影响教学。为使学校紧张而有秩序地工作，不准违背部颁教学计划任意增减课程和课时，不准六天课作五天安排，不准减少师生每天在校活动时间总量，不准违背原则排课表，不准任意停课或调课，不准集中安排星期日。

二、每个教工必须承担一个人的工作量，按照教学大纲的要求，紧扣教材，完成教学任务。学期或阶段检查验收没有达到要求的，不能评优、评奖，并将任务完成情况，作为评薪、晋级的重要依据。

三、管教管导、教书育人，全面关心学生的成长，这是每个教师的本职，不关心学生全面成长的教师不能评为优秀教师。

四、认真履行工作职责。每个教师必须十分注重作业。各种课本上的习题要处理完，补充习题要精选，分量要适当，课内作文中学全期不少于九篇，小学不少于十二篇；课外作文全期均不少于九篇，其他各科完成作业的总时间，每天小学半小时至一小时，中学两小时左右。各科作业要及时批改，及时发给学生。通过批阅作业，检查教学效果，掌握学生的知识缺陷，改进教学工作。

五、课前必须认真钻研教材，写好课时教案，做好教具、演示和学生实验的准备，并指导学生搞好预习。凡没有做好以上准备的不准进课堂。

六、为提高教学质量，每个教师要根据教学的需要和自己的实际情况，定好"红专"规划。每天要坚持自习一小时以上，苦练基本功，不断提高政治、文化和业务水平。教学有困难的，力争在1983年达到基本胜任，1985年能胜任教学。基本胜任教学的，力争在1984年能胜任教学工作。胜任教学的，要继续努力，争取成为教育家。人人要努力把自己锻炼成又红又专的人民教师。

七、坚守工作岗位。教工在校工作时间，每周六天。因事离校，必须按规定办好请假手续。一天以内校长批准，三天以内公社文教办批准，四天以上区（镇）文教办批准。区（镇）文教办、区中主要负责人请假经区委批准，报县文教办备案。

县属中学主要负责人请假经县教育局批准，报县文教办备案。每期事假（例假在）不得超过三天。平时短假每天按十小时计算：白天八节，早晚各算一节。超假者除说明原因写出检讨外，还要根据超假天数扣发工资。超假天数全年在十五天以内的酌情少评年终增收节支奖，超过二十天的年终增收节支奖全扣。病假在一个月以内的奖金照发，超过一个月的按实际出勤天数发年终增收奖。

八、为保证教学和自学进修的时间，教工无特殊情况的一律在校餐宿。不在校餐宿的要遵守学校作息制度，并在学校同意的基础上，报请区（镇）、社文教办批准，方可回家餐宿。

1978 年 8 月 30 日

附:《全日制重点中学教学计划草案》

全日制重点中学教学计划试行草案

学科	初中			
	一年级	二年级	三年级	总课时
思想政治	2	2	2	204
语文	6	6	5	578
数学	5	5	5	510
外语	4	4	4	408
历史	2	3	2	238
地理	3	2		170
物理		2	3	170
化学			3	102
生物	3	2		170
体育	3	3	3	306
音乐	1	1	1	102
美术	1	1	1	102
劳动技术	2	2	2	204
周课时总计	32	33	31	3264

附: 湖南省九年义务教育"六·三"学制全日制初级中学课程表

湖南省九年义务教育"六·三"学制全日制初级中学课程表

学科	初中			高 中					上课总时数	
	一	二	三	一	二		三			
					（一）	（二）	（一）	（二）	（一）	（二）
政治	2	2	2	2	2	2	2	2	384	384
语文	6	6	6	5	7	4	8	4	1208	1000
数学	5	6	6	5	3	6	3	6	906	1086

陈清艳老师 1996 年在湖南省青年教师化学说课教学比武中获省二等奖

陈笑芬老师 1997 年在全国物理录像评比中获国家级一等奖

程斌老师 1996 年在湖南省青年教师教学比武中获省二等奖

（续表）

学科	初中			高中					上课总时数	
	一	二	三	一	二(一)	二(二)	三(一)	三(二)	(一)	(二)
外语	5	5	5	5	5	5	5	4	960	932
物理		2	3	4		4		5	292	560
化学			3	4	3	4		4	288	432
历史	3	2		3			3		350	266
地理	3	2			2	2	3		318	234
生物	2	2			2			2	200	192
生理卫生			2						64	64
体育	2	2	2	2	2	2	2	2	384	384
音乐	1	1	1						100	100
美术	1	1	1						100	100
课时总计	30	31	31	30	26	29	26	30	5554	5734
劳动技术	2 周			4 周					576	

附：湖南省调整后的九年义务教育"六·三"学制全日制初级中学课程安排表

湖南省调整后的九年义务教育"六·三"学制
全日制初级中学课程安排表

学科		初 中			
		一	二	三	总课时
思想政治		2	2	2	200
语文		6	5	5	534
数学		5	5	4	468
外语	（Ⅰ）	3	3	4	204
	（Ⅱ）	4	4	4	400
历史		2	2	2	200
地理		3/2	2		153
物理			2	3	164
化学				3	96
生物		2/3	2		153
体育		2	2	2	200
音乐		1	1	1	100
美术		1	1	1	100
劳动技术		2	2	2	200
周学科课时		29*	29*	25*	2772*
晨会（朝会）		每天 10 分钟			
班团活动		1	1	1	100

教师沈生福发明"简谐振动投影仪"，获"97 国际新发明新技术及名优产品博览会暨荣誉评审会国际爱迪生金奖"。1997 年 5 月，沈生福在北京领取国际爱迪生发明金奖奖杯和证书

（续表）

学科	初 中			
	一	二	三	总课时
科技文体活动	2	2	2	200
周活动课时	3	3	3	300
时事教育、专题讲座	1	1	5	228*
	33	33	33	3300*

说明：　"*"表示外语课按水平 1 开设的课时数。如果外语课按水平 2 开设，则初三数学周课时数为 5；初一至初三周学科课时数都是 30，初三安排课程课时数为 1，安排课程初中合计为 100 课时，九年合计为 440 课；初一至初三周课时总计数都为 34 节，初中课时合计 3400 节，九年课时合计为 9350 节。

1999 年，肖艳萍（左）戴完菊（右）同学在湖南省第三届青少年运动会上荣获赛艇女子甲组公开级2000M 双人桨金牌，当年，两人在第六届全国少数民族传统体育运动会龙舟赛中获两枚金牌 4 枚银牌

附：湖南省调整后的普通高中教学计划

湖南省调整后的普通高中教学计划

科目	高一	高二	高三	授课总时数
政治	2	2	2	184
语文	4	3/4	5	375
数学	4	4	5	392
外语	4/5	4		289
物理	3	3/2		187
化学	3/2	3		187
生物	1	2		102
历史	2	2		136
地理	2	1		102
体育	2	2	2	184
艺术（音乐美术）	1	1		68
劳动技术	每学年 4 周，共 12 周			
社会实践活动	每学年安排 12 周。在劳动技术课、课外活动或学科教学活动的时间内安排。			
每周必修课总课时数	28	27	14	2206
选修课	2	2	15	
课外活动	5（体育锻炼 3 其他 2）	5（体育锻炼 3 其他 2）	5（体育锻炼 3 其他 2）	
周活动总量	35	34	34	

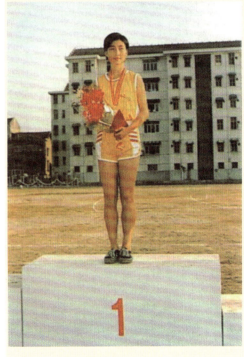

1999 年，周洁同学在湖南省第六届体育传统项目学校田径运动会上荣获甲组 1500M、3000M 两枚金牌

（二）教学改革和教学实验

1979 年以后，学校的教学改革与教学实验不断深化。不少教师注重改进教法，采用引导式、发现法、探究法、量化教学、情景教学等方式方法，并重视学生"学法"的指导，着力于开发智力，培养能力，特别是提高自学能力。

在学生的思想教育上，学校按照上级对学生的基本要求，对学生进行行为规范和爱国教育（见《武冈县关于中小学教育工作的几项暂行办法》）。

附：武冈县关于中小学生教育工作的几项暂行办法

武冈县关于中小学生教育工作的几项暂行办法（试行草案）对中学生的基本要求

1. 热爱祖国，热爱人民，拥护中国共产党。努力学习，准备为社会主义现代化贡献力量。

2. 按时到校，不迟到，不早退，不旷课。

3. 专心听讲，勤于思考，认真完成作业。

4. 坚持锻炼身体，积极参加文娱活动。

5. 讲究卫生，不吸烟，不喝酒，不随地吐痰。

6. 积极参加劳动，生活俭朴。

7. 遵守学校纪律，遵守公共秩序，遵守国家法令。

8. 尊敬师长，团结同学，对人有礼貌，不骂人，不打架。

9. 热爱集体，爱护公物，不做对集体和别人有害的事。

10. 谦虚诚实，有错就改。

1995 年洞庭中学高九班部分校友回母校留影

1981 年，学校开设 30 个班，其中高中 18 个班（当年改为三年制，每年招生 6 个班），初中 12 个班，每年招生 4 个班。当年高中毕业班 8 个，被大中专学校正式录取 124 人，其中重点大学 27 人，一般本科 45 人，中专 52 人，占全县大中专录取总人数的 42%。

1981 年 1 月，学校校长宁同魁当选为武冈县第八届人大常委会副主任；教师王耀楚当选为武冈县第一届政协委员。1984 年教师王耀楚再被选为武冈县第二届政协副主席；教师成诗雨当选为武冈县第九届人大党委副主任。

是年 7 月 1 日，省教育厅发出关于重新调整重点中学的通知，学校被评定为湖南省首批重点中学。武冈二中以教学质量称誉湘西南，编入《中国教育年鉴》。学校在艰难竭蹶之中走出了一条光明大道，为祖国培养了许多优秀人才。

自 1977 年恢复高考至 1985 年止，学校共为大专院校和中专输送新生 1208 人（本科 462 人，专科 362 人，中专 384 人），其中 1977 年 2 人，1978 年 12 人，1979 年 110 人，1980 年 122 人，1981 年 124 人，1982 年 193 人，1983 年 252 人，1984 年 159 人，1985 年 136 人。

1981 年，学校继续进行坚持四项基本原则教育，同时，结合反腐蚀教育，组织学生开展十讲活动：讲道德，讲风格，讲传统，讲团结，讲法治，讲纪律，讲礼貌，讲卫生，讲科学，讲贡献。划清 5 条界限，即划清思想解放与放任自流、遵守纪律与个人自由、美观大方与资产阶级的生活方式、团结友爱与江湖义气、为四化勤奋学习与只专不红的界线。

1982 年起，学校开展"五讲四美三热爱"活动，"五讲"，即是讲文明、讲礼貌、讲道德、讲秩序、讲卫生；"四美"，即是心灵美、语言美、行为美、环境美；"三热爱"，即是热爱祖国、热爱社会主义、热爱共产党。

1983 年，学校学生考入清华大学和北京大学各一名。

（三）德智体美劳全面发展

1984 年 4 月，张鸿孝继任武冈二中校长。

当年 4 月，为进一步贯彻落实中共中央、国务院关于《中国教育改革和发展纲要》有关精神，武冈县教育委员会制定《武冈县中小学教职工岗位聘任制暂行办法》《武冈县中小学内部结构工资暂行办法》等文件，武冈二中首次实行校长责任制与教师选聘制试点。校长由群众推荐，经上级考核后委任，任期三年。学校教师实行选聘制。从原有的 124 名教师中选聘了 108 名。落聘的教师由县教育局另行安排。

1985 年高考，文科人平总分居邵阳市第一名。

1986 年 8 月，王耀楚继任校长。

1986 年，张先杰同学获全省理科状元，考入清华大学；李祎考入北京大学。同年高二学生邹江鹰以优异成绩考入武汉大学少年班，后留学美国，获双博士学位。当年，武冈县委、县政府给武冈二中颁发了"誉满三湘"奖牌一块。

这一年，学校提出了"严谨、求实、文明、创新"的八字新校训，全面贯彻中国共产党的教育方针，为社会主义事业培养"四有"（有理想、有道德、有文化、有纪律）新人。

1997 年 11 月，在湖南株洲举行了李明灏将军一百周年诞辰座谈会，曾建徽、王茂林、王北新、张国琦、李白平、钟汉林、文选德、潘贵玉、龙禹贤等领导出席了会议

1997 年七八届部分校友合影

1998年长沙校友会部分校友合影

1999年9月，我市副市长刘盛刚、学校书记何志贤在北京拜访了李明灏将军的女儿李吟波、女婿曾建徽（全国人大常委会委员、外事委员会主任）并合影留念

在教学上紧紧抓住六个"全面"：坚持德、智、体、美、劳全面发展，防止片面追求升学率的倾向；坚持上、中、下全面抓，防止抓了"尖子"，丢掉大面积的普通生；坚持各门学科全面抓好，防止偏科偏废的现象；坚持对各个年级教学力量的全面安排，防止抓了毕业班，丢掉基础年级的倾向；坚持对各门学科进行狠抓"双基"，培养能力。发展智力的全面训练，防止猜题、押题和搞题海战术的倾向；坚持全面调动教师和学生两个积极性，防止教师包办代替，学生被动呆板的倾向。从根本上扭转了"文革"十年所造成的教育教学质量下降的局面。

1987年下学期，段云峰考入北京大学。高二学生林朝阳同学以全省总分第一名的成绩，选入国际奥林匹克化学竞赛国家培训队。

这一年，经湖南省教委、湖南省体委检查验收，命名武冈二中为湖南省体育传统项目重点布局学校，并试办邵阳市普通中学第一个体育班。1988年秋，武冈县开始试用湖南省新编体育教材，县教委把体育课纳入初、高中升学考试科目，成绩按比例计入升学总分。

1988年高考，上重点大学录取线达56人。

1989年4月，李良时继任武冈二中校长。

1989年秋，林朝阳考入北京大学。

1991年3月，周德义继任武冈二中校长。

1991年3月26日，县财委、教委决定，表彰参加"三·九"灭火战斗中抢救国家财产的武冈二中师生，并授予武冈二中"雷锋精神，永放光芒"锦旗。

1992年8月，朱阳明任武冈二中党支部书记、校长。

8月，武冈二中高二学生段镶锋被中国科技大学少年班录取，陆波被清华大学录取，朱小辉考分居邵阳市第三组第一名，被上海同济大学录取。

这一年，武冈县第一所少年军校在学校成立，每一期招收了184名学生，从高从严军训了半个月。

1993年8月，成诗雨任武冈二中校长。

这年，学校有教学班34个（初中班16个，高中班18个），在校学生1791人（初中891人，高中900人），教职员中133人，其中有中学高级教师15人，中教一级50人，中教二级49人。

1994年8月，高197班学生霍勇以高考686分成绩，获邵阳市总分第一名、湖南省第四名，被清华大学录取。

学校新的领导班子，以邓小平同志提出的"三个面向"为指针，加大了学校管理力度，确定了"以育人为根本，以教学为中心，努力造就合格加特长的跨世纪人才"的办学宗旨，提出了"建设一流的领导班子，培养一流的教师队伍，创造一流的管理水平，拥有一流的教学设施，办出一流的教学质量"的办学目标。

学校实行党支部领导下的校长负责制，形成了校长负责，支部保证、工会监督的总体工作网络，党、政、工互督互促，推进民主建设。进一步充实和完善了岗位责任制，健全了教育、教学、后勤管理等 47 项管理制度，提出了讲奉献、抓作风，讲师德、抓教风，讲管理、抓学风，讲发展、抓校风的管理方针，逐步形成了"严、活、准、实"的四字教风和"勤学、好问、多思、多练"的八字学风。

学校各项工作有了新的起色，学校建设，教学设施、办学规模都有了很大的发展：新建了 4 栋教工宿舍和 1 栋学生宿舍。新建了艺体馆。造价 200 多万元的图书馆已告竣工。电脑室、电教室、语音室、实验室得到了充实，新辟了多媒体电教室、校园闭路电视系统、电视演播室、教育卫星地面接收站。教学设备、实验仪器均已达到国家一类配备标准。

校舍建筑面积 2.1577 万平方米，各种教学仪器物品 12938 件，总值达 9.8511 万元。电化教学设备电脑、电影机、电视机、录放机、投影机等，总值达 30.7568 万元。图书室藏书 4.244 万册，师生人均 20 余册。

林民业等校友回母校留影

刘筠（中）等校友回母校留影

五、教书育人　桃李芬芳

（1994—2024）

（一）教育硕果

1994 年武冈撤县设市，学校的校名更改为武冈市第二中学。从 1994 年至 2024 年的三十年里，是武冈二中办学成果最为显著时期，也是教书育人，桃李芬芳，健步走向美好未来的丰硕季节。

1995 年 7 月，全省高中毕业会考，普通高考排名，武冈二中名列邵阳市第二。

1995 年 9 月，邓立强继任武冈二中校长。

彭先初等校友回母校留影

同月，省市各级纪念抗日战争胜利50周年歌咏比赛，武冈二中获一等奖。

12月26日，武冈二中被正式批准为省级重点中学。

1996年以后的三年里，先后有8名青年教师参加省级以上教学比武，获国家级一等奖一人，省一等奖1人，省二等奖4人，省三等奖3人；有58位教师的80多篇论文在省级以上的刊物上发表或获奖，承担了国家立项的四项教改课题，其中"中学化学导学式计算机辅助教学"和"语文双快教学"实验成果评为国家一等奖。

学生科技小发明成绩也是喜人，先后获省一等奖2人次，省二等奖4人次，省三等奖3人次。获国家级二等奖1人次。学校共有146名学生在省级以上数、理、化、生、奥赛中获奖，有60名学生在报纸杂志上发表作品100余篇。学生参加省级以上的各种运动会，成绩令人瞩目，先后获国家级金牌三枚，省级金牌10枚。

学校管理水平的提高，促进了教风、学风、考风的根本好转，教学质量稳步上升。1996、1997、1998、1999年初中毕业生毕业率分别为94.7%、99.2%、99.5%、96.6%，高中毕业率分别为90.6%、92.5%、97.8%、96.3%。在高考中，1996年录取96人，1997年录取115人，1998年录取123人，1999年上线人数达173人。

1996年被评为湖南省园林式单位和百佳文明卫生先进单位。

5月，学生周曙黎在全省第八届运动会上荣获中学生女子组标枪金牌。

9月，周斌同学被清华大学录取。

12月，钟介澍老师被评为武冈市第一位中学特级教师。

1997年学校被评为省《实施国家体育锻炼标准》先进单位。是年，学校被评为湖南实施国家体育锻炼标准优秀学校和全国体育传统项目学校先进单位。

8月，学校被邵阳市教委定为邵阳师专教育实习基地。

9月，沈生福老师发明的"简谐振动投影仪"填补了国内空白，获得了国家专利（专利号为94237095·3），并荣获1997年国际新发明、新技术及名优产品博览会暨荣誉评审会国际发明爱迪生金奖。武冈市委、市政府对沈生福给予通报表彰，并发奖金1800元。

武冈二中校友李吟芳（李明灏的女儿）在李明灏将军百周年诞辰座谈会上发言

周曙黎同学1996年在湖南省第八届运动会上荣获中学女子组标枪金牌

全省第三届中、小学、幼儿园艺术节歌咏比赛，武冈二中获省二等奖。

是年，市委、市政府加大示范学校的投资和建设力度，改善学校办学条件。武冈二中投资近400万元，新征校门口水田10亩，解决校门狭窄和师生进出困难的问题，修建建筑面积2800平方米的教工宿舍一栋和高标准的图书馆一栋。

1998年4月，学校被国家体育总局、国家教育部评为"全国体育传统项目学校先进单位"；11月，又被中国体育科学学会、孙晋芳全民健身服务网络评为"21世纪中国学校体育发展研究实验学校"；12月，被授予"湖南省青少年科技活动示范基地"铜牌，并被评为湖南省青少年发明创造活动优秀组织单位。

中国工程院院士刘筠

5月18日，湖南省教委授予武冈二中"湖南省重点中学"匾牌。

1996年、1997年、1998年连续三年被评为湖南省优秀考点。

1998年，罗洁洁同学被北京大学录取。

这一年学校被评为全国体育传统项目学校先进单位及21世纪中国学校体育发展研究优秀实验学校。

1998年、1999年、2002年三次被评为"湖南省青少年科技发明创造优秀组织单位"。

1999年4月，根据武办字〔1998〕98号号《关于对全市部分中小学进行督导评估复查的通知》精神，依照《湖南省中小学督导评估方案》，市委、市政府决定授予武冈二中"示范性学校"匾牌。

5月，学校刘金鹏同学在全国残疾人运动会上四次破4项世界纪录，同年入选国家队，赴法国、韩国参赛。6月，肖艳萍、戴完菊同学在全省第三届青少年运动会上荣获赛艇女子甲级公开级200米双人桨金牌；肖艳萍获单人单桨金牌，戴完菊获该项目银牌。两人参加第六届全国少数民族传统体育运动会龙舟赛获金牌2枚，银牌4枚。周洁同学在省第六届体育传统项目学校田径运动会上获甲组女子1500米、3000米两枚金牌。

1998年5月，湖南省重点中学授牌仪式

8月，学校环保科技小组的"人工招引益鸟防治松毛虫"获全国第五届青少年生物与环境科技实践评奖活动二等奖；由指导老师邓星平、张友华，小组成员分别是苏仕进、熊源泉、李凭、伍群石、周栩可。成员之一的初三学生周栩可应邀到内蒙古参加了论文答辩。

1999 年，学校高考上线人数 173 人。

是年，赵秀璋、李万刚、沈生福、沈初春（时任教师进修学校校长）被评为特级教师，其中赵秀璋、沈生福、沈初春还分别被评为全国优秀教师。

学校教师积极开展教育技术理论和应用研究，有课题研究的专项经费，对参与教育技术课题研究的教师按其工作业绩给予报酬和奖励。学校承担了两个国家级课题、三个省级课题，参加省级以上课题研究的教师达 60% 以上，"九五"课题成果评比获得奖励的有，"中学化学导学式计算机辅助教学"和"语文双快教学"实验成果被评为国家一等奖；化学教研组承担的国家重点课题子课题"中学化学导学式计算机辅助教学实验"获湖南省第五届基础教育教研教改成果二等奖；体育组的国家级课题"'四导'教学模式的实验性研究"获"九五"教改课题成果邵阳市一等奖；英语组的"九五"国家重点课题"学会学习"子课题"中学英语导学式（CAI）计算机辅助教学"获"九五"教改课题成果、邵阳市一等奖教师研究发明的电教仪器"简谐振动投影仪"和"自动补偿钢轨伸缩缝的滑块"等三项发明获国家专利。

2000 年，武冈市委市政府提出"实施名牌战略，办强办大重点学校"的口号，通过三至五年打造武冈教育自己的名牌，把武冈二中建成全国千强示范高中，在现有基础上扩大规模，形成特色，办出名气，成为王牌。仅用三年时间，武冈二中投入 3373 万元，新征土地 45 亩，扩建 1.5 万平方米的高中部教学楼，建设校园局域网、网络教室、电子图书室、后勤服务大楼、校园文化广场、学生公寓、劳技综合大楼等。

是年，高考上线人数 266 人，升学率 80%，其中肖毅考入清华大学。

这年，学校被湖南省教育厅评定为湖南省示范性普通高中。

2001 年，林炜被评为全国模范教师。此外，王耀楚、陈立潭、成诗雨曾分别被评为全国优秀班主任、全国优秀教师，何志贤、刘志会、马翠兰分别被评为湖南省优秀教师。

6 月，曾艳同学在全省第七届体育传统项目——学校田径运动会上获甲组女子 1500 米金牌。

9 月，林炜继任武冈二中校长。

武冈市第二中学的百年老树

是年，高考上线人数345人，上线率96％，其中张黎考入北京大学。

这年学校被评为湖南省文明卫生先进单位。

2002年教师谢毅的《中学化学导学式计算机辅助教学实验》论文，获湖南省基础教育教研教改成果奖。

这年，学校高考上线人数296人，其中姚岱同学以699分的成绩居湖南省高考第五名，被清华大学录取。

是年，学校被授予"湖南省基础教育教学改革实验学校"牌匾，并被评为"湖南省现代教育技术实验学校"。11月，学校被湖南教育厅确认为第三批"湖南省中小学现代教育技术实验学校"。

住建部稽查特派员（副部级）、工程师、武冈二中校友苏是嵋回母校。图为苏是嵋在母校举行赠书仪式

2001年下期至2002年下期，学校投入教师培训学习经费20余万元，校内举办了四期教育理论和学习理论培训班、三期课题研究培训班、五期信息技术、网络技术、教学课件制作培训班，每期培训结束时都进行相应的考试、考核或评比，优胜者颁发荣誉证书和奖金。

学校组织参加国家级和省级骨干教师培训9人，参加各级教育行政部门组织的培训50余人次。学校组织到厦门、哈尔滨、大连、长沙等地参加学术研讨会和学习80余人次。中青年教师100％参加了信息技术培训并获得信息技术等级证书。

学校首批参加多媒体软件制作培训和网络技术培训的教师达65％，参加课题研究培训的教师达70％以上，参加教育理论培训的教师达100％，一批在教育教学工作中起骨干、示范作用的优秀教师和省级、国家级教育名师脱颖而出。

2004年3月20日，武冈二中聘请喀麦隆籍英语教师Loveline Shurri女士和Along Godwin Okia先生到校任教。

3月29日，学校通过省检查组关于"省体育传统项目学校"的检查评估。

2004年4月26日，在湖南省第二十五届青少年科技创新大赛中，学校学生萧乔的作品《斜置软壁水下振源水波特性演示器》获优秀项目一等奖，并报送全国参评。

这年，陈中杰同学被清华大学录取。

武冈二中的湖南省示范性普通高中挂牌，被誉为"湘西南一颗璀璨的文化明珠"。

12月，学校被中共湖南省委、湖南省人民政府评为湖南

周叶中教授回母校武冈二中

"共青团与你共奋斗"主题志愿服务活动走进武冈二中

2015年武冈二中艺术节文艺汇演

省2004年文明单位。

2005年4月,学校荣获张三丰杯全国书画大赛组委会、《书画教研》编辑部举办的,首届张三丰杯全国书画大赛中华书画教育团体铜奖。

12月,被中国民主促进会湖南省委员会评为2004年"组织建设年"先进基层组织。

2006年,廖名智继任武冈二中校长。

是年9月,学校荣获中央教育科学研究所教育与人力资源研究部《新读写》月刊社举办的中央科教所"十一五"重点科研课题《传统文化与语文教学》实验学校。

2007年1月,学校被湖南省电化教育局、湖南省教育技术协会聘为《教育信息技术》理事单位。

是年,学校高考上线人数704人,被高校正式录取628人,其中一本(重点大学)118人,二本244人、三本266人。

2009年,郑东、肖颉、戴鹏分别以667分、661分和647分的高分上了北大、清华的录取分数线。郑东在全省排名第19位、邵阳市第2名。肖颉在全省排名第44位、邵阳市第3名,肖颉的实考分为湖南省第12位、邵阳市第1名。武冈市理科的第一名、第二名、第三名、第四名被武冈二中囊括。全校文、理科重本上线107人,二本以上上线358人,三本以上上线人数913人。

2010年9月,王惠福继任武冈二中校长。

是年,李回洲被清华大学录取。

2011年,刘宇浩、李章誉两名同学被清华大学录取。刘宇浩以657分荣获武冈市理科状元,在湖南省排名第64位;全校重本上线人数206人,其中600分以上的有77人,二本以上上线人数593人。

2012年,全校重本上线人数216人,二本以上上线人数612人,分别占全市总人数的一半。

2013年,高三毕业班重本上线人数236人,二本以上上线人数658人。

2014年,高考重本上线人数339人,二本以上上线人数758人。其中,聂奇缘以优异的成绩被清华大学录取。

2015年,张勇被北京大学录取,2人被空军飞行员大学录取。学校高考一本上线184人,二本以上上线633人。高二学业水平考试九科参考有六科位居邵阳市第一名。

2016年,高考成绩在连续四年走高基础上,实现历史性突破。曾锦涛同学以 642 分（邵阳市文科状元）被清华大学录取，6 人被飞行员大学录取。一本上线 227 人，二本以上上线 678 人。

2017 年，高考一本上线 245 人（不含专业生），二本以上上线 554 人（不含专业生）。肖彦同学以 682 分的实考成绩获武冈市理科状元，李孝杰以 677 分的实考成绩获武冈市理科第二名，两人均被清华大学录取。陈晖以 652 分获武冈市文科状元。学校 600 分以上人数 45 人。

2018 年，高考一本上线 340 人（不含专业生），二本以上上线 645 人（不含专业生），600 分以上 45 人。高二学考合格率达 99.17%。

2019 年 9 月，周孝军继任武冈二中校长。

2020 年 10 月，在中国物理学会、全国中学生物理竞赛委员会举办的第 36 届全国中学生物理竞赛中，学生刘超、杨挂分别荣获二等奖；陈雨川、刘超荣获三等奖。由中国数学会举办的全国高中数学联合竞赛中，学生廖宇鹏荣获二等奖，杨璞霖、易勤、刘嘉璇荣获三等奖。

2021 年 1 月，学校被湖南省电化教育局、湖南省教育技术协会评为现代教育技术"十五"课题研究先进单位。9 月，被湖南省电化教育馆评为百佳文明卫生单位。

是年，李雨轩，廖宇璇被北京大学录取。

2021 年和 2022 年，学校在湖南省教育厅举办的湖南省中小学"心理健康月"获得湖南省三等奖。在 2023 年的湖南省中小学"心理健康月"活动案例评选中，学校《为心赋能，共助成长》心理健康活动案例荣获湖南省二等奖。

2021 年 10 月，在中国物理学会、全国中学生物理竞赛委员会举办的第 38 届全国中学生物理竞赛中，学生王思钧、王誉涵、张荣峰、钟卿分别荣获二等奖。

11 月，由中国化学会举办的第 34 届中国化学奥林匹克竞赛中，学生陈雨川、刘超、陈宇鹏荣获三等奖；张荣峰荣获第 25 届中国化学奥林匹克（初赛）二等奖，戴阳、刘鑫、陆立涛荣获三等奖。

12 月，在由湖南省教育厅中小学教师信息技术应用能力提升工程领导小组办公室举办的集体备课大赛中，学校被评为 2021 年湖南省中小学（幼儿园）教师信息技术与学科教学融合创新应用在线集体备课三等奖。

2022 年，高考参考人数 1073 人。一本（特控线）上

传承雷锋精神，守护绿水青山——武冈二中社会实践活动

公交车定点进出学校接送学生

线 569 人，上线率 53.03%。本科上线 868 人，上线率为 80.89%。物理组合廖丁鸥同学以 674 分获邵阳市第一名，历史组合肖育涵同学以 642 分获邵阳市第一名。廖丁鸥、肖育涵、张荣峰三名同学被北京大学录取。

12 月，学校被湖南省电化教育馆评为第二十一届湖南省中小学生电脑制作活动（线上交流展示项目）。

2023 年，黄文博考取北京大学。学校高考参考人数 1098 人，本科上线 906 人，上线率为 82.51%。一本（特控线）上线 618 人，上线率 56.28%。600 分以上 63 人，最高分裸分 674 分，最高档案分 677 分。

2024 年高考，周卫宇、肖奇锋与肖震宇三位同学考上清华大学，邓子洋同学考上北京大学。五名同学考上航空兵飞行员，四名同学考上国防科技大学。

教师开展植树活动

（二）重启洞庭中学始末

再以洞庭中学之名办初中，是武冈二中教学历史中的一段插曲。新中国成立后的 1953 年，洞庭中学已更名为武冈二中，其洞庭中学的牌号被雪藏。在 2001 年，学校根据上级要求，身为省重点中学的武冈二中不能在校内办初中。当初，不准办初中是为了打破完全中学本身初中部和高中部的裙带关系，因为学校初中部通过内部能得到更多的高质量的生源名额，不利于教育公平。

而按文件要求，武冈二中符合"名校办民校"的精神，即把过去的校牌再次启用，开办了洞庭中学，但按要求不能设在校园内。当时没有找到合适的校舍，洞庭中学校园不得不暂时借用武冈二中。新办的学校如果设在武冈二中校园内，必须与武冈二中隔离。而隔离却不切实际，隔离的建筑设施对园林式的武冈二中是一个不小的破坏。为了避免校内不能隔断设立独立的洞庭中学，确定校舍设在老教学楼，即现在的荣馨楼、明志楼，这样与其他教学楼相对有些距离。开办的民校全称是湖南省武冈市洞庭中学。

洞庭中学是由即将退休的武冈二中邓立强校长组织管理人员创立的。班级名称设立四位数，前面两位是年份，后面两位是班级顺序。例如首届 0101—0108 共八个班。这样在校内办班至 2008 年上期，自主招生，命题、考试、录取。每年招生 8—10 个班。八年内共招收学生且毕业学生 5 千余人。

我运动，我健康，我快乐 ——武冈二中 2021 年校运会

新办的洞庭中学领导人名单：

校长：邓立强（2001年下期—2004年上期）

王惠福（2004年下期—2008年上期）

副校长：唐端轩、邓集镇、曾维炬；

教导主任：蒋文骥、付秀叶

政教主任：周志农、肖玮、蒲宏建

团支部书记：肖玮

新办的洞庭中学年级组长和班级：

01级：8个班；蒋文骥（初一、初二）龚中华（初三）；

02级：8个班；匡远耀（初一、初二）周志农（初三）；

03级：8个班；蒋文骥

04级：10个班；肖玮

05级：10个班；周志农

教务员：达细梅（2001年下期—2004年上期）

刘洋（2004年下期—2008年上期）

政教员：兰元桃（2001年下期—2005年上期）

袁波（2005年下期—2007年上期）

王福民（2007年下期—2008年上期）

马众园（2005.9—2006.7教务检查2006.9—2008.7女生辅导）

老师在阅览室与学生共同阅读

名义上新办的洞庭中学，其实仍然是武冈二中自设的初中部，只是换了个校名而已。师资力量仍然与重点中学武冈二中挂上钩，保送上二中很普遍。到2008年下期，新办的洞庭中学与武冈二中分离。

新办的洞庭中学搬迁到易家坪，即法相岩街道迎阳路。从此，与武冈二中完全脱钩。现在，武冈市洞庭中学是经武冈市、邵阳市教育局批准的一所全日制民办学校，由武冈市民营企业家任董事长。学校开办了由幼儿、小学、初中、高中的完全教育，学生约5000人。

老师在阅览室与学生讲解读书

（三）教育教学各尽其能

武冈二中的教育教学，按照新课标的要求，结合学生学习能力和兴趣、要求，灵活采取相应的教学方式方法。例如语文教师们本着"对全体学生负责，努力搞好语文教育教学工作"的方针，兢兢业业，全身心投入教育教学工作中。一是加强学生养成习惯的教育，二是提高学生对语文科目学习兴趣，三是全面探索新课程改革全语文教学新模式。

　　语文老师于建成一是注重用优秀的文学作品、先进的思想、崇高的品格陶冶学生情操。二是利用学校阅览室开展阅读教学，用扎实的、清晰的语言表述书本知识，调动学生的积极性。唐花老师根据较多学生基础薄弱，要求学生每天积累5个成语，写一篇随笔，一个学期下来，学生的写作水平有所提高。肖海涛老师利用现代化教学手段，扩大课容量，活跃语文教学。在教学过程中通过网上查询和自己制作语文教学的音像资料和课件，使无声的语言变得生动形象，具体可感。比如在学习《孔雀东南飞》这篇课文时，先播放电影《孔雀东南飞》片段，营造出一种氛围，让学生初步了解刘兰芝、焦仲卿等人的性格，然后再进入课文的学习。欧华艳老师探索启发学生的思维训练，自读课文阅读方法，以感知—探究—反思—延伸为主线的重点篇目学习法，以合作—探究—创造—创新为核心的语文活动课。在陶世国老师的指导下，学生于胜兰的作文《窗外》、陶冶的作文《选人还须选其心》均发在《全国优秀作文选》上。在高菊华老师、欧阳照老师的指导下，多名学生的文章发表在《高中生》上。

　　数学老师们对数学的教学也有一套：一是紧扣高考特点，学生特点，把握全局，认真筹划每一章节，精心设计一节课的每个环节。了解学生原有知识技能的质量，他们的兴趣、需要、方法、习惯，学习新知识可能会碰到的困难，采取相应的预防措施。二是注重学生能力的培养。考查学生五个方面的能力，即：理解能力、推理能力、分析综合能力、应用数学处理问题的能力。注意教学特殊方法的训练：对称法、可逆思想、图像法、等效法等训练。强调一题多解，一法多用，从中体会不同方法。陈方叶老师对学生因材施教，分层次教学。不搞题海战术，抓典型题型。对基础差的学生详细讲解，对学有余力的学生提高难度，以适应以后的高考。唐卫华老师开辟数学教学第二课堂，开阔学生视野。组织部分学生到武冈市公路局观看和操作测量、利用多媒体数学名家的成长过程，开展奥赛辅导。通过第二课堂，增强了学生学习数学的积极性，提高了数学素养，丰富了学生生活。朱书邱老师任教的352班高考成绩本年级第一，高考升学人数第一。机器人比赛获全国一等奖，青少年科技创新被湖南省评为"十佳"创新基地。唐翔华老师在2001年上期与庾平范等老师主持参与省级规划课题《高中数

2021年，武冈二中红歌节

武冈二中举行2021年下学期开学典礼暨"追梦"奖学金颁发仪式

学新课程课堂教学的有效性研究》，与霍华军等老师参与国家级课题《高考数字学科内容考法分析研究》。2013 年霍华军老师所教学生唐陆瑶、徐建军在湖南省中学生数学竞赛中获一等奖。所辅导的学生优秀，张作为在全国数学竞赛中获湖南赛区二等奖。姜安军老师的《三招规避圆问题的错误》被《中学生导报》2013 年第 8 期刊用。2013 年 8 月，参加《学知报》举办的第三届全国中小学"教师之星"大赛中荣获数学学科高中组一等奖。《学知报》举办"桃李杯"全国中学生学科竞赛中获优秀指导教师奖。

英语是所有学习科目相对较为枯燥的，而英语老师许小辉为激发学生的学习兴趣，在完成教学任务的同时，穿插一些英文歌曲、脱口秀、趣闻幽默故事，名人逸事的仿拟等，这样既练习了口语听力，也提高了学生学习的兴趣。曾英老师以激励的方法撬动学生学习潜力。2011 年她教最差的普通班，被人断言考取大学为零。而她要争口气，紧扣高考大纲，强化训练，同时对一点点进步的学生，大加表扬。结果学生成绩进步很快，断言高考为零的班级上升到 9 人考上了大学。

地理也是门不可忽视的科目。蒋文骥老师深知时代在发展，知识必须更新，自觉加强学习。他的地理课件获《中学地理教学参考》一等奖。他所教的学生成绩在同类班级中排名第一。同时在他兼任党务工作时，编写了《武冈二中党务工作文件汇编》初稿，对所有处室的档案进行完善。邓爱梅老师通过对武冈城区的变迁、资江河的水污染及高速公路的修建等知识的探讨，来加深课本知识城市化、环境污染、交通线的区位因素等的理解，增强了学生的地理学习兴趣和信心。

物理老师何奇峰对教学初中和高中物理的区别进行实践：一是做好高中物理教学和初中物理教学的衔接工作。初中物理教学是以观察、实验为基础，使学生了解力学、热学、声学、光学、电学和原子物理学的初步知识，学生容易接受，学业考试要求低，学生成绩普遍不错；高中物理教学则是采用观察、实验、抽象思维和数学方法相结合，对物理现象进行模型抽象和数字化描述，要求通过抽象概括、想象假说、逻辑推理来揭示物理现象的本质和变化规律，学生接受难度明显加大，因此，在教学中，设置合理的教学层次，适当降低"台阶"，保持学生的学习积极性，使学生树立起学好高中物理的信心。二是在教学中讲清讲透物理概念和规律，使学生掌握完整的潜

武冈二中举行庆祝第 37 个教师节暨表彰大会

武冈二中教师信息技术应用能力提升工程 2.0 工作坊启动仪式暨第一次线下研修活动

在知识，培养学生的思维能力。讲授物理规律要使学生掌握物理规律的表达形式，明确公式中各量的意义和单位、规律的适用条件和注意事项，了解概念、规律之间的区别和联系，使学生在巩固基础知识的同时，思维能力不断得到加强。三是重视物理思想的建立与物理方法的训练。中学阶段，常用的方法是：确定研究对象，对其进行简化并建立物理模型，在一定范围内研究模型，分析总结得出规律，讨论其运用范围及注意事项，再通过规律的应用培养学生建立和应用物理模型的能力，实现知识的迁移。四是注重学生良好习惯的培养。首先要注意培养学生独立思考的习惯与能力，要求学生独立完成作业，独立钻研课本，其次要培养学生的自学能力，要强化阅读教材及一些课外刊物，再次要培养学生做课堂笔记的习惯。五是注重换位教学。教师对课本较熟悉，基本能够驾驭课本知识，而学生就不一定能做到，在教学上适当换位，就容易了解学生的学习情况，对教学中的问题就能及时改正，有利于提高教学质量。王纲要老师注重培养学生学习兴趣，在教学过程中将科学性和知识性融入趣味教学，不断尝试新的方法：一是情感教学，把物理习题的设疑性转化生活有趣的情境，从而将难化易；二是指导学生归纳总结，使知识系统网络化。马永明老师加强培养学生良好的学习习惯：一是自己严格作图，然后严格要求学生；二是努力提高数学运算能力，加强训练；三是规范解题过程。

　　历史老师刘会权组织学生开展课外活动，提高学生的学习能力，一是成立历史文物考察小组，对武冈境内的文物进行考察，增强同学们对文物知识的了解，提高同学们的文物保护意识。二是成立历史论文组，对教材重点、难点、疑点进行探究，形成小论文，提高了同学们动手能力和探究问题能力。莫新华老师配合班主任做好学生的思想工作，以历史课的特点，对学生进行爱国主义、国际主义、辩证唯物主义、历史唯物主义教育，培养学生积极的人生观和价值观。费汉武老师运用历史唯物主义、辩证唯物主义分析历史事件、评价历史人物，帮助学生完成从初中的"是什么？"到高中探讨"为什么？"的转变。

　　政治老师刘会明落实教学"三维目标"，能用书本知识解释一些社会现象，时政问题，热点焦点问题。分析实际问题，做到理论联系实际；学以致用，并增强了学生的政治立场，提高了政治觉悟，培养学生的爱国主义精神，做到基本落实学生

武冈二中开展植树活动学生合影

武冈二中校内初中部：洞庭中学创立的部分管理人员和老师合影

的"知识与能力、过程与方法、情感、态度、价值观目标"。刘凯老师在地区级以上报刊发表文章15篇，备课组被评为"湖南省优秀备课组"，本人被评为"全国教育研究先进工作者"和"高考先进个人"。肖立杰在2013年所写论文《思想政治课堂探究的细节》获国家教研教改一等奖，并发表在《中华少年》上。《价格的变动》获国家基础教育研究会一等奖。

教师教学各有其法宝各有其优势，不胜枚举。还有化学的老师们、生物的老师们、音乐美术体育的老师们，不能一言尽之。生物老师廖继祥所教高三350班的肖颖同学以661分居邵阳市实考分第一名，被清华大学录取。当年，他的两篇论文在省级刊物发表，一项课题获省教育成果三等奖，主持一次省级立项课题，参加一项省立项课题研究，被评为武冈市名师。音乐舞蹈老师王晶所教的学生夏明阳高考成绩在中央民族大学全国排名22名，华侨大学全国排名第一名。所教艺考生升学率达到95%以上。音乐老师肖梅花狠抓审美教育，狠抓教学质量，在培养学生的基础声乐上取得较好的效果。美术老师杨元峰加强多媒体的制作，增强课堂吸引力。体育老师唐希震、蒲宏建等，所教学生获得较多荣誉。袁涛同学获2011年湖南省青少年田径比赛男子1500米跑银牌。钟艳林同学获省运"艺考杯"冠军，欧阳思雨获邵阳市第一名。组织与指导高三体育舞蹈队参加湖南省第一届青少年体育舞蹈锦标赛，464班杨彬烨获华尔兹女子单项组冠军、465班康琴获华尔兹女子单项组亚军，471班钟艳林获摩登女子单人单项组冠军。等等。还有信息技术老师黄英姣等老师，把感兴趣的老师召集到一起，利用课余时间，向他们介绍动画制作原理，扩大他们的视野，丰富他们的业余生活。学生曾滢、黄英姣制作的课件《力的分解》获得省二等奖。

武冈二中举行2021年女教职工"齐心协力向前冲"趣味比赛

（四）党团工作

党团工作是政治思想的主要工作，学校坚定不移地一以贯之地贯彻和执行上级的指示精神和工作要求，结合实际，不间断地开展相应的工作，在提高党团员们的政治思想认识、促进教育教学等方面起到了积极的作用。

2008年，学校党总支通过组织政治学习、民主生活会等形式，认真学习贯彻党的十七届三中全会重要精神，提高党员教师的政治素质。4月，学校党总支组织全体党员参加登山扫

武冈二中心理健康活动月工作部署会议

学生们在阅览室

学生在劳动体验基地开展实践活动

学生加入中国青年团宣誓

墓、拔河比赛等活动，进一步提高党员同志团结互助的精神、活跃了学校的气氛。同时，按上级有关精神，积极开展了师德师风建设活动，组织教工学习了相关的教育法规和典型人物的先进事迹，组织教师认真学习邵阳市教育局的"十二条禁令"和"八禁止"，规范了教工的行为，增强了教师的使命感和责任感，使全体教工能够更加合法、有序、科学地开展工作。

2013年，党总支以教育局的文件为指南，分阶段组织教师进行学习，每周撰写一篇简报、每月撰写一篇小结上报教育局，及时向上级反馈学校活动开展情况，得到上级领导的肯定与好评。

2019年，学校开展"不忘初心、牢记使命"主题教育工作，通过主题党日、微党课、主题教育宣讲、读书班等形式，开展主题教育动员部署，深入学习贯彻中央、省委、邵阳市委、武冈市委和武冈市教育局党委主题教育有关会议精神，积极营造浓厚的主题教育氛围。

10月30日，党总支书记、校长周孝军率全体行政领导、政治、历史教师，学生代表100余人赴荷塘村参加武冈市"传承红色基因，争做时代新人"主题活动推进会。

11月6日，周孝军校长带领学校全体党员和青年志愿者赴法相岩社区深入开展关爱贫困户的志愿服务活动，给贫困户发放了米、油、牛奶等生活必需品。全体党员和青年志愿服务队以实际行动诠释了中华民族的乐于助人团结共进的优良美德，志愿服务活动不仅使贫困家庭体会到了党和政府的温暖与关怀，也体现出了志愿者们的乐于奉献精神，增强了党员干部的宗旨意识、群众观念和责任意识，进一步密切了党群干群关系，有力地促进了社会的和谐。

11月12日，开展了"党员团员作表率、无偿献血显爱心"活动。党员团员有序排队采血，向社会传递温暖！

11月14日，召开"不忘初心、牢记使命"主题教育检视问题座谈会。党总支书记、校长周孝军要求全体党员同志围绕"守初心、担使命，找差距、抓落实"的总要求，深入学习"不忘初心、牢记使命"重要论述，对照党章党规、对照人民群众提出的意见建议，找出差距，落实工作。要有自觉和刀刃向内的勇气，逐一对照，全面查找初心和使命方面存在的问题，查找自己在工作中是否存在党员意识、担当作为、服务群众、遵守纪律等方面的差距和不足，一条一条列出问题；对列出的问题，制定整改措施，一项一项整改到位。

全体党员要树立终身学习的思想，把"要我学"变为"我要学"，结合学习研讨，解决问题，不断增强党员领导干部党的意识、党员意识、纪律意识，不断提升政治境界、思想境界，道德境界。真正做到认真学习、深入剖析理解，坚定理想信念，牢固树立"四个意识"坚定"四个自信"，坚决做到"两个维护"，以身作则，以上率下，切实维护和践行党章党规！

座谈会结束时，周孝军带领全体党员重温入党誓词，立志立足教育教学岗位、亮明党员身份、亮明服务承诺、亮明工作标准、亮明担当作为，为办好人民满意教育而不懈努力。

2020年10月25日，党员赴衡阳县夏明翰故居、王船山故居，开展了"缅怀革命先烈，弘扬革命精神"为主题的党员教育活动。

学生在图书馆里阅读

在夏明翰故居，全体党员在讲解员的带领下，参观了陈列的珍贵史料。每到一处，大家都怀着无比崇敬的心情观看展板、实物，认真聆听讲解，了解革命烈士的生平事迹，认识到是党的正确领导让他脱离封建家庭走向马克思主义道路的光辉历程。大家深深地折服于夏明翰"抛头颅，洒热血，明翰早已视等闲"的革命意志和"砍头不要紧，只要主义真"追求真理一往无前的革命精神。

王船山是明清之际著名的思想家。他一生忠胆义肝，上下求索，潜心学术。其著述四百多卷，言近千万，卓识千古，创见非凡。先生为避清廷侦捕，履险如夷，隐居衡山之下，不作清臣，声如洪钟地提出"均天下反专制"的主张，足见其民族气节和爱国情怀。

这次参观学习，是一次灵魂洗礼。"船山思想深，明翰主义真。担当在我辈，共践报国行"，大家纷纷表示要向英雄学习，向先哲靠拢，弘扬优秀革命传统，发挥党员先进模范作用，以务实的工作作风，昂扬的精神状态投入教育教学中去。

2021年4月7日，以"听英雄故事，学百年党史"为主题的战斗英雄事迹报告会在武冈市第二中学隆重举行。总支书记、校长周孝军致辞中说，英雄是一个民族的信仰，国之英雄，千秋凛然。太平盛世要居安思危，青年学子当心系国防。

中国航天科技集团有限公司科普讲解团公益讲座活动

战斗英雄史光柱讲述了自己在1984年4月收复老山战斗中，4次负伤、8处重伤。在一次战斗中，他左眼球被炸出眼眶，右眼被两块弹片击中，他硬是将炸烂的眼球塞进眼眶，继续战斗，冲锋向前，带领全排收复两个高地，荣立一等功，被中央军委授予"战斗英雄"称号，先后受到邓小平、江泽民、胡锦涛、习近平等几代国家领导人亲切接见和慰问。

9月16日，开展"我为群众办实事"主题党日活动，在学校党总支书记、校长周孝军的带领下，党员干部志愿服务队深入乡村振兴联点村——法相岩社区新泽村，全覆盖走访监测对象户、脱贫户、疑似有致贫返贫风险的低保户、独居老人户等，零距离解决群众"急、难、愁、盼"问题。周孝军亲切地询问帮扶对象——重残户周宜生（化名）老人的身体状况、经济收入、家庭生活等情况，并将结对服务便民卡交到老人手中，叮嘱老人如有困难就打电话，并希望他多保重身体，老人激动得连连说好！

12月23日，党总支组织学校全体党员，赴新宁县革命先烈宛旦平故居开展了"百年辉煌·红色邵阳"的主题教育活动。党员们重走了红色古道、参观了宛旦平革命烈士纪念馆，重温了革命英雄事迹。

2022年4月9日，党总支组织全体党员、行政人员、学生代表一行，来到法相岩革命烈士碑开展"党建带团建·清明祭英烈"主题党日活动。扫墓活动是一堂生动的爱国主义教育、革命传统教育和党史学习教育课。

12月11日党总支开展"整治人居环境，助力乡村振兴"主题党日活动。在新泽村，党员干部群众积极行动，全面清理生活垃圾，乱堆乱放的柴草、杂物以及村居卫生死角，清除小广告，乱添乱画墙体，围绕路边、河边、田边、村边、屋边"五边"开展清洁整治，全面清除可视范围内的裸露垃圾。

2023年3月13日，党总支组织学校党员干部在新泽村云山桥开展义务植树暨主题党日活动。大家拿起铁锹、锄头，开始埋头植树。大家互相配合，一片热火朝天的景象。此次义务植树活动共栽种桃树与松树1200余棵，为助力乡村振兴、打造生态宜居的新农村添砖加瓦。

学校党总支一以贯之地坚持主题思想活动，并且制度化。一是加强党建工作，进一步提高党员素质，充分发挥党总支的战斗堡垒作用。通过组织党员开展主题学习和知识竞赛，举办师德报告会，组织学习名师和道德模范等活动，深入开展了"不忘初心，牢记使命"主题教育活动。在全体党员中开展了"在职教师有偿办班补课问题"专项治理和"严禁教师收受学生及

2016年12月22日，美国劳伦斯国家重点实验室科学家，武冈二中杰出校友彭旗宇全家专程回到母校寻找儿时的梦想

2017年12月573班和579班联合举办的诗文朗读会，朗读者合影

家长礼品礼金"的集中整治活动，开展"师德高尚、责任心强、关爱学生、敬业奉献"的优秀党员培训活动。二是加强行政班子的思想、政治、作风建设。定期召开行政人员会议，加强理论学习和思想教育，"团结协作、和谐相处、相互关心、相互尊重、相互欣赏"的正气在行政班子中逐步树立，一支"愿管、敢管、善管"的行政干部队伍正在形成。进一步完善中层行政领导和年级部管理队伍的选聘制和任期制、完善部门负责制。强化了责任意识，落实了"谁主管、谁负责"的工作要求，理顺了学校处室与年级部、行政领导与教师的工作关系、权责关系、利益关系。三是加强教工队伍建设，进一步提高教工师德、师风和教书育人水平。

2017 年秋季运动会海报

中国共产主义青年团是党的后备力量，学校团委紧紧围绕学校教育教学这个中心，抓好学生德育工作，加强了青年团员的政治学习和思想教育工作：一是在广播站开辟栏目，吸引大量学生投稿，增强了校园的文化氛围，丰富了学生的校园生活；二是指导并检查了各团支部每月一期的黑板报、各种主题的宣传板报；三是重视升国旗仪式；四是文学社开展了"江南和我"等主题的征文活动，并评奖项给予奖励，部分优秀的稿子向各刊物推荐发表；五是开展帮贫助困，资助部分家庭困难的学生；六是开展丰富多彩的团员生活、学习等方面有意义的活动；七是在各级"五四"表彰中，学校每年都有团员、团干部被省市县评为优秀共青团员和优秀团组织。

2017 年 11 月，高二年级举办"不忘初心，牢记使命"主题演讲比赛，增强了同学们的爱国爱校之心，树立了正确的人生观、价值观。

2019 年 11 月 22 日，615 班全体团员举行"不忘入团初心，牢记团员使命"为主题的登山比赛活动。登上山顶后，全体团员庄严地举起右手，重温入团誓词。唤起每一位团员的团员意识，坚定团员理想信念，增强团员的责任感、荣誉感、使命感，加强团支部的向心力与战斗力。

2020 年 5 月 4 日，高一、高二年级师生举行"五四青年节"宣誓活动，重温"五四"精神，树立远大理想，勤奋学习，心怀祖国，造福社会。

10 月 9 日，由中共武冈市纪委、共青团武冈市委联合举办的"武冈市廉洁文化进校园"活动在武冈二中启动。武冈市纪委常委、市监委委员姜方创、市纪委常委周晓龙、团市委书

2019年10月24日，武冈二中社会实践组带领高二584班同学前往浪石古村开展社会实践研学活动

2019年，党总支书记、校长周孝军率全体行政领导、政治、历史教师，学生代表100余人赴荷塘村参加武冈市"传承红色基因，争做时代新人"主题活动推进会

2019年，新教师在导师的引领下，实现角色转换，在现有丰富的知识底蕴的基础上实现专业性发展

记喻凯、市纪委派驻教育局纪检组长李乐鸿、第二中学校长周孝军出席活动。市纪委常委、监委委员姜方创以"传承廉洁美德，争做时代新人"为题授课，引用名人典故、历史故事，从廉洁的内涵、廉洁教育的时代特性，廉洁文化对中学生的具体要求这三个方面为同学们生动阐述了廉洁意识、自律意识的重要性，教育引导同学们从小树立清正廉洁的价值理念。

2022年3月5日，武冈市"喜迎二十大 永远跟党走 奋进新征程"湖南百万青少年学雷锋志愿服务行动启动仪式在武冈市第二中学举行。活动旨在进一步弘扬雷锋精神和"奉献、友爱、互助、进步"的志愿服务精神，广泛动员全市志愿服务组织、志愿者积极开展学雷锋志愿服务活动。

2023年2月28日，学校团委、少工委组织志愿者在法相岩街道办事处所辖的南山寨开展"传承雷锋精神，守护绿水青山"志愿环保活动。部分党员、团员、少先队员大手拉小手，共同参加了这次活动。志愿者们在上山道路周边拾捡丢弃的烟头、垃圾袋、废弃口罩、果皮、塑料袋等。经过一个多小时的努力，上山道路焕然一新。

4月7日，党总支组织全体党员、行政人员、团员代表一行来到法相岩革命烈士碑前开展"党建带团建·清明祭英烈"主题党日活动。全体师生在革命烈士纪念碑前肃立默哀，奏唱国际歌，学生代表向革命先烈们敬献花圈。在党总支书记周孝军的带领下，全体党员面向党旗庄严宣誓；全体学生在团委书记林丹的带领下，面向团旗宣誓。全体师生手执白花，神情肃穆，寄托哀思，表达对革命先烈的崇敬与怀念之情。

2024年4月3日，党总支组织该校全体党员、学生会成员、团员代表等200余人，来到法相岩革命烈士纪念碑开展"向阳花开·党建带团建·清明祭英烈"主题党（团）日活动。奏唱国际歌之后，全体师生在革命烈士纪念碑前肃立默哀，团员代表向革命先烈们敬献花圈。

学校工会充分发挥了民主监督、民主管理的作用，广泛开展了一系列的活动。一是组织教代会通过的监察人员直接参与了学校大宗物品的购置、招标工作和基建维修合同的签订；二是组织教工代表参加每周一次的学校财务会审工作，使教师有知情权；三是组织召开了武冈二中职代会代表会，讨论通过学校重大事宜决议等；四是开展教职工文娱活动及时地慰问有困难有病痛的教工，按惯例对教工的红白喜事进行慰问；五是关心女教工，开展"三八"节的庆祝活动，以及组织女教工妇检、体检，确保女教工的健康检查，等等。

（五）德育工作

德育是社会主义精神文明建设的重要组成部分，德育工作的效果直接影响社会的道德状况。对青少年来说，道德需要与理智需要、审美需要一样，是他们人生的基本需要。道德需要能否得到满足以及满足的方式和类型，在相当程度上决定了他们成年后的道德素质和道德素养，决定了他们的社会性发展程度和社会性接纳程度，决定了他们发展空间的大小和发展方向的正确与否。良好的德育工作能够正确地满足、引导和提升他们的道德需要，为他们的道德发展以及全面发展打下坚实的基础，使他们拥有一个充实、有意义、有尊严和幸福的人生。

2010年，学校政教处坚持以德育为先，加强学生养成教育，综合治理、校园安全文明建设工作上新台阶。一是加强师德建设，优化过程管理。每月召开一次政教处工作会议，安排好周工作任务。利用班主任例会、班主任经验交流会，组织班主任进行理论培训，提高素质，增强责任感。严格考核班主任工作，实行班级百分考核制度、"六化管理"（班级卫生、学生出勤、纪律、两操评比、黑板报宣传、班校会情况、各种上交资料等）检查评比制度，每周一汇总，每月一评比，颁发优胜流动红旗。二是抓好国旗下讲话这一重要的德育基地，树立优秀学生榜样，激励学生自我成长，帮助学生树立远大的理想和抱负。利用班会黑板报、宣传橱窗、校园广播、多媒体等多种途径，定内容、定专题对学生进行德育教育活动，努力促进校园文化建设。

2011年，学校以构建和谐校园为目标，以学生思想品质和良好道德情操教育作为重点，结合具体情况，从抓身边的文明习惯做起，培养了学生的责任感、自主精神和爱国情操，使学校的德育工作达到新的高度。一是加强德育教育队伍建设，营造和谐的德育环境；二是加强常规德育教育，促进规范管理，改进寝室管理；三是抓好行为规范教育，重视同学良好习惯的养成教育；四是班主任老师按照学校安排上好每一节德育课，及时传达上级和学校的要求，切实提高治班能力；五是鼓励班主任多与家长联系，实行学生成长记录交流活动，沟通学生在校和家庭情况，对学生多鼓励多指导，切实减轻学生的心理负

2019年，学校特别为"师徒结对"的每一位导师颁发了聘书

2019年10月15日至18日，高三年级30名教师赴黄冈中学考究学习

2019年11月1日、2日，武冈二中师生来到南山牧场，开展了以"读万卷书，行万里路"为主题的冬季研学实践活动

2019 年 12 月 6 日，武冈二中开展"踏红色记忆、传承红色基因"为主题的学习活动

2019 年红歌节海报

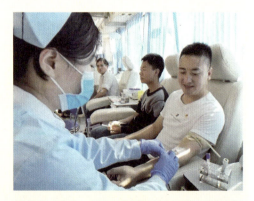

2019 年 11 月，武冈二中组织师生开展无偿献血活动

担；六是用校园广播站，多表扬、宣传身边的先进教师、优秀学生的感人事迹，弘扬正气，对学生进行人生观、价值观、文明习惯、遵纪守法等方面的教育；七是规范进出门管理，学生凭证出入校门；八是在学校安全领导小组的牵头下，成立了相应的学生会治安队，负责课间、早晚自习和教学楼层的值班巡逻工作，确保校园安全。

2012 年，一是在全体教职工中开展了"遵规守纪"月活动，签订了"遵规守纪，为人师表"承诺书和"学校发展我的责任"责任书，开展了"教职工遵规守纪文明行为和不良行为"征集，举行了"遵规守纪"师德演讲比赛，实施了"成长导师制"、落实帮教转化和课堂管理竞赛。组织党员参加"学党史知党情、创先争优跟党走"党建知识竞赛，以赛促学，激发学习热情，以实际行动迎接党的十八大胜利召开。召开全体党员学习贯彻十八大精神动员会，对学习、宣传和贯彻党的十八大精神进行了部署。二是德育工作以养成教育为核心，以贯彻落实《守则》《规范》为重，以主题教育活动为载体，呈现出良好局面。政教处加大班级检评力度，通过日通报、周公布、月总结，每月评选一次"规范管理示范班级""卫生示范班级""课间操示范班级"，颁发循环红旗，实行动态管理。抓住遵规守纪这一提高育人质量的根本保证，开展了"遵规守纪月"活动。通过开展签订"遵规守纪，文明自律"承诺书和"班级发展我的责任"责任书，"遵规守纪文明行为和不良行为"征集，"遵规守纪"征文竞赛和演讲比赛等活动，杜绝学生不良行为及其他违纪现象，让"遵规守纪、文明自律"成为全体学生的自觉行动。为更好地培养学生的动手能力，提高学生的综合素质，组织高一全体学生赴实践基地参加综合实践活动。利用"母亲节"在全体学生中开展感恩母亲"四个一"活动，通过活动让学生珍惜亲情，学会主动感谢与关怀他人，了解体会父母师长的辛劳。组织高一新生进行了一周的队列队形和课间操训练，规范了学生的站队姿势和广播操动作，为新生入校学生进入社会事业打下了坚实的基础。让家长了解、觉察、感受自己对孩子成长的影响，成功召开各年级家长会，并分别成立了各年级的家长委员会，家长代表围绕家庭教育中的热点、难点问题，介绍了他们在家庭教育方面的成功经验和体会。举办秋季田径运动会、组织"歌唱祖国，喜迎十八大"歌咏比赛和校园艺术节，展现了二中学子阳光、健康、快乐的精神风貌，丰富了学生的校园文化生活。

2013年，一是开学召开班主任工作会议并制定班主任工作计划：（1）布置本学期学校德育工作内容，要求教师树立"学高为师，德高为范"的师德形象，为学生的健康成长创造良好的育人环境。落实班风班纪评比，继续发挥激励机制，调动班主任发挥工作的主观能动性，提高工作成效；（2）组建班主任队伍，选拔一批年富力强、经验丰富的教师担任班主任；（3）组织班主任座谈会，学习班主任管理的发展理念；（4）要求班主任坚持每日常规检查。开学之初，班主任组织学生认真学习《武冈二中学生手册》《中学生守则》《中学生日常行为规范》以及校纪校规，并做到及时检测反馈，经常检查学生的行为习惯，发现问题及时批评教育；（5）让学生管理日常的各项活动，让学生监督学生，从而培养学生的自觉性和良好习惯；（6）在团支部的带领下发展一批新团员，让他们参与班级管理；（7）加强"洞庭之声"广播站工作。这一学期"洞庭之声"广播站作为全体师生心灵的窗口、学校德育教育宣传的主阵地，开通"心灵驿站""校园综合""美文欣赏"等栏目，每天课外活动时播音。

二是扎实开展各项教育活动，促进学生良好品德的养成：（1）组织开展每周一举行升国旗仪式，每周都有学校、年级部领导总结上周工作，对学生进行"信心、爱心、热心、孝心、忠心"等主题教育，大大加强德育的主动性和实效性，在平时的活动中培养学生良好品德；（2）组织开展丰富多彩的课外活动。通过组织教师与教师、教师与学生、学生与学生等的比赛，充分体现学校坚持素质教育的成果。充分发挥学生的主体作用，发挥活动育人功能，增强学生的集体主义观念，培养学生的合作与协作精神。增进师生之间、同学之间的包容和理解；（3）9月份开展"青少年争优"活动，10月份在政教处的统一安排下进行了以"争做文明小市民"为主题的普通话演讲比赛，营造了说普通话的良好氛围；（4）10月份组织召开全校寄宿生大会，规范就寝纪律，整治寝室卫生。不定期地在起床前、就寝后对各寝室进行突击检查，严防学生外出上网；（5）11月份结合期中考试与教务处联合召开期中总结表彰暨家长大会，通过会议表彰半学期以来优秀的班集体和先进个人，同时在政教处的统一部署下由各班主任组织家长召开座谈会，对学生在校的表现与家长进行沟通，提出今后学习生活的要求，

2019年11月9日，优秀校友武汉大学副校长周叶中回母校讲学

2019年11月9日，校长周孝军等校领导与优秀校友周叶中教授在中山堂前合影

2019年11月14，周孝军校长主持"不忘初心、牢记使命"主题教育活动

2019 年 11 月 22 日优秀校友戴永久（左图）与刘少军（右图）分获中国科学院、中国工程院院士

2019 年武冈二中与实验中学进行学术交流

2020 年 9 月 9 日，学校高中语文组在图书馆第一次集体备课

净化学生的心灵，提升学生的精神空间，纠正学生当前存在的问题；（6）12 月份与教导处等部门共同举办 2014 年元旦文艺汇演活动。师生一起登台表演，丰富校园文化生活，营造良好的校园文化氛围。

三是安全法治教育紧抓不放，重点做好教育防范工作：（1）制定《学校寄宿生管理条例》《宿管员职责管理条例》《单车管理员职责》《物业公司、保安公司管理职责》等；（2）每周定期或不定期对校外寄宿生进行安全隐患排查，以确保学生在校外的安全，每周对学生教室内及宿舍内物品进行排查，排查管制器具、引火器具及不健康书籍、MP3、手机等；（3）在坚持正面教育的同时，加大对违纪学生的查处力度；（4）每周不定期地进行校门、教学楼学生出入情况的检查、登记，完善学生证、出入证的管理。

四是加强家校联系，做好学生思想政治工作。认真落实国家"贫困生助学补助"的政策。9 月份，各班对享受贫困生助学补助的学生进行摸底、学生申请、班级确定、校内外公示。做到公平、公正、公开。使 1000 余名家境贫寒的学生享受了贫困生助学补助。开通"家校通"，要求班主任通电话、请家长到学校来或者到学生家去等多种形式与家长就孩子在家与在校期间的表现的了解，共商孩子教育大计。

五是创建和谐优美的校园环境、创设全员育人的整体育人环境：（1）把创建良好的校园文化作为一项重要工作来抓，安排各班对校园不同地方进行清洁打扫，安排专人协同物业公司检查校园环境、协同保安公司维护校园秩序，创建和谐优美、全员育人的整体育人环境；（2）抓好校园文化建设，创造良好学习环境。学校里名言警句重新更换、各项制度上墙，定期出好宣传橱窗、班级黑板报，组织学生建设良好的班级文化氛围，努力形成一种主题鲜明、方向正确、内容丰富、形式活泼的校园文化。

2016 年，学校政教处、学生会每天检查，坚持德育量化考核。开展"学校规，做合格中学生""我的梦想"主题教育实践活动。

2017 年，进一步强化以班主任为核心的任课教师集体负责制。充分发挥班主任在德育工作的核心作用和桥梁作用在任课教师之间、教师与学生之间、学生与学生之间做好联系与协调，全校教师实行一岗双责，做到教书育人、管理育人、服务育人。

2019年11月，师生前往城步南山牧场，开展以"读万卷书，行万里路"为主题的冬季研学实践活动。南山高山红哨旧址，是湖南省爱国主义教育基地之一。在哨所旧址，同学们了解了红军过南山的光荣事迹，更加懂得幸福的生活是革命先烈浴血奋斗换来的。

12月6日下午，学校开展"踏红色记忆、传承红色基因"为主题的学习活动。初中部110名学生参观了红军桥、革命烈士纪念碑、荷塘新村的"武冈红色记忆"馆、主题教育馆等。1930年12月，邓小平和张云逸率红七军自广西北上，途经木瓜桥，留下了传奇故事"萝卜坑里长铜钱"。大家来到武冈烈士陵园，在庄严肃穆的纪念碑下，怀着沉重的心情，向革命烈士纪念碑默哀致敬。参观军事博物馆重温了革命历史。通过体验学习，大家在感受新时代建设成果的同时，重拾红色记忆，接受了革命传统教育的洗礼，牢固树立服务意识、责任意识，努力成为德智体美劳全面发展的社会主义建设者和接班人。

12月19日，高一70名师生深入铜鹅养殖基地开展社会实践研学活动。在林立东的带领下，师生们参观了武冈市金福元卤业制作车间，观看卤铜鹅的制作过程，通过直接观看卤铜鹅的制作流程、品尝卤铜鹅肉质的美味，同学们纷纷称赞"世之名鹅"，表现出对此次实践的浓烈兴趣，充满了对这次研学的好奇心。

大家来到武冈华鹏种鹅场，走进孵化房，小鹅保温车房，亲手为大鹅喂食，走到鹅粪储存池，再到鹅粪处理池及看到鹅粪被再利用，同学们不仅感悟到了劳动之美，也为环保理念至上的真正运用而纷纷赞叹。

12月23日下午，高二年级在科教楼报告厅举行了主题为"从心开始、健康成长"的专题心理教育讲座。王佳莎老师根据中学生青春心理、学习、人际交往、情绪四个方面的心理发展规律展开，利用生动、有趣的小游戏入手，气氛热烈。王佳莎老师通过一个个具体实例引导学生们从中感悟与判断，特别是从中学生谈恋爱的特点：不稳定性，盲目性，外在性三个方面阐述观点，对事例进行了分析，让晦涩的理论变得浅显易懂。在互动以及情景模拟环节，同学们更是踊跃表现，纷纷敞开心扉，畅所欲言。

2020年9月14日，高二全体师生举行"学宪法、讲宪法"

2019年10月，武冈二中高二584班同学前往浪石古村开展社会实践研学活动

2019年12月6日，学校开展"踏红色记忆、传承红色基因"的主题活动

2019 年 12 月，武冈二中举行消防安全培训暨应急疏散演练活动

2020 年 5 月 4 日，高一、高二年级师生在校足球场举行"五四青年节"宣誓活动

主题教育活动。高二年级部主任徐军老师主持会议并强调，"学宪法，讲宪法"系列主题教育活动的开展，让广大学生学法、知法、守法、用法，将宪法精神、宪法原则融入学校管理和教学活动中，依法治校、依法治教、依法治学，共创文明法治、平安和谐的美好校园。高二年级 603 班学生邓瑶同学作题"以宪为纲，知法守法"的发言。国无法不治，民无法不立。宪法是我们人生的航灯，行动的标杆，爱国守法，要付诸行动，以宪为纲，知法守法，践行社会主义核心价值观，做新时代的合格中学生。

9 月 18 日学校在科教楼报告厅举行全体教职员工会议。党总支书记、校长周孝军介绍张桂梅同志的光辉事迹，号召全体教师向张桂梅同志学习，学习她坚守初心，对党忠诚的崇高品格；学习她爱岗敬业，爱生如子的高尚师德；学习她执着奋斗，无私奉献的至诚情怀。优秀教师代表、邵阳市优秀班主任左亮老师做了以《立师德，正师风，强师能》为主题的专题讲座。讲座从爱岗敬业，以身作则，爱并尊重学生，刻苦钻研教材教学等四个方面论述，结合自身教育教学实践经验，讲述了教育是春风化雨，是润物无声，是大爱无疆，是执着坚守。

9 月 28 日是孔子诞辰 2571 周年，学校在孔子广场举行以"爱国敬业，尊师明理"为主题的首届祭孔典礼。典礼由肃穆致敬，献祭，诵读祭文，行拜礼，诵读经典，教师代表讲话，学生代表讲话，师生庄严环节等环节组成。师生们铿锵誓言，表达了对夫子的崇高敬意和不忘初心矢志不渝地追随先贤足迹的决心，表现了二中人奋发图强，积极进取的精神风貌。

9 月 28 日学校举行"不忘初心，牢记使命"红歌节初一年级歌咏赛。学校党总支书记、校长周孝军作了热情洋溢的讲话：建国 71 年来，在中国共产党的领导下，全国各族人民团结一心，艰苦奋斗，励精图治，各项事业不断推进，中华大地发生了翻天覆地的变化。活动高潮迭起，精彩纷呈。万里河山披锦绣，各族人民庆辉煌。合唱比赛结束后，评选出最佳指挥奖、最佳创意奖、一、二、三等奖。

11 月 14 日，学校开展以"探究柑橘种植技术 体验果实采摘乐趣"为主题的综合实践活动。学生来到武冈市文坪镇鑫泰生态农场，农场负责人刘小平先生关于柑橘的田间管理、病虫害防治、采收存放等技术进行了介绍，接着同学们开始采摘柑橘，亲身体验劳动的乐趣。本次实践活动不仅让同学们熟悉了柑橘种植技术，掌握了采摘技术，还增强了学生的劳动意识，锻炼了学生的劳动能力，激发了学生珍爱劳动成果和懂得感恩的内在情感。

2021年3月26日，初二、高二4个班的学生前往潘家所茶场开展社会实践活动。同学们参加了采茶活动，然后参观了茶叶制作车间。他们直呼大长见识，被博大精深的中国茶文化所折服。

2022年1月14日，开展"都梁红"文明交通劝导志愿服务活动，教师志愿者们穿着红马甲，戴着小红帽，精神饱满，文明值勤，在川流不息的车辆和来往的行人之中进行指示通行，在斑马线上扶老护幼。

3月21日，政教处组织全校各班级召开"谨防溺水，珍爱生命"安全教育主题班会。学生们观看了《谨防溺水，珍爱生命》教育片，了解了溺水事故发生的原因，了解游泳的安全常识，掌握游泳中自身或同伴溺水的紧急情况下如何应对的处理办法。

9月28日，高一年级举行以"喜迎二十大，颂歌献给党"为主题的校歌、红歌比赛。合唱比赛旨在丰富校园生活，落实"双减政策"和"五项管理"，颂扬党的光辉历史和丰功伟绩，激励学生们继承革命先烈的光荣传统，树立崇高理想，明辱知耻，勤奋学习，拼搏进取，成才报国。

10月14日，在同兴楼报告厅开展了以"中华民族一家亲，同心共筑中国梦"为主题的演讲比赛。选手们他们用生动的事例、质朴的语言、饱满的热情，充分表达自己对民族团结的理解。

11月12日，武冈市举行2022年度"学习二十大，奋进新征程"暨"爱我国防"主题演讲比赛决赛。我校高683班祝翔宇同学荣获高中组第一名。初2108班周楚伟同学荣获初中组二等奖。

2023年3月26日，高一全体学生开展以"行万里路、读万卷书"为主题的远足活动。经过两个半小时的长途跋涉，全体师生顺利到达目的地——美丽新农村荷塘小镇。大家参观了红色教育基地和国防教育基地。整个活动中同学们表现出来的坚持、互助、突破自我的优秀品质得到周围群众、居民和交警的交口称赞。远足的不止于运动健身，更重要的是培养学生的顽强意志、集体意识和乐观态度，这些优良品质将是我们人生中最宝贵的精神财富。

2020年9月18日学校科教楼报告厅举行全体教职员工会议

2020年9月28日武冈二中在孔子广场举行以"爱国敬业，尊师明理"为主题的首届祭孔典礼

2020年9月30日，武冈二中举行广州武冈同乡会校友资助捐赠座谈会

2020年10月14日，武冈二中诚邀长郡名师胡昆做学科团队建设专题讲座

2020年10月23日，高一部分学生开展以"重走长征路，弘扬革命精神；快乐游南山，了解新能源"为主题的社会实践活动

2020年10月25日赴衡阳县夏明翰故居、王船山故居，开展了"缅怀革命先烈，弘扬革命精神"为主题的党员教育活动

3月31日，武冈二中与武冈市特殊学校开展手拉手联谊活动。二中的师生为特殊学校的孩子送上自己精心准备的玩具、零食、爱心卡片等礼物，代表全校师生送去温暖和祝福。武冈市特殊学校的师生们对二中师生的到来表示热烈的欢迎。武冈二中的学生用手语表演《听我说谢谢你》，表达对这些特殊孩子的爱；特殊学校的老师带着两个学校的孩子共同表演手鼓舞，记录两校孩子的快乐时光，传递两校孩子们温馨的友谊。

5月22日，湖南科技大学马克思主义学院副教授钟声教授莅临二中，在同兴楼会议室开展"弘扬伟大建党精神，争做新时代好少年"专题讲座。钟声教授首先向同学们展示了二十大报告中关于对青年人的寄语：广大青年要坚定不移听党话、跟党走，立志做有理想、敢担当、能吃苦、肯奋斗的新时代好青年，让青春在全面建设社会主义现代化国家的火热实践中绽放绚丽之花。随后，通过《人民日报》改编的建党百年版歌曲《错位时空》向同学们明确了新时代广大青年的时代使命——在世界百年未有之大变局中实现复兴伟业。为了实现这一目标，要矢志不移地弘扬伟大建党精神，这也是中国共产党的精神之源。她向同学们提出四点要求：坚持真理、坚守真理，做有理想的好青年；践行初心、担当使命，做有担当的好青年；不怕牺牲、英勇斗争，做能吃苦的好青年；对党忠诚、不负人民，做肯奋斗的好青年。正是对伟大建党精神的坚持与践行，才构建起中国共产党人的精神谱系，激励中国共产党与中国人民创造了人间奇迹，希望广大青年学子们能弘扬伟大建党精神，争做新时代好青年。

2023年湖南省中小学"心理健康月"活动案例评选中，武冈二中报送的《为心赋能，共助成长》心理健康活动案例荣获湖南省二等奖，为二中的德育特色"一修三入"（传承中华优秀传统文化修身、赓续红色基因入脑、培育心理健康入心、实践劳动技能入行）再添闪亮的一笔，又一次刷新了近三年来二中心理健康方面取得的成绩（2021年和2022年分别获得"心理健康月"活动案例省三等奖）。

2024年1月5日，学校组织开展了未成年人思想道德建设主题讲座。讲座由原武冈市委党校校长杨远定主讲，学校德育处主任肖玮主持，高二约300余名学生参加。杨校长从"立志、立德、立功、立言"四个方面讲起，鼓励同学们要树立远大志向，不断提升自己的道德修养，用积极向上的言语影响他人，积极传递社会正能量；接着，杨校长从人生环境入手，通过对"安全环境、人际环境、生理环境"的讲述，希望同学们积极适应环境，学会自我保护和自我约束，学会珍爱生命，不自卑、不骄傲，做一个阳光的青少年。他鼓励同学们努力求学，学有所成，将来掌握关键核心技术，为祖国的未来做出应有的贡献，并实现自己的人生价值。

1月8日，各班开展了"利剑护蕾防性侵"主题班会。学校各班通过PPT、视频等多种形式从"性侵害的定义、哪些人容易被侵害、侵害实施者的心理和伎俩、如何防止性侵害"等方面进行了详细了解。老师们通过近年来发生的案例，向同学们讲述了性侵和欺凌的严重后果，有效提高了同学们的安全意识和自我保护能力。最后，老师给学生提供了一些防范措施和应对方法，让同学们在遇到类似问题时能够正确处理。

3月16日，武冈二中团员志愿者于赴南山寨开展以"传承雷锋精神，守护青山绿水"为主题的"向阳花开"志愿服务活动。志愿者们分工合作手持垃圾钳、环保垃圾袋等工具，分工合作，清理山上的废纸片、包装袋、饮料瓶等生活垃圾。在此次"向阳花开"志愿活动中，用行动传承了雷锋精神。

（六）教学管理

教学常规管理，是教学管理的基本内容，是提高教学质量的基本保证。例举2008年，一是本学期教导处进行了四次全面的常规教学工作大检查，对教师的上课、备课、作业批改情况做了全面细致的了解，评比出优秀教案。二是认真组织和安排了一系列的考试，如高三年级的英语口语测试工作，高二二次邵阳市联考，2009年高一招收音体美特长生考试，初三毕业会考，高二学业水平考试、高考以及学校安排的期中期末考试。三是结合学校实际不断完善教学管理制度，修改了毕业班教学工作计划，以新课程改革理念为指导，不断完善了《教学质量奖惩方案》，并且根据湖南省学籍管理制度的新要求，重新修订了《武冈二中学籍管理规定》。四是坚持落实学校绩效工资方案，落实了教师上班时间出勤情况管理结果，对上班辅导无故迟到、缺席的教师严格按方案的规定予以落实，不怕得罪人。五是各年级培优补困工作得到了进一步的落实，坚持实施以年级部为单位，各班任课教师

2021年2月，武冈二中新时代文明建设志愿者在行动

2021年武冈市第二中学开展"我为群众办实事"主题党日活动

2021年3月22日，学校组织全体学生举行"学党史·树信仰之基"主题班会

2021 年 12 月 23 日，校长周孝军带领部分党员开展主题党日活动

2021 年 9 月，武冈二中举行初三年级男子篮球赛

2022 年武冈市"喜迎二十大 永远跟党走 奋进新征程"湖南百万青少年学雷锋志愿服务行动启动仪式在武冈市第二中学举行的海报

分头包干的方式，加强了对学生培优补困工作，高三年级收到了较为明显的效果。六是始终把提高教学质量摆在学校工作的首要位置，通过召开年级部班主任会、任课教师会、学生代表座谈会及开展学生评教活动，采取"引进来"与"走出去"相结合的办法，加强了与名校的联系与交流，促进了教师教学观念的更新和业务素质的提高。七是特色教育始终是学校教育教学工作一道亮丽的风景线，在前几年特色教育获得优异成绩的基础上，本学期的音体美教育教学工作依然硕果累累。同时，继续加强了对体育代表队的训练，体育代表队先后获得了邵阳市中学生足球赛的第三名，邵阳市中学生女子篮球赛的第三名，邵阳市中学生田径运动会团体总分甲组第二名，武冈市中小学田径运动会甲组团体总分第一名。学校在 5 月份举办了第三届校园文化艺术节文艺表演，节目质量得到了师生们的高度赞赏，艺术表演队承担了多次汇报演出。

2010 年，学校加强教学常规管理，使管理走向了规范化、科学化；加强各科教学活动，让师生在各级各项竞赛中争创佳绩；加强学校信息化和多媒体教学的建设，实现了教学现代化。一是加强教学管理，规范教学常规：（1）严格执行课程计划，坚持按课表上课，（2）进一步规范和强化教学常规工作；二是严肃认真组织好教学工作，要求月考期中期末考试由各科教师根据自己教学进度计划、教学目标命题，考试结束后，各科教师进行分析，并提出改进方案；三是为了提高教师的师德师风及教学水平，举行了高一、高二年级任课教师民主测评；四是教师培训加"力度"：（1）认真落实"师徒结对"活动，（2）优秀教师讲"公开课"发挥优秀教师和名师的示范与辐射作用；五是常规管理抓"实度"：（1）开展专项问卷调查与反馈，促进教师责任心的提高，（2）加大上课、作业批改、课后辅导和考试的检查或抽查力度，继续采用教师自查与教研组互查相结合，学生调查与学生问卷相结合的原则，落实课前、课中、课后的各个环节的检查，年级部月查作业、教案一次，教导处集中检查作业和教案一至两次；六是"高考、学考"复习抓"效度"：（1）继续抓好月考工作，从试卷到考后分数全程把关，使每一次月考都成为纠正复习思路或方法的钥匙，（2）平时重视规范训练，高二、高三每周一次模拟练习，（3）加大备考复习的力度。要求教师在认真钻研教学大纲和考试说明的基础上，充分利用一切机会，为有备考任务的教师提供学习与交流复习备考研讨的机会,(4)扩大考试信息量,并认真加以筛选,为教师所用,使常规复习备考工作少走弯路,(5)成功举办武冈市 2011 年高考研讨会,聘请市教研室的领导、教研员到武冈二中进行随堂听课检查;七是教研组管理抓"实效":(1)教研组活动做到人员、内容、地点、时间、效果五落实,(2)加大集体备课的检查力度,提高活动的实效性,(3)重视备课组活动的检查与考评,学校根据情况的变化发展,结合高三年级的实际情况,特就 2011 届高三教育教学奖惩方案做了一次比较大的修改、调整,并增设了有利于调动年级教师工作积极性的质量奖罚方案;八是精心准备,全面安排,周密配合,确保省学业水平考试考查科目抽检合格;九是圆满举行了校秋季田径运动会,高三年级的高考报名工作,高三、高二年级英语等级考试的报名、摄像工作,完成了对邵阳学院 07级中文系实习队的实习指导工作和西南五省英语大赛的承办工作——从多次活动的开展及总结反馈的结果来看,这一系列活动对丰富全校师生的生活,规范学校的管理,增强关心班级、关心学校的集体荣誉感,提升学校的声望有着十分重要的作用;十是教学比武活动:一个学期下来,学校文科科目任课教师的开展教学比武活动,二名教师获一等奖,三名教师获二等奖。教师参加各级各类竞赛,获省级以上奖励 17 人次,组织了高二、高三学生参加了数学、物理、化学奥赛,获省级以上奖励 21 人次,邵阳市级奖励 24 人次;十一是加强了教改教研课题的研究和管理:教科室定期对已立项教改课题研讨情况进行检查,及时进行阶段性的总结,学校省级立项的 5 个课题,全部通过省级课题的中期评审和结题,学校参加课题研究的教师达 182 人次,高一政治组在教改教研方面成绩突出,被评为湖南省优秀备课组。

2011 年,一是牢固树立以促进学生全面发展为育人的根本思想,在各个年级开全开足了应开设的必修课程和选修课程。尤其是音、体、美、信息技术、通用技术等课程配备专职教师。在高一、二年级继续探索、尝试开设校本选修课程。二是积极转变教学观念,探索符合高中新课程改革需要和学校实际的教育教学方法,构建高效课堂。对作息时间作了一次大的调整,寄宿学生早操后即开早餐,第一节上课前保证有 40 分钟的早读时间,每节课上课时间调整为 40 分钟。三是始终坚持以质量为中心,以质量求生存。积极配合高三年级狠抓毕业

武冈二中 2022 届初三 1001 班毕业留影

2022 年高考送考老师

武冈二中 2022 年上学期中华经典诗文诵读比赛

武冈二中 2022 年退休教师座谈会

2022 年秋季开学典礼暨"追梦"奖学金发放

2023 年 3 月 31 日，武冈二中与武冈市特殊学校开展手拉手联谊活动

班教学工作，协助高二、高一年级应对学业水平考试和落实培优工作。教导处成员多次参与高三任课教师会，协助高三参加与周边县市名校的联考、调研活动。组织高三学生参加复习动员会、励志教育会、高考考前动员会、毕业典礼、志愿填报分析指导会，鼓励学生大胆进取。高三毕业班再次续写了新的辉煌：刘宇浩、李章誉两名同学上清华大学录取分数线，刘宇浩以 657 分荣获武冈市理科状元，在湖南省排名第 64 位；全校重本上线人数 206 人，其中 600 分以上的有 77 人，二本以上上线人数 593 人。高二年级的马志英同学获全国中学生作文比赛国家赛区的一等奖。

2012 年，以常规教学管理为基点，向过程要质量。一是积极发展学校特色，以特色求发展。学校的体育、音乐、美术特色教育突出。学校获邵阳市中学生篮球比赛高中女子组第三名和武冈市 2012 年首届"体彩杯"职工篮球赛第二名。二是加强了毕业班工作的领导，及时出台了毕业班工作奖惩方案，成立了高考研究工作小组，重视了高考信息的采集和与名校的交流学习，同时，年级部及相关处室加强了对高三毕业班师生的管理，通过全体师生的奋力拼搏，高三毕业班再次续写了新的辉煌：全校重本上线人数 216 人，二本以上上线人数 612 人，分别占全市总人数的一半。

2013 年，一是牢固树立以促进学生全面发展为育人根本的思想，认真落实上级教育行政主管部门规定的课程开设计划，在各个年级开全应开设的必修和必选课程。尤其是音、体、美、信息技术、通用技术等课程，并在教师配备、工作待遇落实等方面都得到妥善解决。在高一、二年级继续探索、尝试开设校本选修课程。二是始终坚持以质量为中心，以质量求生存。积极配合高三年级狠抓毕业班教学工作，协助高二、高一年级，应对学业水平考试和落实培优工作。教导处工作人员多次参与高三任课教师会，对高三的复习备考提出有明确的计划要求，积极协助高三参加周边县市联考、调研活动。及时进行数据分析，肯定成绩，寻找不足，使每个时段的学习都有较强的针对性。通过组织高三学生参加复习动员会、励志教育会、高考考前动员会、毕业典礼、志愿填报分析指导会，鼓励学生大胆进取。应对高二的学考，坚持普遍指导与个别指导相结合的方法，狠抓薄弱学科建设，狠抓基础差的学生过关。三是积极发展学校特色，以特色求发展。保持学校传统特色，学校的体育工作、音乐、美术特色教育依然是湘西南的一道亮丽风景。高二年级的马志英同学获全国中学生作文比赛国家赛区的一等奖。四是坚持落实教学常规工作。教导处积极配合科教室加强对教师备课的指导和检查，加强对上课、早晚自习课辅导出勤情况的登记、考核、检查，加强对教师考试命题的审阅与指导，狠抓学生的考风建设，以诚信的考风带动高效优质学风的培养；坚持深入课堂第一线了解教师的具体工作，了解各班级学生的学习情况，全期每人坚持随堂听课 20 节以上，对教师教育工作中的问题及时进行交流。五是继续完善招生制度。本期，教导处根据市教育局的招生政策与学校的实际情况，圆满地完成了音、体、美特长生的招生考试，以及外县部分优生的面试工作，并对全市范围内初中生源学校进行走访、获取重要的招生资料，如何完成对优生填报该校志愿等一系列工作均做了具体的安排。六是加强毕业班工作的领导。及时出台毕业班工作奖惩方案，成立高考研究工作小组，重视高考信息的采集和与名校的交流学习。年级部及相关处室加强对高三毕业班师生的管理，通过全体师生的奋力拼搏，2013 年学校高三毕业班重本上线人数 236 人，二本以上上线人数 658 人。

2023 年武冈市第二中学高二部分学生参加韶山研学

2014 年，狠抓常规教学管理，向过程要质量。一是牢固树立以促进学生全面发展为育人根本的思想，认真落实上级教育部门规定的课程开设计划，尤其是音、体、美、信息技术、通用技术等课程在教师配备、工作待遇落实等方面都得到妥善解决。在高一、二年级继续探索、尝试开设校本选修课程。二是积极改变教学观念，积极探索符合高中新课程改革需要和学校实际的教育教学方法，构建效率课堂。每节课上课时间调整为 40 分钟。三是始终坚持质量中心，以质量求生存。配合高三年级抓毕业班教学工作，协助高二、高一年级应对学业水平考试和落实培优工作。教导处成员多次参与高三任课教师会，对高三的复习备考提出有明确的计划要求，协助高三参与周边县市名校的联考。四是落实教学常规工作。在落实教学常规方面，教导处积极配合科教室加强对教师集体备课的指导与检查，加强对上课、早晚自习课辅导出勤情况的登记、检查、考核，加强了对教师考试命题的指导、审阅，狠抓学生的考风建设，以诚信的考风带动高效优质学风的培养；坚持深入课堂第一线了解教师的具体工作，了解各班级学生的学习情况，全期每人坚持随堂听课 20 节以上，对教师教育工作中发现的问题及时

武冈二中 2023 年驻双牌镇油岭村乡村振兴工作部署会

2023年4月7日下午3时，学校党总支组织该校全体党员、行政人员、团员代表一行到法相岩革命烈士碑开展"党建带团建·清明祭英烈"主题党日活动

2023年，作家阎真（前左四）文学课后与学校等单位部门部分领导、老师合影留念

2023年老师校本研修全员培训开班仪式

进行交流，提出解决方法。

教学管理，学校有很多鲜活的事例，有多彩的形式，比如2017年12月，573班和579班联合举办诗文朗读会，在"世界属于我们"的平台前隆重举行。先有"读书破万卷"，再有"下笔如有神"；先有"读万卷书"，再有"行万里路"；先有"有书藏满案"，再有"唯德自成邻"。

2019年10月14日，举行新老教师师徒结对仪式。这是为了快速提高新上岗教师的业务素质和教育创新能力，充分发挥学校骨干教师的引领、辐射、示范作用，特别是为每一位新教师指定了优秀的骨干教师作为他们的导师，以指导、帮助他们尽快地实现角色转换，尽快适应教学需求，担当起教书育人的责任。

2019年10月16日，在党总支书记、校长周孝军的带领下，由学校办公室、教务处、相关学部主管领导、教师代表组成的学术交流团队来到实验中学进行学术交流。实验中学校长周恭磊在致辞中表示："武冈二中是历史悠久的名校，是湘西南教育的明珠，能够在新时代和武冈二中加强校际合作，这对实验中学师资队伍的培养、提升实验中学的教育教学质量有着巨大的促进作用，我们希望多多学习二中先进的教育教学理念，我们相信这次学术交流将进一步密切两校关系，进一步提高两校教育管理质量。武冈二中纪委书记兼教学负责人刘建芳老师代表学校致辞："实验中学虽然刚创办不久，但有着深厚的历史渊源，其前身是由平民教育家晏阳初先生创办的武冈师范，2018年在武冈市委市政府的大力支持下，全新的实验中学屹立于资江之畔，短短一年多的办学实践就迅速得到了全市人民的认可，是二中学习的榜样，希望以此次学术交流为契机，实验中学和武冈二中能够成为'一家人'，诚挚邀请实验中学能够经常来武冈二中传经送宝。"

10月15日至18日，由年级部主任刘铁弟同志率领高三年级30余位教师，赴湖北黄冈中学和湖南师大附中进行了为期四天的考察学习。黄冈中学副校长热情地接待了二中教师，以座谈会的方式介绍了先进的管理经验、办学理念、办学模式和办学成效，特别是近年来，落实党的教育方针，在培养学生素质方面堪称全国表率。教师们观摩了语数英理化生史地八节共产党员示范课，从师大附中党员教师高超的教学艺术中获益匪浅。

2020 年 10 月 14 日，武冈二中诚邀长郡名师胡昆做学科团队建设专题讲座。胡昆老师在讲座中强调：一个团队应有明确的目标，重视办学思想，形成励志向上的校训，奠定一个学校的灵魂；人是构成团队最核心的力量，考虑学校的发展就必须优先考虑教师的发展，团队建设要体现人文关怀，要努力实现各个年龄段教师的优化组合并为教师个人发展提供平台，实现集体个人共成长；要科学地进行团队定位和个人定位；要明确在团队发展的不同阶段学校领导人的权限，以更好地引领团队建设；而目标的最终实现则需要一系列具体行动计划。

2023 年秋季高一学生军训

（七）教改教研

2007 年，学校教师在省级以上的各类教育教学刊物上发表的论文 46 篇。课件制作评比竞赛获国家级奖 3 项、省级奖 7 项、邵阳市级奖 16 项。这年的"奥林匹克"信息技术竞赛，学校第一次派学生参加，获省级二等奖 1 人、省级三等奖 3 人，占邵阳全市获省级奖总数的一半以上。为加快教育现代化步伐，学校还与湖南师大附中广益远程学校合作，实现了双方的教育教学资源共享。学校所承担的教育部"十五"规划课题子课题《现代教育技术在中学研究性学习中的运用》获省一等奖、《中学化学创新教育》获省二等奖。此外，学校有两名教师参加省、市教学比武，分别获省二等奖、邵阳市一等奖。

2023 年 4 月 4 日，校长周孝军与部分校领导召开了校友返校相聚座谈会

2008 年，教科室以"转变观念、强化教研、突出重点、形成特色"为工作思路，扎实开展教改教研活动：一是狠抓常规教研和集体备课活动，发挥了集体智慧的作用，促进了教学质量的不断提高，使集体备课更具实效性。二是加强了对青年教师的培养和锻炼，全面提高了全体教师的综合素质，全期各备课组共上公开课 42 堂，组织高三 9 科教师参加了武冈市第二轮复习教学研讨活动，并推荐 9 名教师参加相应的 9 科教学比武，均获得相应科目的武冈市第一名。三是重视了教师的基本功训练，提倡理科教师解难题的训练，文科教师做读书笔记，为数不少的教师积极撰写了高质量的教学论文和教学心得体会，本期全校在省级以上刊物上发表论文 12 篇。四是积极稳定地开展新课程改革和校本课程的开发，与教导处一起拟定《武冈二中新课程改革实施方案》。组织高三备课组组长赴湖南师大附中，雅礼中学、冷水江一中和绥宁一中交流学习；高二备课组组长赴雅礼中学学习取经，有五个教研组率先进行

2023 年武冈二中消防安全教育活动

2023 年周孝军校长为高考学生送祝福

2023 年周孝军校长与学生们在一起

2023 年 1 月，武冈市委书记唐克俭在武冈二中宣讲党的二十大精神暨专题思政课

校本课程的开发工作。五是加强了对优生的培训工作，在有关竞赛中取得了优异成绩，本学期组织学生参加了生物奥赛，有 7 名学生参加了复赛，完成了物理、化学、数学奥赛的报名工作，同时还积极组织学生参加青少年科技活动和电脑作品竞赛活动、机器人大赛。何红继、刘辉君老师辅导学生在省机器人比赛中获省二等奖一人，三等奖两人。

2009 年，"高中数学学科内容考法分析研究"课题被省教育科学规划办立项。国家级课题"传统文化与作文教学"结题。另有一项课题在省规划办立项，有三项课题在省学会立项，一项课题获省基础教育成果三等奖，两项课题获邵阳市教育成果二等奖。

2010 年，教科室以"转变观念、强化教研、突出重点、形成特色"为工作思路，扎实开展教改教研活动。一是狠抓常规教研和集体备课活动。教研组、备课组统一集体备课。教科室负责检查督查，做到每周一通报，并与绩效工作挂钩。组织安排高三各科备课组长或骨干教师参加由省教科院组织的高考研讨会，高三任课教师赴岳阳一中、长沙等名校参观学习取经。二是加强了对青年教师的培养和锻炼，全体教师的综合素质全面提高了。组织高三 9 科教师参加武冈市第二轮复习教学研讨活动，并推荐 9 名教师参加相应的 9 科教学比武，均获得很好的成绩。组织高二 9 科教师参加高二学考研讨会，并有 3 位教师上示范课。三是完成湖南省教育改革项目学校的申报工作、中小学教师继续教育信息申报工作。四是积极组织教师参与"十一五"期间省级课题结题与成果申报工作。"高中数学学科内容考法分析研究"课题为省教育科学规划办立项课题，已完成中期检查，并已申请结题。"十二五"期间的课题申报工作完成，学校有五项课题已申请省级课题立项，两项课题申请市级课题立项。五是完善了图书资料管理制度。及时进行高三学生所借图书资料的清退，督促图书管理人员对图书进行分类整理。进一步完善了师生借阅图书登记制度。

2011 年，在落实教学常规方面，教导处积极配合科教室加强对教师集体备课的指导与检查；对上课、早晚自习课辅导出勤情况的登记、检查、考核；对考试命题的指导、审阅；全期每人坚持随堂听课 20 节以上，对教师教育工作中的问题及时进行交流。不断完善招生制度，教导处根据市教育局的招生政策与学校的实际情况，完成了音、体、美特长生的招生考试、外县部分优生的面试工作，并对全市范围内初中生源学校的走访、获取重要招生资料、对优生填报该校志愿等一系列工作均做了具体的安排，保证了该校高中新生的质量。

2012年，一是狠抓常规教研和集体备课活动：（1）按计划召开了教研组长和备课组长会议，布置安排全期工作任务与要求，全体教研组、备课组都及时召开会议，制定切实可行的计划。审核并督促落实各教研组、备课组的工作计划，（2）狠抓了集体备课活动的落实，全校分教研组、备课组统一集体备课时间，集体备课效果较以前有很大提高，教科室负责检查督查，做到每周一通报，并与绩效工作挂钩，（3）组织安排高三各科备课组长或骨干教师参加由省教科院组织的高考研讨会，高三任课教师赴郴州一中、长沙等名校参观学习取经；二是加强了对青年教师的培养和锻炼，全面提高了全体教师的综合素质。组织高三9科教师参加武冈市第二轮复习教学研讨活动，并推荐9名教师参加相应的9科教学比武，均获得不的成绩，组织高二9科教师参加高二学考研讨会，并有数位教师上示范课；三是完成湖南省教育改革项目学校的申报工作，中小学教师继续教育信息申报工作；四是"十二五"期间的课题申报工作已完成，学校有五项课题已申请省级课题立项。两项课题申请市级课题立项。

2013年，一是成功协助武冈市教育局、武冈市教研室在学校举行武冈市2014届高考第一次研讨会，得到兄弟学校及相关领导的高度评价。二是积极组织教学比武活动，并取得可喜的成绩，其中张华老师代表武冈市参加邵阳市青年化学教师说课比赛获得第一名，邓南夫老师代表武冈市参加邵阳市青年教师上课比赛获得一等奖，刘跃华老师代表武冈市参加邵阳市青年体育教师基本功大赛获一等奖。三是认真组织教师参加教改课题的研究工作。本学期组织高三教师外出怀化一中听课学习，邀请长郡中学欧光太、许富生两位教师来校讲座，教师们都受益匪浅。四是对智能广播系统进行全面升级改造，对实验仪器设备进行维修和添置。五是制定《武冈二中教研组、备课组评价方案》初稿，听取意见。

2015年，学校坚持对教师备课、上课、批改、辅导、考试等工作进行考核，并实行周通报月汇总，期末按照一定比例纳入业绩考核。一是扎实开展集体备课；二是利用线课堂开展周课，以组为单位出课，促进教师业务能力的提高，使在线课

2023年12月16日，优秀校友武汉大学副校长周叶中回母校开展讲座

2023年12月30日，优秀校友香港理工大学副教授姚岱回母校讲学

2024年1月19日，优秀校友易小刚获"国家卓越工程师"荣誉

堂成为教研活动的载体，成为教师培训的有效途径；三是开展青年教师基本功大赛，各教研组35岁以下教师全员参加比赛，分教师感言、微课教案等展示。各教研组承担的国家级课题、省地级课题及绥化市减负增效课题研究，学校以科研促教研，着眼课堂教学改革。

2024年3月，学校举行社会实践活动

2016年，李基权老师参加湖南省高中数学核心概念教学设计暨微课展示评比活动荣获省二等奖，刘胜武、邓文婷分别获邵阳市中小学课堂教学改革教学比武高中地理特等奖、高中化学二等奖。

2017年，学校加强教研组、备课组活动的安排和管理，落实教研组、备课组建设的各项要求，继续完善教研组长、备课组长积极参与教学管理，认真做好本年内的交流与学习的引领工作。认真落实学校关于集体备课的有关规定，统一备课，做到与教学进度统一。这一年，学校政治教研组被评为湖南省优秀教研组。

教学科研工作取得了突出成果。四个课题获邵阳市教研课题成果奖，成功申报8个"十三五"省级课题，正有序进行研究。教师参加各级教学比武，获省级奖2人，邵阳市一、二等奖4人，武冈市特等奖5人，武冈市一等奖6人；教师发表及评奖的省级论文20余篇。8名学生获省奥赛二、三等奖、18名学生获邵阳市一、二等奖。

全面落实教学常规要求。制定一整套教学常规管理制度，严抓教学常规，全面落实"备、教、辅、改、考"五大环节。学校对教师的备课、上课、辅导、作业批改、考试考查以及理科教学中的演示实验、分组实验等均有明确的要求，并有检查落实办法，课堂教学检查，坚持每天2次以上，实行周、月通报制度；常规教学检查坚持月检查、月通报制度，落实奖优罚劣。领导和教师们养成自觉听课的好习惯，校级领导每期听课30节以上，中层领导每期听课20节以上，教师每期听课15节以上，且都有听课笔记。规范教学行为，严格执行教学计划和课程标准，按照新课程计划开齐课程，开足课时，从不随意增减课程、课时。音乐、体育、美术、劳技等课程得到保证，研究性学习、信息技术、通用技术、校本选修等课程得到加强。强化教学过程管理，优化课堂教学环节，规范课堂教学行为，争创教学管理先进学校，收到了良好效果。

一方面，教师积极参加新课程改革，并能熟练运用信息技术手段，丰富授课内容，广泛开展师生双向互动，注重引导学生自主学习、深入探究、合作交流；能根据教材内容和学生的学习情况，灵活调整教学方案，动态生成新的课堂结构；能选择合理的教学手段与方法，认真研究教材、教法，认真研究学生、学法，认真把握和有效完成常规教学各环节、能把粗浅的知识拓宽加深，把难懂的知识通俗简化，教学语言生动，教学过程落实，教学效果明显，课堂教学优良率达 80%，优质课比例达 40%。另一方面，高度重视并认真组织优生、边缘生的培养工作。教科室和年级部统筹安排，实行集中辅导和一对一辅导相结合，做到计划合理、要求落实、人员落实、时间落实、经费落实，保证培优提差工作的实效性。坚持在学生中开展评教调查，使之成为评价、改进教师教学的重要手段。学校加强了与学生、家长意见较大、教学成绩偏低的教师沟通，帮助寻找解决问题的方法，有效提高了他们的教学水平和教学效率。毕业班工作成绩显著。成立高三毕业班领导小组，制订毕业班工作方案和高考奖惩方案，认真落实了毕业班教育教学管理。高三备课组分阶段制订出复习计划，统一复习进度，加强团队意识，加大合作力度，研究高考信息，研究考纲，抓住要点、重点、热点，吃透考试命题精神，用集体的力量、智慧，把准高考动向。邀请教研室教研员来校听课，指导毕业班教学，分期分批组织备课组长、高三教师外出学习观摩，不断改进毕业班教学工作，提高毕业班教学水平。加强对高三学生的心理辅导与咨询，清除学生的焦虑紧张情绪，提高学生的学习效率。高三年级部按照"订计划、定目标、细过程、讲节奏、强研究、练实战、求实效、创团队、重激励、有激情"三十字高考备考策略，精细实施高三年级教学管理，优化高考三轮复习策略，加强对学生考试心理和应试技巧的指导。

2024 年 5 月 25 日，黄埔军校百年庆典在我校特立体艺馆举行

2018 年，一是高度重视教师专业发展。学校组织集中培训、教师基本功竞赛、教学大赛展示课、教师演讲比赛等十项教学教研活动，对教师进行专项培训、业务培训、远程培训，其中，参加学科高端研修培训 36 人次，参加国培、省培等远程培训 132 人次，参加市继续教育培训 300 余人次。学校语文、数学、政治等学科在邵阳市形成明显优势。林丹老师荣获湖南省教学能手称号，刘凯老师被评为邵阳市高中政治骨干教师、湖南省首届湖湘名师，何红继老师被评为邵阳市高中科技互动骨干教师，邓彬老师被评为邵阳市高中生物骨干教师，霍

2024 年 5 月 30 日晚，周孝军校长与高考生互动鼓劲

秋霞

圣人广场

华军老师被评为邵阳市高中数学骨干教师。二是教学科研工作取得突出成果。四个课题获邵阳市教研课题成果奖，成功申报16个"十三五"省市级课题，正有序进行研究。教师参加各级教学比武取得很好成绩，林丹、罗婷婷、王佳莎、李基权4位老师分获省级一、二、三等奖；林丹、李基权、刘丽梅、肖立杰、张银、罗婷婷、肖霞、王佳莎8位老师获邵阳市一等奖。教师发表及评奖的省级论文20余篇。

2019年，一是教研组、学科备课组建设得到了落实。学校加强了教研组、备课组活动的安排和管理，落实教研组、备课组建设的各项要求，继续完善教研组长、备课组长积极参与教学管理，认真做好本组内的交流与学习的引领工作。认真落实学校关于集体备课的有关规定，同一备课组做到教学进度统一，教学重点、难点统一。

二是全面落实教学常规要求。制定了一整套教学常规管理制度，严抓教学常规，全面落实"备、教、辅、改、考"五大环节。学校对教师的备课、上课、辅导、作业批改、考试考查以及理科教学中的演示实验、分组实验等均有明确的要求，并有检查落实办法，课堂教学检查，坚持每天2次以上，实行周、月通报制度；常规教学检查坚持月检查、月通报制度，落实奖优罚劣。领导和教师们养成了自觉听课的好习惯，校级领导每期听课30节以上，中层领导每期听课20节以上，教师每期听课15节以上，且都有听课笔记。规范教学行为，严格执行教学计划和课程标准，按照新课程计划开齐课程，开足课时，从不随意增减课程、课时。音乐、体育、美术、劳技等课程得到保证，研究性学习、信息技术、通用技术、校本选修等课程得到加强。强化教学过程管理，优化课堂教学环节，规范课堂教学行为，争创教学管理先进学校，收到了良好效果。

三是毕业班工作成绩显著。成立高三毕业班领导小组，制定毕业班工作方案和高考奖惩方案，认真落实了毕业班教育教学管理。高三备课组分阶段制订复习计划，统一复习进度，加强团队意识，加大合作力度，研究高考信息，研究考纲，抓住要点、重点、热点，吃透考试命题精神，用集体的力量、智慧，把准高考动向。邀请教研室教研员来校听课。指导毕业班教学，分期分批组织备课组长、高三教师外出学习观摩，不断改进毕业班教学工作，提高毕业班教学水平。加强对高三学生的心理辅导与咨询，清除学生的焦虑紧张情绪，提高学生的学习效率。高三年级部按照"订计划、定目标、细过程、讲节奏、强研究、练实战、求实效、创团队、重激励、有激情"三十字高考备考策略，精细实施高三年级教学管理，优化高考三轮复习策略，加强对学生考试心理和应试技巧的指导。

四是艺体教育特色鲜明。学校认真开展和落实了音乐、美术、体育课堂教学，严格规范艺体专业教育。积极组织各类文体活动，组织美术队到浪石古民居等地写生，举办一年一度的"洞庭之声"校园艺术节，艺术节有书法比赛、绘画比赛、演讲比赛、文艺汇演等活动。全校学生积极参加，集中地展现了我校艺术教育水平艺术教育向所有班级渗透，通过对各班级出黑板报骨干分子的定期培训，我校的黑板报质量高，使人赏心悦目，成为校园一道亮丽的风景线。艺术社团活动多姿多彩，学校建立了合唱队、舞蹈队、美术队、书画社等，学校的课本剧社、文学社、健美操队、乐队等艺术类社团也都能积极开展各项活动，每年新生年级的广播体操比赛，一年一度的校园杯足球比赛，一年一度的秋季田径运动会，每学期一次的年级体育学科比赛和工会组织的教职工体育比赛，参与健身活动的师生人数在95%以上。加大对音、体、美教育教学的投入力度，落实了艺术教育教学工作和奖惩方案，专业培训工作进一步系统化、规范化。在高考和各项竞赛中取得了优异的成绩。

图书馆

校训

（八）后勤工作

2008年，学校后勤处以"服务"为宗旨，围绕"有序、节约、高效"的总体要求，卓有成效地开展了各项工作。一是学校收费管理工作得到进一步加强。实行了收费管理责任制，后勤处正副主任，分别蹲点一个年级，督促收费工作。强化收费管理，杜绝公款拖欠挪用问题发生的可能，本期，除个别特困学生外，所有学生的学费全部收齐入库。二是精打细算，勤俭节约，讲究效率，确保运转。经后勤处工作人员的多方努力，向省开行的贷款七月份可到位一半，年底可全部到位，能缓解目前学校财政困难的局面。加强了对园林绿化工作人员的管理，做到勤检查、勤督促；加强了对花草树木的修剪、除草、施肥、打枝、除虫等日常管理工作，使校园环境有了新的改观，顺利通过了省绿色学校的复评验收。三是联户建房工作进展顺利，确保在暑假期间能将新房钥匙交到建房人手中，在联户建房过程中，尽管难度大、怨言多，但后勤工作人员依然尽职尽责地

校门口的那棵老树

仰视高瓴之堂，忖思绿树万姿

中山堂

学校新广场

完成好了这一费力不讨好的工作。后勤处先后接待了周边村组群众来访人数100余人次，协调处理了因污染赔偿等许多矛盾，维护了学校正常的教育教学工作秩序。

2012年，后勤工作遵循"服务育人"的理念，不断提高服务质量。每周开好后勤工作人员例会，进一步明确各自职责，强化思想教育，牢固树立服务意识，确保服务形象。坚持做好后勤服务常规工作，确保教学一线的教学、办公、生活等用品及时发放到位。强化校产管理，管理小组每周进行公务抽查，检查结果纳入处室、班级量化。为了彻底清除安全隐患，为学生人身安全、财产安全提供保障，定期对学校的校舍、设施、电器进行安全检查，发现隐患，及时整改维修。整修改造教学楼厕所，为师生生活提供方便。在学校大门口和校内宿舍区门口设立安装防护门和栅栏，确保校内外师生出入安全和良好秩序，净化了校园周边环境。利用暑假对教学楼及41间教室墙壁进行了粉刷，对门窗、课桌凳进行维修、上漆、更换，教室内外光明几净；重新制作了教学楼墙体文化，营造良好育人氛围；对多媒体教室进行整体改造提升，创设了一个更加舒适正规的学习培训环境。

2013年，一是严肃收费管理方面，与各年级部、各班主任签订收费工作责任书；二是基建工作方面，在财政十分紧张的情况下，投入几百万元做好新教学楼前围墙的维修工作，新教学楼一楼教室及走廊的粉刷工作，教学楼大楼水电、风扇维修及更换，课桌凳的维修和清理工作，篮球场边地面平整、单杠维修、校门口电动门的更换工作，后勤大楼供水管改装、劳技楼厕所改造工作等；三是精打细算，勤俭节约，讲究效益，确保运转；四是学校勤管处加强勤工俭学项目的管理，服务于全体师生。

2019年，加大投入，不断改善办学条件：一是厉行节约、勤俭办学，严格财务管理，严格执行采购申报审批制度、财务会审报账制度，管好用好学校资金；二是努力办好师生食堂。坚持大宗物品集中定点采购，严格执行食品卫生准入制度，坚持食品安全长效机制；三是着力改善办学条件，安装了集触控互动、多媒体教学和粉笔书写功能于一体的智慧黑板。

400米标准塑胶田径场正式投入使用，多功能室内体育馆即将验收竣工。

（九）安全工作

2010 年，学校加强综治安全教育，构建和谐平安校园。一是开展安全自查，树立安全意识。继续落实学校安全工作领导小组—政教处—年级部—班主任—任课教师安全工作管理责任。层层签订责任状，做到责任到人。政教处和总务处共进行了 4 次彻底的安全大排查，对灭火器及电线进行更换，防患于未然。二是开展安全宣传教育。学校日常安全教育内容印发给每位教师和每个班级。国旗下讲话进行交通安全教育。

2012 年，综治工作突出"安全"主题，有力促进了学校的稳定和发展。加强学校安全管理，实行人防、物防、技防三结合的校园安全防范措施。坚持安全知识教育和实践体验活动结合，利用"安全教育日""防灾减灾周"等教育时机，通过"一课""一会""一册""一刊""一演"加强学生的安全教育，让安全防范成为学生的行为习惯。围绕安全与普法教育印发《平安校园》宣传刊 8 期，每期确定一个教育主题，学生人手一份，让他们知道如何遵纪守法、怎样自救自护。构建安全信息网络，各班成立安全自检小组，设立安全信息员，实行安全隐患信息"0"报告制，及时反馈各班安全信息。在全体学生中进行不良行为调查，分类建档，对有不良行为的学生分年级成立辅导班，由联系年级的政教工作人员进行谈话帮辅。外来人员实行登记准入制，学生进出校门实行一证一牌制度，让不法分子无隙可钻。重新调整车区，师生车辆实行集中存放、分区管理、专人看护，并加大了检查通报力度，使车辆停放井然有序。更换保安公司，实行昼夜 24 小时双岗值班制度。推出"全员重安全、全面抓安全、人人管安全"新举措，落实"一岗双责"，重点督查校内外安全隐患、教师教学行为和学生不良行为，不给隐患留真空，确保了校园安全。

组织各班主任开展安全教育工作，在安全课上组织学习《中小学生安全教育宣传手册》，举行全校广播大会，分班举行主题班会，强调安全、纪律教育，引导学生养成良好的自我保护意识。

（十）师生管理

2008 年，学校各年级部加强常规管理。一是坚持把做好学生的德育工作摆在首位。年级部通过管理成员碰头会、班主任会、任课教师会等例会，经常分析学生德育工作的新情况，

夕阳余晖下的二中校园

晨读

课间跑操

武冈二中红楼

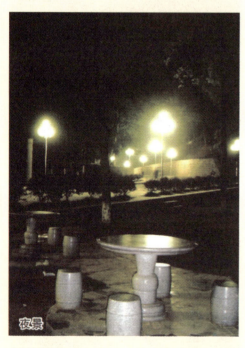

夜景：校园一角

提出新要求，多次利用升旗仪式，组织学生集会，针对每一阶段教育教学实际，对学生提出不同要求，班主任充分利用班会课、家长会、家长来校交流访问等形式加强了对学生的思想教育。二是及时传达落实校长办公会精神，加强了对教师的管理，使学校布置的每项工作在年级部落到了实处。三是及时通报教师的考勤和学生的管理情况，营造良好的工作氛围。四是加大对违纪违规学生的查处力度，不定期地组织班主任查赌博、查吸烟、查通宵上网学生，并及时处理到位。五是加大了对学生奖惩力度，高一年级实行卫生流动红旗半月评比制，优秀班集体一月评比制。同时，对考试成绩优异者及思想品质优秀者实行了及时奖励，树立了良好榜样。高三年级坚持了每月的月考和每周的周考，对月考成绩优秀者予以张榜表扬。六是加强对优生的培训工作。优生薄弱学科的成绩得到了明显提高。七是加强对贫困学生的扶植工作，尤其是高一年级资助贫困学生近20人，师生为贫困生捐款达5000多元。八是坚持晚就寝的查寝制度，寝室纪律明显好转，并一直保持良好状态。

2017年，加强师德师风建设。学校严格执行《中小学教师职业道德规范》《武冈二中加强师德师风建设实施方案》《武冈二中禁赌限牌专项整治工作实施方案》《武冈二中"四治四提"专项整治工作实施方案》《武冈二中关于严禁违规补课的规定》《武冈二中教工师德师风责任状》；全体教工签订了"拒绝有偿家教、塑造优良师表"承诺书；不断加强对教职工有计划地进行思想政治教育，开展教师思想作风和师德师风主题活动、"知足感恩、爱岗敬业"心态教育活动、"讲师德、做师表、树正气"活动，倡导教师热爱工作、甘于奉献、关心学习、爱护学校的优良师风、涌现一批师德标兵和服务标兵。高度重视教师专业发展。学校加大教师业务培训力度，制订《武冈二中教师素质提升实施方案》，完善《武冈二中教师在职培训支持措施》《武冈二中"十佳青年教师"评选方案》，教师培训工作有计划、有措施，培训形式多样、内容全面、注重实效。组织集中培训、教师基本功竞赛、教学大赛展示课、教师演讲比赛等10项教学教研活动。加大对青年教师的培养力度，认真开展听课、评课活动，做好传帮带工作，有效地促进青年教师的快速成长。对教师进行专项培训、业务培训、远程培训，其中，参加学科高端研修培训32人次，参加省培、国培等远程培训120人次，参加市继续教育培训300余人次，学校对骨干教师、青年教师和学科带头人的培训培养措施得力,各学科有带头人,学校语文、数学、政治等学科在邵阳市形成明显优势。完善和执行教学、管理、教育、评优等奖惩机制。制定和完善教职工年度考评细则、学期质量奖惩、高考奖惩、学考质量奖惩、培优转差奖惩等、非教考核、教研组备课组考核、年级部和处室工作考核、班主任工作和班级管理考核;评优方面主要有优秀党员、优秀教师、优秀管理者、优秀团员、班干、学生,优秀德育工作者、优秀教研组长、优秀班主任、优秀安全生产者和年终考核立功评先等。依据各类考核、奖惩方案,逐月、逐期、逐年对教职工履职情况进行严格的考评奖惩设立校长基金,专门用于教师竞赛奖励和专项培训费用,这些奖惩机制的落实既能有效激励先进,又能鞭策后进,达到提高教育管理质量的全面提高。

认真执行《武冈二中班主任工作和班级管理考核条例》。政教处、年级部依据规定和条例对班主任工作进行日常管理和考核,就班级的一日常规、每天一小扫、每周一大扫,升旗、集会、两操、自习纪律、就寝纪律等进行每周一小评,每月一总评。学校对班主任的考核评定资料齐全,对班级日常管理情况记录翔实。构建学生自主管理和自我教育的管理体系。让学生自定目标,自我加压,自我激励。以学生为主制定班级公约和宿舍公约,让学生用自己制定的制度来约束自己,不断培养自我调控、自我约束的能力,达到了自主管理的目的。实行班团干部竞选制、班干部值日、青年志愿者值勤制。团委会、学生会组织开展形式多样、生动活泼的教育实践活动,定期举行主题班会活动。如每周一的主题班会或升旗活动,对学生进行有计划的理想、信念、感恩、励志教育;通过广播、集会、墙报、板报和展览活动,对学生进行系统的禁毒、反邪教、生命健康教育。通过这些活动在提高学生的思想觉悟、道德情操的同时,充分发挥了学生的自我管理作用。加强家庭教育和社区教育。加强德育阵地建设,组织学生"走进工厂、走进社区、走进敬老院、走进自然"等社会实践活动,在活动中提升学生的综合素质。重视办好家长学校,成立了家长委员会,关注单亲家庭、留守学生、隔代教育家庭等特殊家庭的子女教育问题。强化对学生的行为习惯养成教育和文明礼仪教育。政教处通过"养成教育周""文明礼貌强化月"等多种途径,向学生提出校园文明的具体要求,将学生的日常表现如实记录《学生综合评价手

武冈二中校园内

武冈二中校园内的李明灏将军的塑像

武冈二中领导班子(左起:于建成,刘建芳,周孝军,邓星业,刘怡斌)

2024 年，《利剑护蕾防性侵》宣传画

武冈二分校原貌图

2024 年 5 月 25 日，纪念黄埔军校建校 100 周年大型活动开幕式在我校"特立体艺馆"举行

册》中。拓宽育人渠道，促进学生的全面健康成长。学校综合利用广播、画廊、板报、墙报、黑板报、电子屏、升旗仪式、专题报告会、主题班会、演讲、征文、演讲等多种形式宣传优良的行为和习惯，纠正不良的行为，培养学生文明自律意识，帮助他们树立正确的人生观和价值观。认真抓好"两操"（体操、眼保健操）、"两活"（课间活动、体育活动），开展形式多样的文体活动，进一步活跃校园文化。鼓励学生自发组成各类兴趣小组，最大程度地发挥学生特长，发展学生个性。加强教室、学生宿舍的卫生管理，落实班级量化管理细则，提高学校环境卫生的档次，有效防止各类传染性疾病的发生。开展"除陋习，争做文明中学生"的签名活动、"垃圾不落地、武冈更美丽"的公益活动，"争做小小形象大使""争做文明小市民"的道德活动，培养学生社会责任感，使学生养成良好的行为习惯、卫生习惯。加强学生心理健康教育，建立心理健康咨询室，设立心理咨询信箱，开设心理健康教育课，通过"个人咨询""团体咨询""感恩""拉练"等系列活动，促进学生身心健康，健全学生人格。加强安全和综合治理工作。学校安全保卫制度健全，制定了各种事故预案。学校安全保卫机构完善，设立了领导小组、工作小组和警务室，学校安全保卫人员配备齐全，雇请了保安公司。学校监控系统实现了对校园全区域、全天候的录像监控，有效防控了安全事故的发生。学校建立日常安全检查台账，定期检查，随时整改以及时消除隐患。保卫人员严守保卫制度和纪律，经常对师生进行防火、防盗、防事故、防毒、防恐等安全教育和检查。校园及周边治安状况良好，无安全责任事故。通过邵阳市文明卫生单位的复评工作，学校再次被评为湖南省文明卫生单位。2017 年，学校被评为武冈市综治工作先进单位。

2019 年，学校领导积极改善办学条件，向上级争取资金，科教楼基本竣工。体育馆正在抓紧建设，学生宿舍的兴建已进入征地、设计阶段。学校办学条件的进一步改善。

2020 年学校克服重重困难，修建松树山旁的挡土墙，加固了学校的围墙。

2021 年，学校多方筹措资金用于校园基础设施建设，改善了办学条件：成功修建前南校门，前校门口实现提质改造；新建的科教楼、改造的运动场，已投入使用；增设了智能一体教学设备 95 套，新增 2 个多媒体机房和 1 间精品录播室；完成了二中标志性建筑即红楼（办公楼）、青砖楼（校史馆）的重建及改造；升级改造了高三老教学楼、后勤服务楼；维修了161间老旧学生宿舍，同时对学生宿舍的水电、下水管道进行全面清查与维护。充分改善了寄宿条件；完成了理、化、生实验室的升级改造，新的师生活动中心（体育馆）正在建设中，新增学生宿舍已完成征地。

2022年学校积极筹措资金改善办学条件，完成了同兴楼电脑房的建设及初三明志楼12间教室的智能一体机黑板的采购安装。花了近三个月的时间（耗资超十万）完成了劳技大楼、女生大院的天面防水工程。花了近百万元完善了高考考点的设施、设备，包括装订室的改造、行远楼22个教室的一体机黑板、窗帘的安装、600套学生用桌凳，还有视频监控设备、校园广播系统的升级等。着力推进校园的绿化美化及基建工作，对校园路径、主建筑进行了重命名和维护，并增设校园导视图、引路牌、楼栋名，提升了校园文化品位。启动了荣馨楼、明志楼提质改造工程，规范并美化宣传栏，全面启动校园亮化工程。

2023年，在上级领导部门的关心和支持下，我校有序推进校园基础建设，完成了荣馨楼、明志楼工程内审工作，升级了高考设备设施，采购了5条智能安检门，落实国考考点双安检制度。着力推进了体育馆项目落地，已成功申报为湖南省县域高中重点建设的"徐特立建设项目"，争取到上级专项资金2000万元，同时积极配合上级部门力促前期工程进行调查审计。积极多方筹措资金用于校园基础设施建设，师生活动中心正在建设中，新征地将用于学生宿舍扩建和修建游泳馆等，计划实施博才楼改造工程及行远楼侧后的运动场地、围墙的建设工程。

2024年，完成了校内主干道的草砂路改造。利用"徐特立建设项目"资金收尾的体育馆正式投入使用。从空中俯瞰，校园就像一个巨大的调色盘，风景这边独好。

2024年高考，武冈二中打了一个翻身仗，实现了历史性的飞跃。这是历年来高考战绩最亮眼的一年。其中周卫宇、肖奇锋与肖震宇等三同学考上清华大学，邓子洋同学考上北京大学。五名同学考上航空兵飞行员，四名同学考上国防科技大学。这一成绩将计入二中历史的发展当中。

武冈二中从创建到今天，经历了八十五个春夏秋冬，创造了八十五载辉煌业绩。在武冈二中这个育人的摇篮里，走出

2024年5月，校友邓素华向母校"八十五华诞"捐献首任校长刘侃元铜像

2024年7月30日上午，武冈二中举行清华大学、北京大学等高校录取通知书发放仪式。前排右三是校长周孝军，前排右四是武冈市教育局邓戎副局长，前排左一是于建成书记

2024 年 10 月 02 日，毕业 50 年的 74 届毕业生回到母校

了一代代誉满神州的人才，谱写出了一页页光辉夺目的历史。时值学校八十五周年华诞，资水奏起了育人的凯歌，云山露出了创新的笑颜。缅怀历史，我们豪情满怀；展望未来，我们信心百倍。我们决心弘扬"洞庭"创业精神、树立创新意识，培养创新能力，将武冈二中办成"改革、实验、示范、高质量、有特色、现代化"的省属重点中学，向着全国千强校的宏伟目标奋勇前进！

2024 年 10 月 02 日，毕业 30 年的 94 届毕业生回到母校

六、学校所获荣誉

荣 誉 名 称	年月
国 省 部 级 荣 誉	
全国体育传统项目学校先进单位	1997
21 世纪中国学校体育发展研究实验学校	1998/5
全国体育项目先进学校	1998/5
中华书画教育团体铜奖	2005/4
中央科教所"十一五"重点科研课题《传统文化与语文教学》实验学校	2006
北京交通大学优质生源基地	
中央财经大学优质生源基地	
北京化工大学优质生源基地	
北京中医药大学优质生源基地	
北京科技大学优质生源基地	
中国石油大学（北京）优质生源基地	
华北电力大学优质生源基地	
中南大学优秀生源基地	
南华大学优秀生源基地	
百佳文明卫生单位	2021/9
北京邮电大学优秀生源基地	
北京语言大学优质生源基地	
南华大学优秀生源基础	
湖南大学优质生源基地学校	
湖南省校园文学艺术联合会常务理事单位	
南方医科大学优质生源基地	
现代教育技术"十五"课题研究先进单位	
中国地质大学优质生源基地	
中国矿业大学（北京）优质生源基地	
湖南省园林式单位	
湖南省优秀考点	1996/1997/1998
湖南实施国家体育锻炼标准优秀学校	1997
湖南省重点中学	1998/5

（续表）

荣 誉 名 称	年月
1998 年湖南省体育传统项目学校先进单位	1999/8
被确认为湖南省中小学现代教育技术实验学校	2003/3
湖南省 2004 届文明单位	2004/12
2004 "组织建设年" 先进基层组织	2005/12
被聘为《教育信息技术》理事单位	2007/1
湖南省青少年科技活动示范基地先进单位	2009/12
湖南省十一届运动会贡献单位	2011/3
湖南省文明卫生单位	2011/10
湖南省体育传统项目学校第 13 届田径锦标赛体育道德风尚奖	2013/10
湖南省体育传统项目学校（2013—2014 年度）优秀单位	2015/12
湖南省文明卫生单位	2016/11
"湖南省科学素质大赛 2017 届青少年网络科普知识竞赛" 优秀组织单位	2018/1
湖南省教育督导与评价协会第二届理事会理事单位	2019/7
现代教育技术 "十五" 课题研究先进单位	2021/1
湖南省百佳文明卫生单位	2021/1
湖南省校园文化艺术联合会常务理事单位	2021/1
中南大学优质生源基地	2021/1
南方医科大学优质生源基地	2021/1
武冈二中教育集团保持共产党员先进教育活动目标	2021/1
"中国好教育" 联盟联合体湖南三湘联盟理事单位	2021/1
湖南经视法制周：法治教育学校	2021/1
湖南科技大学生源基地教师专业发展联盟学校	2021/1
湖南科技大学优质生源基地	2021/1
湖南省教育科学 "十一五" 规划课题《环境教育综合实践活动的立体实施模式研究》研究基地	2021/1
2021 年湖南省中小学 "心理健康月" 三等奖	2021/10
湖南省中小学心理健康教育特色学校	2022/11
第二十一届湖南省中小学生电脑制作活动（线上交流展示项目）	2022/12
邵阳市级荣誉	
1998 年度优秀体育教研组	1999/1
邵阳市中学生足球赛男子第一名	2000/4

荣 誉 名 称	年 月
在 2006 年教育考试工作中被评为优秀考点	2007/3
邵阳市厂务公开民主管理工作先进单位	2008/3
邵阳市第二届省级体育传统项目学校暨省示范性中学田径比赛乙组第二名	2008/11
邵阳市第二届省级体育传统项目学校暨省示范性中学田径比赛甲组第四名	2008/11
邵阳市中小学校园文化建设示范学校	2010/10
邵阳市工会工作先进单位	2011/3
2011 年邵阳市教育系统建党 90 周年文艺汇演二等奖	2011/6
邵阳市黄埔胜地西南名校	2011/11
2012 年邵阳市中学生篮球比赛高中女子组第三名	2012/11
2013 年度普通高中教学质量评价先进单位	2013/11
2013 年邵阳市中学生篮球比赛高中女子组第三名	2013/11
2013 年邵阳市中学生篮球比赛高中男子组第四名	2013/11
2014 年邵阳市普通高中学业水平考试优胜单位	2014/12
2014 年度邵阳市高三联考工作先进单位	2014/12
2013 年度全市体育后备人才培养先进学校	2014/3
2014 年度禁毒宣传预防教育工作先进单位	2015/5
2016 年度邵阳市高三联考工作先进单位	2016/12
2021 年中小学生信息素养提升实践活动优秀组织奖	2021/7
邵阳市教育系统疫情防控先进单位	2022/5
武 冈 市 荣 誉	
98 迎澳门回归演讲赛团体一等奖	1998/12
98 初中毕业班语文单科赛（市直中学）第二名	1998/12
武冈市 98 初中生篮球素质比赛中学组第一名	1998/12
1998 年市直中学教育质量综合评价先进单位	1999/1
荣获 1999 年度安全工作管理三等奖	2000/4
武冈市中学生篮球赛高中女子组第一名	2001/6
武冈市中学生篮球赛高中男子组第一名	2001/11
2001—2002 学年度教育质量市直初中组先进单位	2001/11
2001—2002 学年度教育质量市直高中组先进单位	2002/4
2001—2002 学年度教育管理工作（质量综评）先进单位	2002/4
武冈市 2001 年教育工作目标管理综合评价一等奖	2002/4

（续表）

荣 誉 名 称	年 月
武冈市第八届中小学田径运动会初中组男子团体总分第一名	2002/4
武冈市中学生排球赛城镇高中男子第一名	2002/4
武冈市第八届中小学田径运动会高中组男子团体总分第一名	2002/11
武冈市中学生排球赛城镇高中女子第二名	2002/11
荣获 2002 年度安全生产目标管理三等奖	2002/12
2003 年度党报党刊发行工作先进单位	2003/3
参加 2004 年武冈第三届中学生排球运动会荣获高中男子组第二名	2003/12
参加 2004 年武冈第三届中学生排球运动会荣获高中女子组第二名	2004/4
2003 年度武冈市教育系统计划生育工作先进单位	2004/4
2003 年度武冈市教育系统维护稳定工作先进单位	2004/7
武冈市党建示范点	2004/11
在市第十届中小学生田径运动会中获高中乙组团体第一名	2004/11
在 2004 年度中小学毕业会考中获高中组教育教学质量先进单位	2005/1
在 2004 年度教育教学中获教育教学质量综合先进单位	2005/1
化学教研组获武冈市 2004 年度优秀教研组	2005/1
地理教研组获武冈市 2004 年度优秀教研组	2005/1
2004 年度安全工作先进单位	2005/2
2005 年在教育教学中获取教学质量综合先进单位	2005/4
2005 年高考工作先进单位	2005/9
2004 年度文明建设目标管理先进单位	2005/11
2005 年度教育系统计划生育工作先进单位	2005/12
荣获 2005—2006 学年度教育教学质量评价综合先进单位	2006/4
荣获 2005—2006 学年度初中教育教学质量评价先进单位	2006/4
2005 年度全市宣传思想工作先进单位	2006/9
武冈市篮球协会第四届篮协杯篮球锦标赛甲组第二名	2006/9
荣获 2006—2007 学年度教育教学质量评价综合先进单位	2006/9
2006 年度教育工作一等奖	2007/3
2006 年度非税收入暨政府采购工作先进单位	2007/3
荣获 2006—2007 学年度教育教学质量评价市直高中组先进单位	2007/4
2006 年度教育工会工作先进单位	2007/5
武冈市"行风评议"合格单位	2007/7

（续表）

荣 誉 名 称	年 月
先进基层单位	2007/7
武冈市厂务公开工作先进单位	2007/9
2007 庆国庆第五届"篮球杯"篮球锦标赛甲组第一名	2007/9
武冈市庆国庆"健身杯"足球运动会第二名	2007/9
2007 庆五一信合杯篮球锦标赛第二名	2007/10
2007 年度禁毒工作先进单位	2007/12
被评为 2007—2008 年度教育教学质量综合先进单位	2008/1
被评为 2007—2008 年度初中教育教学质量先进单位	2008/2
被评为 2007—2008 年度高中教育教学质量先进单位	2008/3
2007 年度妇联系统先进集体	2008/3
2007 年度教育综合工作一等奖	2008/5
2007 年度社会治安综合治理先进单位	2008/7
2007 年共青团红旗单位	2008/7
2008 年教工羽毛球赛优秀组织奖	2008/9
2008 年教工羽毛球赛市直学校组二等奖	2008/9
2008 年度妇联系统先进集体	2008/9
被评为 2008 年度安全保卫工作先进单位	2009/1
被评为 2008 年度勤工俭学工作先进单位	2009/3
被评为 2008 年度社会治安综合治理工作先进单位	2009/3
被评为 2008 年度禁毒工作先进单位	2009/3
武冈市教职工"祖国万岁"暨师德风建设歌咏比赛一等奖	2009/3
武冈市 2008—2009 年度中小学教育教学质量综合评价先进单位	2009/8
武冈市 2008—2009 年度中小学教育教学质量单项评价先进单位	2009/9
武冈市教育系统教工男女混合排球赛第三名	2009/9
在武冈市中小学校深入学习实践科学发展观活动目标管理考核中被评为二等奖	2009/9
在武冈市中小学校深入学习实践科学发展观活动中被评为安全文明校园	2010/1
2009 年度教育工作年终综合检查评估一等奖	2010/1
2009 年度全市禁毒工作先进单位	2010/2
武冈市 2009—2010 学年度中小学教育教学质量单项评价（高中组）先进单位	2010/2
武冈市党建带团建工作先进单位	2010/3
武冈市 2009—2010 学年度中小学教育教学质量综合评价先进单位	2010/9

（续表）

荣 誉 名 称	年 月
武冈市 2009 年度学校德育工作先进单位	2010/9
2010 年教育工作年终综合检查评估一等奖	2010/10
武冈市 2010 年度精神文明创建工作先进单位	2011/1
2011 年春节文艺晚会优秀节目三等奖	2011/2
2010 年度社会治安综合工作先进单位	2011/3
武冈市先进基层党组织	2011/3
武冈市十佳学习型党组织	2011/3
武冈市 2010—2011 学年度中小学教育教学质量综合评价先进单位	2011/7
武冈市 2010 年德育工作先进单位	2011/9
2012 年度全市妇联系统宣传工作先进单位	2012/1
2012 年度全市党报党刊发行先进单位	2012/1
2011 年度作风建设示范单位	2012/2
2012 年武冈市中小学广播体操（高中组）一等奖	2012/3
2011 年度社会管理综合治理联创工作先进单位	2012/6
2011—2012 学年度中小学教育教学质量综合评价先进单位	2012/8
武冈市 2011 年度教育工作综合评估先进单位	2012/9
武冈市 2012 年首届"体彩杯"职工篮球运动会第二名	2012/9
2012 年武冈市第 16 届中小学生田径运动会高甲组第一名	2012/10
武冈市时尚校园杯"书香溢古城，知识暖人心"读书征文活动组织奖	2012/10
2012 年武冈市教育系统第二届教工羽毛球赛市直单位组二等奖	2012/12
2013 年度全市妇联系统宣传、女性安康工作先进单位	2013/3
2012 年度社会治安综合治理先进单位	2013/3
2012 年度教育科研工作先进单位	2013/3
2012 年度勤工俭学工作先进单位	2013/3
2012 年度计统工作先进单位	2013/8
2012—2013 学年度教育教学质量评价先进单位	2013/9
2014 年度全市妇联系统宣传、女性安康工作先进单位	2014/1
被评为武冈市妇女工作先进集体	2014/3
2013 年度禁毒宣传预防教育先进单位	2014/3
2013 年度电化教育工作先进单位	2014/3
2013 年度教研教改工作先进单位	2014/3

（续表）

荣　誉　名　称	年月
2013 年度师训工作先进单位	2014/4
2013 年度"创建学习型武冈"活动先进单位	2014/8
武冈市 2013—2014 年度教育教学质量评价综合先进单位	2014/9
2014 年武冈市第十八届中小学生田径运动会（高甲组）第一名	2014/10
2014 年度目标管理考核三等奖（普通学校组）	2015/3
2014 年度妇女工作先进集体	2015/3
2014 年度履行党风廉政建设监督责任先进单位	2015/3
2014 年度"宣传家乡好，建设好家乡"青少年争章活动先进单位	2015/4
武冈市 2014—2015 年度教育教学质量评价综合先进单位	2015/5
2014 年度禁毒宣传预防教育工作先进单位	2015/9
2015 年度教育阳光服务平台工作先进单位	2016/3
2015 年度履行党风廉政建设监督责任先进单位	2016/4
2015—2016 学年度中小学教育教学质量综合先进单位	2016/4
武冈市先进基层组织	2016/4
2015 年度目标管理考核二等奖	2016/4
2016 年武冈市第二十届中小学生田径运动会（初甲组）第六名	2016/6
2016 年武冈市第二十届中小学生田径运动会（高甲组）第一名	2016/12
2016 年度妇女工作先进单位	2017/2
2016 年度政工人事工作先进单位	2017/3
2016 年度全市禁毒宣传预防教育先进单位	2017/3
2016 年度全市社会管理综合治理工作先进单位	2017/3
2017 年武冈市中小学生乒乓球比赛（初甲男子组团体）第五名	2017/4
2017 年武冈市中小学生乒乓球比赛（初甲女子组团体）第二名	2017/4
2017 年武冈市中小学生首届"体彩杯"校园足球赛（高中女子组）第一名	2017/4
2017 年武冈市中小学生首届"体彩杯"校园足球赛（初中甲组男子组）第二名	2017/4
2017 年武冈市中小学生首届"体彩杯"校园足球赛（初中甲组女子组）第一名	2017/5
2017 年武冈市中小学生首届"体彩杯"校园足球赛（普高男子组）第二名	2017/5
2017 年武冈市中小学生首届"体彩杯"校园足球赛（普高女子组）第一名	2017/5
2017 年武冈市第 21 届中小学生田径运动会高甲组第一名	2017/8
2017 年武冈市第 21 届中小学生田径运动会高乙组第一名	2017/9
2017 年武冈市"古城杯"职工篮球运动会三等奖	2017/11

（续表）

荣 誉 名 称	年月
2017 年湖南省青少年田径锦标赛（传统校组）体育风尚奖	2017/11
武冈市教育基金会工作先进单位三等奖	2017/11
2016 年度目标管理考核一等奖	2017/11
2017 年武冈市第 21 届中小学生田径运动会初甲组第三名	2017/11
2016—2017 学年度中小学生教育教学质量评价（公办初中组）单项先进单位	2017/11
2016—2017 学年度中小学生教育教学质量评价综合先进单位	2018/5
2017 年度武冈市禁毒宣传教育工作先进单位	2018/7
2017 年消防工作先进单位	2018/7
武冈市 2017—2018 学年度中小学生教育教学质量评价综合先进单位	2018/8
2017 年度目标管理考核二等奖	2018/9
武冈市庆祝中国共产党成立 97 周年"不忘初心，牢记使命，永远跟党走"合唱比赛优胜奖	2018/9
武冈市 2018—2019 学年度中小学生教育教学质量评价（公办初中组）单项先进单位	2019/10
2019 年度武冈市中小学考务工作先进单位	2020/4
2019 年度全市无偿献血工作先进单位	2020/5
2019 年度教育宣传工作先进单位	2020/6
武冈市书香校园	2020/6
2020 年度全市妇女工作先进单位	2021/1
武冈市青少年国学教育基地	2021/3
武冈市中小学生幼儿园啦啦操比赛（初中组）二等奖	2021/4
武冈市第二十五届中小学生田径运动会高中组一等奖	2021/4
2021 年湖南省"诵读中国"经典诵读大赛教师组一等奖	2021/12
2021 年湖南省"诵读中国"经典诵读大赛中学生组二等奖	2021/12
在 2021 年度武冈市控辍保学工作中荣获先进单位	2022/7
武冈市教育系统 2021 年度新时代文明实践工作先进单位	2022/9
2022 年度党报党刊发行工作先进单位	2022/11
武冈市 2022 年度学生资助工作先进单位	2023/3
2023 年武冈市中小学生现场绘画书法比赛优秀组织奖	2023/4
武冈市"中华民族一家亲，同心共筑中国梦"民族团结进步创建主题征文书信绘画比赛优秀组织奖	2023/4

第二部分

大哉洞庭 岁月芳华（纪录片解说词）

有一种历史，是用文字写就的。历史的基石，就是真实。校史纪录片是用画面来记录历史，它允许用影像、声音与音乐来渲染，使人们更容易记住这段令人兴奋的经历。

大哉洞庭　岁月芳华

（纪录片解说词）

曹潺

（字幕）1937 年 7 月 7 日夜，日军悍然向卢沟桥中国守军开火，国军第二十九路军予以还击，侵华战争全面开始。

1937 年 8 月 13 日，日军以租界和停泊在黄浦江中的日舰为基地，对上海发动了大规模进攻。上海中国驻军奋起抵抗，历时三月，史称"淞沪会战"。

1938 年 4 月 6 日，"台儿庄战役"，国军首次告捷。

1938 年 10 月 25 日，武汉沦陷。

1939 年 3 月 27 日，日军占领南昌。长沙东线受敌。

1939 年 9 月 3 日，英、法对德宣战，第二次世界大战全面爆发。

历史任何时候，都在冷静睥睨着当下。1939 年，整个民族正遭受着日寇炮火的蹂躏，省城长沙，祭起抗日的大旗，把不可一世的日寇阻于长沙以北，战争处于胶着状态。

这是 1939 年的金秋。与此同时，在省城西南 400 公里开外的一座落寞古王城，也正发生着一件不同寻常的大事，一所名曰"湖南私立洞庭初级中学"的学校鸣金开课。或许这是寻常之举，但却影响着当地85年来之文脉，并将继续影响这座古城的未来。

寒蝉嘶鸣，秋水呜咽，残雾轻薄，万物陷入沉寂。在我记忆的深处，躲在丘陵皱褶里的袖珍古王城，仍然宁静。它的架构与一座王城是相匹配的，资水环绕，渠水穿城而过，青条石城墙拱卫着王府的尊严，书卷味缠绕着书院、学宫以及精舍的梁檐，魁星映照，文脉长久。

鹅卵石的巷陌连接着院落与宗祠，串联着王城的烟火。沿着城内茅坪里至花园巷往里，在花园巷9号，一处名曰张家花园的地方，85年前，一个寻常之谋划，湘西南区域名校，呱呱坠地，她，就是现在的武冈二中。

1939年花朝2月，在武冈城内茅坪里巷尽头的张家花园（今武冈三中），一个名叫李明灏的中将，召开建校发起人会议，这是一间幽暗的小房间，一张八仙桌，几条长凳，闪烁的马灯打在参会者脸上。

是啊，中央军校二分校近千名校官的孩子，像野草一样凌乱生长，不解决神兽们的读书问题，教官们如何安心教学？还有武冈好多士绅、平民的子弟，也需要教育啊！

会议议程有三：一是先创办一所初级中学；二是推荐李明灏、周磐、毛福成、李亚芬、刘侃元、刘公武等同仁为董事，并选举李明灏将军为董事长，周磐、许辰璋为副董事长，李高傅为财务董事，刘侃元为校长。三是开学时间定在9月，与所有的学校同步。

万事俱备，只欠东风，东风就是——经费！第一任校长刘侃元因经费满脸愁容，李明灏将军大手一挥："经费的事，不用你操心。"

李明灏，湖南醴陵人，早年留学日本东京陆军军官学校，学成回国后，先后在长沙陆军讲武堂、广州陆军讲武堂学校任职。抗日战争时期，担任过中央陆军军官学校成都分校和武汉分校中将主任。武汉分校因躲避战乱，会战前成建制整体自武汉南迁，一路坎坷，最后定驻武冈，军校因此更名为中央陆军军官学校第二分校，俗称"黄埔军校武冈分校"，李明灏担任武冈分校中将主任。

武冈二中的前身，就这样"呱呱坠地"。这是武冈二中的宿命，也是她的荣耀。纵观历史，二中是一个神一样的存在，类似学校全世界寥寥无几。

是年8月26日，在张家花园召开第一次董事会。会议决定校名为"湖南私立洞庭初级中学"。学校行政组织设校长1人，统管校务；校长以下，设教导主任、事务主任各1人，教导主任暂由校长兼任。教员薪酬为每小时5角，各主任每月支30元，教务员每月支20元，校长不支薪。学校架构尘埃落定。

"湖南私立洞庭初级中学"办学宗旨：遵照中央颁布的教育宗旨及实施方针，以厉行三民主义教育，培养青年基础知识，健全身体与高尚人格为宗旨。中国传统文化教育的精髓贯穿始终。

清秋8月，古城的桂花，竞相开放，大街小巷，一些少年、青年，换了新衣，满脸喜悦，前去报名，洞庭中学开始招生。李明灏把城内原驻扎官兵的李、杨二姓宗祠腾出，给洞庭中学作临时校舍。

自此始，年轮滚动，岁月更替，武冈二中，犹如初封的新酒，愈发醇美，八十五周年，于人是杖朝之年，于一所学校，即书香似醇酒，香飘王城，香飘三湘。

积尸草木腥，血流川原丹。时光再次回到第一次长沙会战。这是中日两军胶着的硬仗。炮火连天，尸横遍野。但洞庭中学，如约开学。武冈成为战时的避风港。许多躲避战火的人们，离开岳阳，长沙，湘潭，循迹西南通道，落脚武冈。其中不乏鸿儒大方之饱学人士，纷纷加持洞庭中学。

阳光穿过窗棂，打在校训"恭信勤朴"的匾额上，校歌《大哉洞庭》的旋律在塘富冲上空回荡，创办之初的洞庭中学迎来她神奇般的辉煌。

1942和1943年全省中学毕业会考，洞庭中学初中一、二班，五、六班毕业生科科及格，人人毕业，成绩名列全省第一，超过了国立十一中、长郡、明德、周南等早有名气的中学，后来居上。比起这些名校来，初创的洞庭中学，太过稚嫩，但却赢得啧啧称奇，时任省教育厅厅长王凤喈特此通令嘉奖，并颁发大洋一万元，用以学校购买图书和教学仪器。洞庭中学一鸣惊人，一飞冲天。

1942年，为了学校正常运转，规定学生入学时必须交一把锄头和一只下蛋的母鸡，才可以注册入校。锄头用以每周一节的劳动课挖土、种菜，植树；母鸡交学校鸡场喂养。刚迁到塘富冲时，劳动课或是课外活动，师生们一同挑土平整操场。操场平整后，劳动内容改为种菜。这种勤工俭学的传统被继承与发扬。

学校周围有几十亩菜地；还有两口鱼塘，一年可收获数千尾鱼；鸡场养有数百只母鸡；食堂喂了三十余头肥猪；校园内外还有十几棵橙子树、蟠桃树等。这些果蔬、禽畜用于元旦、端午、中秋、校庆等节日，以改善师生伙食。

长沙，像一颗钉子一样钉在华中的南端，三次中日长沙会战，极大地消耗了日军的有生力量，但疯狂的日寇仍困兽犹斗。武冈城遭受数次空袭，绕道长沙的日军直扑武冈，对芷江机场虎视眈眈。

1944年桑落九月，日寇飞机两次轰炸武冈县城。第一次轰炸后，学校即通知学生做好转移的准备。第二次轰炸后的次日，教师即带领学生经武冈县城，出旱西门向城步西岩进发。学生一人一个铺盖卷，一提兜衣物和学习用品，用一根竹扁担挑着。为了师生的安全，学校在临离开武冈之前，向二分校借了40支步枪，从高年级挑选了40名身强力壮的男学生组成了自卫武装，军训教官带领，一路行军，一路进行武器使用的训练。

战乱时期，从武冈南退西撤的人很多，山路狭窄，人流拥挤，行进速度一天才十几里、二十几里，最多三四十里。宿营时按小分队（班级）到村庄和集镇的老乡家借宿，以小分队为单位起火做饭。在西岩停了三天，继续西进，停停走走，经过约一个星期的行军，在中秋节前到达绥宁县城。

学生被临时安置在绥宁县立中学腾出的寝室里，部分带家属的教师找民房住下。学生吃饭利用县中的食堂，炊事员准备好饭菜，待县中学生吃完饭以后洞庭中学师生再开饭。半月以后，学校由绥宁县中搬到孔庙内，学生听课坐在地板上，膝盖成为课桌。军事课每周两节，从拆卸、擦洗、使用枪支的基本常识，到野外演习和实弹射击。晚上，学生轮流站岗放哨，保卫师生的安全。

隆冬腊月廿九日，洞庭中学的流亡师生，在绥宁县文化馆礼堂，上演大型古装剧《岳飞》。剧本由老师自行改编，曲子由老师谱成，剧中道具服装包括岳飞将军的盔甲，均是师生制作。演出在绥宁引起强烈反响，台上台下群情激奋。《岳飞》演出后，剧中高声诵读《满江红》，表达誓死赶走日本侵略者的决心。

1945年阳春三月，学校才从绥宁迁回原址许家大屋。清和四月，日寇再犯湘西，打到武冈，洞庭中学师生再次逃难。这次师生吸取上次逃难经验，将学生分成小分队，由各个老师带领，并组织部分学生打前站，安排住宿、烧火做饭，等待大部分师生到达。

师生逃难到达会同县，面临粮食危机。打听到会同县县长是明德中学校友，殷德饶校长和王鉴清老师喜形于色。他俩立即前往县府求援，县长一口答应，学校才转危为安。在会同，由于条件太差，几百人无处集中安顿，无法上课。战争乱世，中华大地安放不下一张平静的课桌。城春草深，山河破碎，洞庭中学的人们，在苦苦坚守。

在武冈市狭窄的档案室里，我们在略带陈香的道林纸里逡巡，竟然翻出十几篇稚嫩、童真但充满报国志的作文来。大多字迹依稀，难以辨认，但纸背的热血与激昂，仍然感染着我们。

1942年洞庭中学学生杨祖武慷慨激昂写道："布谷鸟已经啼过了，在资水的源头，古南山山畔，开始了我们第一次伟大的别离，悲喜在我的心头回荡着：别了，一二班同学！

"青年是国家的栋梁，社会的中坚，这是谁也不能否认的。而且处于这烽火连天的大时代里，我们应当想到，我们的责任是如何的艰巨伟大，同时联想到我们的前途是如何的遥远。"

还有一位名叫王惕中的同学在他的毕业作文里深情地写道："别了，母校！我最后向你道一声别。

"为了时代的需要，为了国家的使命，你在这抗战的大后方播下这四十多棵鲜花的种子。三年来的施肥，三年来的灌溉，现在终于灿烂鲜艳地开花了。

"母校！你仍然是为了时代，为了国家，没有一丝的留念，没有一颗的泪珠，把他们一朵一朵地贡献给这蔓延抗战烽火的原野里，任他们自由地招展花枝。

"母校！我感谢你，我留恋你，我永远不能忘记你的恩赐，我愿意做你忠诚的儿子，让我个人的力量，去弥补那大地的疮痍。

"走吧，朋友！祖国在呼唤着我们。没有骄纵，没有留恋，我怀着一部分的希望来，仍然怀着一部分希望去；我们来自东西南北人，仍然回到东西南北去。须记得母亲的嘱咐：忠诚地干，勇敢地干，使洞庭的光辉，普照着干涸的大地。"

抗战时期，学校两度流亡，移动的校园，移动的课桌。1945 年 8 月，日本终于无条件投降，学生才返回武冈，教学逐渐步入正常。

10 月，黄埔军校二分校从武冈裁撤。从此黄埔军校武冈分校与洞庭中学分离。

1946 年 1 月 1 日，二分校校舍被转借给洞庭中学。八十几年来，武冈二中据守着这块"风水宝地"，校园内的布局错落有致、曲径通幽、古树参天。

新生的共和国成立的第 10 天，解放大军铁桶般围住这座千年王城，解放军攻城势如破竹，古城终于回到了人民手中，劳动人民成为这座城市的主人。

1950 年末开始，学校开始进行"爱祖国、爱人民、爱劳动、爱科学、爱护公共财物"的国民公德教育，建立升降国旗的制度。围绕土地改革、镇压反革命、抗美援朝三大运动，进行反封建、爱国主义和国际主义教育。学校师生积极参加三大运动的宣传，清除亲美、崇美、恐美思想，增强了民族自尊心、自信心、自豪感。每个人脸上洋溢着幸福的笑容。

1951 年 3 月，学校师生与全县师生集会、游行，愤怒声讨美帝发动侵朝战争的罪行；学校开展宣传抗美援朝、保家卫国的爱国主义教育运动；开展订立爱国公约、捐献飞机、大炮和拥军优属活动，洞庭中学从来不做旁观者，而是先行者。

1953 年 9 月 10 日，湖南洞庭中学更名为武冈二中，转为公办，定为湘西南两所省属重点中学之一，意义非凡。

1958 年至 1961 年的这几年，二中毕业生参加高考，升学率均达到 90% 以上，在全省享有盛名，奠定了二中在全省的重要地位，再次书写了二中的传奇。

1979 年，学校被评定为武冈县重点中学。

1980 年高考，124 人被正式录取，其中重点大学 27 人，一般本科 45 人，中专 52 人，占全县大中专录取总人数的 42%。

学校开展"五讲四美三热爱"活动，"五讲"即是讲文明、讲礼貌、讲道德、讲秩序、讲卫生；"四美"即是心灵美、语言美、行为美、环境美；"三热爱"即是热爱祖国、热爱社会主义、热爱共产党，学校面貌焕然一新。

1983 年，全校 421 人参加高考，共录取 252 人，升学率达 60%。

1985 年高考，文科人平均总分居邵阳市第一名。

1986 年高考，学生张先杰获湖南省理科状元；高二学生邹江鹰以优异成绩考入武汉大学少年班；学校获武冈县委、县政府颁发的"誉满三湘"奖牌。

二中的发展，永远充满亮色。

学校提出"严谨、求实、文明、创新"的八字新校训，全面贯彻中国共产党的教育方针，为社会主义事业培养"有理想、有道德、有文化、有纪律"的"四有"新人。学校沐浴着改革春风，乘风破浪，奋力前行。

1992年8月，武冈二中高二学生段镶锋被中国科技大学少年班录取；陆波被清华大学录取；朱小辉考分居邵阳市第一名，被上海同济大学录取——二中传奇仍然在延续。

1993年，学校新的领导班子，加大学校管理力度，确定"以育人为根本，以教学为中心，努力造就合格和特长的跨世纪人才"的办学宗旨，提出"建设一流的领导班子，培养一流的教师队伍，创造一流的管理水平，拥有一流的教学设施，办出一流的教学质量"的办学目标。学校实行党支部领导下的校长负责制，形成了校长负责、支部保证、工会监督的总体工作网络。提出了讲奉献、抓作风；讲师德、抓教风；讲管理、抓学风；讲发展、抓校风的管理方针，逐步形成了"严、活、准、实"的四字教风和"勤学、好问、多思、多练"的八字学风。学校发展驶入快车道。

1994年，学校高197班学生霍勇以高考成绩686分获邵阳市总分第一名、湖南省第四名，被清华大学录取。

1995年7月，全省高中毕业会考，普通高考排名，武冈二中名列邵阳市第二。

9月，省市各级纪念抗日战争胜利50周年歌咏比赛，武冈二中获一等奖。

12月26日，武冈二中被正式批准为省级重点中学。

1996年被评为湖南省园林式单位和百佳文明卫生先进单位。

5月，学生周曙黎在全省第八届全运会上荣获中学生女子组标枪金牌。

同年，周斌同学被清华大学录取。

高考上线人数逐年递增，1999年173人。以后快速增长，成绩斐然：2000年266人，升学率80%；2001年345人，上线率96%；2002年296人。

1997年学校被评为省《实施国家体育锻炼标准》先进单位。

也是这一年，市委、市政府加大示范学校的投资和建设力度，改善学校办学条件。武冈二中投资近400万元，新征校门口水田10亩，解决校门狭窄和师生进出困难的问题，在中山堂前修建建筑面积2800平方米的教工宿舍一栋，高标准的图书馆一栋。

1996年、1997年、1998年连续三年被评为湖南省优秀考点。

沈生福老师发明的"简谐振动投影仪"填补了国内空白，获得了国家专利，并荣获1997年国际新发明、新技术及名优产品博览会暨荣誉评审会国际发明爱迪生金奖。

1998年4月，武冈二中被国家体育总局、国家教育部评为"全国体育传统项目学校先进单位"。

1998年5月18日，湖南省教委授予武冈二中"湖南省重点中学"匾牌。

11月，武冈二中又被中国体育科学学会、孙晋芳全民健身服务网络评为"21世纪中国学校体育发展研究实验学校"；12月，被授予"湖南省青少年科技活动示范基地"铜牌，并被评为湖南省青少年发明创造活动优秀组织单位。

1999年4月，武冈市委、市政府决定授予武冈二中"示范性学校"匾牌。

同年5月，刘金鹏同学在全国残疾人运动会上四次破4项世界纪录，同年入选国家队，赴法国、韩国参赛。6月，肖艳萍、戴完菊同学在全省第三届青少年运动会上荣获赛艇女子甲级公开级200米双人桨金牌；肖艳萍获单人单桨金牌，戴完菊获该项目银牌。两人参加第六届全国少数民族传统体育运动会龙舟赛获金牌2枚，银牌4枚。周

洁同学在省第六届体育传统项目学校田径运动会上获甲组女子 1500 米、3000 米两枚金牌。二中学子的身影，在运动场上，同样矫健。

8 月，学校环保科技小组的"人工招引益鸟防治松毛虫"获全国第五届青少年生物与环境科技实践评奖活动二等奖。

1998 年、1999 年、2002 年三次被评为"湖南省青少年科技发明创造优秀组织单位"，先后为国家培养两万多名高、初中毕业生，为大专院校输送逾万名合格新生。二中插上了飞翔的翅膀。

2000 年，武冈市委、市政府提出"实施名牌战略，办强办大重点学校"的口号，通过三至五年打造武冈教育自己的名牌，把武冈二中建成全国千强示范高中，在现有基础上扩大规模，形成特色，办出名气，成为王牌。短短三年，武冈二中累计投入 3373 万元，新征土地 45 亩，扩建 1.5 万平方米的高中部教学楼，建设校园局域网、网络教室、电子图书室、后勤服务大楼、校园文化广场、学生公寓、劳技综合大楼等硬件设施，学校驶入规模化赛车道。

2000 年学校被湖南省教育厅评定为湖南省示范性普通高中。

2002 年学校被授予"湖南省基础教育教学改革实验学校"牌匾。

同年 11 月，学校被湖南教育厅确认为第三批"湖南省中小学现代教育技术实验学校"。

2004 年 4 月 26 日，在湖南省第二十五届青少年科技创新大赛中，学生萧乔的作品《斜置软壁水下振源水波特性演示器》获优秀项目一等奖，并报送全国参评。

武冈二中被评为湖南省示范性普通高中，是"湘西南一颗璀璨的文化明珠"。

12 月，被中共湖南省委、湖南省人民政府评为湖南省 2004 年文明单位。

2006 年 9 月，荣获中央教育科学研究所教育与人力资源研究部《新读写》月刊社举办的，中央科教所"十一五"重点科研课题《传统文化与语文教学》实验学校。2007 年 1 月，被湖南省电化教育局、湖南省教育技术协会聘为《教育信息技术》理事单位。二中教学，与数字化发展并轨，这是现代化教学成熟的标志。

2020年10月，在中国物理学会、全国中学生物理竞赛委员会举办的第36届全国中学生物理竞赛中，学生刘超、杨挂分别荣获二等奖；陈雨川、刘超荣获三等奖。由中国数学会举办的全国高中数学联合竞赛中，学生廖宇鹏荣获二等奖，杨璞霖、易勤、刘嘉璇荣获三等奖。

2021年1月，学校被湖南省电化教育局、湖南省教育技术协会评为现代教育技术"十四五"课题研究先进单位。

10月，学校荣获湖南省教育厅举办的2021年湖南省中小学"心理健康月"三等奖。同时，在中国物理学会、全国中学生物理竞赛委员会举办的第38届全国中学生物理竞赛中，学生王思钧、王誉涵、张荣峰、钟卿分别荣获二等奖。

11月，在由中国化学会举办的第34届中国化学奥林匹克竞赛中，学生陈雨川、刘超、陈宇鹏荣获三等奖；张荣峰荣获第25届中国化学奥林匹克二等奖，戴阳、刘鑫、陆立涛荣获三等奖。

12月，在由湖南省教育厅中小学教师信息技术应用能力提升工程领导小组办公室举办的备课大赛中，学校被评为2021年湖南省中小学（幼儿园）教师信息技术与学科教学融合创新应用在线集体备课三等奖。

古城一隅的法相岩，见证了二中的诞生，二中的发展，二中在逆境中的涅槃重生。校园内，古树参天，教室掩映在森林之间，仙气袅袅。

一大批官员、学者、专家、名流从这里登堂入室，扬名万里：中国工程院院士、湖南师范大学教授刘筠；作家出版社总编辑龙世辉；中国著名古汉语专家、北京大学教授唐作藩；第七、第八届全国政协副秘书长，研究员范康；石家庄陆军学院副院长、政治委员，少将向旭；博士生导师，北大社会经济与文化研究中心主任、北大马克思学院学术委员会主任、北大邓小平理论研究中心副主任、教育部邓小平理论研究中心理事钟哲明；内蒙古史研究所教授、中国民族史专业博士生导师周清澍；文学湘军干将、著名作家鲁之洛；《湖南文学》主编、长篇小说《黑色家族》作者潘吉光；博士生导师，中科院沈阳自动化研究所研究员、中科院现代制造CAD/CAM技术开放研究室主任聂义勇；中南大学教授，矿冶研究所所长、中国铋学会理事、河南金属学会有色冶金专业委员会副主任、四项国家发明专利拥有者唐谟堂；知名作家、长篇小说《红蛇》的作者周宜地；北京大学肿瘤医学院教授、博士生导师肖绍文等。他们所创造的成就，闪闪发光，成为学校永远的骄傲。

雄关漫道真如铁，而今漫步从头越。85年前的那个金秋十月，一群背负着苦难的稚嫩少年，走进了烽火弥漫的洞庭中学，刺耳的枪炮声回荡在学校的上空，青葱岁月，被祖国的痛苦呻吟所包裹；而今，又是金秋，一个崛起的中国，已雄踞东方。武冈二中的学子们，在绿树成荫、高楼错落有致的校园里，沐浴着新时代的阳光，与祖国的发展一起成长。他们是这个国家的未来！

武冈二中，一所诞生在抗日烽火里的学校，85年来，与苦难中国、新生中国、崛起中的中国同频共振，她的未来，同样辉煌！

第三部分

八五校庆人物谱

　　杖朝之年的武冈二中，人才辈出，群星闪耀。由于信息不畅、沟通不够，本节内容收录的部分校友，只是众多优秀校友中的一小部分。在以后的岁月里，学校将加强这一方面的工作，及时收录优秀校友的信息。学校对每一个校友都会一视同仁，母校因你们而骄傲。

一、洞庭董事会

李明灏

李明灏，男，1897年出生，湖南省醴陵市新阳横田人。湖南私立洞庭中学创始人之一，第一届校董事会董事长。1922年7月毕业于日本东京士官学校。归国后相继任长沙陆军讲武堂少校队副、广州大本营军政部铨叙科科长。同年，加入中国国民党，先后任广州陆军讲武学校教育长。

北伐期间历任国民革命军团长、军参谋处长、师长、军长。1929年至1931年间任南京训练总监部步兵监督员。1931年起担任过南京中央军校教育处长、成都分校主任、武汉分校主任、武冈分校主任。1948年宣布脱离国民党，1949年1月参加了策动北平和平解放工作。1949年6月促成湖南和平解放。中华人民共和国成立后，先后任湖南军政委员会委员兼秘书长、中华人民共和国国防委员会委员、中南军政委员会委员、中南行政委员会副主任。后任湖北省副省长、湖北省政协副主席等职。

廖耀湘

廖耀湘，男，1906年4月出生，新邵县土桥乡回龙村人。湖南私立洞庭中学第二届校副董事长。黄埔军校第六期骑科毕业后，赴法国入圣西尔军校机械化骑兵专科深造。1936年毕业返国，任南京桂永清部的教导总队少校骑兵连长。全面抗战期间，任中校营长、参谋主任，先后参加南京战役、桂南战役、昆仑关战役。1940年，任新二十二师师长，在滇西战场，以劣势装备对抗现代化装备的日本侵略军，不时出奇制胜。1942年，他随远征军去缅甸。1943年10月，廖耀湘率新编第二十二师由印度进入缅甸，参加打通中印公路之战。11月，率部渡过伊洛瓦底江，向日本侵略军发动进攻，先后攻占瑞古、芒卡等地。在缅北战斗中，廖耀湘部以伤亡官兵7000余名的代价取得歼敌12000余人的重大胜利，对打通中印公路起了重要作用。美英两国政府分别授予廖耀湘自由勋章和十字勋章。1961年12月，廖耀湘被聘任为全国政协文史资料委员会专员，四届政协全国委员会委员，为中国文史提供了不少宝贵资料。1968年12月2日病逝于北京。

刘公武

刘公武，男，1903 年 4 月出生，湖南省华容县人。湖南私立洞庭中学第一届董事会成员。幼读私塾，青年时代，先后就读于长沙明德中学，湖南省立第一中学，上海沪江大学，上海复旦大学。新中国成立前，历任黄埔军校武冈分校少将政治部主任、湖南省政府秘书长、湖南和平解放谈判代表团代表。新中国成立后，曾任湖南省人民军政委员会参议、湖南省人民政府参事室副主任、第一届至第六届湖南省政协常委、全国政协委员、民革中央委员、民革湖南省委副主委。

王国民

王国民，男，湖南师大教授，著名音乐家，1939 年任洞庭中学（武冈二中）音乐教师。《洞庭中学校歌》《法相岩社歌》《劳动歌》等歌曲的曲作者。在黄埔军校开办的剧院三义宫中，担任音乐创作和剧目导演，创作了大量的抗日歌曲。抗日战争波及武冈时，洞庭中学师生逃难到绥宁县，王国民即编导《岳飞》在文庙演出，反响强烈，其原创曲目《满江红》后来在当地学生和群众中广为传唱。

毛福成

毛福成，男，1892 年出生，四川成都人。毕业日本陆军士官学校。湖南私立洞庭中学第一届董事会成员。黄埔军校二分校中将副主任。

萧国汉

萧国汉，男，1914 年 11 月出生，湖南武冈市人。湖南第一师范学校毕业后，在松坡中学（今隆回一中）任教数年，后考入中山大学，毕业后，任湖南省立六师（后为武冈师范）教务处主任。1947 年 7 月至 1952 年 7 月，任洞庭中学副校长、武冈县参议员。解放武冈时，他协助地下党员萧施雨、周根荣等人秘密工作（当时中共地下党的秘密指挥处设在洞庭中学中山堂）。1951 年至 1953 年，任洞庭中学第三届董事会成员。

张凤翔

张凤翔，男，1891 年出生，湖南武冈市人。湖南私立洞庭中学第一届校董事会副董事长。黄埔军校中将军衔。

许浩然　许浩然，男，湖南私立洞庭中学第一届董事会成员，第二届副董事长。

李亚芬　李亚芬，男，1897年出生，湖北黄安人。湖南私立洞庭中学第一届董事会成员。抗战前任南京中央军校教育处少将步兵科长。黄埔军校二分校教育处主任、处长。

沈清尘　沈清尘，男，1904年出生，江苏人。湖南私立洞庭中学第一届董事会成员。早年留学法国勤工俭学，其间加入共青团。黄埔军校二分校任政治部主任。

景凌瀰　景凌瀰，男，1906年出生，河北人。湖南私立洞庭中学第一届董事会成员。

李高传　李高传，男，1907年出生，山东烟台人。湖南私立洞庭中学第一届董事会成员。黄埔军校二分校少将总务处长。

向　实　向实，男，湖南武冈人。洞庭中学第二届董事会成员。

谢羡安　谢羡安，男，1942年2月出生。洞庭中学第二届董事会成员，任洞庭中学教务主任、教务组长。

唐庆祥　唐庆祥，男，洞庭中学第二届董事成员。

董公健　董公健，男，洞庭中学第二届董事成员。

刘渭仲　刘渭仲，男，洞庭中学第二届董事成员。

曾荣森　曾荣森，男，洞庭中学第二届董事成员。

石易安　石易安，1951年10月至1953年9月，任洞庭中学第三届校董事会成员，同期，任武冈县立初级中学校长（武冈一中前身）。

二、校长、教师篇

刘侃元

刘侃元，男，1893 年 12 月出生，湖南醴陵市人。湖南私立洞庭中学创始人之一，第一届董事会成员，第一任校长。《洞庭中学校歌》《法相岩社歌》词作者。1913 年留学日本东京帝国大学，1917 年考入该校研究生院，主修《资本论》。1925 年回国，次年由李大钊介绍到黄埔军校任政治教官，从此与周恩来、恽代英、萧楚女、阳翰笙、许德珩等共产党人一起工作。1930 年以后，在北平历任北平、中国和朝阳等大学教授，积极参加了"一二·一六"爱国学生运动，在前门城楼下几乎遭"大刀队"砍伤，事后被宋哲元部逮捕，入狱七十余日，经冯玉祥、程潜等营救出狱。

他自编教材讲授《社会发展史》，曾多次受到周恩来赞许。他的主要译著有《马克思与恩格斯》《中国哲学史概论》《社会政策原理》《消费合作论》《卡尔·马克思传》等。

谢行恕

谢行恕，男，湖南邵阳市人。1942 年至 1943 年任湖南私立洞庭中学第二任校长。毕业于上海国立劳动大学。1932 年下学期任南京市私立九一八中学总务主任兼自然教员，1933 年上学期至 1934 年下学期，任邵阳县立简易乡村师范学校农场主任兼农业教员，1935 年上学期至 1936 年下学期，任醴陵县立简易乡村师范学校农场主任兼农学生物教员，1937 年下学期任私立三民中学高中部生物初中部植物教员，1938 年上学期至 1939 年上学期，任邵阳县立简易师范学校国文、农业教员，1939 年下学期至 1940 年上学期任湖南私立洞庭中学国文、动物、劳作教员，1941 年上学期任湖南私立洞庭中学教务组长兼生物、公民教员。

殷德饶

　　殷德饶，男，湖南醴陵市人，出身于一个书香门第家庭，北平大学机械系毕业，武汉大学教授、醴陵湘东师范学校校长。1940年8月来到洞庭中学任教，担任班级导师兼物理老师。1942年至1946年任洞庭中学第三任校长。大学期间加入中国共产党，后参加了著名的秋收起义。他在湖南省公立、私立学校教书10余年。

王鉴清

　　王鉴清，男，湖南省长沙市人。1929年毕业于北平私立中国大学中国文学系，曾任中央军校二分校政治教官，省立卫阳中学国文教员兼师范部主任，明德中学初中国文教员，国立十一中高中部国文、公民教员等。1937年奔赴广州，进黄埔军校，参加共产党领导的进步组织活动。因反对蒋介石的反革命政变，被捕入狱。出狱后，在长沙等地多所学校分别任教。1944年至1946年，任洞庭私立中学国文教员、兼教导主任。1946年至1947年任湖南私立洞庭中学第四任校长。1947年，因《武冈民报》诋毁污蔑洞庭中学师生，学生与报社发生冲突，为保护学生，被迫辞职回了长沙。

周调阳

周调阳，男，1893年12月出生，湖南武冈市人。湖南教育家。湖南私立洞庭中学第一届校董事会成员，1947年任洞庭中学第五任校长。1921年入北京师范大学，参加平民教育社，主编《平民教育》周刊；1923年毕业后，任教于长沙岳云中学、省立第一师范、省立长沙一中、私立洞庭中学等校；1931年后，任湖南省教育厅督学、主任秘书等职，推行乡村教育和平民教育。中华人民共和国成立后，任湖南省参事室参事，从事古籍整理工作。著有《儿童心理学》《教育统计学》《教育行政概要》等，撰有《王船山遗书勘记》《王船山著述考略》等；1964年在长沙去世，享年72岁。

陈 励　陈励，男，1953年9月至1954年4月，任武冈二中校长。

易世廉

易世廉，男，1929年7月出生，湖南武冈市人。1949年参加工作。1953年至1954年，任武冈县第一初级中学校长。1954年4月至11月，任武冈县第二中学校长。

李咸清

　　李咸清，男，湖南邵阳市人。1954年11月，调时任邵阳市二中副校长李咸清来武冈二中任校长，一直到1966年1月止。1957年8月至1966年1月，任武冈二中党支部书记。1954年建立教育工会。武冈县在城区的中学成立中国共产党中学联合支部，李咸清任支部书记。1956年，在省教育厅指示的"加速发展，提高质量，全面规划，加强领导"的工作方针指引下，进行了一系列的整顿和改革，既继承和发展了前洞庭中学的优良办学传统，又有不少的独创和革新：一是扩大规模，增建校舍，添置设备；二是逐步形成一个坚强的领导班子和一支"又红又专"的教师队伍；三是在教学管理上，突出"三个精心"，即精心备好每一节课，精心上好每一堂课，精心辅导好每一个学生；四是注重德育，培养学生的自主能力；五是勤工俭学、自力更生，艰苦建校。

吴盛财

　　吴盛财，男，满族，1925年8月28日生于黑龙江省哈尔滨市双城区，中共党员。1946年加入东北民主联军（后改称第四野战军），后来跟随该部队一路南下，亲身经历了大半个中国的解放。到邵阳后，进入邵阳干部学校开办的扫盲班学习，结业后留在武冈基层工作，是武冈为数不多的南下干部。

　　1971年至1973年任武冈二中党支部书记，革命委员会主任。

李庆早

李庆早，男，1928 年 7 月出生，湖南武冈市人。1973 年 3 月至 1974 年 5 月，任武冈二中党支部书记、革委会主任。

庾根源

庾根源，男，1934 年 3 月生，湖南武冈市人。武冈师范毕业。1974 年 9 月至 1978 年 7 月，任武冈县第二中学书记兼革委会主任。在任期间，致力于维护学校稳定，改善学校办学条件，让教学能够正常开展，工作兢兢业业，任劳任怨。后任武冈市教育局工会主席，曾被评为湖南省劳动模范！

宁同魁

宁同魁，男，1925年4月出生，湖南省邵东市人。中共党员。1978年5月至1984年1月任武冈二中党支部书记、校长。大学中文本科毕业。1949年5月参加革命，历任湖南人民解放总队大队长，中国人民解放军连长，邵阳县人民政府文教科长、秘书，武冈师范、武冈二中校长，武冈县人大常委会副主任，邵阳师范专科学校党委书记。论著有《我当中学校长的几点体会》《教师职业得失论》，先后在中央教育科学研究所及邵阳师专书刊上发表，并被选载在《中国国学院年度最佳文艺精品集》《首届"博文杯"全球汉诗精英集》中；著作《往者如斯》，编著《孔孟人学精华译解》。主要事迹已载入《中国当代教育名人辞典》《军人风云录——共和国军中人物传记大观》及《众星之光——湖南大学校友成就录》。

张鸿孝

张鸿孝，男，1940年9月出生，湖南武冈市人。1958年武冈二中高中毕业，1962年湖南师范学院数学系毕业，分配回母校武冈二中工作，担任高中班主任和高中数学教学，多次被评为县教育战线及学校先进模范教师。1984年任武冈二中校长，1986年任校党支部书记。上任之后，即着手学校管理体制改革，推行"奖勤罚懒，优胜劣汰"八字方针，重点为整顿教师队伍，集中优势"兵力"，提高教学质量。改革一年，成效彰显，1985年学校高考大获全胜，且考出了武冈县历年来唯一的省理科状元张先杰，为武冈二中锦上添花。

王耀楚

　　王耀楚，男，1936年2月出生，湖南武冈市人。中共党员，中学高级教师。1960年毕业于湖南师范学院中文系，被分配至武冈二中工作。1986年至1989年，任武冈二中校长、党支部副书记。曾当选为武冈县和邵阳市人大代表，武冈县政协常委、副主席，担任过武冈县和邵阳市中学语文教学研究会副会长等职。曾多次获得县、市、省与国家荣誉称号。1982年被湖南省人民政府授予省劳动模范；1983年被授予全国优秀班主任金质奖章、邵阳市劳动模范；1985年，被湖南省委、省政府评为优秀教师；1984年至1986年立功3次。1993年，入选《中国当代教育家辞典》。在全国性刊物《语文教学》《教育科学研究》《中学语文教学参考》等杂志上发表文章多篇。1986年任校长期间，提出了"严谨、求实、文明、创新"的校训，学校共获得省、地、县授予的34项荣誉称号和奖励。1987年，带头发起成立了武冈二中洞庭奖学基金会。

李良时

　　李良时，男，1947年8月出生，湖南武冈市人，中共党员。曾当过知青，当过武冈县中小学语文教研员，任过武冈县红旗小学（现实验小学）校长、武冈县教育局副局长、县委办副主任、县委政研室主任、县政府办主任、市人民政府副市长、武冈师范学校校长、市政府调研员。1989年4月至1991年1月，任武冈二中校长。从2004年至今，担任武冈市关心下一代工作委员会主任。2008年退休。曾获过省优秀共产党员、省关心下一代先进工作者等荣誉称号。

周德义

　　周德义，男，1955年12月出生，湖南武冈市人。哲学家，中国哲学"一分为三"学派代表人物。曾任武冈农民中专学校校长、武冈二中校长，湖南省教育厅教师处处长、湖南省广播电视大学副书记副校长、湖南省人民政府副主任督学、中共湖南省委教育纪工委书记、省纪委派驻省教育厅纪检组长、省高校巡视组长。现任湖南省教师教育学会会长、湖南省教科院博士后指导教授、岳麓书院客座教授等。主要著作有《我在何方：一分为三论》（2002年12月湖南人民出版社出版，2003年重印，2014年中国社会科学出版社再版）《心觉》《心仪》《心知》《人权与法治》等。

朱阳明

　　朱阳明，男，1935年出生，湖南武冈市人。1986年8月至1990年12月，任武冈二中工会主席。1989年4月至1993年8月，任武冈二中党支部书记、校长。

成诗雨

成诗雨，男，1937年6月出生，湖南湘乡市人。1961年毕业于湖南师范学院生物系，同年分配在武冈二中，担任化学和生物老师，历任副校长和校长等职。中国遗传学会以及湖南省生物学会会员，邵阳市数理化生地学会副理事长，邵阳市生物学会理事长。武冈县第一个高级职称获得者，邵阳市职称评审委员会秘书长。担任班主任和行政岗位时，他关心学生和教职员工，对二中的掌故如数家珍。因为他对教学和管理的无限投入，20世纪80年代，武冈二中创造了辉煌，领跑邵阳，跻身全省前列。1993年，他被中华人民共和国国家教育委员会（现教育部）、国家人事部（现人力资源与社会保障部）授予全国优秀教师奖章。

他虽为党外人士，却一直在党的领导下，兼职县人大副主任，县政协常委等工作十余年。1993年，从教32年的他因身患肝癌，病逝于校长任上，享年57岁。

邓立强

邓立强，男，1945年10月出生，湖南武冈市人。晚清著名诗人邓辅纶、邓绎的第四世孙。1959年在武冈二中初中25班学习，1962年考入高中39班，1965年考入湖南省师范学院数学系，1970年分配到武冈九中工作，1983年加入中国共产党，同年任武冈九中校长。1995年8月任武冈二中校长，中学数学高级教师职称。担任武冈二中校长期间，连续三年被评为"湖南省优秀考点"，1998年5月18日，湖南省教委授予武冈二中"湖南省重点中学"匾额，同年评为"全国体育传统项目先进单位"及21世纪中国学校体育发展研究优秀实验学校。1999年9月成功举办60周年校庆，出版了校友录，着力弘扬"洞庭"创业精神，树立创新意识，培养创新能力，将学校打造成"改革、实验、示范、高质量、有特色、现代化"的省重点中学。

林炜

林炜，男，1964 年 8 月出生，湖南武冈市人。1986 年 7 月毕业于湖南师大数学系。同年 7 月至 2006 年 8 月在武冈二中工作，2001 年至 2002 年任武冈二中副校长，2002 年至 2006 年任武冈二中校长，2006 年至 2021 年任武冈市教育局党委委员、副局长，现任武冈市教育局四级调研员。

参加工作以来，多次受到上级部门嘉奖、表彰，其中授予二等功三次，三等功三次。1995 年被评为湖南省优秀教师，2001 年被评为湖南省优秀共产党员与全国模范教师，省部级劳动模范。2002 年当选湖南省党代会代表。2020 年被评为邵阳市教育系统抗疫先进个人、优秀共产党员。发表论文二十余篇，与人合著或合编教辅书籍三本。主持的课题《魅力教师形成的途径》获省级优秀课题并出版专著一部，参与的《小学故事作文研究》获教育部基础教育成果二等奖。

廖名智

廖名智，男，1957 年 7 月出生，湖南武冈市人。中共党员，中学高级教师。先后在城东区托坪完小、法相岩中心小学担任校长，在龙江区联校担任过教学副校长，在湾头区联校担任过校长兼党支部书记，在武冈市教育局分别担任过普教组长、工会主席、副局长，分管过全市的幼儿教育、成人教育、职业教育、基础教育与民办教育。2006 年 7 月，任市教育局党组成员、副局长兼武冈二中校长。2010 年 7 月退居二线。

从事教育工作期间，先后荣获武冈市立功人员八次，优秀校长三次，高考特殊贡献奖一次，邵阳市立大功人员一次，被评为湖南省优秀教师、全国优秀校长。退休后，担任武冈市法相岩办事处商会顾问、武冈市鹰翔太极协会会长、邵阳市民办教育协会副会长兼邵阳市民办基础教育分会副会长。

王惠福

王惠福，男，1964年2月出生，湖南省武冈市人。1988年在邵阳师范高等专科学校毕业，2002年毕业于湖南师范大学历史系。1995年9月起在武冈二中任教，2001年起历任武冈二中教导处副主任、武冈市洞庭中学校长、武冈二中副校长，2010年9月—2019年8月任武冈二中党总支副书记、校长。

担任武冈二中校长期间，与领导班子成员一道带领全校师生，坚持育人为本、德育为先，依法治校，创新管理机制，坚持内涵发展，狠抓常规管理，强化教学研究工作，重视科技创新工作，推进了学校的和谐发展、科学发展，取得显著成绩。学生获国际机器人大赛奖1项，全国一等奖3项等各类国家、省市奖100余项。高考成绩突出，有10多名学生考上北大清华和飞行员。在任期间，学校获得了全国学校艺术教育工作先进单位、全国机器人竞赛培训实验基地、湖南省文明单位、湖南省园林式学校、湖南省现代教育技术实验学校、湖南省文明卫生先进单位等荣誉称号。

周孝军

周孝军，男，1968年8月出生，湖南武冈市人。大学本科学历，中学高级教师。1991年5月加入中国共产党。1991年7月毕业于湖南师范大学生物系特种水产专业。1991年7月至2019年8月在武冈职业中专工作，担任武冈市职业中专党总支书记、校长。

2019年8月调入武冈二中任党总支书记、校长，坚持以学生为中心的发展理念，不断创新治理体系和发展模式，追求高质量办学，积极打造高效课堂，从严治校，廉洁从教，赓续二中的发展与辉煌。先后记二等功3次、三等功2次、嘉奖12次。主编了《武冈卤菜制作技艺手册》《应用文写作》《职业生涯规则与就业指导》等教材。荣获邵阳市优秀党员、邵阳市名校长、湖南省中小学德育标兵、湖南省职业教育先进个人、湖南省优秀教师、湖南省首届"黄炎培杰出校长"等荣誉称号。

曾仲珊　曾仲珊，男，1922 年 10 月出生，湖南洞口人。1947 年毕业于国立师范学院（现湖南师范大学）国文系。曾在国立师范学院及湖南省第六师范（现武冈师范学院）、洞庭中学任教。1952 年 7 月至 1954 年 11 月任武冈二中副校长，主管教学工作。1956 年后，历任湖南省教育厅教研室副主任，省教育科学研究所语文研究室主任、研究员，兼任省语言文字工作委员会委员，省语言学会第一、二届副理事长，省方言研究会第一届会长，省中学语文教学研究会理事长、名誉理事长。是中国韵文学会首批会员。

唐　朝

　　唐朝，男，1925 年出生，湖南武冈市人。1943 年就读于武冈洞庭中学（现武冈二中），1948 年就读于国立中央大学（现南京大学）。1950 年初参加中国人民解放军海军，先后做过记者、编辑和文化教员，荣立二等功、三等功等，多次被评为特等优秀文化教员。1958 年受政治运动和家庭成分的影响，被转业至湖南新化一中教书。1961 年在武冈一中教书，1964 年在武冈县文教科研教研室工作，1978 年在武冈二中教书至离休，1990 年去世。

段泽柳　　段泽柳，1968 年 9 月至 1970 年 12 月，任武冈二中革命委员会第一副主任。1974 年 6 月至 1978 年 7 月，再任武冈二中革命委员会第一副主任。

温安立

温安立，男，1930 年 9 月出生，湖南武冈市人。1959年 11 月加入共产党。1952 年 9 月—1956 年 7 月在武冈师范读书，担任班级团干，1956 年 7 月毕业分配在隆回县横板桥完小工作，1959 年 9 月调隆回县柳山小学担任校长，1962 年9 月—1969 年 2 月在武冈二中担任副校长，1974 年 7 月—1978 年 12 月在武冈二中担任革委会副主任，1978 年 12 月调武冈七中担任校长至退休。中学一级教师。在隆回县和武冈二中工作期间，多次被评为县先进工作者。

曾培成

曾培成，男，1934 年 5 月出生，湖南洞口县人。1953 年 8 月于湖南省立六师（武冈师范）毕业，同年于洞口竹市完小任教。1956 年 8 月至 1960 年 8 月在湖南师范学院学习。1960 年 8 月至 1963 年 10 月于邵阳市二中任教，1963 年 10 月至 1978 年 11 月于武冈师范任教，1978 年 11 月至 1980 年 9 月于武冈县辅导站任副站长，1980 年 8 月至 1986 年 7 月历任武冈二中副校长和书记，1986 年 7 月至 1994 年 4 月任邵阳师范校长。曾荣获县文教战线积极分子、优秀共产党员称号。编写语文函授教材、辅导教材多部，编写中学管理专著 1 部。

钟介澍

钟介澍，男，1937 年 7 月出生，湖南武冈市人。中共党员。1962 年 7 月毕业湖南师范学院数学系，分配到武冈二中担任高中数学教学和班主任工作。历任二中数学教研组组长。中学高级教师。武冈县第十二届人大代表。

1983 年教高 132 班数学兼班主任，该班 43 人考入重点本科 13 人（清华、北大各 1 人），加上专科、中专共 30 人。1986 年所教学生张先杰获湖南省理科状元。

主要论文《试论数学成绩的考核——兼谈考试改革》被评为 1986 年省中学数学教研会优秀论文并发表，1991 年获邵阳市教改成果三等奖。代表作《有心二次曲线五个常数之间的关系及应用》《分离法证三角条件恒等式》分别发表于《数学通报》1991 年第 6 期、西南师范大学《数学教学通讯》1992 年第 6 期。在国家级、省级期刊上共发表论文 13 篇。1989 年被评为全国优秀教师、湖南省教育系统劳动模范。1996 年被评为湖南省中学特级教师。

赵秀璋

　　赵秀璋，男，1938年11月生，湖南武冈市人。1955年就读武冈二中，1958年考入湖南师范学院数学系。1962年7月毕业后分配到武冈二中任教，于2000年元月退休。

　　在武冈二中工作38年，上过68个班的课，担任过10个班的班主任，任数学教研组长10年，任教导主任6年，任副校长兼工会主席10年。1987年获评中学高级教师，1999年获评湖南省中学特级教师。1984年加入中国共产党，曾任党支部委员。先后受到县级奖励10次，市级奖励6次，省级奖励6次。1989年被评为湖南省优秀教师，1992年被评为湖南省先进工会工作者，曾四次出席省级先进代表会议，并作经验介绍。多次被聘为邵阳市中学教师中级职称评审委员会委员。撰写的《浅谈中学数学教学中教材的使用问题》在《数学通报》（1983）发表，先后参与《农村常用数学》《高中数学疑难解析》《名师设计与数学丛书》丛书的撰写。

曾昭伟

　　曾昭伟，男，1940年3月出生，湖南洞口县人。1962年7月湖南师范大学中文系毕业，分配在武冈二中任教，先后担任初34、36、38、45和高67、68、94、97、99、103等班的班主任兼语文老师，1979年起任教导主任与副校长等职。1982年调武冈县委，任县委常委，宣传部部长，文联主席等职。1986年调任武冈师范党委书记，1992年任邵阳市电大党委书记，后调至湖南省社会主义学院，任院务委员，工会主席，教务处长等职。1997年评为教授。2004年退休。

　　在工作期间主持过多项国家级和省部级科研项目。1986年经国家教委介绍，荣幸地见到了著名教育家晏阳初先生和周谷城副委员长，成立了全国晏阳初教育思想研究会，编写出版了三部《晏阳初教育思想研究》文集。组织编写出版各类教材及专著17部，在国家级和省部级报刊上发表各类论文80余篇。

覃松桂

覃松桂，男，1940年9月出生，湖南武冈市人。1964年8月毕业于湖南师范学院物理系，后在湖南省教育行政干部学校专修英语一年，结业后分到武冈五中任教。1976年调入武冈二中任教，1980年8月任武冈县文教局副局长。1984年任县教育局局长、党委书记。1985年12月任邵阳地区行署副专员，分管科、教、文、卫、计育等工作。1986年3月，地、市合并后，担任邵阳市教育委员会主任、党委书记（副市级）。1988年元月当选为邵阳市人民政府副市长，分管科、教、文、卫、计育等工作。1993年3月，当选为邵阳市政协副主席，担任政协党组副书记，中共邵阳市委统战部部长。1997年12月，任邵阳市政协副主席、政协党组副书记。

沈生福

沈生福，男，1943年10月出生，湖南武冈市人。1968年毕业于湖南师范学院物理系，历任武冈五中副校长、武冈二中副教导主任等职，任教高中物理。1972年加入中国共产党。1988年获中学高级教师职称，1995年评为全国优秀教师。主要成果有：创造发明"简谐振动投影仪""波动投影器""静摩擦声、光显示器""光栅衍射管和圆孔衍射管"等多项教学仪器，其中"简谐振动投影仪"获中国专利，被编入《世界优秀专利技术精选》（中国卷）。1997年获国际爱迪生金奖。1998年获湖南省人民政府"专业技术人员重大贡献奖"。湖南卫视以"惟楚有材"为题向全球广播其获得国际爱迪生金奖的实况。1999年被湖南省人民政府授予"特级教师"荣誉称号。

李万刚

李万刚，男，1945年出生，湖南武冈市人。大学学历，中学语文高级教师。曾任武冈二中教导处主任、副校长，全国中学课程导学研究会理事、全国中小学语文教学研究联谊会理事。从教30余年，注重"尊重学生人格，培养学生能力、发展学生个性"的教育教学指导思想和"严谨、务实、创新"的教学风格。历年来，所执教的初、高中毕业班的人均成绩与优秀率名列县、市前茅。

先后八次凭论文出席北京、重庆、无锡、溪口等地召开的全国性学术会议，2000年9月，被邀请出席在泰国曼谷召开的"第五届亚太华文新教育暨校务管理大会"。主持的语文"双快"教学实验，获湖南省教改中期成果一等奖，2000年被湖南省人民政府授予"特级教师"荣誉称号，获邵阳市教育战线优秀共产党员。

黄三畅

黄三畅，男，1947年10月出生，湖南武冈市人。武冈二中语文高级教师，湖南省作家协会会员。1981年7月邵阳师专（今湖南理工科技学院）毕业后即在武冈二中任教，一直至2008年7月退休。1986年创办校园文学社《小枫》，任辅导老师。教学之余在《青年文学》《芙蓉》《清明》《湖南文学》《青年作家》《萌芽》《章回小说》《羊城晚报》《邵阳师专学报》等发表小说、散文、杂文、教学论文二百多万字。出版过长篇小说两部，中短篇小说集、散文集数部。多篇散文、微型小说、杂文被选入年度选本。曾获《羊城晚报》花地创作奖。

何志贤

何志贤，男，1952年6月出生，湖南武冈市人。中国共产党党员，1971年参加教育工作，中学政治科高级教师。湖南教育学院政治专业肄业，湖南党校党政专业本科毕业。1993年以前，历任武冈五中团总支书记、副教导主任，武冈九中副校长、党支部书记，武冈成人中专校长兼党支部书记。1993年8月至2004年3月出任武冈二中党支部书记，代理校长2年。《学校党政主要领导要有深厚的政治理论功底》《党支部是学校工作中的中流砥柱》等论文被刊载在湖南省教育论文集里，并发表于相关刊物。

郭荣学

郭荣学，男，1956年出生，湖南武冈市人。大学本科，中共党员。湖南省教育厅退休。现任湖南省教育学会常务副会长兼秘书长。1979年高考前曾在二中插班复习。1982年邵阳师专毕业后分配到武冈二中任教，1986年3月调武冈县教育局工作，1989年调湖南省教委（现省教育厅），先后担任过发展计划处处长、基础教育处处长、职业与成人教育处处长。工作之余在多个国内期刊上发表过论文。与人合著和出版专著《古汉语字句例释》《教育信息化与现代学校管理》《创新与超越》《教育信息化与现代远程教育》《区域义务教育均衡发展模式研究》等。"十二五"期间协助主持过国家社会科学基金重点课题《区域内义务教育均衡发展实证研究》并主持子课题《县域内义务教育均衡发展模式研究》获优秀成果。参与《湖南义务教育地方课程设计与开发》课题研究，获教育部基础教育课程改革教学研究成果一等奖，参与主持《基于职业岗位要求职业教育专业技能抽查与质量监控机制创新》课题，获国家级教学成果一等奖。

曾维君

曾维君，男，1960 年 12 月出生，湖南武冈市人。

1978—1979 年在武冈二中高 104 班复读，1983—1993 年在武冈二中高中部任教历史。民进会员，邵阳学院历史学教授，原历史教研室主任、省级一流本科专业（历史）建设点负责人，现为邵阳市梅山文化研究与传播协会会长、邵阳市曾子文化研究会副会长。主持国家社科课题一项，主持和参与国家级和省、厅（校）级课题多项，在《史学月刊》《历史教学》等公开刊物上发表科研和教改论文 40 余篇，出版专著一部。曾获邵阳学院首届教学奉献奖、第二届"思考乐"杯优秀教师奖、第三和第五届优质教学奖、优秀实习（实训）指导教师奖、"三育人"先进个人，获湖南省高校优秀教学成果二等奖，省"挑战杯"大学生创业设计大赛及师范生教学技能大赛优秀指导老师奖等。

王常龙

王常龙，男，1962 年 9 月出生，湖南武冈市人。1984 年 6 月毕业于湖南大学邵阳分校专科；1992 年 6 月毕业于湖南师范大学本科；1998 年获评中学生物高级职称。1984 年 6 月至 2022 年 9 月在武冈二中工作，一直从事生物教学，是一名深受学生欢迎的生物教师。2014 年 4 月至 2019 年 9 月任武冈二中书记。

沈初春

沈初春，男，1962 年出生，湖南武冈市人。自 1984 年于湖南师范大学中文本科毕业以来，一直从事语文教学，先后担任过武冈教师进修学校校长、武冈二中副校长、展辉国际实验学校副校长等职。参加武冈市、邵阳市高中语文教师教学比武均获第一名。在省级以上教育教学报刊发表论文 50 多篇。编写湖南省小学教师继续教育教材《小学语文课堂教学技能》《粉笔书法教程》，分别由湖南教育出版社、湖南师大出版社出版。教育科研成果获省二等奖。1995 年被教育部评为"全国优秀教师"，并记一等功；1997 年破格晋升为中学语文高级教师；1998 年获教育部"曾宪梓教育基金会"优秀教师奖一等奖，奖金 4 万元。同年被评为首届"邵阳市十大杰出青年"，1999 年破格评为中学语文特级教师；2002 年被湖南省教育厅聘为中学语文特级教师评委。

刘凯

刘凯，男，1975 年 4 月出生，湖南武冈市人。曾就读于武冈二中高 178、175 班。2004—2022 年在武冈二中任教，中共党员。现为长沙市东雅中学政治教师，政治教研组长，全国模范教师，全国教研先进工作者，湖南省"芙蓉教学名师"，湖南省特级教师，湖南省中小学正高级教师，湖南省作家协会会员，湖南省政治教育学会会员，湖南省音乐评论协会会员，长沙市政治学科带头人、骨干教师。

三、校友篇

龙世辉

　　龙世辉，男，1925 年出生，湖南武冈市人。侗族，少时受过严格的家庭教育，先后在武陵镇小学、自治小学、县立简易乡村师范、洞庭中学（武冈二中）、云山中学和邵阳省立六中求学，黄埔军校第 19 期学生，后负笈北上，考入北京辅仁大学中文系。1952 年从该校毕业后，以优异成绩选拔进入中央文学研究所深造，成为第一期第二班学员。

　　1952 年底，到人民出版社做编辑工作。先后编辑萧军的《五月的矿工》《瞿秋白文集》、欧阳山的《三家巷》和《苦斗》等小说；同时创作小说、散文《不服气不行》《"第一"和"零"》《难忘的一天》和《论哭的艺术》等 10 篇，发表《及其作者》《读苏联中篇小说》《做一个社会主义的"全人"》等文学评论 38 篇。龙世辉审编了《林海雪原》《代价》《将军吟》《芙蓉镇》等 200 部小说作品。他在编辑岗位上工作历时 27 年。

刘筠

　　刘筠，男，1929 年 11 月出生，湖南武冈市人。洞庭中学（武冈二中）校友。鱼类繁殖和育种专家。中国工程院院士。1953 年毕业于湖南大学。曾任湖南师范大学教授、副校长；兼任中国水产学会副理事长。长期从事鱼类及水生经济作物的生殖生理和人工繁殖及育种的研究，有 10 项科研成果 12 次获国家、省部级科技进步奖。理论上建立了系统的中国主要养殖鱼类（四大家鱼为主体）、中华鳖（甲鱼）和蛙类（食用性）的繁殖生理学，实践上研制了养殖鱼类和水生经济市场人工繁殖和育种的技术体系。率先应用细胞工程和有性杂交相结合的综合技术，在国内外建立了第一个遗传性状稳定且能自然繁殖的四倍体鱼类种群，成功地培育出了优质的三倍体鲫鱼和三倍体鲤鱼。2015 年 1 月逝世。

邓普辉

邓普辉，男，1930年11月出生，湖南新邵县人。1949年于武冈洞庭中学（武冈二中）高7班毕业。1953年8月至1955年1月，在武昌华中农学院学习，其间在甘肃农业大学进修，师从我国著名兽医病理学家朱宣人教授。1955年支援新疆八一农学院，1956年5月加入中国共产党。历任助教、讲师、副教授、教授等。1989年至1991年任动物医学系系主任。1999年9月光荣退休。1984年3月至1985年3月，在美国农业部（USDA）国家动物疾病中心（NADC）（艾奥瓦州、AMES尔姆斯市）做访问学者。曾先后担任中国畜牧兽医学会兽医病理学分会副理事长，西北区兽医病理学研究会理事长，国际兽医灾害医学学会副主席。主要著作有《动物疾病病理学》《动物细胞病理学》等，均作为全国高等农业院校教材。

范康

范康，男，1931年出生，湖南武冈市人。1948年就读洞庭中学高五班，毕业于武汉大学哲学系，先后在中央宣传部、国家体委、冶金部工作。1988年被评为研究员，1989年至1998年连任第七届、第八届全国政协副秘书长。公开出版著作6部。

周清澍

周清澍，男，1931 年 12 月出生，湖南武冈市人，汉族。1947 年在洞庭中学（武冈二中）初 16 班毕业，1949 年在高 8 班毕业。1950 年 9 月至 1954 年 7 月，在北京大学历史系学习；1954 年 9 月至 1957 年 7 月，北京大学历史系亚洲史专业研究生，主攻印度近代史。1957 年 9 月，被分配到内蒙古大学，先后在内蒙古大学历史系蒙古史研究室、蒙古学学院蒙古史研究所从事蒙古史、元史的教学和科研工作。参加过《元史》点校及《蒙古族简史》的编写。与蔡美彪等合著《中国通史》第六、第七册，曾任《中国大百科全书·中国历史卷》元史分册副主编，《中国历史大辞典·辽夏金元史卷》副主编。享受国务院政府特殊津贴，国家有突出贡献专家，内蒙古大学教授，博士生导师。

向旭

向旭，男，1932 年出生，湖南武冈市人。1949 年于洞庭中学（现武冈二中）高 8 班毕业，随后参加中国人民解放军。参加过衡宝战役、广西战役和抗美援朝。1956 年 9 月加入中国共产党。石家庄陆军学院政委。北京军区政治委员，正军级。1988 年授予少将军衔。主编或参加编写政治军事教材 3 部。2023 年 4 月在北京逝世，享年 91 岁。

钟哲明

钟哲明，男，1932年6月出生，苗族，湖南武冈市人。1950年于洞庭中学（武冈二中）高9班毕业。中国当代杰出的政论家，著名教育家，北京大学教授、博士生导师。"苗族钟氏兄弟三杰"之一。1952年于北京大学中文系本科毕业，留校，1956年到中国人民大学进修硕士研究生课程一年。历任北京大学党委宣传部副部长，北大马克思主义学院院长，北大社会经济与文化研究中心主任，清华大学高校德育研究中心兼职研究员，教育部高校社会科学研究中心兼职研究员等。发表论文《马克思的主要历史功绩：关于社会主义和工人运动结合的几个问题》等60多篇；出版专著《科学社会主义专题讲座》，参加编写大学教材《邓小平理论专题讲座》等多部。

鲁之洛

鲁之洛，本名刘伦至，男，1935年出生，湖南武冈市人。中共党员。1949年毕业于武冈洞庭中学（武冈二中）初中部，同年转入解放军独立17团。历任文工团员、文书、参谋、助理员、中学教师，《武冈报》记者，邵阳市文化馆干部，邵阳市文联副主席、主席、党组书记，《新花》杂志主编。邵阳市政协常委，湖南省文联委员、省作协理事。1954年开始发表作品。1980年加入中国作家协会。著有长篇小说《路》《龚大汉和他的漂亮老婆》《你别想安宁》等，儿童文学集《松伢子历险记》（有朝文版）《锁宝寨奇闻》《荷花塘》，散文集《览奇集》《鸡冠子上漫游记》《绿色的梦》《海边听风》《心中升起一片彩霞》《走近多伦多》等。作品曾获1981年湖南文学艺术创作奖、1981—1982年湘版少儿读物优秀作品二等奖、湖南省首届儿童文学大奖、全国首届地理科普读物优秀奖。

肖坤峙

　　肖坤峙，男，1935年出生，湖南武冈市人。武冈二中高35班学生。高级工程师，曾为国家特大型企业核工业八一四厂计量自动控制室主任，处级领导。三十六年来，在全封闭式的核事业中，作出了一定贡献，履行了献了青春献终身，献了终身献儿孙的核事业誓言！在核工作中，有设计，有论文，有各大生产问题的独到处理措施，荣获了多项部、厂的嘉奖与鼓励。

朱恩惠

　　朱恩惠，男，1937年12月出生，湖南武冈市人，中共党员，高级工程师。1955年武冈二中高中毕业考入华中科技大学，1960毕业分到国防部第五研究院（现航天工业总公司）二院第二总体设计部工作，担任专业组长、工程组长、主管设计师、主任设计师等职务，历任技术员、工程师、高级工程师职称，被聘为总公司科技委地面设备专业组成员，参与航天武器系统地面设备规划、重要产品方案审定、设计评审与鉴定，负责有关设备的研制和分系统总体工作。编制了有关的设计规范和标准，主持并带领课题组完成多项研制任务，还承担民用品开发与生产任务。

　　工作中取得不少成果，参加的项目获航天部科技进步一等奖一项、二等奖两项，国家科技进步奖三等奖一项，国防科委三等奖一项，院级一等奖三项、二等奖五项。曾多次获先进工作者称号、先进共产党称号，并荣立三等功。

肖体焕

肖体焕，男，1938年1月出生，湖南武冈市人。曾为《人民日报》社高级记者、中国环境新闻工作者协会常务执委。先后在黄塘初级小学、龙伏寺高级小学、云山中学、武冈县二中就读中小学。1959年考入中国人民大学，1964年毕业分配到中央马列主义研究院，接连从事国际共运和文艺理论的理论研究工作。1987年10月起转到理论部从事理论宣传，任经济组组长。

发表各种新闻文章和理论文章及杂文、散文、报告文学、科技史话等400余篇，在国内和国际有较大影响。多篇文章被收入各类选本和高校教科书作为范文讲解。曾受到邓小平、朱镕基、杨尚昆、胡耀邦、李瑞环、陈云等领导人的表扬。

聂义勇

聂义勇，男，1940年8月出生，湖南武冈市人。1959年在武冈二中高16班毕业。博士生导师、中科院沈阳自动化研究所研究员、中科院现代制造CAD/CAM技术开放研究室主任。

俞家麒

　　俞家麒，男，1940年8月出生，湖南武冈市人。高级工程师，国家级监理工程师。1955年在武冈二中初16班和高21班学习。1961年高中毕业后，保送进入陕西省西安市解放军工程兵工程学院深造，攻读国防工程建造专业。毕业后分配到国防科委的太原卫星发射中心司令部工程处工作，负责重点工程项目的施工建设。1983年调往陕西省西安市负责西安卫星测控中心的工程建设，五年后退役转业到西安工程大学基建处工作。

邓星艾

　　邓星艾，男，1940年8月出生，湖南武冈市人。"武冈丝弦"国家级非物质文化遗产项目传承人。1957年武冈二中初中毕业后，被招进县文工团。1959年转入县祁剧团从事音乐（音乐创作和乐员）工作。1960年7月，开始跟随老艺人杨瑞祥学习"武冈丝弦"音乐。1963年毕业于青岛新声音乐函授学校。为湖南省戏剧家协会会员、湖南省音乐家协会会员、省戏曲音乐学会会员。曾担任武冈县祁剧团艺术委员会主任、副团长、团长等职务。参加《中国戏曲音乐集成·祁剧邵阳卷》的编辑工作并任编辑部副主任。搜集整理的戏曲音乐作品载入《中国戏曲音乐集成·湖南卷》和《湖南地方剧种志》。

周宜树

周宜树，男，1940 年 11 月出生，湖南武冈市人。华中工学院毕业，曾任中国石化荆门石油化工总厂中共党委组织部副部长、总厂干部处副处长，高级工程师，中国石油学会会员、湖北省科普作家协会会员。

曾在家乡村初级小学、武冈师范附属小学、武冈二中就读中小学。1959 年考入华中科技大学动力工程系工业热工专业，1964 年毕业分配到石油工业部抚顺石油二厂从事热工技术工作。1970 年 4 月调入湖北荆门参加江汉油田会战，先后参加荆门炼油厂筹建、设计会审、施工建设、生产准备、试运投产的热工技术工作。历任技术员、工程师、车间技术副主任、主任工程师、高级工程师。1988 年以后从事企业干部人事工作，先后任总厂劳动人事处高级工程师、总厂干部处副处长、总厂党委组织部副部长，分管专业技术干部管理教育培养、干部人事和人才开发以及党的组织工作。1983 年编著《锅炉运行五百问》一书，由湖北人民出版社出版发行。

陈扬明

陈扬明，男，1940 年 12 月出生，湖南武冈市人。1957 至 1960 年在武冈二中高中就读。1965 年毕业于中国人民大学本科，后一直在厦门大学任教，被评为"中国广告教育 40 年之致敬人物"，在中国新闻传播教育领域务实创新、敢为人先，硕果颇丰。

中国第一个新闻传播系之厦门大学新闻传播系创始人之一，中国第一个广告学专业和国际新闻专业倡议与创建者，填补了中国新闻事业史研究中的一个重要空白。曾担任厦门市公共关系学会会长、厦门市中华传统文化研究会副会长、中国管理软件学院新闻系名誉系主任、中国广告学术委员会委员。

唐谟堂

唐谟堂，男，1942年1月出生，湖南武冈市人。中共党员，工学博士。1958年11月至1962年7月就读武冈二中，分别于1959年7月与1962年7月毕业于武冈二中初19班和高30班。退休前为中南大学二级教授，博士生导师，重金属冶金和材料研究所所长。

1986年10月成为我国自己培养的第一个有色金属冶金博士，长期致力于有色金属冶金的教学和科研工作。共培养博士23人，硕士35人；主持和完成国家、省部级项目19项；发表论文280余篇；出版著作11种，其中专著3种。获授权发明专利34项，省部级科技进步一、二、三等奖各1项，省优秀教材奖和教学成果奖各1项。1991年1月被授予"做出突出贡献的中国博士学位获得者"的荣誉称号，同年10月获政府特殊津贴。

李慎典

李慎典，男，1942年7月出生，湖南武冈市人。1964年毕业于武冈二中高38班，同年考上北京农业大学。中国科学院长沙农业现代化研究所研究员、第九届全国人大代表，湖南省纪委、监察厅特邀监察员、湖南省农业系统工程学会理事长、中国系统工程学会农业系统工程专业委员会理事、全国核心期刊《农业系统科学与综合研究》杂志编委，九三学社湖南省常委兼参政议政委员会主任，长沙马坡岭农业高科技园顾问，曾任湖南省政协第七届常委。2002年1月病逝。

苏是嵋

苏是嵋，男，1943年1月出生，湖南武冈市人。苏东坡第四十二代孙，1961年二中高22班毕业，1966年清华大学毕业。曾任中建二局班组长、项目经理、分局局长、住建部稽查特派员（副部级）。曾为高级工程师、清华大学客座教授、英国皇家特许营造师、中国优秀建筑企业家、中国力学协会结构工程专业委员会副主任，现退休居北京。

黄家仁

黄家仁，男，1943年5月出生，湖南武冈市人。1962年7月武冈二中高28班毕业，考入湖南大学土木系城市供水排水专业。1968年毕业分配到广西柳州市，当过工人，技术员，工程师与高级工程师。1984年6月，担任市市政公用事业管理处主任，1988年任市建委副主任，1990年任建委主任，1993年7月至2000年8月任柳州市政府副市长。主要为柳州市制定了"城在山水中，山水在城中"的山水城市规划，重点抓了城市基础设施建设，解决城市、供水、排水、供电、供气、交通与防洪等问题。在全国四个严重酸雨城市中率先消灭了酸雨，建成了全国卫生城，得到建设部先进工作者的表彰。几年后时任总理温家宝视察柳州，题词"山清水秀地干净"。2000年10月任市政协副主席，2006年退休。退休后组织成立了柳州市中华文化促进会，担任了十年主席，现任广西文促会副主席，柳州市文促会名誉主席，为柳州市历史文化名城建设贡献余热。

李潺

　　李潺，男，1943年7月出生，汉族，湖南武冈市人。武冈二中1959年高17班毕业。贵州大学结业。国家一级美术师、湖南省书法家协会副主席、名誉副主席、湖南省文史研究馆馆员、中国国画家协会常务理事、湖南影省直书画家协会原主席、湖南大众传媒学院美术系首任主任，中国书法家协会会员，中华诗词学会会员，湖南省作家协会会员，中国散文学会会员，中国诗歌学会会员，被加拿大世界书画家协会、菲律宾中华书法学会、日本尚泉书道会、香港国际画院、中外艺术博物馆等海内外50余家文艺团体聘为艺术顾问。被国内外60余家文艺社团聘为艺术顾问、名誉主席等。艺术成就为百余家报刊、电视台两百余次专题评介报告、录入各类名人辞书600余部，作品录入各种书画、诗文专集400余部。被誉为诗、书、画、印全才，湖湘文化当代传人与开拓者。

李金田

　　李金田，男，1943年10月出生，湖南武冈市水浸坪乡人。1959年9月至1962年7月在武冈二中高30班就读。毕业考入中南矿冶学院（现中南大学）地质系本科五年制探矿工程专业。毕业后分配至湖南有色地质勘探二四五队，先安排在钻探机台及槽探、硐探等山地工程劳动。1972年调入生产技术科，1982年任生产技术科科长。1983年任分管生产和安全技术的副队长。1985年任队长，主管队的全面工作。1989年调湖南有色地质勘查局任副局长，分管全局钻探技术、物资供应与安全工作。工作期间，在金刚石小口径钻探防治斜技术与复杂层护壁技术等方面取得了成功的经验，在省部级刊物《地质与勘探》上发表了《金刚石钻进孔斜及其纠正》《小口径死楔定向纠斜》《癸二酸下脚钠皂润滑液在金刚石钻进中的应用》等数篇论文。1985年被国家评定为钻探高级工程师，1999年评为钻探教授级高级工程师。2005年7月退休。

汪兴谦

汪兴谦，男，1944 年出生，湖南武冈市人。1956 年在武冈一中读初中，1959 年考入武冈二中 30 班读高中。1962 年考入清华大学，就读清华大学核能科学与工程专业。

毕业后分配在二机部工作。1970 年至 1978 年，在湖南计算机厂工作。1978 年至 1980 年，在湖南计算机高等专科学校（后并入湖南大学）工作。1981 年被特招入国防科技大学工作至退休。期间担任国防科技大学文职数理与计算机教官，国防科技大学教授。担任计算机教科书编著与军内物理教材审定工作。

周宜地

周宜地，男，1946 年 1 月出生，湖南武冈市人。武冈二中初 30 班高 44 班毕业。1966 年中学毕业回乡后被迫走上自学成才之路。自学，写作，发表作品，至今出版和发表小说、散文、评论、戏剧作品 400 多万字。1989 年考入武汉大学 89 级作家班，获本科文凭，被授予文学学士学位。中国作家协会会员，文坛湘军重要作家之一。

中学毕业后当过农民、教师、县剧团编剧、县文联副主席、县文化局副局长等，1988 年调入东风汽车公司工作直至退休。主要作品有小说《九癫子说书》《拗相公出山》《街坊》《家规》《父亲的预言》《实验人生》《井边应该有棵树》《红蛇》《人在江湖》等，侦探小说集《零点劫案》，戏剧《光棍娶妻》等。

李任杰

　　李任杰，男，1948年7月出生，湖南武冈市人。1967年毕业于武冈二中高45班。1969年2月应征入伍，分配到海军南海舰队后勤部辅助船大队，历任战士、枪炮班长、副航海长、中队副政委、大队政治处干事、主任，海军湛江基地政治部组织科副科长、科长、副主任，南海舰队政治部组织处处长，湛江基地政治部主任，广州基地政治部主任、副政委。广东省政协委员，海军大校军衔。因工作突出，荣立三等功一次。

　　担任南海舰队政治部组织处长期间，深入南沙岛礁部队调研，执笔起草了《守礁部队政治工作细则》《南沙礁史》等。还结合工作采写稿件，在军内外刊物发表作品400多篇。

肖　洁

　　肖洁，女，1949年2月出生，湖南武冈市人。曾就读武冈二中初33班与高47班。1978年参加高考，以数学单科邵阳地区榜首的成绩顺利考进重点大学南京气象学院。大学期间担任班长，大学四年以各科平均90.5分成绩名列前茅，毕业论文获江苏省科技进步三等奖。

　　毕业后分配至湖南省气象局工作，主要从事气候分析、应用气候、气候变化对国民经济影响、建筑物防雷避雷电影响等等工作。20世纪90年代评为高级工程师。所主持的课题获湖南省科技进步二等奖一项，省科技进步三等奖三项，并获湖南省气象局科技进步突出贡献个人奖。

唐谟德

唐谟德，男，1949年9月生，湖南武冈市人。1961年就读武冈二中初33班，1967年毕业于该校高46班。

1969年2月，入伍到海军南海舰队601船任战士。1972年4月至1975年8月入南京大学历史系学习，毕业后分配到舰队直属政治部，先后任干事、副科长、科长、副主任、主任，海军大校军衔。1987年3—4月，曾作为副总指挥与战友率舰艇编队，首次完成我军对南沙群岛海域海洋调查，为收复、开发南沙做准备。1998年担任421医院政委。2005年退休。

爱好写作，著有《中老年人三维保健法》。小说曾获《解放军报》优秀作品奖，中篇以首篇入选海军《"水兵文艺"十年（1982—1992）小说佳作选》。

张礼义

张礼义，男，1951年出生，湖南武冈市人。1972年毕业于武冈二中。"大成拳"国家体育非物质文化遗产保护与推广项目代表性传承人。1957年9月随父学习武术。1972年3月至1975年7月在武冈大甸乡尖山小学任教。1975年9月至1977年7月在邵阳学院体育系专修武术。1977年9月至1978年9月在冷水江市体委任武术教练。1978年9月至1980年7月在北京体育学院进修武术。1980年7月至1993年9月在中南制药厂体委任武术教练，教授大成拳。1993年10月至今在中南武术学校任校长兼总教练。

20世纪80年代初曾两次荣获全国散打比赛75kg级冠军，拍摄了《大成拳》《大成拳舞》等教学带，出版武术专著十余部。组织大成拳研讨会和训练班300余期，多次被省、市体委评为先进个人，两次被国家体委评为先进个人。

杨水源

　　杨水源，男，1951年7月出生，湖南武冈市人。1968年10月武冈二中初41班初中毕业。1969年2月应征入伍，历任连队文书，海潜621艇艇长；南海舰队司令部宣传干事；南海舰队政治部组织处科长、副处长、处长。1997年8月任海军西沙水警区政委。2001年2月任海军广州基地政治部主任，海军大校军衔。曾被海军总部评为优秀党务工作者。在海军指挥学院战役指挥班深造过，被评为全优学员，为中国的海军事业贡献了一辈子。大学本科学历。
　　2006年12月退休。

庾平范

　　庾平范，男，1954年11月出生，湖南武冈市人。1975年1月毕业于武冈二中71班。1975年回乡务农，任大队团支部书记。1977年恢复高考，考入邵阳师范专科学校，1988年毕业于湖南师范大学数学系。1980年11月在武冈四中担任高中数学老师，并担任副校长。1992年9月调武冈二中，担任高中数学教师。中学数学特级教师，中国教育家协会理事，湖南省数学会理事，数学教学学科带头人，获全国第四届苏步青数学教育奖。主持湖南省教育科学"十一五"课题"高中数学新课程课堂教学有效性研究"和省"十一五"规划重点课题本《运用教学实验进行"引趣创新"教学研究》，专著《高考数学热点专题透析》《高中代数基础》《普通高中新课程同步助学》分别由现代教育出版社、北京师范大学出版社与吉林教育出版社出版发行。"运用极坐标减少运算量""坐标平移的一个陷阱"等20余篇论文在国家级专业刊物上发表或获奖。在历届高考中，所带班级升学率、优秀率等名列全市前茅，为清华、北大等名校输送了大批优秀人才。

皮伟光

皮伟光，男，1958 年 10 月生，湖南武冈市人。1977 年 7 月，武冈二中高中毕业，1978 年 12 月应征入伍，1979 年参加对越自卫反击战。先后在"国防大学""中央党校"学习深造，获本科学历。历任排长、连长、团长等职，多次荣立"二等功"与"三等功"，被评为"全军优秀基层干部"与广州军区"优秀共产党员"。1990 年，作为军队英模代表、参加"国庆观礼"，受到党和国家领导人的亲切接见。先后撰写或指导编写了各种"实施细则""手册""条例""规定""学习题库""辅导教材"等，对全军有关部队都具有实践性的指导作用，是"陆军装备维修保障专家委员会"委员，"全军士兵职业技能鉴定"高级评委，"全军专业技术干部高级职称评委会"评委，"全军通用车辆装备维修管理"专家，荣获军队科技进步"二等奖"一项，"三等奖"四项，"广州大学"客座教授，"广州军区装备部"高级工程师。荣获"文职少将"军衔，享受"正军级"干部待遇。2018 年 10 月退休。

易江波

易江波，1959 年 3 月出生，湖南武冈市人。中共党员，本科学历，副高职称。1976 年 7 月毕业于武冈二中高 82 班。下过乡，当过兵，现住邵阳市区。曾任邵阳市煤气公司党委委员、纪委书记，邵阳市公用事业局工会主席兼办公室主任，邵阳医学高等专科学校党委委员、工会主席，邵阳学院党委组织部部长。系中国摄影家协会会员、湖南省作家协会会员、湖南省文艺评论家协会会员、邵阳市文艺评论家协会理事。曾担任邵阳学院音乐舞蹈学院摄影教师，并连续两届任邵阳市摄影家协会副主席。本人酷爱摄影与写作，出版过小说集《峒路》（2016 年 12 月由湖南文艺出版社出版）、摄影作品珍藏集《眷恋》（2020 年 4 月由湖南大学出版社出版），其文艺作品多次获省级以上奖。

王叶茗

　　王叶茗，男，1958年2月出生，湖南武冈市人。1978年至1980年先后就读武冈二中高105班、高112班乙班。1980年考取湖南中医药大学，攻读药学系中药专业。

　　现为主任中药师职称，花都区非物质文化遗产项目代表性传承人。先后在邵阳市中医院、广州市中西医结合医院工作。曾担任农工民主党广州市花都区总支委员会第六届、七届主任委员；广州市政协第十届、十一届、十二届委员。长期以来在医院中药制剂研发、传统膏方制作技艺方面有较深造诣。发表论文30多篇，获省、市科技成果奖励十余项，获国家授权专利25项，获得"广州市中医药先进科技工作者"，"广州市中西医结合先进科技工作者"称号。

刘育明

　　刘育明，男，1962年出生，湖南武冈市人。1980届武冈二中113班复课毕业。湖南师范大学学士，首都师范大学硕士，美国爱荷华大学博士。曾作为访问学者，在以色列随Reuven Feuerstein教授学习和工作。曾就职于教育科学研究所（今中国教育科学研究院）及美国教育测量服务中心（ETS）。现任美国Cambium教育测量公司首席教育测量学家（Principal Psychometrician），从事教育测验的研发工作。译著有《思维工具强化：弗斯坦智力开发课程》（春秋出版社1987年版）和《测验等值、量表制订和联结的方法与实践》（上海外语教育出版社2020年版）。

林文君

林文君、男、1962年9月23日出生，湖南武冈市人。武冈县龙田一中毕业，1978年武冈二中102班插班生。1979年考入湖南中医学院临床专业本科。1984年分到武冈工作，后到广州从事中西医结合工作，主任医师。对中西医结合治疗高血压、脑中风等疑难杂症有显著效果。退休后任北京同仁堂教授、主任医师。

现定居美国。

李伯超

李伯超，男，1962年10月出生，湖南武冈市人。中共党员，法学博士，教授，博士生导师。20世纪70年代在武冈二中高98班、104班就读。曾任湘潭大学党委副书记、校长。

兼任中国法学会宪法学会理事，湖南省宪法学会副会长，中共湖南省委全面深化改革领导小组办公室、湖南省委宣传部"为改革攻坚献策"重大决策咨询智囊团成员，"司法体制和社会体制改革专项咨询小组"组长，获湖南省优秀社科成果奖、首届"湖湘智库研究"优秀成果奖等。

雷泽勇

　　雷泽勇，男，1962年11月出生，湖南武冈市人。武冈二中78届毕业，现任南华大学二级教授，博士生导师，省工程研究中心主任（正处级）。中国注册机械工程师，湖南省首届优秀科技工作者。主持开发成功矿山机械、化工机械等方面六类设备15种型号填补国内空白的新产品。主要开发的新产品有KZC-5型地下矿山自卸汽车，HZD系列弧形筑堆机，地浸矿山用系列离子交换塔，堆浸矿山用系列离子交换塔，地浸矿山生产井清洗系统，铀纯化、转化自动进料系统，放射性污染金属熔炼智能进料系统等。所主持的科研课题获国家科技进步奖二等奖1项、国防科学技术一等奖、二等奖各1项、部级科技进步三等奖2项、省级发明三等奖2项；获国家发明专利10多项。近3年来，发表学术论文20余篇，SCI收录3篇。

周叶中

　　周叶中，男，1963年8月出生，湖南武冈市人。1978年在武冈二中高中就读。研究生学历，博士学位，1988年1月加入中国共产党，1988年6月参加工作，现任武汉大学党委常委、副校长，教授、博士生导师。协助校长分管本科招生与教学、体育工作、法制工作。分管：本科生院、法制办公室、体育部；联系：哲学学院、外国语言文学学院、政治与公共管理学院、弘毅学堂。

　　中国宪法学研究会副会长、两岸及港澳法制研究专业委员会主任委员，第七届国务院学位委员会学科评议组成员（法学组），教育部高等学校法学学科教学指导委员会委员，湖北省第十二届人大代表兼法制委员会委员，武汉市人民政府参事等。

刘东生

刘东生，男，1963年9月出生，湖南武冈市人。1979年至1981年在武冈二中就读高中，应届毕业考入湖南师范大学。长期以来，在湖南盐业集团担任重要职务，为湖南盐业的发展作出了自己的贡献。现任湖南省轻工盐业集团纪委书记。

易小刚

易小刚，男，1963年9月生，湖南武冈人。中共党员，博士研究生学历，研究员级高级工程师，博士生导师，三一集团董事、执行总裁兼总工程师。1981年在武冈二中高125班毕业。1985年本科毕业于华中工学院（现华中科技大学）液压传动及控制专业，后就读于长安大学工程机械学院，获得博士学位。长期扎根企业科研生产第一线，打破恐惧，大胆创新，致力于我国工程机械自主关键技术和重要装备的研究，为改变我国工程机械长期依赖进口的局面作出了重要贡献。

唐亚阳

唐亚阳，男，1964年6月生，湖南武冈市人。中国共产党党员，博士，研究员。现任湖南科技大学党委书记，曾任湖南工商大学党委书记，兼任全国教育新闻宣传研究分会副会长。目前主持学校党委的全面工作。

张鹏飞

张鹏飞，男，1964年10月出生，湖南新宁县人。1983年武冈二中高中毕业，投笔从戎考入军校，1987年又考上国防大学研究生。在部队带过兵、当过领导，现为国防大学教授。投身戎马生涯40余年，但依然坚守在热爱的国防教育事业上，并多次受邀参与军委重大课题的研究，撰写的研究报告受到军委领导的重要批示，撰写的数十篇论文获得全军和国防大学优秀论文奖，培养的学生很多都走上了军队重要领导岗位。

戴永久

　　戴永久，男，1964年11月出生，湖南武冈市人。1979年2月至1983年6月在武冈二中读高中。吉林大学数学系本科、中国科学院大气物理研究所博士、长江学者特聘教授、国家杰出青年科学基金获得者、中国科学院院士、中国工业与应用数学学会会员、中国地理学会会员、中国运筹学会会员、何梁何利科学与技术进步奖。长期致力于陆面过程和数值模式研究，在数值天气、气候和地球系统模式的陆面过程模式领域作出了系统性和开创性贡献。研发了在国际上具有重要影响和广泛应用的陆面过程模式，研发了集模式、资料、参数优化、高性能计算等为一体的陆面模拟系统，为陆面过程机理、陆地表层格局变化等提供了综合的数值模拟研究平台。研究成果在气象、水文、生态环境等领域均得到广泛应用，并有重要影响。

夏克文

　　夏克文，男，1965年3月出生，湖南武冈市人。1981年武冈二中高124班毕业。西安交通大学电子博士、计算机博士后，美国伊利诺伊大学研究学者，加拿大谢布鲁克大学高级研究员，美国MIT、UMich、WFU、WPI、爱尔兰WIT、澳洲国立大学等十余所高校访问教授。现为河北工业大学资深教授、博士生导师，省部级重点实验室主任、科技部重大项目评审专家。主持和承担省部国家级科研项目30余项，曾与石油大学、大庆油田联合研制出我国第一支偶极子声波测井仪，在国内外率先开展测井数据挖掘研究并研制出智能挖掘系统，发表重要学术论文200余篇，主编高校教材4部，培养出中外博士20名、中外硕士80余名和中外博士后5名，为多个国际学术会议主席或程序主席，曾获爱尔兰颁发的学术大使嘉奖。

刘小平

刘小平，男，1965年9月出生，湖南武冈市人。武冈市餐饮行业协会会长、中国烹饪大师、中国湘菜大师、中国湘菜文化大师、中国烹饪艺术家、中国注册裁判，国家中餐特级评委。1978年在武冈二中初56班就读。2018年从沿海地区回家为推广武冈美食一直在路上，2018年带领武冈厨师团队制作《武冈铜鹅宴》被评为中国十大省级地域名宴，2022年《武冈血酱鸭》被评为中国地标美食名菜。

邓素华

邓素华，女，1966年4月出生，湖南武冈市人。1983年至1986年在武冈二中学习。珠海市第九、十届人大代表，珠海市湖南商会常务副会长，珠海市邵阳商会名誉会长，珠海市武冈同乡会会长，广东省物业协会理事长，珠海市物业管理行业协会副会长，东莞市物业管理行业协会副会长，珠海市首批物业管理评标专家。

主要成就与贡献：（1）作为我国最早的校园后勤社会化改革实践者，为中山大学、吉林大学、暨南大学、华南理工大学、遵义医学院、广东省交通职业技术学院、广东省科学技术职业学院等一百多所大学和中学制订后勤社会化改革模式、管理标准与流程。（2）自2005年创立广东诚心物业管理有限公司以来，始终致力于为服务单位提供高品质的物业管理服务。成功获得由住建部颁发的国家壹级物业管理企业资质，荣获"中国诚信示范企业""连续十二年广东省守合同重信用企业""A级纳税企业"等300多项荣誉。

罗健

　　罗健，男，1966 年 5 月出生，湖南武冈市人。北京协和医学院医学博士、主任医师、教授。1981 年至 1983 年在武冈二中读书。曾在美国西北大学做访问学者半年，在日本、欧洲、中国香港等参观考察并在大会发言数十次，是我国最早系统从事晚期恶性肿瘤的止痛、姑息治疗、心理及生活治疗理论研究及临床实践者之一。主要工作领域是恶性肿瘤的诊断、内科治疗、中西医结合综合治疗、姑息安宁疗护、康复治疗、科普宣传及预防。对常见恶性肿瘤如腹部、消化系统肿瘤、胸部、呼吸系统如肺癌、纵隔肿瘤等、乳腺甲状腺癌、泌尿生殖系统肿瘤、头颈部肿瘤、骨软组织肿瘤等都有较深的经验。曾在中央党校、二十多个部委、行业协会学会进行了上百次的不同规模、不同层次的科普讲座。曾获湖南省科技进步奖一等奖、教育部一等奖。

肖全民

　　肖全民，男，1966 年 8 月生，湖南省武冈市人。1983 年 9 月至 1986 年 7 月就读于武冈二中高 145 班，1991 年 7 月至 1998 年 8 月在武冈二中任教。现任广西电力职业技术学院副院长，教授、博士，曾任广西幼儿师范高等专科学校副校长、南宁师范大学教务处副处长，兼任南宁师范大学教育科学学院硕士研究生导师。主持或作为主要成员完成了教育科研项目十多项，主编《幼儿教育概论》《学前教育原理》等 4 部教材，出版《教育家办学典范研究——以雷沛鸿为例》《张雪门幼儿教育思想研究》等 8 部学术著作，公开发表学术论文近 30 篇；作为主要完成人获得国家级、省级教学科研奖项 8 项。主要研究领域有教育管理、学前教育、教师教育，2022 年作为武汉大学"中国教育家研究中心"兼职研究员参与了教育部委托的"新时代教育家精神研究"。

唐琎

　　唐琎，男，1966年11月出生，湖南武冈市人。1983年武冈二中高133班毕业。1987年北京大学本科毕业。1990年北京大学硕士研究生毕业。2002年中南大学博士研究生毕业。2003年加拿大Dalhousie大学公派留学。2008年国防科大博士后出站。2012英国华威大学公派留学。1990年至1996年在长沙理工大学历任助教、讲师。1996年至今在中南大学历任讲师、副教授、教授、系主任、博士生导师、智能专业负责人。主持和参与各类项目30余项。发表论文100余篇，被SCI收录50余篇。27项发明专利获得授权。获省部级软件二等奖1项，省部级科技进步三等奖2项。湖南省第二届优秀博士后，2次被评为湖南省技术创新先进个人。

朱书红

　　朱书红，男，1968年3月生，湖南武冈市人。管理学博士，正高级经济师。1986年7月，武冈二中高148班毕业。先后在湖南师范大学、东北财经大学、中南大学就读本科和研究生，获理学学士、经济学硕士、管理学博士学位，在美国宾夕法尼亚大学沃顿商学院和中国社会科学院金融研究所从事过访问学者和博士后研究。1990年大学毕业后在邵阳市第二中学担任过两年数学教师。1995年硕士研究生毕业后在中国建设银行从事金融工作5年。2003年博士毕业后，先后在中国华电集团公司、中国铝业集团公司、中国黄金集团公司、中国机械科学研究总院集团公司等多家央企工作，历任处长、二级央企总经理助理、副总经理、纪委书记、党委书记、董事长，央企集团公司党委委员、总会计师等职务。2007年到2008年期间还曾任广西贵港市人民政府党组成员、副市长。现任中国机械科学研究总院集团公司党委委员、总会计师、总法律顾问。

雷先鸣

雷先鸣，男，1968年6月出生，湖南武冈市人。1985年至1987年就读武冈二中150班。现任广东金点原子安防科技股份有限公司董事长。荣任中国日用五金技术开发中心专家委员、中山湖南商会执行会长、中山武冈同乡会会长等。曾荣获五金商会、公安部安全品质检验中心、中国建筑装饰协会联合授予的"新世纪中国制锁行业杰出企业家"称号、中国制锁行业卓越企业家、企业知识产权工作先进个人等殊荣。

公司实缴注册资金7000万，固定资产3亿多元，年销售额近5亿元。目前公司拥有8万多平方米的自建工业园。金点原子已成为锁具行业的标杆和领头羊，是中国交通用锁中心。发明的月牙锁芯和叶片锁芯已成为中国锁具行业高安全锁的主流产品。所取得的技术成果：国家高新技术产品，拥有自主知识产权600多项，其中发明专利64项，实用新型专利196项，外观专利367项，是国家级专利示范企业。

董付堂

董付堂，男，1968年10月出生，湖南武冈市人。1980年—1986年就读武冈二中。享受国务院政府特殊津贴专家。

现任中铁建发展集团有限公司副总经理、总会计师、总法律顾问、首席合规官，中国人民大学金融学硕士，教授级高级会计师，拥有公路工程一级建造师、企业法律顾问资格证书，全国会计领军人才、全国会计领军人才培养工程特殊支持计划人才。中国总会计师协会咨询分会理事；中国人民大学MPAcc、北京师范大学企业家导师以及中央财经大学会计学院客座导师。

荣获"2018年度中国国际财务领袖卓越人才"与"新时代会计先生"等荣誉称号。2019年9月出版专著《"一带一路"税收外汇会计政策指南》。

张先杰

张先杰，男，1968年10月出生，湖南武冈市人。1986年从武冈二中高中毕业，获湖南省高考理科状元，考入清华大学现代应用物理系（现为物理系）。1991年大学毕业志愿去四川绵阳的中国工程物理研究院工作。1993年重回清华物理系继续研究生学业。1996年硕士毕业后赴美国南加州大学天文物理系攻读博士学位。在留学期间，辅修了电子工程和计算机硕士学位。2000年应聘硅谷的创始公司惠普公司，从事Unix操作系统HP-UX的网络系统研发工作。2006年底任职微软公司，多年从事企业级通信软件研发工作。现为微软云计算人工智能平台部门（Azure AI Platform）高级工程师。在微软期间，是2项美国软件专利的发明人之一。

李中林

李中林，男，1969年3月出生，湖南武冈市人。

1985年9月至1988年6月在武冈二中高161班读书。1990年湖南银行学校城市金融专业毕业，1996年自考湖南大学大专毕业。国家金融监督管理总局邵阳监管分局党委委员，副局长。一直从事金融监管工作，致力于加强对金融机构和金融市场的监督管理，维护辖内金融市场的稳定和公正以及金融体系的安全和健康。推动辖内金融机构贯彻落实党中央对金融工作的路线方针政策和决策部署，推动金融支持邵阳经济发展，特别是在疫情防控期间，推动金融行业践行社会责任，帮助受疫情影响行业纾困解难，助力邵阳经济持续恢复发展。督促金融机构依法合规审慎经营，防范化解金融风险。督促金融机构坚持以人民为中心的发展思想，加强源头治理，保护金融消费者合法权益。

李伯安

李伯安，男，1969 年 12 月出生。1982 年至 1985 年在武冈初 70 班读书，1985 年至 1988 在高 158 班读书。大学法学院硕士研究生。2003 年 12 月从建设银行湖南省分行调入佛山科学技术学院政法学院任教 20 余年，培养了一大批优秀学生在法院、检察院和律师事务所从事司法工作。先后担任法律系副主任和主任，在此期间，制定了适合佛山本地经济发展需要的法律人才培养模式。2009 年 1 月，和政法学院徐超院长合伙创办了广东荆紫律师事务所，作为法律系的人才实习基地，也接收了一批学生在律师事务所工作。先后在《河北法学》《华南师范大学报》《暨南大学学报》《湘潭大学学报》《佛山科学技术学院学报》等刊物上发表论文数篇。

李振中

李振中，男，1969 年 12 月出生，湖南武冈市人。1986 年 9 月至 1989 年 6 月在武冈二中高 165 班学习。暨南大学博士、湖南师范大学博士后。衡阳师范学院图书与档案馆馆长，文学院教授，硕士研究生导师。主要研究领域为汉语句法语义、移民语言生态、汉语语言学课程教学、学科教学及高校教育管理。国家社科课题立项通讯评审专家、结项鉴定专家。湖南省中小学正高级、特级教师评审专家。中国英汉语比较研究会生态语言学专业委员会常务理事，湖南省语言学会副理事长。衡阳师院省级一流专业负责人。湖南省"双一流"应用特色学科及衡阳师院优势特色学科方向带头人，衡阳师院教育硕士－学科教学方向负责人与带头人，衡阳师院汉语言文字学与语文教育研究中心主任。主持国家社科课题 1 项，教育部人文社科课题 2 项，湖南省社科课题、普通高校教改课题各 2 项。参与国家社科重大招标课题 2 项。在 CSSCI 核心库源刊等发表学术、教研论文 68 篇，出版学术、教研著作 4 部，参编规划教材 3 部。

仇刚勇

　　仇刚勇，男，1970 年 2 月出生，湖南武冈市人。982 年至 1985 年在武冈二中初 73 班学习。1989 年 3 月入伍，在广西军区先后任战士、报道员，1991 年 9 月考入解放军南京政治学院新闻系。毕业后回广西军区先后任排长、干事、参谋。1999 年 12 月调入广州军区司令部，先后任参谋、秘书（军委联合参谋部参谋长李作成上将的秘书）。2011 年 3 月任广东省广宁县政府党组成员、人武部政委，2013 年 3 月任广东省四会市政府党组成员、人武部政委。2017 年 1 月任广东省肇庆市工商局党组成员、调研员。2019 年 12 月至今，任广东省肇庆市市场监督管理局二级调研员。

蒋太交

　　蒋太交，男，1970 年 3 月出生，湖南武冈市人。1984 年至 1990 年在武冈二中学习。毕业于湖南师范大学生物学系；中国科学院上海生物化学研究所（生物化学博士）；美国耶鲁大学（计算机硕士）与麻省理工学院博士后。现为广州国家实验室研究员、博士生导师，广东省第十四届全国人大代表，曾获中国科学院"百人计划"、中国医学科学院"协和学者"及长聘教授、国家杰出青年科学基金和国家百千万人才工程有突出贡献中青年专家等人才称号。主要研究成果包括发明了流感疫苗推荐算法、成功溯源 2013 年华东地区暴发的禽流感 H7N9 和开发了单管多种病原体快速检测试剂和仪器等传染病防治的新技术与新产品，在国内外学术期刊发表论文 120 余篇，并申请专利 20 余项。研究成果曾入选中国科学十大进展、中华医学科技奖二等奖与一等奖。目前学术学会任职包括第三届中国人类遗传资源管理专家组成员、中国预防医学会生物信息分会副会长和中国生物物理学会生物医学信息分会会长。

柳春芳

柳春芳，女，1970年4月出生，湖南武冈市人。1982年—1988年就读于武冈二中初高中，1988年考入华中科技大学电气学院就读本科，华北电力大学工程硕士。目前就职于广东省佛山电力设计院有限公司，担任副总经理职务，教授级高级工程师，注册电气工程师。

肖坤宏

肖坤宏，男，1970年4月出生，湖南武冈市人。1982年至1988年在武冈二中学习。科研中心主任，首席教授。北京大学医学部医学学士、美国俄克拉荷马州立大学生物化学和分子生物学博士、美国杜克大学博士后。分子药理学家和蛋白组学家，师从诺贝尔化学奖得主Robert Lefkowitz博士。担任杜克大学医学院教授、匹兹堡大学药理学和化学生物学教授、AHN首席蛋白质组学教授、蛋白质组学和人工智能中心主任以及临床质谱中心主任。研究领域包括：（1）开发和应用高通量蛋白质组学技术分析蛋白质表达、蛋白质功能、大分子相互作用和蛋白质组水平的翻译后修饰；（2）疾病生物标志物的研发和疾病人工智能和分子诊断、筛查新方法的开发；（3）G蛋白偶联受体信号传导和分子药理学的研究，极大地推动了该领域新药研发的进展，研究成果曾被前导师Robert Lefkowitz博士于2012年在斯德哥尔摩发表的诺贝尔化学奖获奖演讲中重点介绍。有多篇论文在《自然》《科学》等顶级刊物发表。

邓联健

邓联健，男，1970年10月出生，湖南武冈市人。1982年至1985年在武冈二中71班读初中，1985年至1988年在高161班读高中。教授、博士生导师。1988年至1992年长沙铁道学院本科、1999年至2002年中南大学硕士、2009年至2013年清华大学博士。先后任中南林业科技大学外国语学院院长、教务处处长。现任广西大学教授、博士生导师，兼任教育部高等学校大学外语教学指导委员会委员、中国英汉语比较研究会常务理事、广西翻译协会副会长。主持国家级项目4项，发表学术论文30余篇，出版专著、教材、译著、词典10余部，培养博士、硕士研究生50多人，获湖南省高等教育优秀教学成果奖4项。十数次担任国家级教学成果奖、国家精品课程、国家精品教材等评审专家，多次担任湖南省高级职称评审专家组、成果奖及科研项目评审专家组组长或成员。赴美国、日本、意大利、澳大利亚等10多个国家交流访问。

赵良

赵良，男，1970年10月出生，湖南武冈市人。1988年武冈二中高159班毕业。1994年西安建筑科技大学建筑学专业毕业，毕业后就职北京核工业部第二设计研究院。现任湖南方圆建筑工程设计有限公司设计总监，主持设计过北京国宾花园、长沙市五一广场、湖南中国现代农业博览交易中心（省设计行业二等奖）、湖南粮食中心批发市场等大型公共建筑及城市设计项目以及若干房地产开发设计项目。

钟汇才

钟汇才，男，1971年3月出生，湖南武冈市人。博士，博导。中国科学院微电子研究所研究员。1987年在武冈二中初82班、1990年高172班就读。毕业于美国北卡罗来纳州立大学电子工程系，2001年获得微电子学博士。2002年毕业后在世界知名公司包括AMD、IBM、SanDisk等公司从事CPU、Flash等高性能芯片研究与产品开发工作，在美国申请并授权多项美国专利。自2009年回国后，在中国科学院微电子研究所担任博士生导师、研究员，2010年入选中科院"百人计划"，自2016年起牵头进行中国国产自主人工智能方面的工作，努力实现中国从CPU芯片、人工智能加速卡、操作系统、人工智能深度学习平台、人工智能算法等方面对现有国外芯片与操作系统等方面的全面替代与超越。回国至今先后承担了国家"973"计划、国家科技重大专项02专项、科技部重大仪器专项、中国科学院信息先导项目、国家重点研发计划等重大课题研究任务，发表文章20多篇，申请中国、美国与欧盟专利200多项，其中以第一发明人身份申请并授权100项中国专利与国际专利。2014年因在大规模集成电路方面的突出贡献荣获"中国科学院杰出成就奖"。2017年获得中国专利优秀奖。

张先正

张先正，男，1971年出生，湖南武冈市人。武汉大学教授。高分子领域专家。1987年在武冈二中初80班和1990年高170班毕业。1994年7月毕业于武汉大学化学系，获得学士学位，2000年6月获得武汉大学化学系博士学位。2000年9月至2001年8月新加坡国家材料研究所助理研究员。2001年9月至2004年9月美国康奈尔大学博士后及美国National Textile Center (NTC)基金项目M01-B01和M01-CR01研究员。2004年9月回国到武汉大学化学院任教授，现任生物医用高分子材料教育部重点实验室主任。已在相关领域发表SCI论文近150篇，其中第一作者和通讯论文被他人累计引用1600多次。并拥有多项国家和国际专利。2023年度院士候选人。

蒋开国

蒋开国，男，1971年10月出生，湖南武冈市人。1984年9月至1990年6月在武冈二中读书。毕业于湖南城市学院。大学本科。从业30年来，一直在节能与环保领域从事技术和管理工作，主持研发的"微负压全闭式蒸汽冷凝水回收技术"和"烟气余热回收技术"入选工信部节能产品名录、生态环境部"先进清洁生产技术"名录，湖南省发改委"节能低碳产品"名录、湖南省工信厅"绿色设计产品"名录等。个人牵头起草国家标准1项、湖南省地方标准4项、团体标准1项，参与起草湖南省地方标准5项，团体标准6项。已授权国家专利34项，其中发明专利3项，软件著作权5项。湖南省发改委循环经济专家，工信厅、财政厅、环保厅、科技厅评审专家。2019年作为湖南省唯一代表去意大利参加工信部组织的"中意工业能效提升"交流。曾获得中国侨联第四届"创新贡献奖（团队奖）"负责人，排名第一；中国节能专家库专家。

周平剑

周平剑，男，1971年10月出生，湖南武冈市人。1989年就读武冈二中165班。曾任中华人民共和国外交部非洲司副司长。

2016年10月，任中华人民共和国驻尼日利亚联邦共和国特命全权大使。

2020年09月，任常驻联合国环境规划署代表、常驻联合国人类住区规划署代表，中华人民共和国驻肯尼亚共和国特命全权大使。

肖颂红

肖颂红，男，1971年11月出生，湖南武冈市人。中共党员。1984年至1990年就读于武冈二中初82班高170班。毕业于华南理工大学，工程硕士，高级工程师。国家注册造价师、建造师、投资咨询师、招标师。IPMA-C级项目管理专家。历任南方电网招标中心部长、南方电网供应链科技公司总经理助理。曾荣获全国电力行业设备管理创新成果一等奖、广东省管理现代化创新成果二等奖、全国电力行业年度优秀工程设计三等奖、广东电网科技进步一等奖等。出版过著作《电网建设安全健康和环境管理三欣标准评价体系》。作为主编，曾负责组织团队编写整套《电力工程施工作业指导书》（第一版）。曾持续多年组织、参与武冈二中初87高90届同学、广州市武冈企业服务中心对武冈一中、二中、十中贫困学子的捐资助学活动。

张先厚

张先厚，男，1971年11月出生，湖南武冈市人。初中、高中均就读于武冈二中。1992年考入昆明理工大学建筑工程系工民建专业（本科）学习，历任系学生会、校学生会主席，获评工学学士学位、校级优秀毕业生干部。1996-2007年在武冈市建筑工程公司工作，历任技术科长、生产副经理、总经理、党支部书记等职。2002年获评武冈市科技进步一等奖，2003年获评邵阳市科技进步二等奖，2003年获评武冈市中青年专家。2004年出任武冈市政协委员、2005年选举为武冈市党代会党代表。2007年调任武冈市建筑勘察设计院任副书记兼副院长。2011年获评房地产高级营销师。2012年被选举为武冈市侨联兼职副主席至今。2022年至今任武冈市建筑勘察设计院书记。

邹江鹰

邹江鹰，女，1971 年 12 月出生，湖南武冈市人。1983 年就读武冈二中初 72 班，1985 年就读该校高 154 班，后成功考取武汉大学少年班，攻读生物系生化专业。1992 年至 1998 年赴美留学，就读美国迈阿密大学医学院分子生物学和生化专业，同时攻读迈阿密大学商学院国际商业和金融专业，获生物化学和分子生物学博士学位，在世界生物科学最高权威杂志《细胞》发表第一作者论文。曾担任中科院高级研究员 PI、美国 CRO 公司科学家和美国再生医学公司 CTO。主持过国家自然科学基金的青年基金和广东省市科技部门多项研究基金。在干细胞治疗代谢类、骨骼类和自身免疫类疾病的临床治疗上积累了丰富的经验。申请专利 4 项，获广东省优秀"留学青年回国创业之星"。

侯周华

侯周华，男，1972 年 3 月出生，湖南武冈市人。中共党员，医学博士，教授，博士研究生导师。中南大学湘雅医院感染病科主任医师。1985—1991 年初中及高中就读于武冈二中。2013—2014 年国家留学基金委公派美国做访问学者 1 年。

担任中华医学会热带病与寄生虫病分会寄生虫病学组委员、中国中西结合学会传染病专业委员会委员、全国疑难及重症肝病攻关协作组委员、湖南省医学会肝病学专业委员会委员、湖南省预防医学会肝病防治专业委员会委员。

主持或参与国家自然科学基金面上项目、国家科技重大专项、省部级课题等 10 余项。发表高水平论文 50 余篇，参编医学专著 4 部。获湖南省医学科技二等奖 1 项、湖南省科技进步三等奖 1 项。2020 年 11 月湖南省委省政府授予"湖南省抗击新冠肺炎疫情先进个人"荣誉称号。

廖有为

　　廖有为，男，1972 年 8 月出生，湖南武冈市人。博士，博士后。教授级高级工程师职称，博士导师。1990 年武冈二中高 170 班毕业。目前在中南林业科技大学材料科学与工程学院高分子教研室任教，并担任材料系实验中心主任。同时兼任：中国涂料工业协会专家委员会委员，全国金属与非金属覆盖层标准化技术委员会委员，湖南省腐蚀与防护学会副理事长、秘书长，湖南省涂料工业协会副会长，湖南省建筑防水协会特聘专家，《中国涂料》杂志常务编委，《上海涂料》杂志编委等社会学术职务。1996 年本科毕业于湖南大学化学化工系，2011 年博士毕业于中国机械科学研究总院。1996—2012 年在湖南湘江涂料集团有限公司从事技术研发及管理工作，历任技术部长、聚脲及特种涂料事业部总经理、集团公司副总工程师等职。2012 年至今在中南林业科技大学从事教学及科研工作。

刘洋

　　刘洋，男，1972 年 9 月生，湖南武冈市人。1987 年 9 月至 1990 年 7 月就读于武冈二中高 169、173 班。毕业于湖南城市学院，1999 年湖南大学硕士研究生毕业。在湖南华天集团工作三年，荣获三等功一次。2004 年进入上海联合汽车集团担任常务副总裁、执行董事，被聘为上海市紧缺人才和专家。2012 年至 2020 年期间参与创建湖南六合投资、苏州协云基因、苏州奥特铭医药等企业，担任执行事务合伙人或总经理等职务。投资参股企业有芒果超媒、长城军工、楚天科技等，多家科技企业成功在 A 股上市。2020 年至今担任上海淳富私募基金管理有限公司合伙人、基金经理，多次荣获泰牛杯、星私募等大奖。2023 年被上海市嘉定区政府聘为金融专家。现担任武冈二中初 87、高 90 届同学会执行会长，倡导发起成立武冈二中"跬流"教育基金会，自 2010 年以来，连续 12 年在母校资助品学兼优的贫困学生 700 多人，金额达 120 余万。邀请成功人士在母校开展公益讲座，发起二中校友回报母校、回馈社会的热潮。

刘大坚

　　刘大坚，男，1972 年 9 月出生，湖南武冈市人。1982 年至 1985 年就读于武冈二中初 70 班。星海音乐学院教授，民族音乐教研室主任。本科及硕士均毕业于湖南师范大学音乐学院，博士毕业于泰国曼谷吞武里大学音乐学院。2016 年及 2017 年获广东省"优秀音乐家"称号，2015 年获第四届全国教育教学论文比赛一等奖，2016 年获第六届亚洲国际艺术节优秀指导教师奖，2017 年获广东省社会科学学术年会优秀论文二等奖，2020 年获第九届广东省教育教学成果一等奖。在国家级刊物《人民音乐》《音乐创作》发表学术论文多篇；主持并参与多项国家级、省级科研项目；指导多项国家级、省级大学生创新创业项目；出版教学 VCD《怎样欣赏民族音乐》等三部。多次举办教学及科研汇报音乐会，屡获各种荣誉。2022 年受聘于泰国格乐大学艺术学院，任博士生导师。

王金斌

　　王金斌，男，1972 年 9 月出生，湖南武冈市人。1989 年 9 月至 1992 年 7 月在武冈二中学习。中国科学院上海技术物理研究所、微电子学与固体电子学博士学位。湖南省自然科学奖一等奖、湖南省青年科技奖、中国电介质物理学会优秀青年科技奖、湖南省"芙蓉学者计划"特聘教授、教育部新世纪人才、湖南省杰出青年基金获得者、享受湖南省特殊津贴专家。主要从事航天用铁电薄膜及其存储器、电子元器件辐照效应与加固技术、超硬耐高温涂层等方面研究。解决了无铅铁电材料及其器件的界面匹配问题，研制了保持性能可以达到 10 年以上的工业应用标准的无铅铁电场效应晶体管，为无铅铁电薄膜及其器件的产业化应用提供了研究基础。率先并深入对铁电薄膜和原理型铁电存储器以及铁电存储器成品器件进行了电子、质子、γ 射线、中子等辐照试验和仿真模拟，探讨了其辐射效应、辐射损伤机理、抗辐射性能评价和抗辐射加固方法，为国产铁电存储器的航天应用提供技术支撑，同时为航天电子系统的设计和器件选型提供了重要参考。

肖刚

肖刚，男，1974年3月出生，湖南武冈市人。1986年9月至1992年7月在武冈二中学习。骨外科学主任医师、教授。1992年至1997年就读于南华大学医学院，2004年至2006年就读于中山大学医学院，研究生学历。获得广东省科学技术进步奖2项，湛江市科学技术进步奖6项，2022年度获广东省第六届"南粤好医生"。

目前所担任社会团体职务：中华医学会骨科学分会足踝外科学组青年委员、广东省临床医学学会运动医学专委会常务委员、广东省基层医药学会骨重建专委会副主任委员、广东省医师协会儿童骨科委员、粤港澳大湾区骨科专业委员会常务委员、湛江市医学会骨科分会副主任委员、湛江市骨科重点实验室副主任等学术职务。

卢光荣

卢光荣，男，1974年4月出生，湖南武冈市人。1987—1993年就读于湖南省武冈二中，1999年毕业于天津师范大学政法系，现任北京盈科（天津）律师事务所管理委员会主任、天津湖南商会常务副会长、盈科律所首届百强大律师。

刘双武

刘双武，男，1974年7月出生，湖南武冈市人。中共党员，高级工程师，一级建造师。现任沪昆铁路客运专线贵州有限公司工程管理部副部长。1986年至1992年就读于武冈二中初90班、高186班。大学毕业于西南交通大学土木工程学院隧道及地下工程专业。先后就职于中铁五局、沪昆铁路客运专线贵州有限公司，长期从事铁路施工和建设管理工作，参加过株六复线、贵广铁路、沪昆客专、贵南客专、铜玉铁路、安六铁路和盘兴铁路建设，对隧道施工技术、隧道岩溶整治、危岩落石整治、铁路无砟轨道施工等方面有颇有研究，曾获中国施工企业管理协会科学技术奖科技创新成果一等奖、湖南省科学技术进步奖三等奖、中国铁道学会科学技术奖三等奖和中华全国铁路总工会"火车头奖章"。获得开发实用新型专利4项、创建省部级工法8项。

周孝平

周孝平，男，1974年10月生，湖南武冈市人。中共党员。1990年初中毕业于原都梁中学，1993年毕业于武冈二中。同年经高考考取军事经济学院，1997年毕业分配到国防科技大学，2006年硕士研究生毕业于本校，2017年博士研究生毕业于中南大学。2016年从国防科技大学选调军委审计署工作，历任国防科技大学财务处处长、审计处处长、军委审计署长沙审计中心副主任、三亚审计中心正高级审计员等职。参加工作以来，先后被评为原四总部财务管理先进个人，军委办公厅优秀专业技术人才，军委审计署审计工作先进个人，"四有"优秀军官等，荣立三等功3次，各级优秀共产党员表彰若干。

柳导书

柳导书，男，1974年12月生，湖南武冈市人。1987年9月，考入武冈二中初中部，1993在武冈二中高中毕业。1996年参加工作，全国一级注册造价师，建筑工程高级工程师，湖南省土地整治专家库成员。先后担任长沙市建筑工程项目技术负责人，长沙市财政局评审工程师，湖南省财政厅评审工程师。湖南大信事务所总工程师。完成上千亿元工程的评审和审计。2010年参加汶川大地震灾后重建工作，获得优秀工程师称号。创建南京永道工程咨询有限公司湖南中永分公司，担任总经理，担任多家建筑企业技术顾问。担任武冈二中高九三届同学会首任秘书长和武冈二中"追梦奖学"基金会秘书长。十年来，追梦奖学共筹措捐赠奖学金110余万元。

刘光卓

刘光卓，男，1975年1月出生，湖南武冈市人。中共党员，曾就读于武冈二中175班，中国人民大学硕士研究生毕业，现为中国人保集团高级管理人员。曾任中国保险资产管理业协会副秘书长、执行专家。之前先后在中国农业银行、中国人民人寿保险股份有限公司（先后任公司投资部、审计部主要负责人）、中国人保集团公司审计中心工作。在公司分管投资工作期间，掌管近5000亿资金，投资业绩持续位于保险行业前列，同时兼中国人民人寿保险股份有限公司境外投资风险责任人、信托投资风险责任人，并在《新华文摘》《金融时报》《保险研究》《银行家》等报刊上发表过数十篇金融投资专业论文。

邓教宇

邓教宇，男，1976年2月出生，湖南武冈市人。1988年至1994年在武冈二中读书。中国科学院博士。中国医学会结核分会科学研究专委会常委，湖北省微生物学会常委，科技部"结核病系统生物学与转化医学"创新团队核心成员，国家重点研发计划首席科学家。2004年在中国科学院获理学博士，先后在美国约翰霍普金斯大学、爱因斯坦医学院从事博士后研究工作。2009年起任中国科学院武汉病毒研究所"微生物耐药性研究"学科组组长，主要从事病原菌耐药性研究。在 Cell Reports、Molecular Microbiology、Antimicrobial Agents and Chemotherapy 等国际刊物上发表论文70余篇。

程叶青

程叶青，男，1976年5月出生，湖南武冈市人。1992年至1995年在武冈二中学习。中国科学院地理科学与资源研究所博士研究生。2016年12月，"中国区域创新的时空动态分析"被海南省社会科学优秀成果评奖委员会评为海南省第九次社会科学优秀成果"论文一等奖"；2017年1月，被海南省人力资源与社会保障厅等评为海南省"515人才工程"人选；2018年7月，被中共海南省委人才发展局认定为"海南省领军人才"；2019年9月，被中共海南省委人才工作委员会评为"海南省南海名家"；2020年，被海南省总工会授予"海南省五一劳动奖章"、被国务院扶贫开发领导小组办公室授予"2019年扶贫开发工作成效第三方评估先进个人"，《海南省新型城镇化发展模式及驱动力分析——以琼海市为例》被海南省社会科学优秀成果评奖委员会评为海南省第十一次社会科学优秀成果"论文三等奖"，《2018年海南省市县党委和政府扶贫成效第三方评估调查报告》被海南省社会科学优秀成果评奖委员会评为海南省第十一次社会科学优秀成果"研究报告三等奖"，《国际旅游岛建设以来海南省产业空间分异格局及其驱动机制》被海南省社会科学优秀成果评奖委员会评为海南省第十一次社会科学优秀成果"论文三等奖"。

欧群飞

　　欧群飞，男，1976 年出生，湖南武冈市人。武冈二中 1995 届高一、二 203 班、高三 201 班学生。1996 年考入四川大学光电系，获得四川大学硕博连读资格。2003 年，正在攻读博士学位时留校任教。2005 年获得博士学位后，进入某军工所从事研究工作。2005 年秋辞职，8 月 12 日创建成都飞创科技有限公司，先后通过了 IS09001 质量管理体系认证、ISO14000 环境管理体系认证和 ISO18000 职业健康安全管理体系认证。经过四川省科技厅组织专家评审，"基于 LSI 智能调控的循环冷却水电解处理技术"被鉴定为"国内领先水平"，"基于电源极性智能导向的含煤废水电絮凝处理技术的研究与应用"被鉴定为"国际先进水平"。

向军华

　　向军华，男，1976 年 10 月出生，湖南武冈人。1989 年至 1995 年就读武冈二中初 105 班、高 200 班，现任邵阳县委常委、县人武部政委。2000 年中南大学毕业后被湖南省军区特招入伍。两次被前广州军区评为"优秀大学生干部"，两次被前广州军区评为"优秀共产党员"，两次被前广州军区评为"学雷锋、学李向群、学英模标兵"和"十大三学标兵"。2008 年在抗击雨雪冰冻灾害中荣立二等功，被解放军四总部评为"全军学习成才先进个人"，荣获"第十三届中国青年五四奖章"，"第十一届湖南青年五四奖章标兵"，第二届全国敬业奉献道德模范提名奖，第二届湖南省敬业奉献道德模范，湖南省民族团结进步模范个人，作为军委国防动员部唯一英模代表参加全军"奋斗的青春最美丽，强军的典型最可敬"下基层宣讲活动。典型事迹曾被中央电视台 1 套新闻联播、7 套专题播出，《人民日报》《光明日报》《解放军报》《中国青年报》等十余家中央媒体都有报道。

段镶锋

段镶锋，男，1977 年出生，湖南武冈市人。毕业于湖南武冈二中，1992 年考入中国科学技术大学少年班，1996 年获郭沫若奖学金，1997 年获学士学位，1998 年获得哈佛大学全额奖学金赴美深造，1999 年和 2000 年两度获得"MRS 全美杰出研究生奖"，2001 年获得"全美发明家竞赛大奖"，同年，他和另一位科大学子黄昱合作完成的纳米成果被 Science 评为 2001 年世界十大科技进展，并名列榜首，2002 年获得博士学位，2003 年被美国 Technology Review 评为当年的"世界百位杰出青年发明家"之一。

现任职于著名的纳米技术公司 Nanosys，从事纳米科技研究和产品开发。2011 年 2 月 10 日，全球领先的专业信息供应商汤森路透集团发布了 2000—2010 年全球顶尖一百化学家名人堂榜单，这份依据过去 10 年中所发表研究论文的影响因子而确定的最优秀的 100 名化学家榜单中，共有 12 位华人科学家入选，美国加州大学洛杉矶分校助理教授段镶锋排名全球第 41 位，华人第 7 位。

殷绪成

殷绪成，男，1977 年 5 月出生。1989 年至 1995 年在武冈二读初中、高中。教授、博导，模式识别与人工智能专家，国家杰出青年科学基金获得者、科技创新 2030——"新一代人工智能"重大项目首席科学家，北京科技大学计算机与通信工程学院院长、模式识别与人工智能技术创新实验室主任、中国图象图形学学会文档图像分析与识别专委会副主任、秘书长、中国自动化学会模式识别与机器智能专委会委员、中国计算机学会计算机视觉专委会委员、中国人工智能学会模式识别专委会委员。主要研究领域包括模式识别、计算机视觉、人工智能芯片、工业智能与工业软件技术及应用。

在大规模网络图像视频智能识别关键技术创新方面，提出了基于度量学习的自适应层次型聚类理论，建立了复杂网络图像文本检测识别技术，研制了互联网图像视频智能识别技术大规模应用系统，以第一完成人获北京市科技进步奖一等奖。

周斌

　　周斌，男，1977 年 5 月出生，湖南武冈市人。1993 年 9月至 1996 年 7 月在武冈二中读高中。清华大学本科、中国科学院电子学研究所硕士、中国科学院大学博士。中国科学院空天信息创新研究院研究员，博士生导师，广东大湾区空天信息研究院总工程师。十四届全国人大代表。研究方向为超宽带雷达、毫米波 / 太赫兹雷达成像方法、数据处理和系统设计、月球及深空探测雷达、电离层探测与成像等。

　　负责完成了系列化探地雷达产品的研制，研制的探地雷达产品在城市道路安全检测、管道探测、极地冰层厚度探测、穿墙成像等领域得到了广泛应用。任嫦娥三号测月雷达第一副主任设计师、嫦娥四号测月雷达主任设计师、嫦娥五号月壤结构探测仪主任设计师、天问一号火星车次表层探测雷达主任设计师。研制的测月雷达、月壤结构探测仪、火星车次表层探测雷达等航天有效载荷突破了多项关键技术。2014 年获"探月工程嫦娥三号任务突出贡献者"称号、2019 年获国防科学技术进步奖特等奖、2022 年入选广东省珠江人才计划领军人才、2023 年获广东省五一劳动奖章。

曹孝国

　　曹孝国，男，1978 年出生，湖南武冈人市。1993 年就读于武冈二中，毕业于中南大学。2000 年初参加工作，进入中国联通衡阳市分公司，先后担任过衡阳联通交换设备工程师、无线设备主任、网络优化主任、网络建设主任、祁东县联通总经理、衡阳市联通运维部经理，衡阳联通网络建设部经理，中国联通系统集成公司高级项目经理，中国联通数字科技有限公司高级技术经理，主管联通数字科技有限公司合作商管理工作，曾多次获得系统内省级、市级先进个人称号。担任中南大学湖南校友会副会长，中南大学长沙校友会 ICT 协会理事长，湖南微晴智能科技有限公司 CEO。从事通信、信息化行业，涉及云计算、大数据、物联网、人工智能、移动互联网、工业互联网等技术和行业，现居长沙。

许龙华

许龙华，男，1979年8月出生，湖南武冈市人。1995年至1998年在武冈二中学习。深圳市沃客非凡科技有限公司董事长、长江商学院EMBA。系发明专利《基于区块链和物联网耦合的电商产品信息追溯方法及系统》的发明人。福田英才，2018年中国跨境电商青年领袖奖，黑马学霸TOP100。创办以深圳市沃客非凡科技有限公司为母公司的WOOK集团，是WOOK的创始人。深圳市福田区华强北街道创业带动就业创业先锋。中华人民共和国成立70周年邵商杰出贡献经济人物奖。深圳市武冈商会名誉会长。

WOOK创始人兼CEO、原TCL区域分总，荣获营销金马奖。2003年加入TCL，工作7年，曾获TCL集团营销金马奖。有丰富的团队管理、销售管理经验。2010年创建非凡电讯，印尼3C配件领导品牌，2014年创建WOOK，东南亚首家"B2B+B2C"多品牌电商平台，获2014年度黑马十大风云人物。2015年长青藤创业营首期班学员，2016年长江商学院EMBA28期学员。2017年中国"B2B"百强企业、中国跨境电商优秀区域型移动平台。2018年中国准独角兽TOP50。2022年福布斯中国全球华人精英TOP100。

胡文瀚

胡文瀚，男，1979年8月出生，湖南武冈市人。1992年9月至1998年7月在武冈二中读初高中。副主任医师，副教授。同济大学医学院本科、首都医科大学外科学硕士、博士。主要从事癫痫影像学、局灶性皮质发育不良（FCD）及立体脑电（SEEG）方面的研究。开展了影像学后处理技术定位FCD的工作，提高了FCD的检出率；阐述了Ⅱ型FCD的影像学及电生理学的特点，并根据其特点提出了相应的手术策略，显著提高了术后疗效。2009年获得卫生部和科技部中华医学科技奖三等奖，2010年获得教育部高等学校科技进步奖二等奖。

邓志刚

　　邓志刚，男，1979 年出生，湖南省武冈市人。曾就读于武冈市第二中学 217 班，本科就读于湖南师范大学，研究生就读于北京舞蹈学院。现就职于北京舞蹈学院，主要负责学院研究生培养和学位管理工作。曾担任研究生团总支书记，开创建设了北京舞蹈学院研究生经典品牌项目"舞研堂""音舞集""张弛间"等。曾获得北京市首都大学、中职院校先锋杯"优秀基层团干部"，北京地区学位授予信息报送工作"先进个人"、学院"优秀共产党员"，以及"档案工作先进个人"等荣誉称号。

李武军

　　李武军，男，1980 年 1 月出生，湖南武冈市人。1992 年 9 月至 1998 年 7 月在武冈二中读初中、高中。教授。香港科技大学博士、AI 2000 人工智能全球最具影响力学者奖。南京大学计算机系、计算机软件新技术全国重点实验室教授，博导，南京大学附属鼓楼医院医学大数据中心主任。研究领域为人工智能与智慧医疗。2020 年至 2023 年连续四年入选 AI 2000 人工智能全球最具影响力学者（或提名）榜单，其中 2021 年在经典人工智能领域排在全球第 8 名。研究成果被国际著名学者评价为"首个方法"和"先进水平"，并被应用于国家重要部门、头部互联网企业、大型央企和医院。参与研发阿里巴巴云计算平台，并作为三位作者之一编写了关于"飞天"的第一本专著。研发了全球首个具有病灶定位功能的胰腺穿刺现场病理人工智能系统，将穿刺现场胰腺癌诊断准确率从 75% 提升到 94%。

艾颖华

　　艾颖华，男，1980年8月出生，湖南武冈市人。1992年9月至1995年7月在武冈二中学习。初三时，参加湖南省数学奥赛，得满分140分，获第一名。2009年于北京大学数学科学学院获得数学博士学位，同年7月开始在清华大学数学科学系工作，2018年获聘为副教授。2017年、2020年、2021年、2022年获得清华大学年度优秀教师奖、获评清华大学先进工作者、获评宝钢优秀教师奖。所教《高等微积分1》课程获评清华大学标杆课程。

谢莹

　　谢莹，女，1981年10月出生，湖南武冈市人。1992年9月至1995年6月在武冈二中读初中，1995年9月至1998年7月在武冈二中读高中。湖南师范大学新闻系本科、湖南师范大学新闻与传播学院硕士、湖南大学外国语学院博士。湖南省广播电视协会理事，中国高校影视学会实验教学专业委员会理事，美国佛罗里达大学访问学者。曾获湖南省教学成果奖一等奖1项，获湖南大学青年教师教书育人模范、湖南大学优秀共产党员、湖南大学优秀毕业实习指导教师、湖南大学优秀毕业论文指导教师等荣誉称号。一直从事影视文化传播及国际传播研究，致力于探索建构良好的中国形象、对外讲好中国故事的可行性方案。曾主持国家哲学社会科学基金项目1项，湖南省哲学社会科学基金项目3项，在A类期刊及CSSCI期刊上发表多篇学术论文。

周光跃

周光跃，男，1982 年 8 月出生，湖南武冈市人。1997 年至 2000 年在武冈二中读书。西南大学高等教育学院硕士学位，重庆市委党校党政管理硕士学位。大学期间曾获得"重庆市优秀学生干部"荣誉称号。大学本科毕业后留校担任党政秘书，曾先后在重庆市教委政策法规处、人事处、组织干部处、发展规划处、招生考试管理处工作过，参与《重庆市职业教育条例》等地方性法规调研起草工作，参与《重庆三峡学院五十周年校史》《重庆市志·教育考试院志 (1977—2016)》及高考系列丛书编纂校核工作，参与迎接国家"两基"检查、部市战略合作协议、教育中长期规划纲要、高考综合改革实地评估等重大活动、重大材料起草工作，撰写的报告多次被市委、市政府领导圈阅、批示。被推荐担任重庆市人民政府人民建议信息员等职务，2008 年受到时任中央政治局委员、国务委员刘延东及时任教育部部长周济等领导的接见。

陆瑞锋

陆瑞锋，男，1982 年 10 月出生，湖南武冈市人。1993 年至 1999 年在武冈二中学习。教授。中国科学院大连化学物理研究所、博士研究生。入选国家高层次人才特殊支持计划、江苏省杰出青年基金获得者。面向先进光源、新型光场调控等重大应用基础研究需求，聚焦"强场激光物理及高次谐波"和"半导体激发态光物理及超快动力学"两方面研究，承担国家自然科学基金委、军委科技委、国家重点研发计划子课题等项目 10 余项。迄今为止在 *Science Advances*、*Physical Review Letters/X*、*Advanced Materials* 等国际著名学术期刊上发表 SCI 论文近 200 篇，论文索引超 5000 次，获国家计算机软件著作权 3 项。目前担任 *Chemical Physics Letters* 期刊主编，以及 *Science China — Physics, Mechanics & Astronomy*、*InfoMat*、*Ultrafast Science*、《光子学报》等期刊编委。

姚岱

姚岱，男，1983年6月出生，湖南武冈市人。1996年9月至2002年7月，在武冈二中学习。2002年高考获省理科第5名，后毕业于清华大学、新加坡管理大学、欧洲工商管理学院（INSEAD）。香港理工大学商学院营销学副教授。欧洲工商管理学院博士学位，新加坡管理大学硕士学位，以及清华大学工学学士学位。研究和实践主要基于统计学，人工智能，神经科学，以及经济学等多学科知识融合，并聚焦在高新技术赋能的各类商业场景里的用户和企业的行为分析，比如数字经济，平台经济，全渠道营销等。在世界顶级学术期刊发表多篇论文多篇。曾任职于新加坡国立大学、微软亚洲研究院、网易、印孚瑟斯等高等院校、研究机构和跨国企业等。

张人旭

张人旭，男，1983年12月出生，湖南武冈市人。1996年至2001年武冈二中学习。平安人寿保险总部产品策略及研发团队财富养老产品经理、中山大学金融学硕士、北美精算师、深圳市后备级领军专业人才、深圳市"福田英才"、参与《中国人身保险业经验生命表（2010—2013）》编制、中国精算师协会优秀志愿者。

陈琦

　　陈琦，女，1984 年 5 月出生，湖南武冈市人。2002 年武冈二中毕业，当年的武冈市文科状元。2002 年考入中国人民大学财政金融学院，2006 年继续攻读硕士，2008 年毕业后加入国内知名证券公司——国泰君安证券股份有限公司。

　　目前担任国泰君安证券投资银行部业务执行董事，拥有中国证监会保荐代表人资质和香港证监会保荐代表人资质。从事投资银行业务 15 年，从业经验丰富，帮助多家企业实现 IPO 上市、完成再融资或重大资产重组。曾主持或参与史丹利 IPO、金徽酒 IPO、京东数科 IPO、京能热电再融资、酒钢宏兴再融资、用友网络再融资、老白干再融资、吉祥航空再融资、风神股份再融资、东兴证券再融资、安迪苏重大资产重组、中投保公司债券、蓝星集团可交换债券等项目。

杨波

　　杨波，男，1984 年 10 月出生，湖南武冈市人。1999 年至 2002 年在武冈二中读高中。解放军理工大学研究生学历。61516 部队中校工程师。一直从事军队信息通信建设工作，参与完成多项信息系统建设及课题研究，现有发明专利 1 项，实用新型专利 2 项，软件著作权 3 项。曾获全军应用软件创客大赛优胜奖。现居北京丰台区。

刘凌

刘凌，女，1987年出生，湖南武冈市人。社会学博士，讲师。2003—2006年就读于武冈二中高中部。本科就读于湖南师范大学，硕士和博士均就读于中国人民大学，现就职于北京科技大学文法学院。主要研究领域涉及环境社会学、社会工作、农村留守儿童，曾主持中国博士后科学基金等多个科研项目，在学术期刊发表论文十余篇。

夏彪

夏彪，男，1987年11月出生，湖南武冈市人。1999—2001年在武冈二中就读。本科，博士毕业于北京航空航天大学、博士后毕业于清华大学。博士毕业后主要从事航空航天三维多向编织复合材料的刚度、强度、振动阻尼、热物理性能、缺陷及界面表征的数值仿真和优化。2014年1月至2016年1月在清华大学航天航空学院从事博士后研究工作，其间主要从事高温复杂环境下材料/结构的物理力学性能及失效机理的研究，并主持完成国家自然科学基金1项。后在远景能源从事叶片研发工作，2017年起加入上海漠鹰信息技术有限公司担任技术总监，2022年获江苏省张家港市领军人才称号，目前担任张家港苇杭渠成科技有限公司董事长、总经理。累计在国内外发表论文19篇，专利15项，软件著作权5项。参与高校企业实践授课2次，多次参加机械领域行业国家标准、团体标准制定研讨会，牵头促成校企战略合作事宜1项。

杨健

杨健，男，1988 年 6 月出生，湖南武冈市人。2004 年 9 月至 2007 年 6 月在武冈二中学习。2017 年 6 月毕业于武汉大学。测绘遥感信息工程国家重点实验室博士研究生。2022 年获批主持国家自然科学面上基金、2018 年获批主持国家重点研发计划子课题、主持湖北省自科基金、主持重点实验室开放基金、2019 年获批主持国家自然科学青年基金。针对国家碳达峰碳中和的战略发展需求，参与研制了多 / 高光谱激光雷达，荧光激光雷达等设备系统。基于激光雷达技术开发了电力系统遥感监测应用相关软件，包括基于激光雷达技术与遥感影像融合的输电线路廊道自动测距定位系统，基于激光雷达技术的线路工程建设智能验收系统，基于激光雷达技术的变电站大型施工机械管控系统。相关软件系统已经在南方电网开展布局应用。

顾美湘

顾美湘，男，1989 年 10 月出生，湖南武冈市人。2004 年至 2007 年在武冈二中读高中。副教授、硕士生导师、博士。广州大学新晋讲师，美国堪萨斯大学访问学者。2017 年博士毕业于湖南大学土木工程学院岩土工程专业，主要从事地基处理、桩基础和地下结构抗震等教学科研工作。主持国家自然科学基金和广东省教育厅项目各一项，以第一作者或通讯作者在国际知名 SCI 期刊上发表学术论文 16 篇，担任多个 SCI 期刊审稿人。指导硕士研究生 9 人，已毕业 4 人。

肖尧

肖尧，男，1992年9月出生，湖南武冈市人。2004年9月至2010年6月在武冈二中读初高中。2010年9月至2014年6月在湖南大学读本科，2014年9月至2019年6月在湖南大学读博士。近5年主持国家级项目1项，省部级项目2项，以第一或通讯作者身份发表SCI论文16篇，其中中科院一区top期刊一篇，二区5篇，累计影响因子50.067，H指数12。开展岩溶区基础工程稳定性方面的研究，提出了基于复变函数分析法的岩溶区桩基稳定性分析方法，并开发出了非常适合岩溶区基础工程稳定性分析的数值计算程序——有限元极限分析程序。该有限元极限分析程序具有完全自主知识产权，其功能包括前处理（网格划分）、优化建模、非线性规划求解、网格自适应及可视化后处理等。这一成果可有效打破国外岩土工程领域CAE软件的垄断地位。

何明禹

何明禹，男，1993年12月出生，湖南武冈市人。2005年至2011年在武冈二中读书。海南农商银行金融市场交易员和宏观研究员。中国人民大学国际关系学院政治学与行政管理硕士研究生。主要从事债券、公募基金、银行理财、资管计划等固定收益类资产投资交易管理、债券一级市场承分销、宏观经济和市场分析研究方面工作，管理资产规模超过200亿元。海南自由贸易港E类高层次人才，中国人民大学海南校友会秘书处成员，主要负责活动筹备和新媒体运营。

唐文冰

唐文冰，男，1995 年 9 月出生，湖南武冈市人。2010 年 9 月至 2013 年 6 月在武冈二中读高中。中车株洲电力机车研究所有限公司高级设计师。湘潭大学自动化学院、建筑电气与智能化专业本科、中国科学院、中国科学学院大学、电工研究所、电气工程专业博士。湘潭大学自动化学院企业硕士生导师（兼职）。第二届"率先杯"创新创业大赛北京赛区提名奖。担任国际英文学术期刊 *Physics of Fluids* 审稿人。第十六届全国超导学术研讨会优秀论文奖。湖南省普通高等学校优秀毕业生。第七届全国计算机仿真大奖赛国家一等奖。全国大学生建模竞赛湖南省三等奖。国家励志奖学金、全国大学生建模竞赛湖南省二等奖。

张娜

张娜，女，1996 年 3 月出生，湖南武冈市人。2011 年 9 月至 2014 年 7 月在武冈二中读高中。2018 年本科毕业于东北大学文法学院，获得学士学位，2021 年毕业于香港理工大学人文学院，获得中国文化文学学士学位，2022 年 2 月就职于哈工大（深圳）材料科学与工程学院，担任教学秘书一职。2022 年至 2023 年，在学院宣传工作中获校级奖励 6 项。参与过学院的学生工作、疫情防控管理，目前主要负责学院的宣传、科研、档案、财务事项。

第四部分

八十年前学生作文选登

　　本书编委成员在武冈市档案馆的泛黄的纸页里，搜集到距今80余年的洞庭中学的学生文章，甚为珍贵。文章以送别第一期毕业学生为契机，抒写了母校情、师生情，以及对个人前途的祝福和对国家命运的担忧。文章中的个别词句在今天看来有点拗口或用词欠妥，但为尊重原创作者，不作修改。另注：民国三十年（1941年）秋以前，每个学期招两个班的一年级学生，逐渐淘汰，二年级以后均合为一个班，故称一二班、三四班、五六班。

送别一二班同学

杨祖武

布谷鸟已经啼过了，在资水的源头，古南山山畔，开始了我们第一次伟大的别离，悲喜在我的胸头回荡着：别了，一二班同学！

青年是国家的栋梁，社会的中坚，这是谁也不能否认的。而且处于这烽火连天的大时代里，我们应当想到，我们的责任是如何的艰巨伟大，同时联想到我们的前途是如何的遥远。初中毕了业，这仅是走完前途一小段的路程，而前面遥远而黑暗的路途，正要靠自己努力去远行呢！亲爱的同学们！朝着富士山巅迈进吧！

别了同学们！别忘记三百多个亲爱的同学！别忘记为我们打好了基础的母校——洞庭，更不要忘记为我们的前途而奔走的董事长，也不要忘记把丰富的知识授予我们的先生们，祝你们用先生所给予的知识光辉起来！别留恋南山的瀑布，资水源头的春天，抖擞精神，我们要上前去。

"……我们是民族的明星……"是时候了，祝你们像马伏波，班定远一样，献身为国，挣扎出我们的光荣，以副董事长对我们的殷望，各位先生教育我们的热忱。

最后，祝你们前途光明，踏着先烈的血迹，向目的地迈进！

母校！我很想在你怀中哭诉

毛善和

离歌一曲，阳关三叠，一丝丝的情愫，涌上心头：三载的生活地——母校，你把我们从原料品，用 20 世纪的新机器，成了现代化的工业品，换了一个新的面具。在这里，我不得不感谢工厂——母校洞庭；更不得不感谢新机器——母校的先生们！

同时我又得回忆当年——母校的诞生日，在那时收到了我这不成材料的原料品，三年以来，不知损了多少机器的努力，制出来的却还是抵不上好货，更谈不到现代化了。这不太让人失望吗？先生们，尤其是前刘校长，他苦心孤诣，是如何期待着我们的前进啊！他负责的四个学期，脑筋中的印象，已够深刻了；何况在休养期中，他又来担任我们最后一课，这当然是我们的万幸！在我个人方面说，真当稽首结草以报。因此我又想到我们对社会的责任也就更为重大。我们必得尽最大的努力，去求高深的知识，以使他日人群社会开一朵崭新灿烂的鲜花，才不辜负她们——师长们一番苦衷与盛意。

今日则别矣，母校！我很想在你怀中哭诉，可是你的伟大的教训，把我的哭声止住了，使我不能说出话来，我只好低头忍泣吧！最后我又抹开辛酸的眼泪，并且握紧拳头，三呼"大哉洞庭，八百里洞庭"，啊，母校……真的别了！

从呻吟声中对毕业同学的希望

黄倩如

第一道铃声响了，同学们三三两两地往理化教室里走去，我当时和他们站在门前，看新出来的刊物，忽然一阵阵凄楚动人的呻吟声，传入我的耳鼓，我为好奇心所驱使，便于芬一同跟着声音寻去，啊！原来在图书馆旁边一个角落里的一块门板上的稻草里，躺着一个面黄肌瘦年约十三四岁的小孩子，身上盖着一床似灰不黑的被服，灰色的眼睛里，不断地放射出凄凉之光，在那里呻吟着。当时诧异填满了我的心坎："这是怎么一回事呢！"于一芬便告诉我以下的情形：这是一个可怜的孩子，一家七口全靠他一人挑煤炭来养活，前天早晨，因为没有吃饭饿着肚子挑了七十斤煤，忽然头一晕，便跌了一跤，这一跌便把骨折断了。她说到这里，声音低了，眼眶红了，喉中好像哽着什么似的；"唉！他这一跌不要紧，眼望着他家里人快要饿……死了……"我听了，同情之泪不禁夺眶而出，满腔的热血沸腾个不止："唉！不幸的可怜人啊！"我在低头沉思着。

同学们啊！你们在目前就要毕业了，你们是我们的老大哥。我们是你们的小弟弟，小弟弟们在这里期望着你们，祝福你们毕业以后，高中、大学……将来到社会上，把这些不幸的遭遇者拯救出来。社会上像这种悲剧，这种可怜虫正多得不可胜数，这不过是其中的一个罢了。同学们努力吧！前途有无数呻吟者，在等待着你们去拯救呢！

你们先去吧

丁光

亲爱的一二班同学们，三年的初中阶段，被你们用眼睛从书本上度过了，你们将要分离母校，而与我们离别了，记得两年前的秋季，我们初进校时，知识、年龄、一切都很幼稚，全靠亲爱的大哥们的指示和教导，使幼稚的我们，才慢慢地摸到怎么求学的道路，直到今日整整的两年，日夜生活在一起，是如何的亲热啊！而今，一旦要离别了我们，叫小弟们怎不难过？我想，大哥们也必然如此吧。然而事实告诉了我们非离别不可的啊！

大哥们，你们离开了母校以后，必须升学或就业！决不可死守家园埋没了你们的才能，减少了母校的光荣，尚有一点，社会情形是怎样的，大哥们想必比我清楚得多，不过，我顺便在此提醒你们一句，须得小心翼翼，否则，真是危险莫及呢。

最后，愿大哥们不要舍不得母校，舍不得我们！去吧，为了你们的前途，去求较高的知识，为了担负起国家的重责，去奠定基础，发挥天才去吧！祝你们前程光明远大！像国旗自由地高高挂起，我们将来重逢在一起，甜蜜地回忆现在吧！

勖勉青年同学
——为洞庭中学一二班同学毕业纪念而作

李高傅

像新生的树苗，经春风和煦的熏化，和园丁的培植，渐渐成长茁壮，蔚为栋梁之材。

像长江大河，是容纳了若干的水流，和雨雪，而成为各种水产的渊薮，和灌溉田亩的本源。

这是青年学子的象征。

青年同志们！时代的巨轮带来伟大的担子，加在你们的肩上，从此你们将走两条不同的路线：从事实际的工作，或谋高深的成就。

学问是无止境的，自然以能够努力深造，多多吸收济世之学，负荷更大的责任为上策，但是主要的一点，还是应该学习如何做人——诚意，正心修身；懂得做人的道理，然后何事不可为——齐家，治国，平天下。陆象山说："我虽不识一字，还须堂堂正正地做个人。"就是说，拿出做个人的"良知"，"良能"，以与环境中的"事""物"相争持，纵有惊涛骇浪，也可以掌稳航灯，发挥自己做人的力量。个人机运虽有异趣，然而殊途同归，所表现于社会上的效果，总是一样的。

青年人初入社会，往往感觉到事事与理想相悖谬的失望。比如，整齐和杂乱，纯洁和邪污，学理和实际，个人和群众……种种方面都有难明的不习惯的区别，或有格格不入的现象——因失学而消极，因消极而彷徨歧途，而同流合污，以至把青年锐气，一扫无存，这是青年们一个难关。但是你们不可为环境而屈服，而要以勇敢奋斗的精神来克服这个难关。英国诗人勃郎宁昭示吾人曰："挺胸直前休退后，勿疑阴霾永不开，重振旗鼓震天来。"

今天你便立下这个志愿：只有向前，永不退后，纵然一再挫败，但真理和正义终有复兴的一天。

关于为学，必要放大眼光。古人往往以"千种粟""黄金屋""颜如玉"来诱导青年，这种个人主义的求学观，实在狭小得可怜，但儒学大师张横渠却立四句教言：
"为天地立心，为生民立命，为往圣继绝学，为万世开太平。"

这是如何伟大的心愿！陈立夫先生勉励青年要有"信道""治事""养人""卫国"
四要件，也是同样的意义。一个人绝非只要自己发财子息都齐备，便可认为满足了。
青年们读了明哲的训示，应该抱着"虽不能至，心向往之"的决心，来培育本身的
应世条件。

当兹国难严重，人心惶惶的时代，青年为社会的中坚，为国家的柱石，无论马
上去担任实际的工作，或者更求学业的向上发展，当应有奋斗、牺牲的精神，和为
国家、为民族而努力的志愿。

别矣，母校！

李兴莹

在这里，我摒除了我的孩子气；我听见建国寺院里的钟声，皇城野树间的鸟鸣。

那时间，我考入了洞庭中学，像一只没有睡醒的山鸡。起初，校舍是设在皇城
末梢的一个祠堂里，四周有树，也有小山，并且在隔去不远的地方有一道城墙；在
夏天，我喜欢走城墙上转向南门大河去游泳。

老师们凶恶得使人可怕，但同时也是很慈祥的。我时常被他们打着手心，当着
痛的时候我固然要深深地诅咒他们一会，可是随着疼痛的消逝，心波也便平静了。
因为我似乎听见有人说："好苦啊，教中学生！"

自从校舍搬到离城八里的乡下以后，我开始察觉母校的伟大了，三百多个同学
和先生一同在菜花的黄色和树林的绿色里，一同在搜寻人生的滋味，一同在预算着
大中华民族的命运！

可是，这些都快成陈迹了；在先生同学们的真诚和乡村的恬静所汇成的爱河里，
我游泳了三年。这三年中我摘去了童冠，自然有人便为我戴上了成人的肚兜，我现
已开始在探求整个人生的灵魂。呵！母校，这实在是你赐予我的，你好像一个慈祥
的母亲；在我这野性难驯的孩子，你尤其又像一个父亲。而当孩子们离开父母亲怀
抱时，假如不是一个混混虫的话，他也不会就光光地吞下这一杯别离的酸泪吧！

呵，母校！我接受了你赐予我的生命，在你暗示着的大道上，将正要踏上你的
儿女们的足迹。今天我不愿以一副愁肠，映入你的脑海；唯愿他日能以"黄龙"的
血脉倾在你的怀中，在光荣的人类史上，也会有你的俏影！

"洞庭波兮木叶下，湖光浑太清！"我祈祷着你，也在祈祷着自己。呵！母校，
别矣！

母校！那时你会笑吧！

夏代辉

我带一棵幼苗似的心投向你的怀抱里，现在已经三年了。

如今，我又揣着一颗欣欣向荣的树似的心向你告别了。

你陶成了我高尚的品性，练成了我健康的体魄，萃成了我处世的机能，我将如何地感谢你啊！

我会几度留念在晨雾晚霞之中。我又会看见过早晨最初的阳光，照在你和我的头上；落日最后的微笑，映在你和我的脸上——这些，太值得我留恋了。泪也抵不住我的离情，我只好深深地把你装在我的心海里。

但是别了，别了——别了你，别了亲爱的老师，别了热情的同学，我要踏上我新的征途，走上我最后的人生大道。

我仿佛听到河山破碎，我亲爱的祖国，正在呼喊我们，去把人类的阴霾带走！啊，母校，那时你会笑吧？"去时儿女悲，归来笳鼓喜，借问路旁人，何如霍去病？"那时你的儿女们自己也会笑呢。

那么，母校别了，别了。愿你永远记得我们，无论我们行不行，总是你的骨血，而且是你伟大孕育中的长子。至于我们，自然不得说，无论在什么山隈水涯，也不会忘记祝你健康！而且永远记得你的"先生之风"，是"山高水长"的。

洞庭！我最后向你道一声别

王惕中

别了，母校！我最后向你道一声别。

为了时代的需要，为了国家的使命，你在这抗战的大后方播下这四十多颗鲜花的种子。三年来的施肥，三年来的灌溉，现在终于灿烂鲜艳地开花了。

母校！你仍然是为了时代，为了国家，没有一丝的留念，没有一颗的泪珠，把他们一朵一朵地贡献给这蔓延抗战烽火的原野里，任他们自由地招展花枝。

母校！我感谢你，我留恋你，我永远不能忘记你的恩赐，我愿意做你忠诚的儿子，让我个人的力量，去弥补那大地上的疮痍。

走吧，朋友！祖国在呼唤着我们。没有骄纵，没有留恋，我怀着一部分的希望来，仍然怀着一部分希望去；我们来是东西南北人，仍然回到东西南北去。须记得母亲的嘱咐，忠诚地干，勇敢地干，使洞庭的光辉，普照着干涸的大地。

别了，母校！我最后向你道一声别。

让我再唱遍校歌

唐彩藻

岁月匆匆，节序催人，三年的时光，已经消逝了，悄然无声地消逝了。我们这一届——生长在一个国度里，在祖国与敌人作生死存亡斗争的艰苦的岁月里，一天天站立起来的青年伙伴，将受完了初中的教育，与这国难的鲜花——我们的母校——洞庭告别了。当这行装将束，骊歌待唱之时，回首前看，实不胜依依之感！

当然，在这样伟大的时代里，我们用不着"伤感惜别"，况且天下无不散的宴席，今日故校，明日天涯，更是人生不可避免的剧目，我们用不着儿女情长，英雄气短，至于我们对母校的熏陶，除了铭记心里外，更没有什么话说。只是为了使母校的前途，更加辉煌灿烂，为了使大多的青年，能被它陶成为有用的器材，使国家社会直接间接深蒙益起见，特缀数语，以作临别赠言。

三年以来，本校在董事长及各董事苦心孤诣，临前在校长与各教导员循循善诱热心服务的精神之下，已获得社会上有识人士的好评与赞誉，这是深引为庆的，但是社会人士的赞誉甚微，当局者的精神，就应更加紧张不懈，不负人们的期待。所以我热诚地希望本校的领导者，本着现在的精神。百尺竿头，再进一步，达到理想之城，此其一。

现近以来，师生间的关系，有如路人，"教育商业化"，言之令人痛心！然教育为神圣的事业，而竟至如此，其故亦可反思，时常考究其原因，要不外"师"不成"师"，"生"不成"生"所致。详细点说，为教师的以教书为拍卖知识，缺少真诚的温度，详细点说，以学校为商店，来此不过是买卖商品，这样，彼此就抹杀"教育"本身的意义！记得本校董事刘公武先生在廿九年（1940 年）春行国学典礼时，曾说过"师生感情化"一语，先生殆有鉴于此，而望本校能挽末世之狂澜，作疾风之劲草的，固然，本校师生尚未完全"感情化"，但绝未"商业化"。让我希望本校师生，共同努力，达到"感情化"的深入的地步，此其二。

最后，让我们再唱这校歌，以写别时如麻的情绪吧！

大哉洞庭，八百里洞庭。我们是国家的鲜花，我们是民族的明星！

铁肩担起了百年的国耻，身世遭逢了抗战的艰辛。莫说我们小，只要我们忠诚。时间是我们的，祖国正需要我们，我们努力争取光荣。洞庭，波兮木叶下，湖光浑太清。大哉洞庭，我们的洞庭！

欢送我们的大哥们

邓小龙

　　清风轻拂着我的面庞，嘹亮雄壮的歌声渗透了我的心田。这时候，我含着快乐与惜别的情绪，在欢送我们三年聚首的大哥们。

　　我们学校是国家的鲜花，她在抗战的雨露中孕育出我们这一届，喂养出我们这一届。现在，从她那湖光万顷里驶出你们这批先锋战船，乘风破浪而去，你们看，她该多么快乐，给你们多大希望呀！

　　不过，往事都成陈迹，不必去回忆了，送君千里终须别，我们也须留恋了。只有你们的前途，才是我们最关心的，祈祷的，世事有如云海，里面有暗礁，也有冰流；你们可不要着急走！仗着你们初生之犊不畏虎的心情，利用你们天生的机灵，自会轻轻渡过的，大哥呀！世界上的事情可说没一桩容易的，一桩桩像保险箱样的锁在那里，没有努力的钥匙你莫想打动分毫。世界上的人所以不能个个成为伟人，就是由于他们不是人人都努力，遇着事情就皱起眉头。但是，你是受过母亲的训练的，你们该大踏步前进。我想，你们不论是否升学，只要有勇气，肯努力，该没有任何你们不能解决的事情吧！

　　现在，我没有什么衷情话说了。我只默祝着你们的前途幸福、光明！

第五部分

校友征文荟萃

　　向校友征文，让校友回忆在母校的生活，是对校史的补充。
用鲜活、充满着怀念、回味绵长的文字来回忆自己曾经的生活，
非常有意义。我们选编的文章，都是情真意切，感人至深的。

讲二中必讲灏公

李良时

　　武冈二中是一所规模大、名气大的省示范性高级中学，是湘西南文化教育一颗璀璨的明珠，是武冈市及周边地区青少年学子心仪神往求学成才的摇篮。

　　从 1989 年 4 月至 1991 年 1 月，我在二中任校长。当过近两年的校长，我才系统地了解了二中的发展历程。武冈二中的前身是当年的黄埔军校二分校（又称黄埔军校武冈分校）主任李明灏将军亲手创办的湖南省私立洞庭中学。所以，可以说，无洞庭则无二中，讲二中则必讲灏公。

　　1938 年，日寇的铁蹄蹂躏了中国的华东、华北，又踏向华中大地。华中危急、大武汉危急。为了积蓄、增强抗日力量，是年 10 月，时任黄埔军校武汉分校主任的李明灏将军奉命率全校师生南迁至自古以来就有"黔巫要塞"之称的湖南武冈，正式创立中央陆军军官学校二分校，又称中央陆军军官学校武冈分校。军校本部设在离武冈古城二公里的法相岩畔的宝方山一带，下属的各种教学训练总队及军械、军医等部门则分设于当时武冈所辖的山门、高沙、石羊桥、塘富冲、石头冲等地。军校的教官、学员有时多达六千多人，散居在武冈城郊及各要埠大镇，古老的武冈山城立时成为抗日英才云集的地方，军号戎装，金戈铁马，抗日风雷，阳刚气壮，极武冈一时之盛。

　　军校本部所在地的法相岩宝方山一带，是武冈城郊的风景胜地，下有长达两公里的石洞通幽、暗河奔流，上有奇石嶙峋、古木参天。王安石等历朝历代的文人、名士的碑刻题字到处都是，纪念清末著名的"湘中五子"中的两个文士，祖籍武冈大甸的邓葆之、邓弥之兄弟的"二邓寺"也在这里。李明灏将军匠心独运，选定这么一个地方作为军校本部所在地，不能不使人佩服他办教育、做学问的高人一筹的眼力与远见。根据军校的需要，李将军在这里依据地势，参照广州黄埔军校的模式，先后建起了俄式风格的中正楼、崇禧楼、应钦楼、明灏别墅和中山堂。这些建筑物与石林、古木、古寺相映成趣，是武冈当时一道亮丽的风景。

二分校有教官及其家属、子女两千多人，子女要读书，而当时武冈的学校不多，且质量声望不高，为了不耽误教官子女们的学习和前程，也为推进武冈的教育，李明灏将军以其自身的声望与地位为无形资产，以军校财力、人力、物力为基础，联络武冈的地方开明士绅，求得地方政府的支持，成立了以他为董事长的董事会，聘请了刘侃元先生为校长，于1939年10月创办了湖南省私立洞庭中学，校址选在与军校两里之隔的许家大院。洞庭中学开办之初，困难很多，尤其是经费。为了解决这些问题，李明灏将军从军校有限的资金里腾挪挤拨，洞庭中学的教职员工都放在军校里挂衔占编，领取工薪。他这种巧用手中的权力为人民办事的胆识，不可谓不动人感天。军校挤挪出来的资金毕竟有限，为了满足办学的需要，他亲自动员董事会成员、地方贤达豪绅募资捐款。身为堂堂的中将高官、二分校的主任，去找人说好话、赔笑脸，为洞庭中学募捐花钱，真是难为了灏公。他自己也曾深有感慨地说过这么一句话："天下最难的事，莫过于募捐了。"我们现在流行这么一句话："再穷不能穷教育，再苦不能苦孩子。"我想在我们武冈古往今来的官宦人士中，李明灏将军应该是真正身体力行实践这句话的第一人。

随着洞庭中学声望日高，规模日大，许家大

院越来越不适合办学了。从1942年秋季洞庭中学开办高中开始，李明灏将军把黄埔军校二分校的校本部，包括他本人的别墅，全部划归了洞庭中学。也就从1942年下学期开始，洞庭中学定位在法相岩畔宝方山上。此后不管斗转星移、改朝换代，洞庭中学在这个奇峰林立、古树参天的宝地上巍然屹立。1953年，经湖南省人民政府批准，洞庭中学改名为武冈第二中学，体制也由私立改为公办。人民学校人民办，党的教育党来管，武冈二中摆脱了灏公一手独支、一人独撑的经济窘况，在灏公苦心经营的洞庭中学的基础上，迅速发展壮大。校园面积由原来的百亩扩大到现在的近400亩，占地面积之宽，在全省的中学里都是排得上号、叫得出名的。李明灏将军亲手修建的中正楼、崇禧楼、应钦楼等原军分校本部的建筑设施连同著名的二邓寺先后被拆除了。而代之以现代化的教学楼、学生公寓、学生食堂、风雨田径场、教工宿舍、图书馆、办公楼、实验楼、电脑房、400米跑道的田径场以及篮球场、排球场、绿化地、休闲活动场地等，学生也从洞庭中学办学之初的200多人发展到现在的6000多人，教师也从办学之初的30多人，发展到现在的300多人。武冈二中以其夺目的光辉，屹立在湘西南的大地上，她的根就是灏公任董事长时诞生于抗战烽火之中的私立洞庭中学。至今保存完整、不断修复、始终如新的中山堂，就是这段历史的见证。在翠绿浓荫之下，人们永远不会忘记植树者；武冈二中不论发展提升到何等灿烂辉煌的程度，都会永远记得李明灏将军是她的奠基人。

武冈二中不仅是在当年洞庭中学的基础上扩大而来的，她也是继承发扬当年洞庭中学的传统而发展壮大的。李明灏将军既是一名骁勇善战的高级军事指挥官，又是一名具有远见卓识的军事教育家，他深深地懂得千军易得、一将难求的真谛。如果说一支部队的灵魂是它的指挥官的话，那么一所学校的灵魂就是它的校长。所以李明灏将军在创办洞庭中学之初，就聘请刘侃元先生担任校长。刘侃元先生是湖南醴陵人，与灏公是同乡，毕业于日本帝国大学，回国后，先后在广州中山大学、北京各著名大学担任过教授。他因思想进步，不满国民党的腐败黑暗，支持进步青年而被蒋介石指名剥夺了在北京各大学任教的资格。但又因他当时在全国教育界名气较大，所以被聘为国民革命军政治部（周恩来同志当时任政治部副部长）所辖的政治设计委员会的设计委员，蒋介石就这样用一个空衔将他闲置起来。李明灏将军凭着醴陵老乡，又一同留学日本的关系，劝说他举家南迁武冈，担任了洞庭中学的校长。刘侃元先生学富五车，精通教育，治校有方，威望很高，他亲自创作的校歌："大哉洞庭，八百里洞庭！我们是国难的鲜花，我们是民族的明星。铁肩担起了百年的国耻，身世遭逢了抗战的艰辛，莫说我们小，只要我们忠诚，时间是我们的，祖国正需要我们。我们努力争取光荣！洞庭波兮木叶下，湖光浑太清，大哉洞庭，我们的洞庭！"于歌咏之中含激励，于激情之中见功底，道德学问融入一体，催人上进，教人奋发，流传至今，常唱常新。他思想进步，倾向革命，加之李明灏将军的影响，所以在他任校长期间，乃至他卸任以后直至解放，洞庭中学里始终没有国民党特务的活动余地，青年学子在一个较宽松的环境里学做人、学知识。对这样一个好校长，李明灏将军不仅聘用了他，而且高度信任他，将洞庭中学交给他全权管理，不加干预。为了让他能安心治校、安全治校，李将军还千方百计地保护他，平时他们两家来往密切，刘侃元先生每年生日或家有喜事，李将军都亲自为他主持庆典——用这种方式告谕周围的人，他们的关系非同一般，也警告国民党特务、地方恶势力，休要打刘侃元先生及洞庭中学的主意。李将军用这种方法保护了刘侃元先生，为他当好校长创造了条件。

如果说有一个好校长是洞庭中学的一个好传统的话，那么这个传统也得到发扬光大。从刘侃元先生出任洞庭中学第一任校长，到现在周孝军同志担任武冈二中校长，先后一共是二十三任校长了。其中洞庭中学五任，武冈二中十八任。这二十三任校长中，除了我上不了台面之外，其余都是有道行、有功底、有能耐、有影响、有作为的教育大家。如第二任校长谢仁恕、第三任校长殷德饶，既是坚定的革命者，又是饱学之士，还是当时湖南教育界的名流；第五任校长周调阳，是中华人民共和国成立前湖南省教育厅的主任秘书，也是一位教育行家；第十二任校长宁同魁，任过武冈县人大副主任，后调邵阳师专任党委书记；第十四任校长王耀楚，是全国优秀班主任，武冈著名的语文教师，担任过武冈县政协副主席；第十六任校长周德义曾任省教育厅教师处处长，现任湖南省电大副校长，还被聘任省社科院及湖南师大等大学的名誉教授。曾任邵阳市委副书记的龚佳禾同志深有感触地说："从洞庭中学到武冈二中的历任校长，不是名垂一方的士绅官宦，就是名噪一时的名士学者。武冈二中能够从洞庭中学不断发展到今天，历任校长都作出了巨大的贡献。而历任校长的正确选定，又不能不归功于灏公慧眼识珠的开局之选。"

灏公从多年办教育的经验中体会到办好一所学校，不仅要有一名好校长，还要有一支好的教师队伍。因此，在洞庭中学的教师人选上，他要求高规格、高标准、高质量。同时，他对聘请来的教师做到了人格上尊重、生活上关心。在当时来讲，洞庭中学教师的待遇是从高从优的。凡是洞庭中学聘请的教师，都在二分校挂衔挂职，领取薪水，消除了教师的后顾之忧，充分体现了灏公礼贤下士、尊师重教的高风亮节。稳定的收入来源，再加上灏公在湖南的威望和刘侃元先生在教育界的名气，当时又恰值日寇攻势正烈，已逼近长沙，长沙等地的学校纷纷遣散，不少大学、中学的教师向西南流亡。于是，名士登高一呼，名流应者云集，谢仁恕、殷德饶、王鉴清、喻科盈、廖六如、刘林、李度、肖敏颂、谢甲南、董公健、李石静、张健甫、黄河、李左黄、王国民、陈平一、陆承新、谢羡安、李昌董、罗世藩、周用吾等三湘教育界的名流，都相继从长郡、明德、广益、岳云等湖南名校应聘到洞庭中学来执教。他们在民族危亡的特殊时期，在武冈这个古老闭塞的特殊地方，在李明灏、刘侃元的麾下，组合成一个特别优秀的教师团队，谱写出洞庭中学历史上特殊辉煌的篇章。他们都是有强烈的民族气节、高尚的道德操守的，正直、诚实、崇尚科学、倾向进步的知识分子，其中还有一些共产党员，他们都坚持教书先育人的原则，对学生讲爱国主义、讲抗日，语文课选的教材有鲁迅的《祝福》《孔乙己》；音乐课教的歌曲，有《义勇军进行曲》《华北进行曲》《吕梁大合唱》《黄河大合唱》《延安颂》《游击队之歌》；师生共同排练出来对外公演的文娱节目，有《岳飞》《孔雀胆》《放下你的鞭子》；校长训话课，则是刘侃元先生讲"猴子变人"，也就是社会发展简史。通过这些教育教学活动，学生受到了深刻的爱国主义教育和革命进步的启蒙教育。

洞庭中学的教师在认真教育学生的同时，都能严格要求自己，恪守职业道德，处处为人师表，就是在平时的生活上，也一丝不苟。他们穿戴整洁新潮，言谈文明高雅，举止大方端庄。与当时省立六师的教师一起，为武冈这座古老的县城带来了文明、高雅的新风尚。当时武冈的老百姓，在大街上熙来攘往的人群中，一眼就能认出谁是洞庭中学和省立六师的教师，都把他们作为自己和教育孩子言行举止的楷模，对他们表示出真诚的敬意。用现在一句时髦的话来说，在洞庭中学的教师身上，确实体现出了先进文化的传播方向。

洞庭中学的教师不仅人品高尚，道德高尚，而且都是既学有专才，又博学多才，不少教师都是兼教几门课程。他们教学，深入浅出、生动活泼，学生喜欢听、听得懂、记得牢、用得上，所以教学质量很高。在1942年、1943年连续两年的全省初中毕业会考中，洞庭中学都是鳌头独占，因此获得当时的省政府的嘉奖和1万银圆的奖金，也因此使洞庭中学在全省声名鹊起，誉满三湘。中华人民共和

国建立后，因为工作需要，不少洞庭中学的教师都到大学任教去了，像音乐教师王国民就是湖南师大的教授，殷德饶先生就是武汉大学的教授。由此对当时洞庭中学教师的教学实力，可见一斑。

洞庭中学教师爱学校爱学生，有很强的敬业精神。学校初创时期，图书很少，不少教师，特别是罗世藩、谢羡安两位先生把自己多年珍藏的大批珍贵图书捐给学校，为学生提供了丰富的精神食粮。为了帮助贫困学生继续学业，教师们拿出自己微薄的工资捐款建立了"洞庭优秀学生奖学金"和"贫困学生助学金"。不少平民百姓和农家子弟，就是在这些奖学金和助学金的扶助下，完成了他们人生的初中和高中的学业历程，走向人生的更高处的。洞庭中学的教师，以对学生高度负责的精神，爱岗敬业，深受学生的爱戴。喻科盈老师爱人去世，小孩尚幼，仍坚持教学，经常是左手抱孩子，右手写板书上课，从未迟到缺课；罗世藩是体育教师，操劳成疾，患上肺结核，还是带病上课，言传身教，给学生示范翻杠子，跳沙地，以致吐血身亡，倒在了操场上。这些情节，现在讲起来还感人至深。

回顾洞庭中学的历史，有一支优秀的教师队伍，不能不说是一个好的经验和传统。这个好传统也一直为今天的武冈二中传承和发扬。武冈二中现有教师382名，他们热爱学校，关心学生，潜心教学，在教育教学上，坚持以人为本，在传授知识的同时，尊重学生的个性特长，努力培养学生的创造力和想

象力，使学校的教育质量不断提高。

在当时，李明灏将军素以治军严、治校严而著称于军内军外。因此，他创办的洞庭中学，从一创办就有一个好的校风。他亲自为洞庭中学提出了"恭信勤朴"四个字的校训，他要求每个学生都要把这四个字作为座右铭，牢记于心，贯彻于身，严谨律己，以信处事，以诚待人，勤奋学习，节俭朴素，使自己成为品德高尚，能对国家和民族作出贡献的人。他要求教师要把这四个字贯穿于教育教学的全过程，还要以身作则，对学生晓之以理，导之以行。

他自己身为董事长，更是身体力行，做出表率。每年洞庭中学录取新生，只看考试成绩，不讲私人关系，成绩不合格的，即使是校长、董事长的子女，也不录取；成绩合格的考生，即使是寒门或贫困出身，也一律录取，并给予资助，真正做到"有教无类"。他治校很严，学生中凡有斗殴、偷盗、恋爱、赌博行为者，一律要受到记过、辞退或开除的处罚，任何人也不例外。一位副董事长的儿子因谈恋爱而被开除，李明灏的一个侄女因违反校规而被辞退。

如此严格的要求，严格的管理，使洞庭中学良好的校风得以形成。不少洞庭中学的学生，回忆起母校的校风，都如数家珍，乐道津津。老师关心爱护学生，学生尊敬师长，互相帮助，紧密团结，遵守纪律，文明卫生。据他们回忆，当时校园内种有桃子、李子、柚子等水果，无一人攀摘，到水果成熟的时候，学校统一摘下来，分发到各个班，师生共同品尝。细微之处见校风，优良校风又在无形之中影响和教育着每一个学生，使他们能够健康地成长，这真是春风化雨，润物无声！洞庭中学这种好的校风，也由武冈二中继承和发扬光大。校训与时俱进，已变成了"严谨、求实、文明、创新"八个字，但对学生和教师的要求，则是一脉相承。现在武冈二中六千多名师生，校纪严、校风正、学风浓，听课时、学习时教室里鸦雀无声；休息时、活动时，操场上龙腾虎跃。整个校园里文明、卫生，被评为省文明卫生单位。学生一进入校园，就逐渐地养成了讲卫生、好学习、懂礼貌的好习惯，养成教育使每个学生受益终身。这不能不说是灏公的影响，真可谓"云山苍苍，江水泱泱，先生之风，山高水长"。

"子在川上曰，逝者如斯夫。"灏公虽然已经离开了我们，但他创办的洞庭中学，在今天的武冈二中延续，今天的武冈二中，是在当年洞庭中学的基础上扩大提升的。洞庭中学"一个好的校长、一支好的教师队伍、一个好的校风"的优良传统，被今天的武冈二中人不断地发扬光大。武冈二中一定会在洞庭中学的基础上，在今天新的时代、新的世纪、新的形势下，创造出更新的、更大的、更灿烂的辉煌，以告慰灏公在天之灵。

作者介绍

李良时，1947年8月出生，武冈市人，中共党员。曾当过知青，当过武冈县中小学语文教研员，任过武冈县红旗小学（现实验小学）校长、武冈县教育局副局长、县委办副主任、县委政研室主任、县政府办主任、武冈市副市长、武冈师范学校校长、市政府调研员。1989年4月至1991年1月，任武冈二中校长。从2004年至今，担任武冈市关心下一代工作委员会主任。2008年退休。

曾获过省优秀共产党员、省关心下一代先进工作者等荣誉称号。

往事，挥之不去

郭荣学

常言道往事如烟。实际上有的往事是挥之不去的。距我在武冈二中学习、工作的时间过去近40年了，好些事至今记忆犹新……

今年七月暑期，我回武冈探望亲友，适逢朋友参与二中校庆筹备，邀我再次走进熟悉的二中校园。我心怀感慨，在依稀的校园印记中悉心寻觅……

那天天气晴朗，明媚的阳光白炽而耀眼，沉闷的空气中透着燥热，校内林木葱郁，树影婆娑，平整大气的田径场内，橘黄色的跑道在阳光的照耀下熠熠生辉。昔日的青砖瓦房教室宿舍已不复存在，曲径通幽的林荫道变得平直而光洁，被削掉山脚的木鱼岭龟缩成一个小山包，拾级而上的山道不再通达。校内楼宇错落，风格迥然，几处略显局促的建筑，悄然流露旧时的痕迹。重建后的红楼仍然醒目，几棵参天古樟静静地守护着肃穆的中山堂，仿佛在坚守这座校园的历史辉煌。因为是假期，静谧的校园鲜有人影，似乎隐匿了往日的灵动。故地重游，今之视昔，物是人非……

我因为七九年高考走进二中，那是我人生的节点，可惜命运多舛。我七八年在乡下当民办教师时参加过高考，因命运不济，成绩过线(307.5 分)未被录取。七九年，临近高考三个多月，几经周折，我辗转托人进入二中文科104班，开启复习生涯。

第一次去二中时有些茫然。依稀记得是从法相岩那棵标志性的参天古樟前走进校门，但见校园内古树参天，曲径通幽，青砖灰瓦的旧式建筑夹杂在树荫里，似乎掩匿了学府的深邃。在校园最深处的中山堂前，几经打听，才找班主任张颖老师，报到后便直奔高中部教室。那是中山堂前坪对面几栋中西合璧风格的青砖平房，教室宽绰敞亮，亦留着明显的年代印记。

我走进教室，正好碰上语文摸底测试，而且已经开考10多分钟了。那时学校时不时有复读生插班进来很正常，正在监考的唐朝老师招呼我坐在最后排。这是一次普通的摸底考试，题目不难，我迟到十几分钟竟然还得了90多分。没想到这次考试引起了唐老师对我的关注。第二天下课后，唐朝老师主动找到了我，向我了解参加高考的成绩与其他一些情况，并鼓励我好好努力，争取考一个好大学。我虽然非常感激唐老师对我的勉励，但内心并没有太在意，其实我那时只是想选择性地复习一些弱势学科。当时104班构成复杂，有应届生，也有复读生，相互间的年龄和文化基础都有较大差异，这也是那个时代的一种特殊现象。我一个二十冒头的插班生与那些十六七岁的小弟弟、小妹妹坐在一间教室里，心里挺别扭的，课后也只与少数几位年龄差不多的复读生有些交往。

那时二中好像还未完全恢复元气，学校办学条件简陋，百废待兴。校园内基本上看不到新的建筑，老师们都挤住在教室右侧几栋低矮的宿舍里，中山堂内好像都挤满了寄宿生，他们还经常使用煤油灯以应付停电。学校因为汇聚了一批"文革"后复职的名老教师而声名鹊起，这对我们这些半途来复习的考生是个难得的机遇。当时高中应届生和复读生混编在一起，但上课还是按应届生课程系统复习，基本上没什么课外活动。我们104班虽是文科班，但好像还有一些艺体考生和外语考生在听课，时不时有人旷课也查不出人数。我住在城关镇东门粮站父亲单位，与住在县人民医院叔叔处同为复读生的陈美武同学经常搭伴走读，我们也时常选择性听课或逃学。

我与唐朝老师第一次结缘就因为那次摸底考试，后来听唐老师讲课，我才真正感受到他渊博的学识和课堂的魅力。他是我这辈子见过最好的语文教师，不光是他语言文字的深厚功底，就他在课堂上的激情，也是一般的老师无可企及的。他对课文的讲解，对词句的解读，对语义的阐述，都能旁征博引，娓娓道来，既生动有趣，又能举一反三，引人深思。他个子不高，身板挺直，一副老花眼镜总挂在鼻尖上，从镜片上方瞅人的眼神深深映入我的脑海。他在讲台上手舞足蹈、激情澎湃的样子让我终生难忘。唐老师的作文课也很独到，他特别注重命题作文的审题立意。对审题立意选材、语言表达及写作技巧，唐老师能讲出很多道道。他还对作文的命题形式做过分析指导，比如给材料作文，扩写、改写等，这使我们当年高考写作文时受益匪浅。我的作文有基础，在唐老师的指点下更是长进不少，我的文章经常在作文课上被唐老师用作范文来讲评。我后来了解，唐老师实际上是新中国成立前国立中央大学（今南京大学）英语专业毕业的，他在教毕业班语文时，还能对文科班的英语考生进行业余辅导，这更使我钦佩不已。

二中是名校，各科老师都有名师。我们班主任张颖是地理教师，他几乎就是一本活地图，随随便便用粉笔就能在黑板上勾勒出一幅中国地图，圈点出各地的地貌特征。他对世界各地的地域名胜、风俗民情烂熟于心。他的普通话有点南腔北调，但声音浑厚中气很足。他有一套独特的地理知识记忆方法，让人脑洞大开。凡是听过张颖老师地理课的，能用点心思的，考试都会受益良多。文科班的数学教师应该不是最强配备。我对他讲课时的纯正乡音记忆犹新，猜他应该是武冈荆竹或邓家铺的。数学课注重实战，主要是解题训练。我数学成绩尚可，感觉一般的代数、几何题还可以对付，通过老师的复习指导后自觉解题能力提升不少，临近高考的摸底考试，表示我是文科班少数几个成绩上 90 分的。我课后与其他老师包括班主任张颖老师交流甚少，实际上张颖老师课后多次找我谈话勉励我，还在我临考前情绪波动时开导我，他表示对我参加高考很有信心。高考之后我才知道，他一直为我没能考上重点大学在多个场合表示过遗憾。

三个多月的复读生涯转瞬即逝。正式高考时，我考语文时算是得心应手，但考数学时被坐在我后面偷看我答案的一位大个子同学严重干扰，居然只完成第一大题计算题，得了 28 分，还极大地影响了我后面考试的情绪，让我几个月的复习成果大打折扣。高考阅卷结束，成绩还未正式公布时，参加阅卷返校的唐朝老师十分高兴地告诉我，我的语文得了 87.5 分，是邵阳地区最高分（当年是分地市阅卷）。我心里既高兴又忐忑，因为数学考试失误，我估计总分不会太高。最后我以总分 317.5 分的尴尬成绩被邵阳师专录取。这个结果几乎打回我复习前的原形，因为我上年的高考成绩也至少可以录专科。在二中几个月的辛勤努力，我自我感觉进步不少，从心底感激辛勤培育我的老师，但命运却偏偏跟我开了个玩笑。只有唐朝老师并未嫌弃我，仍然把我当作他最好的学生之一，热情地鼓励我，我在师专学习期间还经常与他交流，假期回武冈时也常与他联络，从此，我们还成了忘年之交。

一九八二年，我从邵阳师专中文专业毕业，按照毕业成绩优秀和学生干部的条件，我本来是被分配去武冈师范做团干。因为武冈师范接收分配的同志没有与邵阳地区人事部门衔接好分配计划，最终被分配到了武冈二中，其实就是缘分。虽然当时中专比普通高中吃香，我还是欣然接受了回母校工作的机会。

那天去二中报到，对二中有一种别后重逢的感觉。这次我径直找到的是红楼，当时校办潘彰焱老师接待我。潘老师对我很热情，对我的情况也有所了解，介绍学校情况很详细，新老师该去教务处、后勤处办什么手续，领什么东西，都交代得清清楚楚。当时学校条件还很艰苦，学校暂时分配我进距校门不远的前坪的两栋干打垒土坯房一个单间，算是照顾家在农村的新老师。虽然房间墙上刷的石灰已斑驳脱落，但总算是可以住校。办完报到手续，领取了一些办公用品后，我忍不住在校园内走了一圈，重新认识了三年后的二中。

学校与三年前没什么大的变化，进校门右边仍然是一段坡道，左边的低洼地是二邓祠旧址，前坪几棵参天古樟，遮蔽着两栋低矮的干打垒土房子，不远处是砖木结构的中正楼。左边往里是学生宿舍，右边木鱼岭山脚下并排有几栋砖木结构的旧教室，是初中部教学区。木鱼岭在校园内显得有些突兀，山上的松树苍劲郁葱，拾级而上的小道直达山顶一栋小平房。穿过中正楼往里走，是地势低洼的小操场，左边是宿舍、礼堂和食堂，右边地势稍高，是田径场，连接远处的学农基地。往里过了红楼便是高中部教学区。校园内依然景色宜人，充满灵气。

时任校长宁同魁找我们新入职的老师谈话。大意是：你们能到二中来，是我亲自挑选过的优秀师范院校毕业生，在二中第一年是实习考察期，如果这一年达不到要求，则可能被二次分配到农村中学，这对我们很有压力。后来知道，宁校长说的可是实话，有七七级的师兄一年以后被调离二中的。宁校长在二中治校严谨，威望很高。当时恢复高考才几年，百端待举，人才奇缺。武冈县委、县政府起用德高望重的宁同魁做武冈二中的校长，正是二中发展最兴盛的时期。我不知道宁校长当时是用什么手段将邵阳周边地区一些"文革"受挫复职的名教师网罗到二中的。我刚到二中，只知道有一批如雷贯耳的名字，令人心生敬畏。如语文老师唐朝、王耀楚、李丽君，数学老师杨来炳、王端午、张鸿孝，物理老师蒋旭、粟长源、沈生福，英语老师唐庆祥、伍桂林，化学老师黄琪美、许立敏，政治老师朱阳明，地理老师张颖、生物老师丁光等等（有的或将退休）。真可谓是名师荟萃，灿若星河。能与这些名师也是我的老师辈同校执教，不仅是三生有幸，同时也使我在工作上不敢有半点懈怠。

宁校长在二中治校有方，学校规章严谨，制度完备。教师有三个梯队：一批"文革"后平反复职的名老教师，一批长期农村中学磨炼出来的中青年骨干，一批恢复高考后的优秀师范院校毕业生。学校校风淳朴，教研氛围浓厚，教师们以老带新，相互切磋，时有公开课示范。教务处规定，年级组集体备课，教案不定期抽查，任课教师自觉下自习辅导。教师的作业批改教务处亦有抽查点评，常规管理井然有序。老师们潜心教学，心无旁骛，学生们求知如饥似渴：似乎大家都能感觉到，那是个知识能改变命运的时代。

我被分到二中任教初中语文兼初 70 班班主任。从起始年级教起，也就是说我的学生是刚走出小学校园的懵懂少年，特别是从农村来的寄宿生，他们刚刚远离父母，走进全新的校园生活。我身为班主任，从早晨六点半出晨操开始，上午课前要晨读，上完自己的语文课后，到班上其他科目课堂间或要去巡查。下午课后及晚上的自习与科任教师轮流下班辅导。晚自习结束，等寄宿生就寝后才能离开。那时校园课后兴趣活动形式多样，我们初中部自创一些手抄报、书法练习、歌咏比赛等课后活动，都颇受同学们欢迎。

我庆幸有一些好同事：我的同学苏建民老师与我在同一年级执教，教化学的谢毅老师，教英语的唐老师是师专同届的校友，还有一些师专师院差不多同时分配来的年轻老师，因志趣相投平时在一起谈天说地，特别是在食堂就餐后的时评趣事，时常也会海阔天空，成为校园生活的一道风景。初中部语文组黄恒、柳秀木、唐端轩等几位老大哥，还有几位师专上年分配来的师兄，是我教学生涯的良师益友，特别是我们语文年级组长陈立玉，退伍军人，作风干练，教学经验丰富，对我们年轻教师热情有加。我也时不时去唐朝老师那里请教教学中遇到的疑难，唐老师一如既往地为我答疑解惑，使我的业务水平得以快速提升。我觉得那个时期的老师对工作都充满热情。我整天对着那群天真无邪的半大孩子，看着他们永不满足的求知眼神，想着他们内心也许像我当年一样，为了追寻梦想来到县里最好的学校，想以自己的努力，改变一生的命运。

我至今都不能忘怀那段怀揣激情的教学生涯，因为初出茅庐，无所顾忌，我将自己一些带着稚气的感悟融入教学中，似乎还颇有收效。我注重在语文教学过程中培养学生的语言感悟能力和创新思维能力，也时常会在课后与这些半大孩子混在一起，了解他们的学习动态。我在教鲁迅的作品《少年闰土》时，在金秋十月的傍晚时分，兴奋地爬上木鱼岭，与他们一同观看"金色的圆月"。我在写作课教学时特别强调细节描写，注重在生活中观察事物并抓住特点和细节变化。平时写作训练时常布置一些描写事物片段和细节变化的小作文。由于我在写作教学上的特色，对学生的作文批改精细，眉批、尾批、点评到位，得到学校教务处抽查时的好评，并受到宁校长的直接表扬。由此我还兼任了学生文学社团的课后辅导，编辑油印了好几期学生文学刊物《法相岩》，对高中部一些《法相岩》的课外作者也进行过指导。我也因为油印刊的编排印刷，时常跑到木岭山顶的小房子里，向教务处那位用左手刻字的林老师学习刻蜡纸。因为这些尝试，我撰写了从教以来第一篇以作文片段描写为题的教学论文并在县教学论文评比中获奖。因为这些尝试，我与柳秀木、苏建民老师合作，在教学之余编辑了一本中学生写作指导书——《散落的珍珠》，作为内部资料在省内外印刷发行。也因为此，我的恩师唐朝老师找到我，拿出他多年教学积累的讲稿，邀我与他一起编辑整理成书。按照唐老师的要求，我对照工具书为他的讲稿校注，最后由他审定。我们以投稿的方式邮寄多家出版社，最后这部书稿以《古汉语字词句例释》由内蒙古人民出版社正式出版，唐老师将我的名字也作为编著者列在上面。《古汉语字词句例释》出版后，作为非专业的语文工作者和大、中学生自学古汉语的工具书，在当时颇具实用价值。与唐老师合作编著这本书，我进一步了解了唐老师，当年唐老师大学毕业后在解放军《海军日报》做了几年编辑。他对文字的审读和编辑能力底蕴深厚，我们在编写过程中，他对每一字词的注释，包括拼音的标注、标点的使用，都要求准确无误。有时为一个释义的出处，甚至要反复校对几种工具书。整个编写过程，对我而言是一次全新的学习和语言文字能力提升的过程，使我从此养成了打磨文字的习惯。为我后来到行政单位撰写公文打下了良好的基础。令人痛惜的是，唐朝老师退休没几年，却因为痔疮误诊而身殒。当年我从长沙回武冈，路过邵阳，去邵阳中心医院看望他时，他虽然消瘦但仍精神矍铄，没想到时隔不久，他却远行……

在二中三年多时间，我的工作得到了学校的肯定。八五年学校培养我入了党，入党介绍人是我的恩师唐朝老师，代表学校党支部正式找我谈话的是曾培成书记。我教的初 70 班毕业后，时任教学副校长粟长源找到我，要我从下一届开始带一个初高中各两年学制的少年实验班到高中毕业，并特别强调这是学校对我的信任且机会难得。因为当时国家试行招收少年大学生，二中邹江鹰同学榜上有名。学校拟从初一开始挑选一些尖子学生成建制班培养，以迎合少年大学生的招生考试。因为责任重大，我当时感觉十分为难，不敢应允，后来曾培成书记也找我谈过一次。最后不知什么原因，少年实验班没办成功。我教初 84 班一个多学期后就调离了二中。我在二中工作三年多，学校对我的生活非常关照，在学校条件非常艰苦的情况下三次分配我住房：刚到校时，在进校门不远的两栋干打垒土房子中分给我一个单间作为临时居所；一个学期后，学校第二次分配给我靠里面的与初中部教室平行的砖木结构的中正楼一楼一间板房，算是略有改善；两年多后，学校第三次分配给我中山堂右边的耳房，也是学校最靠里的房子了。那座四排三间的平房分给我一半，除了一大间房子还有半间堂屋可以做厨房。据说是宁校长住过的房子，能分给我内心自然十分感激。因为有了厨房，我便将家搬到学校，工作也方便多了。三年多时间，我算是从校门口走到了它的最深处，也使我真正在学校安了家。就是在那座小房子里，我完成了唐老师交给我的《古汉语字词句例释》书稿的校注。也是在那座小房子里，有多少个晚自习的时间，我与那些青涩的课外业余创作爱好者一起交流写作，探讨人生……

因为在写作上的一点基础，八六年县教委调我到办公室做文秘工作。八九年，一位我并不熟识的省教委政研室负责人来邵阳调研时看过我写的调查报告，决定调我到省教委（后改省教育厅）政研室工作，从此我便离开了武冈。后来回武冈时，也偶尔会去二中看看。由于工作关系，我也一直关注着母校二中的发展。

自 20 世纪 80 年代末开始，由于沿海发达地区的与内地经济发展水平拉开了差距，经济欠发达地区的优质教育资源开始向发达地区和一、二线城市正常流动，经济发展滞后影响了二中的发展步伐。所幸一代一代的二中人，为了家乡的莘莘学子，一直坚守着那份信仰与崇高，在二中辛勤耕耘，直至双鬓染霜。时至今日，二中虽历经沧桑，仍然保持着省示范高中的地位、三湘名校的风范。我们应该对那些为了二中发展奉献终生的老师们表示崇高的敬意！

离开二中近 40 年了。时光清浅，岁月嫣然，青春不再。当年风华正茂的我，已变成一名年近古稀的老翁。退休后，慢节奏的生活唤起了很多回忆，留在脑海中最多的还是二中。每当我与二中当年的同事或学生相遇时，偶尔有人称呼一声"老师"，内心那种油然而生的温馨，竟无以言表。人生有很多机缘巧合，也有许多命中注定。因为二中，我有缘遇到了一生中最好的老师，特别唐朝老师对我的教诲与帮助，让我受益终身。因为在二中执教的经历，使我一直保持着谨慎和勤勉。我在省教育厅多个业务处室工作过，时常保持着一份对专业的敬畏和认知的敏锐，常将一些工作中的思考整理成文字，撰写出版过几本有自我心得的书稿，参与并主持过一些颇具影响的课题，算是对自己工作的一些慰藉。我感觉这一切都与我在二中求学和工作的经历分不开。我的一生虽然平平淡淡，却有幸经历了一个伟大的时代，见证了我们伟大祖国改革开放的经济腾飞，亲历了改革开放以来我国教育事业的改革与发展。近 40 年来，我国教育事业发生了翻天覆地的变化，基础教育已从 20 世纪初的基本普及，到了全面普及高中阶段教育；现在的高考升学率不再像我们那个年代仅有百分之几。高等教育从改革开放初期的精英教育，经过大众化教育，已进入普及教育阶段。但是经济快速发展过程中，又出现了新的矛盾：城乡基础教育发展水平逐渐拉大了差距，教育优质资源包括人才向发达地区和城市高度聚集，经济落后地区的教育发展步入了瓶颈期，县域中学的发展处在十字路口。北京大学林小英教授最新出版的《县中的孩子》，对这一教育生态问题作出了深刻思考，引起了社会的广泛关注和教育高层的深刻反思。2022年，省教育厅等九部门出台的县域中学"提升行动计划"，释放出县中未来发展方向的信号。我想，母校二中也即将借此东风，迎来快速发展的春天！

作者介绍

郭荣学，男，1956 年出生，大学本科，中共党员。湖南省教育厅退休。现任湖南省教育学会常务副会长兼秘书长。1979 年高考前曾在二中插班复习。1982 年邵阳师专毕业后分配到武冈二中任教，1986 年 3 月调武冈县教育局工作，1989 年调湖南省教委（现省教育厅），先后担任过发展计划处处长、基础教育处处长、职业与成人教育处处长。工作之余在多个国内期刊上发表过论文。与人合著和出版专著《古汉语字词句例释》《教育信息化与现代学校管理》《创新与超越》《教育信息化与现代远程教育》《区域义务教育均衡发展模式研究》等。"十二五"期间协助主持过国家社会科学基金重点课题"区域内义务教育均衡发展实证研究"，并主持子课题"县域内义务教育均衡发展模式研究"获优秀成果。参与"湖南义务教育地方课程设计与开发"课题研究，获教育部基础教育课程改革教学研究成果一等奖，参与主持"基于职业岗位要求职业教育专业技能抽查与质量监控机制创新"课题，获国家级教学成果一等奖。

我所交往的王耀楚先生

黄三畅

我还未进武冈二中教书时，就认识王耀楚先生了。

第一次见面是 20 世纪 70 年代初期的一年。那年武冈县文化馆举办了一期文艺创作学习班，我参加了，同在学习班里的也有耀楚先生。耀楚先生高高的个子，儒雅俊朗，朋友周宜地喊他为老师。一问，才知耀楚先生"文革"前是他在武冈二中读高中的语文老师兼班主任，我对这样一位老师自然肃然起敬。耀楚先生待人和蔼可亲，没有半点架子。我以为他没有架子，并非那时知识分子是"臭老九"的缘故，而应是他本性使然。后来知识分子不是臭老九了，吃香了；耀楚先生也从一所农村中学重新回到武冈二中，当上教研组长，当上校长，也还是没有架子，待人总是和蔼可亲，不像有些人，一阔就变脸。他和人见面，如果是年纪比他小的，不是与对方握手，而是抓着其手臂摇了又摇，显得特别亲和。

1981 年下学期我进武冈二中教书后，住在木鱼岭下一座平房的一间房子里。第二年春节过后，我从老家返回学校，进屋刚生起煤火，耀楚先生就和周宜地"光临"了（周宜地是给他来拜年的），说是给我拜年。我没有瓜子、没有茶水（井水都没来得及去提）招待，只好表示歉意。耀楚先生抓着我的手臂说："不要紧啰，谈谈白话就可以了！"我极不好意思地掏出两个糍粑，放在煤火上烤了烤，请他俩吃，他俩都吃得津津有味，耀楚先生还连说"好吃"。后来我想，"新年大节"里，谁不是肚腹"充实"的？耀楚先生"津津有味"地吃我的糍粑，还是没有烤软的，有的地方烤得焦黑，恐怕是为了不使我难堪，是为了消除我的"歉意"，他是为"他人"着想啊！由此我对耀楚先生有了更深一层的敬意。一个人的品质，是可以从细小的事情上看出来的。

我有时也在报刊上发表小说、散文，耀楚先生看到后总要读，读了还同我谈"读后感"。最让我感动的，他还在他所教语文的班上读，读后分析优缺点，当然是优点为主。有一次，居然还在他任组长的高中语文教研组的活动上读，自然也分析优缺点。还说，语文老师要像我一样会写文章，教游泳就要自己会游泳么——这是正业。这是与学校个别领导唱反调。个别领导说老师搞创作是不务正业，还在晚上搞突然袭击，推开我的门，或从窗外偷看我是不是在"不务正业"，害得我誊写稿子时还要把一本语文书摆在一旁。

1986 年，按政策我可以为农村的家属"解决户口"，即由吃农村粮转为吃商品粮。但手续比较烦琐，要找的人比较多。耀楚先生主动为我找了一些人，有一次，还陪我到一个人的办公室去。我说要买一盒烟么，他说不要。到了那个人的办公室，耀楚先生从自己衣袋里掏出一盒烟放在办公桌上。办了事出来后我说，你怎么自己买烟？他笑着说，也是一个学生送的。又抓着我的手摇着："不要紧啰，我自己又不吃烟！"

真的，耀楚先生为我做了那么多，甚至没吃过我一杯茶！

后来耀楚先生当了武冈二中的校长，没有时间上课了，1987 年下学期，他对我说，他还是想当一个班的班主任，问我愿不愿意把我担任的高 161 班的班主任让出来，由他来担任，161 班的语文仍由我教。我想，耀楚先生是全国优秀班主任，同在一个班，他当班主任，我教语文，一定可以向他学到不少东西，特别是当班主任的经验，就同意了。我注意到，耀楚先生当班主任，最重要的特点是注意对学生进行思想道德教育。那时，学校每天上午的第一节课之前有二十分钟的读报时间，耀楚先生总是拿这二十分钟来读报。他读报，也不是读了就了事，还要结合学校和班里的实际情况对所读的文章进行分析、讲解。到了1988年上学期，因为高考在即，我就向耀楚先生提出读报课用来上语文。他想了想，抓着我的手臂，委婉地说："越是临近高考，越要对学生进行思想教育，你说是不是？读报的时间用来读报，并不是一种'浪费'啊，你说是不是？"后来，从高161班高考的情况来看，耀楚先生的做法是对的。

1986年的下学期和1988年的上学期，耀楚先生还帮了我的大忙。那时我参加省教育学院的本科函授，三年内每学期要去邵阳或长沙面授一段时间。1986年10月底至11月初，我去了十来天，我的语文课就是耀楚先生代上的。同我一起去面授的还有钟文晖老师，他当了高164班的班主任，他的班主任工作也是耀楚先生替代的。也就是说，那段时间耀楚先生除了校长的工作外，还教了一个班的语文，当了两个班的班主任。后来我才知道，耀楚先生在那一段时间身体不适，发热发冷，浑身钻头钻着一样痛。到了1988年3月，我和文晖先生又去面授，时间是三个星期，耀楚先生又是多副担子重挑。他给我代课和给文晖老师代班主任，并没有要代课费和代班主任费。耀楚先生不爱钱，他当班主任，只领国家的七块班主任补助，学校的三块，他没有领过。

"十年树木，百年树人"，"树人"的人，往往喜欢"植树"。关于耀楚先生爱树，有两则这样的故事。

2002年8月，武冈二中校门内左侧的水泥球场要改扩建为休闲广场，两排高大的法国梧桐树和一些别的树都被砍了，硕果仅存的是一棵亭亭玉立的香樟树。一天下午，已退休的耀楚先生散步到那里，发现有人正要挥斧头砍那棵香樟树，赶忙走上前说："不要砍！这棵树不能砍了！"砍树的人见他是个老人，鄙夷地说："你多管闲事做什么？你说不能砍就不能砍？我是学校领导请来砍的！"说完又挥起斧头，他是为了得工钱啊。耀楚先生一步抢上，背靠香樟树，坚定地说："要砍，你先砍我！"香樟树终于幸免于难。

2004年9月的一天下午，我下课后路过学校红楼前面的三角花圃旁边，见两个人已把花圃端头那棵桂花树的围子撤掉，围子里的土也刨掉了。问是怎么回事，回答是，学校基建部门有关领导让他俩把那棵桂花树移走，原因是那棵树有点挡路。我想，这棵树栽在这里十多年了，不觉得挡路啊，没必要移啊，移了说不定会死掉，并且这棵树栽在这里也是一景。我又担心自己阻止不了，就想起爱树的耀楚先生，就对移树的人说，你们稍等一下，我去喊一个人来和你们讲。于是我走到耀楚先生家里，和他说了情况，他说"我们马上去"。到了红楼前面，他先要移树的人再等一下，然后找到相关领导，做了一番工作，相关领导也同意不移，让请来的两个人重新砌好围子，填上土。

而今那棵桂树更加枝繁叶茂，可惜耀楚先生已于2022年11月的一天驾鹤西游。睹物思人，伤悲之情不能自已。

作者介绍

黄三畅，湖南武冈二中语文高级教师，湖南省作家协会会员。1981年7月至2008年7月在武冈二中任教。1986年创办校园小枫文学社，编辑社刊《小枫》。教学之余在《青年文学》《芙蓉》《清明》《湖南文学》《青年作家》《萌芽》《章回小说》《羊城晚报》等报刊发表小说、散文、杂文二百多万字。出版过长篇小说两部，中短篇小说集、散文集数部。曾获《羊城晚报》花地创作奖。

师恩难忘　山高水长

周飞跃

"如果我能灿烂绽放 / 是您给了我美丽芬芳 / 如果我能扬帆远航 / 是您给了我大海汪洋 / 啊 / 师恩难忘 / 师恩难忘 / 那爱的目光 / 那窗前的灯光 / 把我们的青春悄悄点亮 // 如今我在蓝天飞翔 / 是您给我一双翅膀 / 如今我在放声歌唱 / 是您给了我一个梦想 / 啊 / 师恩难忘 / 师恩难忘 / 那一片书香 / 那一瓣心香 / 在我们的生命里久久飘扬！"

这是我应时任邵阳市教委办公室主任刘芳之约、共同为全国第 25 个教师节写的《师恩难忘》的歌词。经邓卓、黄海棠老师为之插上音乐翅膀后，从武冈起飞，飞向湖南，在湖南教育电视台连续播出 7 天后，又被中国教育电视台选中，用作该年度"校园文化"专栏主题歌曲，唱响全国。

这支歌，表达了我的心愿，唱出了我的心声。"如果我能灿烂绽放，是您给了我美丽芬芳；如果我能扬帆远航，是您给了我大海汪洋。"师恩难忘，难忘师恩，49 年前，我非常荣幸地在武冈二中学习和生活了两个春秋。这两年时光对我的人生影响十分深远。至今，我脑海里还仿佛回响起当年琅琅的读书声，眼前似乎还闪动着师生开挖田径场的身影。法相岩的神秘、木鱼岭的安逸、中山堂内的肃穆、红楼钟声的威严，总把我带回那不曾远去的昨天……

1974 年秋，我有幸被公社推荐进入武冈最神圣的学府——武冈二中读书，最初编入高 85 班，后来分为寄宿生班和通学生班，我又被编入高 83 班。那一年，学校除了招收我们 82、83、84、85 四个普高班外，还招收了农机班、兽医班、财会班等速成职高班。可能是师资紧缺吧，我们班的班主任就换了好几个，龙起潜、刘光荣、张长振、成诗

雨都当过我的班主任。当时，数学老师刘光荣、物理老师沈生福、化学老师成诗雨、英语老师杨钺、政治老师易多英，都是响当当的人物，顶呱呱的权威。但我最感兴趣的是语文，教过我语文的老师有丁光、张长振、刘烛南和代过几节语文课的李丽君老师，我都记得非常清楚。尤其是刘烛南老师那句绘声绘色的话——"青春在脸庞上笑，幸福在眼睛里闪"，至今想起我总会会心一笑，多美好的青春啊！我爱语文，最爱古典诗词、现代诗歌，诗词是我用心钻研的对象。

我的二中同学易江波（邵阳学院党委组织部原部长、邵阳市摄影家协会副主席）前不久翻出一则他写于 1975 年的日记，竟然是摘抄了我 40 多年前的一首短诗《月夜》。"悄悄，悄悄 / 圆月儿躲在树梢 / 含羞地掩着半个脸儿 / 往池塘边上偷偷瞧—— / 那四只脉脉的眼睛里 / 爱情的火苗儿在一跳一跳 / 田野里的稻穗金黄金黄 / 年轻人的爱情啊，也熟了……"当时的他，认为我的短诗"手法好，有幽静感，把月亮拟人化了"，就将它摘录于日记本上。看着自己青葱岁月里稚嫩可笑的诗句，年过六旬的我乐得前仰后合。

记得一次上数学课时，我偷偷用楷体、草书和美术字抄写李白的《早发白帝城》，结果被在教室窗外巡视的班主任龙起潜老师发现了。下课后，他命我同他一起来到刘光荣老师住房，要我向刘老师作检讨。刘老师摆摆手说："周飞跃同学只喜欢语文，喜欢诗词，我很清楚。你晚上读课外书，半夜不睡觉，早晨多半不出操，你以为我不知道？我当然知道。我为什么不喊你出操？你的睡眠重，不多睡一下，白天上课哪有精神呢？你不想学数理化可以，

但60分都没有，就休想毕业！"他缓了缓，继续说："这样吧，你的字写得好，我就发挥一下你的作用，下周起你就为班上出黑板报吧！好了，你可以回教室了。"

我很愕然，看到两位老师同时点了头，才相信并非虚言。第二天我真的被任命为团支部宣传委员，业余时间收集同学的作品——适合上墙报的诗词歌赋，星期天下午出黑板报，每周出一次。第三周，学校检查评比，我班墙报第一名，84班第二名。我欣喜若狂，十分感激两位老师的宽宏大度。从此，刘老师上数学课时，我也能强打精神断断续续听下去了。隔周，学校再评比，84班第一，我们83班第三。我一愣，后来一查才知道，84班的竞争对手原来是管金光！

我在84班墙报前伫立良久，发现管金光的字确实写得比我漂亮，版面设计更美观，内容也更充实。后来我就常找他切磋，渐渐地，我们成了好朋友，互相学习，共同提高。那两年中，每周一的中午，学校广播会公布上周全校黑板报检查评比结果，83班和84班都是名列前茅。直到今天，曾任广州军区通信训练大队政委的挚友管金光还对此津津乐道呢。

1982年，我从部队退役回到武冈，也成了一名中学语文老师。记得班上曾有一名非常爱动脑筋的学生，课堂上常有心不在焉的现象，我就将声音提高八度，提醒他回到课堂上来，从未当众训斥他。这种做法颇似当年我的班主任龙老师。多年后，这位已是武冈公安系统闻名遐迩的痕迹学专家的学生，每每谈及此事，亦颇有感慨。

学生天资各不相同，爱好千差万别，我从不强求学生做工厂里统一标签的"合格"产品，而是充分尊重他们的意愿，发挥优势，发挥特长。这也是武冈二中许多优秀教师难得的教育观、人才观。毕竟，造原子弹的人才是凤毛麟角啊。老师善解人意的一句话，大度宽容的一个举动，让人受用一辈子，感恩一辈子。

我和母校之间有一种奇妙的缘分。1985年，我参加湖南师范学院（即现在的湖南师范大学）汉语言文学专业自学考试时，二中的李万刚老师（后任副校长）就是我们的古文辅导老师。后来参加湖南师范大学2000级课程与教学论专业教育管理方向研究生2班学习时，又与二中校友王书华、谢敏等同班。1996年，我从市委组织部调至市教育局当副局长，在党委研究城区学校联系分工时，我联系的单位就是武冈二中。1999年，时任二中办公室主任的谢毅（后任武冈市政协副主席）送我一幅《晨读》的二中风光照，我珍藏至今。

2015年，湖南省音乐评论委员会和省音协在长沙举行"感谢祖国·周飞跃歌词作品研讨会"时，又是武冈二中的黄三畅老师及我的二中同学易庆国（时任文联主席）、杨立功（时任文联副主席）亲临出席，为我鼓劲加油。黄三畅老师还亲笔撰写了评论《真我·真率·真味》，言之切切，情之殷殷，令人感动。随后，我当选湖南省音乐文学学会副会长、湖南省音乐评论委员会副会长、武冈市音乐文学学会主席。

2021年，我编剧、作词的大型歌舞剧《蔡和森》在娄底演出成功。武冈市文联举行"歌舞剧《蔡和森》座谈会"时，武冈市原副市长、二中老校长李良时亲临现场，发表讲话《史诗·颂歌·号角》，给予充分肯定。

学生时代让我拥有无限美好，也给了我不少创作灵感。我曾写过一首中学生歌曲《别翻我的小抽屉》："在家里我有一个小抽屉／它是我的小天地／那一枚斑斓的贝壳／闪烁着蓝色的好奇／那几片绯红的枫叶／记录着绿色的友谊／啊，妈妈，亲爱的妈妈／十六岁的心渴望一片小天地／请您别翻我的小抽屉。//在学校我有一个小抽屉／它是我的小天地／那一本小小的日记／书写着自己的传奇／那几道淡淡的泪痕／留下了青春的秘密／啊，老师，敬爱的老师／十六岁的心渴望一片小天地／请您别翻我的小抽屉。"歌曲表达的就是青春拥有秘密，"自由自在"畅游学海的学子的心境。歌词获1989年全国校园歌词征集评选冠军，被《春天的故事》作曲家王佑贵老师谱曲后，1990年11月11日在湖南人民广播电台播出。2006年再度被作曲家南振民配以优美旋律，荣获"河南省第七届精神文明建设"歌曲类金奖。该作品后入选湖南省文联60周年文库《音乐卷》，个人档案有幸入选《湖南当代音乐史》。

在我当选为武冈市作协主席发表感言时，在出版歌词集《我的云山》写作后记时，我都真心实意地讲过这句话："我愿永远做我的母校武冈二中的一个学子，心无旁骛，津津有味地听老师讲课。"做学生，尤其是做名校名师的学生，是一件最令人心旷神怡的事。

一路走来，风雨阳光。山高水长，师恩难忘！

作者介绍

周飞跃，男，1958年9月出生，1976年7月毕业于武冈二中高83班，现居武冈。曾任武冈市教育局副局长、水利局党委书记。系中国音乐文学学会会员、湖南省作协会员、湖南省音乐文学学会副会长、湖南省音乐评论委员会副会长、武冈市音乐文学学会主席，词作家、音乐评论家。出版过长篇小说《秘方》、歌词集《我的云山》。歌词作品曾获国家级和省级奖励。

让武冈二中以你为荣

殷当生

如果你问武冈市学生家长：最希望自己的孩子考上哪所中学？回答肯定会高度一致：二中！

在武冈市学子与学生家长心目中，武冈二中确实是有这么神圣。

我的儿子殷豪呈念小学时，刚开始学习成绩并不拔尖，原因在于儿子没有任何目标。五年级时，我们特意选了一个周日，带了儿子乘车到武冈二中游玩。进入校门，映入眼帘的那一株株荫如华盖的参天大树，整洁的教学楼，宽敞的运动场，特别是肃穆庄重的中山堂，那饱经岁月沧桑的法相岩石刻，无不给少不更事的儿子留下深刻的第一印象。我也用我对二中粗浅的认识给儿子一路讲解。然后问儿子二中美不美好不好？儿子说很美很好。我再问他想不想进入这样的学校读书，儿子回答说："想！"我笑了笑说道："既然想，那就把考入二中作为你人生的第一个奋斗目标。"

有了目标，便有了努力的方向与动力。从那以后，儿子的学习态度与学习成绩一下子有了质的转变：数学考试一个个满分捷报频传；先后创作的童话故事《孤独的小青蛙》与《真色泉》参加武冈市信合杯与邵阳市潇湘杯征文竞赛，都获得了一等奖。

那年小学升初中，整个湾头桥镇报考二中的名额只有八个，其竞争与其说是激烈，不如说是残酷！好在儿子不负厚望，如愿考入了武冈二中。

武冈二中的初中教学注重培养学生的自主学习能力与综合能力。你有书法、美术、文艺、体育等方面才华，学校尽可能给你展示的舞台，让学生的兴趣爱好得到充分发展。这一点我特别地欣赏。儿子后来在大学期间以及参加工作后，都曾拿过书法竞赛大奖、乒乓球冠军、羽毛球冠军、演讲比赛第

二名等，充分展示了个人综合素质与能力，这些都与武冈二中初中阶段的学习与培养密不可分。

进入高中后，学习压力自然大幅度提高了，但儿子一直显得比较轻松。记得儿子高一的班主任是赵慕华老师，一位很是严谨负责的女老师。高二分科时，儿子文科排全校第二名，理科排二十一名。在文科班报到学习了一个星期，儿子打电话说想改学理科，说文科班数学太简单，没有挑战性，提不起学习兴趣。让儿子拿定主意后，我们赶到学校想协调改科的事情，谁知儿子已经自己协调好，转到了理科班就读，班主任是儿子特别喜欢的数学老师荆继进。我这才知道，那年二中首创分科后可以让拔尖学生自己挑班选读，真的让我十分敬佩！

进入理科班后，儿子成绩非常稳定，大考小考都是班上第一名，学校前十名。是时候给儿子谈高考目标了。等儿子放假回家，我拿着儿子的校牌说："这上面有一行字：今日你以二中为荣，明日二中以你为荣！怎么样才能让二中以你为荣呢？一是高考发挥最高水平，考个好大学；二是在今后的学习与工作中不断取得突破，给二中增光添彩。目标与计划是取得成功的基石，你现在应该确立高考目标了！"

于是，我和儿子一起坐在书桌前制定了一个高考"687计划"，即语文132分，数学141分，英语138分，物理93分，化学93分，生物90分，合计687分，目标清华大学。

尽管和儿子一起确立了一个很高的目标，但我们并不奉行"死读书读死书"。放假回家，儿子依然张弛有度，练练书法、打打球。高三校运会，儿子报了800米赛跑。决赛那天，我特意赶到学校给

儿子助威。发令枪一响，儿子一下子落到最后。一圈后，儿子大步流星地跑到了第一位，最后拿了第一名。班主任荆老师也非常高兴，跟我说第一回见到学习成绩和体育都这么厉害的学生。

可没料到，高考前一个月，儿子身体突发状况。这正是我们最为担心的！那一刻真的让人崩溃！

请假就医时，荆老师安慰我们说："安心就医治病，殷豪呈的学习成绩已经达到了一个高度，再怎么考也不会太差的。"这句话真的给了我们莫大的宽慰与鼓励！直到儿子进入大学，才曝出震惊世界的三聚氰胺事件。万万没想到，自儿子两岁折磨到他十八岁的病魔竟然是毒奶粉引起的，怎能不让人痛心疾首？

2006年高考结束，儿子虽然未能考入清华大学，但还是以二中理科第六名的成绩被华中科技大学录取。毕业工作后，又以笔试、面试都是第一名的成绩成为国家公务员，进入海关工作。

武冈二中响亮的名片与荣耀，是一代代二中人共同打造的。今日你以二中为荣，是个人与家庭的得偿所愿；明日二中以你为荣，是武冈二中对每一个走出二中校门学子的寄望与鞭策！

作者介绍

殷当生，武冈湾头桥人，1980年参加工作，1989初作小说获奖后，陆续发表了十几篇小说、散文。2003年因故搁笔，2020年重拾文学，创作出版了长篇小说《归途》，新作小说《白鸭》也已完稿。

二中情缘

王忠义

六月二十九日，傅勇同志在武冈人网文学原创群转发我市著名词作家周飞跃倾情力作《师恩难忘山高水长》——[武冈二中校庆征文]。周飞跃做过武冈教委副主任，是我尊敬的老领导。作品被转发后不久，群友大海发了一则读后感："二中校庆征文都是一些武冈名人的文章，如能有一篇无名小辈的文章那该有多好。"稍后，武冈人网黄高远同志以五字呼应："名人写名人。"两位的感慨，瞬间触动了我不太敏感的神经，我想，自己能不能成为他们心目中希望看到的那个"无名小辈"呢？

我不知道武冈二中的学生名录里有没有我的名字，因为我在这所学校里仅仅只上过四个多月学。但在我心里，我是彻彻底底地把自己认作是武冈二中的学生，因为我确确实实在这所学校里"寒窗苦读"过。

七八年高中毕业，我没能考上大学。机缘之下，我进入民办教师队伍。一年多后，学校来了一位接班补员的李老师。他比我大七八岁年纪，他的父亲复职后任教于武冈二中。李老师跟我很投缘，他对我没考上大学感到很惋惜，希望我去复读，并愿意通过他父亲帮忙，让我进入武冈二中。

在李老师父亲的引荐下，通过语文和数学两科测试——成绩还算不错，我被安排到文科113班插班。这是一个应届生班插入不少复读生的混合型班级。班里人很多，走进教室，黑压压的一片。后来一次政治课上，朱阳明老师不无风趣地跟我们说："《水浒传》里有一百零八条好汉，你们班也是一百零八人，大家都是'好汉'啊！"说得我们一个个低头窃笑起来。大家知道，老师是寄殷切期望于学生，同时给学生们鼓舞和鞭策。

从此，我接触到很多新的老师：教政治的朱阳明老师——后来做过二中的校长，教语文的唐朝老师，教数学的杨老师，教历史的匡老师，教地理的张颖老师——我们的班主任……扪心而问，愧怍得难以言说的是，这些给过我教诲的老师们，现在想来有的连姓名都想不起来，至于样貌更是想烂脑袋也想不出多少特征来。印象深一点的是班主任张颖和朱阳明老师。张老师敦敦实实的，说话幽默，声音爽朗，脸上总带着笑；地理课上得绘声绘色，让我这个地理知识贫乏的复读者无限欢喜，听起课来如饥似渴，恨不得将老师所教全部吞进肚里，化为己有。朱老师的政治课，言语洗练、极富亲和力，内容生动有趣，叫人感觉不到一点儿枯燥。

也认识了不少新同学：周叶中、黄立军、华玉明、宁爱农（后来知道他是时任校长宁同魁的儿子）、罗毅、肖青华、刘育明、杨自豪……这些同学中，相处最多的是黄立军、宁爱农。黄立军能歌善舞，是我早就熟悉的，他跟我舅舅、姨父是一个地方人，地方上很有些名气，他跟宁爱农相处最好，每次跟宁爱农闲聚都要叫上我。宁爱农是学体育的，体育生中记得还有一位姓刘的同学，他们早上、下午训练非常刻苦。周叶中是我同寝室的室友，他比我高些，略瘦，寝室里捧着书本专注学习的样子至今记忆犹新。认识女生肖青华，因为她学习很用功，成绩又很好，张老师课堂上常表扬她，并且她人又长得漂亮。后来，在很多场合听人说到某人是某局局长，某人是某党报编辑、记者，某人是某大学教授、博导，特别是听到周叶中当了武汉大学副校长，还给中央政治局常委们讲过课，我心里高兴啊，他（她）们不都是我武冈二中的同班同学吗？几十年来，因为工作关系，虽然从来不曾交往过，但他（她）们确实是与我朝夕相处过的同学啊！我为自己拥有这么多优秀的同学感到自豪！我为武冈二中培养出众多优秀人才感到骄傲！

反观自己，文化底子实在是薄弱，那时高中只有两个学年，是在公社中学读；我们一届有两个班级，一个农知班，一个农机班，我读的是农机班，我们的物理主要学的是工农 10 型手扶拖拉机，英语没入过门，历史、地理学得肤浅得很。

二中复读的四个多月里，巴不得一天掰作两天用，巴不得时光停住它前行的脚步。天还未亮，高大的樟树、白果树下，有我和同学们琅琅的书声；晚上，就寝的灯光熄灭，昏黄的路灯下，有我和同学们捧读的身影。课堂上，老师们讲重点、析难点，教室里鸦雀无声，同学们凝神倾听，生怕漏掉老师讲课的某一个细节。同学间很少交往，很多人基本往来于寝室、教室和餐厅之间。我们 113 班的教室和寝室只一墙之隔——一端是教室，一端是男生集体寝室，部分男生（其中有我）省却了往来教室和寝室的时间。夜里教室灯不熄，寝室里空空荡荡见不到人影。寝室里，灯熄了，为了弄懂某一问题，点蜡烛学习、打手电筒在被窝里学习是常有的事。

功夫不负有心人，1980 年高考预考，我顺利过线。虽然那年正式高考我仍没能考上大学，没能为二中增光添辉，但我个人并不很遗憾。四个多月

的复读，弥补了自己知识上的许多缺陷，为自己翌年参加民师内招考试夯实了基础。

光阴荏苒，时光一晃到了一九九四年。其时我是武冈市第三职业中学的一名语文教师。听闻武冈二中选招初中语文老师，仅教过初一初二语文各一年、教过职高高一语文一年的我，毫无自知之明地也去凑热闹，结果笔试过关，试教淘汰。试教的过程很尴尬，抽到的课文是初三年级的一篇文言文——《得道多助，失道寡助》（课题是不是这样我已记不得）。这篇文章我没学过，手头又没什么可供学习参考的资料，备课时节心里就犯了毛：这让我怎么教呢？一走上试教讲台，一眼望见评委中有高中时当过我一学期班主任、教过我一学期语文课的李万刚老师——其时已是武冈二中语文名师、教学副校长，心里更是紧张得直发抖。想着将在自己的老师面前丢丑，本就内容不熟悉、准备很不充分的一堂试教课，真个让我的老师和别的评委们没眼看了。

我与二中有缘又无缘。真正让我圆了二中梦的是我的两个女儿。大女儿二中高中毕业考入广西大学，现定居杭州；小女儿二中高中毕业考入长沙师范学院学习书法学，今年顺利毕业，已获得高中美术教师任教资格。她们是我的骄傲！感谢女儿！感谢武冈二中！

作者介绍

王忠义，男，1962 年 4 月生，汉族，中共党员，大专学历，中学高级教师。做过三年民办教师。曾在武冈二中 113 班（文科）插班复读，后就读武冈师范民师班。教过小学、初中、职高，1995 年入乡镇联校，先后在文坪、邓元泰、水浸坪、晏田、头堂、迎春亭等乡镇处中心学校工作。

学好考好上清华
——与学生谈学习

汪兴谦

朝如青丝暮成雪，时光飞逝，学生时代的很多事情我依然记忆深刻。

我出生在湖南武冈龙溪铺。村子的中心地段，在一尊怪形巨石下，有一股泉水喷出，形成远近闻名的"赵公井"。隆冬腊月，井面却云蒸霞蔚，手触井水顿觉温暖；到了盛夏季节，井水又很是清凉。相传在井中逮得寿龟一只，背有"四川"二字，清晰可辨，所以，自古以来，全村男女老幼无不深信，赵公井之水来自四川峨眉。井水清澈见底，从不混浊，入口如饮甘露。神奇的井水哺育了一代代纯朴的龙溪人，也给了他们许多遐想，激起了很多人探究它奥秘的好奇心。

我学习了温度计后，也曾亲自实践，测量水温，发现无论春、夏、秋、冬，水温都在 25℃左右！

村子西面有两座高山，一座叫尖峰岭，一座叫百景岭。尖峰岭山势奇绝，层峦叠嶂，满山怪石嶙峋，形态各异，犹如刀削斧砍，天然石塔刺破青天。与之相邻的百景岭却完全是另一幅景象，满山青树翠蔓，悄怆幽邃，蝉噪鸟鸣，隽秀婀娜。尚在村小学读初小时，我就随大人进山伐薪刈草，竟然登上山顶，惊奇地发现，山顶上竟有无数的贝壳！我常常陷入沉思，千万年来，这两座高山像两个巨人巍然伫立，相隔咫尺，为什么结构、形态却迥然不同呢？这种强烈的求知欲望一直伴随着我。

我在村小学念完初小，通过考试去了县城最好的武冈第一完小（后改名为红星小学）。龙溪铺离第一完小 12 华里，每天早上 5 点多就要急急忙忙步行赶往学校，下午 5 点多才能回到家里。我规定自己不迟到早退，特别不能缺课。

1955 年年初，天寒地冻，有一天，在去学校的路上，我一不小心滑到了路边的水塘里，裤子湿了，手提烘笼也损坏了。但是，我意识到，缺一天课就会留下一个空白，于是没有犹豫依然按时赶到学校学完了一整天的课程。

我们的班主任是夏老师，也教我们的语文，伟岸温和，字写得很好，每堂课，都非常吸引学生。有一次讲高玉宝写的《我要读书》，夏老师读着读着，声音嘶哑了，后来还哭出来了，全班同学也跟着哭起来了。高玉宝那句"妈妈，我要读书"，撕心裂肺的呼喊声震撼着全班学生的心灵，久久不能平静！

1956 年我从武冈红星完小毕业，参加考场设在武冈师范的武冈一中的招生考试。那年 2 千多人参考，只招收 3 个班！发榜的时候，黑压压的一片，好多人拥挤着，我在榜上发现了自己的名字，连蹦带跳，欣喜若狂！

那个时候 4 天 8 餐，学生的伙食费分两档，第一档每月 6 元，第二档是每月 5 元！我自知体弱，不能给父母亲挣工分，只好为父母亲省钱，选择了第二档，同时每餐只吃 6 两（16 两制的 6 两，两求斤口诀：一退六二五……六三七五）！回想在武冈一中的三年，最让我难以忘怀的是"雨中送伞诚挚意"。

有个星期六下午，天气蛮好，有些人趁着好天气进城了，可是天黑以后，突然狂风大作，倾盆大雨。我与当时的少先队大队长商量：这么大的雨，去城里的老师同学回不来了，肯定很着急。

我们决定收集雨伞，冒雨去城里送伞。

我们穿过东门口城门，步行到骧龙桥，沿四牌路、三牌路、水南桥，又走西直街，凡是亮着灯的

店铺，特别是饺面馆，我们都高声发问："有一中的老师学生吗？"还真把所有的雨伞送完了！我们感到做了好事，像个合格的少先队员！这样的好事，我们一直坚持到毕业！

整个初中，我的学习成绩只能算中上水平。初中毕业，考虑到武冈二中离家近，可以跑通学，经考试后，我被武冈二中录取。

随着年岁的增长，我时刻牢记父母的期盼，牢记国家与社会对我们的要求，牢记自己的责任担当。我认识到，有作为的人应立大志，所谓立大志，就是要以改造自然、改造社会的目标为己任，为国家的强盛和人民的幸福而奋斗！只有这样，才会有永恒的学习动力。有了学习的动力，就为学习好提供了先决条件，但是还不够，还要专心致志。

人类的文明史，经过几千年的积淀，浓缩在教科书中，加上老师孜孜不倦地教导，让我们在最短的时间里掌握先人智慧的结晶，这是每个人最值得珍惜的时期。在这段时间里，我们每个人可能会遇到上百件事、上百个问题，可是与读书比较起来，都是微不足道的。掌握了书中的智慧后，即使家里有很大困难，或是个人确实吃了亏，甚至自己受到不公平的对待，都会不为所动，处之泰然。

到了高中，我特别注重课堂学习这一环，一到课堂上，就如同上了战场，全神贯注，思维紧张，直盯着老师与黑板。所以每节课结束时，就基本上掌握了老师讲授的内容！要想学好考好，特别需要勤学苦读。

历史上，孔子韦编三绝、匡衡凿壁借光、苏秦锥刺股、孙敬头悬梁、车胤囊萤、孙康映雪、杨时程门立雪等勤学苦读、尊师重教的故事，也深深地激励了我。

高中课程多，复习功课的时间显得非常紧张，我就利用早晨上学路上的1个多小时背记外语单词与重要的语文章节，再利用下午回家路上的1个多小时回忆当天学过的内容，因精力高度集中，好几次跌倒在路旁的水沟里。可是我乐此不疲，学习效果特别好！

光阴似箭，时间到了1962年4月，农忙回生产队抢插，我一边扯秧，一边回忆教材，记公式，背俄语单词、语法，回忆政治、语文重要章节，因为是兴趣所至、有心为之，所以十天下来，重要的考点内容记得滚瓜烂熟，懂公式如爱兄弟姐妹，记公式如处朋友，用公式则易如反掌。由于思维高度集中，也就忘记了体力劳累，真的是脑体结合，相辅相成，两全其美！

经过艰苦而专心致志的学习，加之"牵牛鼻子"的学习方法，我的学习成绩突飞猛进，高三时，我给自己拟定的目标是，每次考试，数理化与俄语，一定要考100分，如果只考到99分，我就不甘心，就要责备自己。有次俄语考试没有考到满分，我反复责问自己：那个单词是学过的，为什么没有记牢？

我还记得，在学校举行的物理竞赛中，有一道关于电动机的竞赛题，虽然没有教过，但是由于我平时喜欢思考问题，居然做对了，毫无悬念地夺得了物理竞赛第一名！那时，还没有学霸的称谓，只有一些同学说我是"考试神"！

1962年7月下旬，我参加全国高等学校招生考试。

我们是先填志愿后考试的。那时我已经知道，清华大学工程物理系是学原子能的，毕业后可以去沙漠里工作，我认为在沙漠里工作是最光荣的，理所当然地把清华大学工程物理系填在第一志愿！

紧张的考试开始了，考场设在我们武冈二中。

那年作文题有两个，一个是《说不怕鬼》，一个是《雨后》，我选作了第二个。其他同学大多写成：

大雨后，堤坝冲垮了，大家奋不顾身地抢险，这样写当然很好。但是我别树一帜，写成大雨后堵田埂的口子，结果得了高分。

数学物理都是10个考题，我考试得很顺利很好，前9题势如破竹，基本上没有扣分。做第10题时，时间宽裕，做得非常出色，我不仅按步骤做出来，而且像老师讲课一样，有分析，有列式，有计算，有归纳。

1962年，全湖南省的高考学生都很低调，让我脱颖而出，取得了最好成绩，步入了清华大学！我学的专业那时叫工程物理，现在叫核能科学与工程，2021年国家最高科技进步奖获得者王大中校长，曾是我们专业的任课老师！

37岁时，部队从地方招录人才，经过严格的审查考核后，我进入试讲环节。我至今还清楚地记得试讲的课题：多元函数的极限。讲到中途，考官就不要我讲了，说我试讲得最好。于是，那年（1981年）我参军了！

从国防科技大学退休后，因工作时经常上午讲课2小时，辅导2小时，下午讲课2小时，辅导2小时，晚上答疑2小时，积劳成疾，戴上了6顶疾病的帽子。幸好在军休服务站的关怀下，经家人精心服侍，又遇上了优秀的康养老师与产品，经科学锻炼、保健养生创造了奇迹！

现在我相信：九十不算老，八十不为稀；躬行到百龄，含饴逗玄孙！由于体态轻便，经常有人问我退休了没有，我总是笑而不答！估计再躬行执教十年，不存在悬念！

作者介绍

汪兴谦，男，1944年出生，湖南武冈市龙溪铺人。1956年在武冈一中读初中，1959年考入武冈二中30班读高中。1962年考入清华大学，学习核能科学与工程专业。

大学毕业后被分配在二机部工作。1981年被特招入国防科技大学工作至退休。期间担任国防科技大学文职数理与计算机教官，国防科技大学教授。

银杏树下的恩师们

潘璋荣

母校有一棵华盖浓荫，古老雄伟的银杏树，是我记忆最深的美景。银杏树下有一批德艺双馨的教师，永远地留在我的记忆里。他们是赵秀章、朱阳明、张长振、唐朝、张颖、粟祥元等老师，其中我想特别说说两位英语教师柳干林老师和唐晋源老师。

高一第一学期，教我们英语的是柳干林老师。柳老师看起来四十多岁的样子。戴一双深红色镜框的近视眼镜，中等个子，比较胖。感觉他的脖子很短，而且跟头差不多粗实。一般人都有一个明显的后脑勺。可我感觉柳老师是没有后脑勺的。因为他脖子短，后脖子的肉直接跟后脑勺的肉连为一体。柳老师的头发看起来特别细软稀松，且呈螺旋状蜷曲着，略带金黄色，看起来颇有点初生婴儿的头发的味道。因为他的头发特别细软稀松，因此不能严密地遮盖和隐藏他的头皮。

柳老师面目看起来十分威严，且虎虎有生气。所以大家一见到他，应该都有种望而生畏的感觉，至少我有这样的感觉。

不知是开学后第一节课还是第二节课，柳老师一提问，居然就把我给点上了。好在我还答对了，柳老师很满意。可是他在提我问之后还看了我的英语笔记本，他还特别警告我："书写要认真规范、一丝不苟！"他还威严地说："今后我每节课都要提你的问！每天都要检查你的书写！"这导致我这个本身文字书写技能很差的学生，英语作业看起来却特别美观。连我只有小学三年级文化的父亲，都对我的英语作业的书写特别进行了表扬。父亲说："你的字写得不好，但是英语倒是写得好呢！"这其实也是柳老师的严格要求给吓出来的。当然，也是柳老师英语书写规范教学成功的结果。

在初中，我本身基本就只学会了26个英语字母的读音和书写。这么垃圾的英语基础，让我感到英语学习压力很大。可是英语老师柳老师似乎是上天派来"整我"的，让我感到十分害怕。我害怕今后柳老师提问我答不上来，担心答不上来柳老师会给我什么可怕的难堪，其实柳老师从来没让我难堪过。那时我每天早晨和每个下午都要记诵英语单词。特别是学校早读一般是规定"星期一三五读语文，二四六读英语"的，可是我觉得如果我一个早晨不读英语单词，我一定会忘记。于是每周一三五早读时间我都会占用一半的时间读英语，至于二四六我则是全部用来读英语。

一三五读语文的时间我用一半读英语，终究难逃语文老师兼班主任张长振老师的火眼金睛。张老师发现以后自然是十分惊讶和不满，我只好跟张老师辩论，说自己不得不拿一半时间读英语的原因。我说，虽然语文该背诵的有些的确背不下来，但是这不是因为我读语文的时间不够，而是我的记忆缺陷造成的。我的背诵能力制约了我，不管怎么读，有些背诵内容都是背诵不了的。但是，这些内容考试一般都是考填空题，如果是填空，我虽然不能整段背诵，但我看到前后语境就可以填出来。而英语单词我一天不复习巩固，就会出现严重的漏洞，会导致英语学习后续严重滑坡。张老师听我说得有些道理，就没有严厉禁止我一三五拿一半时间读英语了。张老师这种能听取学生意见、尊重学生学习个性的态度是难能可贵的，这点让我对张老师充满好感。

由于在英语学习上花费了大量时间，我的确成了英语课堂上柳老师雷打不动提问的学生之一。每次考试或者小测试，我总是保持英语全班第二的成绩，仅次于我班初中和高中始终都是全校学霸的罗毅同学。我还作为班级代表之一参加了全校的英语竞赛活动。

　　高一第二学期，英语换了唐晋源老师。唐老师外表看来比柳老师和蔼很多，一点儿不可怕。他的课，在我看来上得比柳老师更好，主要是他的英语朗读，显得更加清晰婉转动听。他虽然没有明确提出要每天提问我，但我依然是他重点关注和提问的学生。

　　英语学习中有很多棘手的东西，我经常跟英语老师提问。特别是唐老师，早晨和下午，我都经常跟他提问，而且唐老师总是十分高兴和富有耐心地倾听我的提问，也非常富有耐心地进行解答，从来没有露出半点不耐烦的表情和情绪。我记得我有次我还特别走到唐老师家里发问，唐老师依然是十分耐心和热情地给了我解答。所谓"诲人不倦"，我觉得唐老师是特别担得起这个称谓的。

　　工作后，我也成了一名老师。虽然我对学生提问也是绝对高兴回答的，不过说实话要是遇到我自己这么好问的学生，能否做到像唐老师这么永远毫无厌倦之情，我不敢保证。我是属于好问中的奇葩学生。我记得，从初中到大学，我始终是班级里最勤于向老师提问的学生。当然，我绝不是故意用提问来为难老师，也绝不是拿提问来打发无聊的时光，而是的确有很多知识感到不好理解与把握。我的好问，还激怒过好几个老师，其中也有大学老师。有的老师虽然不因我的提问而发怒，但是会设法逃避我的提问。所以，对照起来，我就特别怀念和敬佩唐晋源老师。

　　1980年高考落榜，这是我自己意料中的结果。但是到了1981年，英语成绩按75%计入总分。1981年我英语考了75分，结算以后是56分。结果我几乎是以比很多同学多加了一科成绩的优势超过了当年重点大学录取分数线6分，被湖南师大录取。一些知情的同学和老师都说这是我坚持不放松英语学习的结果。

　　我较好的学习成绩和高考结果，是众多优秀教师集体教育培养的结果。其中，两位英语老师对我的教育和培养是特别令我难忘的。从某种意义上说，我的英语学得好，既是被柳老师吓出来的，也跟唐老师的诲人不倦密不可分。

　　怀念我的恩师们。

作者介绍

　　潘璋荣，男，1964年7月出生，1978年9月—1981年7月在武冈二中学习。就职于武冈教科所，任中学政治教研员。在全国报刊发表教育论文和文章一百多篇，中学高级教师职称，曾获邵阳市优秀社科专家（教育类）、湖南省和邵阳市优秀教研员及武冈市骨干教师荣誉。

三月之唁

陆先云

又到三月，又是绵绵细雨，抬眼蒙蒙雨幕中，依稀有那抚着前额沉思西行的一帧身影，他渐行渐远，千呼万唤不回转。此情此景，不由模糊了我这武冈老学子的双眼……

去年的三月二十一日，我武冈二中的学长、湖南大学的学长——聂义勇先生走完他孜孜攀登数学高峰的人生里程，撒手西去。一颗数学天才之星骤然陨落，呜呼……我伫立于资水之滨，合十贴额：学长一路慢行。

聂义勇，武冈城镇人氏。1964 年毕业于湖南大学数学力学系，甫到西安重型机床厂工作，尚在我疑惑"数学专业在机械行业能有多大作为"的之时，他就已在大型机械生产的曲线计算方面有了突破性的成效。1970 年调入中科院沈阳计算技术研究所后，如鱼得水的他，从此在数学领域奋力登攀，展翅翱翔，闪烁着生命的光芒。

早在 1993 年，《辽宁日报》"风流人物"栏目就以《闯入世界名人行列》一文报道过他。文中写道："这位 50 年代末穿草鞋上大学的人，如今做梦也没想到会闯入世界名人行列。""行笔至此，消息纷至，由香港世界文库出版社和中国作家协会联合组织的《当代世界名人传》已经给聂义勇寄来入选通知书，英国剑桥国际传记中心出版的《国际传记辞典》亦将其入典"等，类似话语至今犹存我脑海。

此话不虚，义勇君不仅的确是名人，同时也的确是"书呆子"。极为突出之"呆"，就体现在他对学术的孜孜求索之上。

1962 年，身为大三学生的他，受一本力学小册子的启发，对"多项式稳定性判据"萌生了兴趣，竟在黄草纸上东画西算，当年就寻求出用判定系数

表示的必要且充分的条件，从而优化了游移一个多世纪的世界性的多项式稳定性问题，并被推荐到湖南省科学普及协会作报告。从此他一发不可收，运算的草纸足足可以将其堆埋起来。又经过十多年的艰苦探索，功夫不负有志人，终于在 1973 年获得更为精确的结果，其论文发表在当时唯一的国家级的《力学》杂志上，他与我国数学教授谢绪恺联手完善的判据成为迄今为止多项式最深刻的代数判据，被命名为"谢聂稳定判据"，得以在国际杂志上发表与评介。以后的几十年，更是马不停蹄，发表论文五十多篇，二十多篇上了国际刊物，同时在应用数学、计算机学、计算力学、科学工程计算领域颇有造诣。工程技术计算软件开发亦经验丰富，为国际科技界瞩目，还担当过"神六"的太空计算主力，解决过辽河油田热压阀阀体的应力分析，为国家节省外汇两千多万美元。两次获中国科学院科技进步奖一等奖。病魔缠身之前一直担任数所大学的客座教授或博导。数学维系着他的脉络呼吸，贯穿他整个生命。

他更是"呆"在一生的奋斗中，成为"小车不倒只管推"的典型，同时不仅自己奋力求索，还不断鼓励帮助为梦想而奋斗的"呆"者。清楚地记得，他夫人出版《艺苑采英》一书，他马上分寄给亲友，给我的信中不无煽动性地写道："人们常说女同志有了小孩就被拖累而消沉下去了，我看也不尽然，你和抱云还有这里的王晔就不是这样。我是鼓励发奋的，孩子确实给生活增添了无穷的快乐，尽管陶醉于快乐之中，但这却不是上帝安排给我的事情，上帝赋予我的除了奋斗还是奋斗，有人把我看成怪物，相信你和抱云不会这么看我，因为我们同是奋斗者。"当我面临晋升高工的外语考试，正

愁丢了几十年的俄语短期内捡不回来，且书店又暂缺这类书籍时，义勇先生从他的朋友处强硬索取俄语词典，及时从遥远的沈阳给我寄来，同时寄来的还有几本俄语科技读物和一封信，信中说："时代在飞跃，曾几何时同饮一江水的娃娃们如今驰骋在万里山河，嬉笑在一条街的孩子都走向了社会，我们随着时代脚步迅跑，东方巨龙已经屹立，伟大的中华民族应该对人类有所贡献，漫漫的皇天后土哪里没有中华儿女的足迹，我们为此骄傲。唯有战斗的生命力才是永恒的青春，挹云君说过'我来到这世界本是为战斗而生存'，特别引起我的共鸣。"语言文字浸透着豪情，实际行动呢？则应该说说表现得更为淋漓尽致。四十多岁原本学俄语的义勇君受派到瑞典讲学，便倔强地自学英语，坐也看，走也念，乘火车则满车厢找人会话；在家学，访友时也学。一次出差空隙来到我院，恰逢我接待客户，他便悄然坐于阳台，掏出英语小册子念念有词起来，惹得一帮年轻同事直朝我眨眼睛，竖大拇指。如此全身心地投入探索与学习，义勇君的内心深处也有若干遗憾乃至苦楚。他的老父亲八十大寿时，适逢他将赴美国康奈尔大学工作，无暇回湘，获知我愿作世侄代表回乡致意时，便在信中殷殷向我诉说："我这么当儿子的，确实使父母寒心，从 1959 年入大

学那天开始，我便近乎一片孤叶，有亲友又像没有亲友，有家庭又像没有家庭，天南地北漂泊，没有彼岸，又不能回头，无所谓成功失败，做不完的事，思考不完的问题，这大概就是我的奋斗命，我从来不记生日，也说不清父亲的生日……我心里总是很苦，苦得可以滴血。"字字句句大有于家人亲情、忠孝未能两全之憾。面对"书呆子""越读越蠢"的讥讽，他在心中呐喊："我何止越读越蠢，还越读越呆，越读越痴，越读越狂。话又说回来，蠢、痴、呆、狂，敌不住一个'乐'字，心甘情愿，乐在其中，获得了知识，学会了思考。"如此这般，真可谓"呆"得深沉、"呆"得豪气。

出人意料，满脑瓜数学的义勇君还"呆"在格律诗词的创作里，竟至数量不菲，造诣不浅。他无烟酒嗜好，也无棋牌兴致，独把格律诗词的写作当作劳作的更替、积极的休息方式、兴趣的满足、心潮的余波，并将对祖国和家乡的挚爱，对亲友和同学的浓情以数学的严谨性、逻辑性融注在字里行间。试看他游越秀公园的诗作："北国隆冬此著春，嫣红翠绿木欣欣。林荫道静宜于步，水碧舟孤贵在情。镇海楼台全得穗，中山塔下足知今。羊城不负南门意，越秀峰顶笑饮冰。"壮丽河山一入眼，挚爱之情跃然纸上。再看他 1984 年写于瑞典的两首七绝：

"天南地北叶飘零，几度风霜几度春。最怕高山流水处，淹流故土离别情。" "远步长途苦坐禅，家乡景色想依然。年年岁岁怀旧日，又听阳关共管弦。" 足见其对家乡的眷恋深深镌刻在心坎。再请看《五绝·送别》："临别言语急，迈步数回头。老母倚门望，辛酸泪两行。"《一剪梅·三哭娘亲》"风雨催春故土杳，母在何方，儿却泪抛。南天唯留苦声招，游子身飘，老母声焦。含辛茹苦一世劳，咽下清汤，哺出浓膏。而今走了玉树凋，剩我嗷嗷，叫我愁浇。" 我们似乎可见那抖动的双肩和那滴血的隐泣，字字句句无不催人泪下。另一阕《一剪梅》则记载着他对恩师至深的缅怀与感戴，字字情真。《一剪梅·怀念已故恩师》："一片恩情数十年，先辈身言，后辈心田。几多思念我师前，江水穿穿，泪水涟涟。莫谓书生软如绵，生是开篇，死是成全。"

英灵寂寞在黄泉，骨献山川，魂献蓝天。" 嗟乎！我不禁喃喃而语：呆乎哉？不呆也。我亦从中感触到，在生命的奔跑中，只要是将人伦、亲情、乡情装在心里，为了国家民族的崛起，痴也罢，呆也罢，仍不失为一个大写的"人"，更掩盖不了"虽为文弱书生，也是铁血男儿"的一代学士的熠熠生命之光。

举笔沉思，听着窗外淅淅沥沥的春雨，不由忆起半个多世纪前我与聂君的一次文字交流：《题照》："亭前说天下，山头望京华，今日都梁子，明为处处花。"（陆）……《和题照》："山峰时上下，曲径有喧哗。往昔湘资水，奔腾咆哮花。"（聂）……嗟乎！如今湘资之水依旧奔腾，涛声依旧在耳，斯人却已远去……愿慧魂常回故里，祝英灵九泉安息。

作者介绍

陆先云，女，中共党员，退休高工。1943 年出生于武冈城关镇，1962 年毕业于武冈二中高 28 班，1967 年毕业于湖南大学土木系，被分配到沈阳中捷人民友谊厂担任通讯报道工作，1970 年调回邵阳市第二建筑设计院，工作至退休。

校园青青 思念绵绵
——母校武冈二中记事系列

刘东生

题记：沿着校园熟悉的小路，清晨来到树下读书。初升的太阳照在脸上，也照着身旁这棵小树。

光阴荏苒，岁月如梭。高中毕业，惜别母校，已经 42 年。然而，母校那时的人事景物等，时常潜入梦里梦外，勾起无尽美好回忆。

值此母校武冈二中 85 岁校庆之际，整理过往想念母校的文字，形成《中山堂》等四篇随笔，当作献给母校的生日礼物。

一、中山堂

1979 年，我以不错的成绩，从团结中学考入武冈二中。

那时候，南桥公社有两所中学。一所南桥中学，开设初中和高中年级。还有一所团结中学，实际上是一所村级中学，开设小学至初中年级。当时学制是：小学五年半，初中和高中各两年。

武冈二中坐落在法相岩公园旁原国民党中央陆军军官学校（黄埔军校）二分校旧址内，1939 年 10 月 1 日，由著名爱国将领、国民党中央陆军军官学校二分校主任李明灏将军和留日学者刘侃元教授创建。学校原名"湖南省私立洞庭中学"，1953 年更名为武冈二中。学校秉承"严谨、求实、文明、

创新"的校训，以丰硕的教书育人业绩，获得了省重点中学的金字招牌。

1943 年 7 月，黄埔军校二分校为纪念孙中山先生，在校园内建中山堂。中山堂为砖木结构，单檐庑殿顶，集中西建筑风格于一体，由正厅、左右厢房、花园等组成，占地 1300 余平方米，正门上方有"中山堂"石刻匾额。中山堂现为省级文物保护单位。

中山堂二楼正厅及东西侧厢房，曾用作男生宿舍；主楼两旁的卫房为女生宿舍。作为高 119 班的 10 多个男生之一，1982 年春季，我有幸入住中山堂二楼东侧厢房。学校并没有安排高低床，同学们就在木地板上，铺些稻草，加上苇席、床单、棉被等，席地而卧，形成亲密相连的通铺。同学们白天学习紧张辛劳，晚上粘上床铺即呼呼大睡。有同学打呼噜，即使鼾声如雷，对于早已酣睡的其他同学来说，也是置若罔闻，几乎没有影响。早上醒来，根本分不清谁睡在谁的床上。通铺的优越之处就是，整个宿舍好比就是一张大大的、乱乱的床。男生们本来就不讲究，也没有时间搞卫生，由此，白白胖胖的虱子，也在宽阔而温暖的被窝里，成群结队，产卵育子，快乐地生活着。

那时，我和同学一样，对此并不觉得不好，也不嫌弃过于艰苦。同学们一门心思都用在学习上。因为考上大学，跳出农门，当上干部，就拿到了金饭碗，才有机会去建功立业、成就功名。这不正是家长、老师和莘莘学子的梦想吗？

1981 年，我以超过湖南省重点本科录取线 18 分的成绩，顺利考入位于省会长沙的湖南师范学院（1983 年更名为湖南师范大学）中文系，从此离开生活了 18 年的家乡武冈。大学毕业后，定居长沙，工作生活至今。

每次回家乡，我总会挤时间去母校武冈二中看望恩重如山的老师，欣赏日新月异的校园，在中山堂前两株百年古樟树下走一走，坐一坐。

二、枞树山

枞树山，是校园里一座富有灵性的小山。松树是山上的主要乔木。在武冈方言里，我们把松树叫作枞树。

枞树山上，南方马尾松、桂花树及樟树等乔木，亭亭玉立，随风摇曳；蔷薇、山茶和映山红等灌木，枝繁叶茂，郁郁葱葱；马鞭草、水牛花、狗尾草等草本植物，随意铺陈，任性而快活地舒展。

冬天到了，同学们最盼望的事，莫过于下雪。黎明时分，枞树山已是银装素裹、雕栏玉砌。雪化为冰，裹叶成型。同学们摘了各式各样的冰叶，捧在手掌，欣赏把玩，心生欢喜。不一会儿，冰叶幻化为水，雪的踪影已杳然。这时，才忽然感觉手心有点凉意。一张张青春的、快乐的脸蛋，已是红扑扑的。

枞树山的春天，有花开，有鸟鸣，生机盎然。桃花、梨花和不胜枚举的无名小花，满眼芳菲，春色无边。

毗邻校园的法相岩公园，下有喀斯特地貌大溶洞，上有石头山。石头山上，怪石嶙峋，大树稀少，草木丛生，一派生机盎然。

枞树山与石头山千年守望，深情款款。

枞树山上，有一座普通平房，正房为青瓦顶、土砖墙、泥地面。枞树山上的小屋，是我进母校后的第一处学生集体宿舍。这里视野开阔，阳光普照，清风徐来。

夜晚，有时万籁俱寂，静谧温馨；有时松涛声声，如海浪拂过，都让心中平添几分安宁和愉悦。

三、青核桃

那时的母校校园，朴实无华，清新敞亮。

除两栋新建的教学楼和学生宿舍外，其他建筑都是经年老屋。中山堂是纪念孙中山先生的特色建筑，国家保护文物。初中部教学楼，木质构件，楼梯设在房屋两头，颜色深褐，古朴大方。两处教工宿舍，一栋四合院平房，另有高中部五栋两层高筒子楼。校办公楼的外墙，涂成褚红色，师生们称之为"红楼"。

树木花草，自由生长，多为原生态。校园有好些参天大树。漫步树下，仰望蓝天，倍感天地宏阔、历史沧桑、文化厚重。

中山堂前坪广场有两棵百年古樟，肃然挺立。宽阔舒展的树冠，荫庇土地数亩之广。树枝上，是鸟儿们生活栖息的快乐天堂。树荫下，有学子默读、冥想，有老人休闲健身，有孩童嬉戏玩耍。

校园里，还有各种果树。橘树居多，再就是桃树、李树和杨梅树等。青黄的橘子，压弯了枝条。泛红的杨梅，隐约在四季常青的茂密的枝叶间。小桃子一身洁白茸毛，静静地挂在枝头。

印象特深的，还有篮球场边，那一排列队整齐的核桃树。树高约十米，树干笔直。核桃树上，果子不多，且高高在上，摘取不易。有性急且勇敢的同学，偷偷摘下还不成熟的核桃来。青皮核桃，壳很硬，得用石头砸开，才能剥出里面白嫩嫩的果肉来。

涩涩的核桃，似乎胜过无数美味山珍。

吃完核桃，忽然发现，大家的手和嘴，都染成乌黑——这是核桃皮的功劳。

同学们欢笑着，各自散去。

四、恩师谱

母校拥有一支品德高尚、业务过硬的优秀教师队伍。

恩师们辛勤耕耘、无私奉献，培育了一批又一批优秀学生，让母校一直以来稳稳守住了湖南省"重点中学""示范性中学"等金字招牌。

从母校毕业，四十二年过去了，弹指一挥间。他乡谋生活，浪迹天涯路，以致与恩师们谋面聚首的机会甚少，倍感惭愧。但对恩师们的感激之情，铭刻于心，从未忘却。"经师易遇，人师难遭"，

感恩母校，感念恩师。

恩师张颖：地图装进脑海里

张颖，最勤勉、最"护犊子"的班主任兼地理科教师。老师时年五十出头，个子不高，体形偏胖，头发稀疏，言语简洁，精神昂扬。有气场，有亲和力。黑板上，老师信手几笔，就勾画出一幅幅精准的地图来，让学生无不叹为观止、立马折服。老师教导："要想学好地理，没有更多诀窍，就是把地图装进脑海里。"

118甲班由应届生和复读生组成，是那一届两个文科班中的一个，另一个班为118乙班，上课的教室在初中部那边。全班70多名同学密密麻麻挤满一教室。走进教室，映入眼帘的是一张张青春靓丽的面孔，一双双求知若渴的眼睛，一堆堆摆在课桌的书籍。教室是学习的练武场，只有老师精辟生动的知识讲解，只有同学们聚精会神地听讲及自习。

作为班主任，老师比其他科任老师更多一份责任。老师把这份责任看得很重要，做得很用心。老师对全班每个学生的功课情况和个性特点，几乎都了然于心。老师经常利用课余时间，因材施教，对症下药，有针对性地进行个别辅导。

早自习辅导，都落实到各科任教师负责。老师还是放心不下，几乎每天早自习都要来教室看看。有时，远远地在教室外面转悠，其实，心思都透过门窗牵挂着教室里的动静。

老师谆谆教导：读书一定要下狠功夫，但切记读死书死读书，应该德智体美劳全面开花。因此，特别支持和鼓励学生积极参加学校组织的各种文化体育活动。每有比赛，老师必定亲临现场观摩。班上同学取得名次时，老师双手举过头顶，大声喝彩，奋力鼓掌，高兴得像个小孩子。平时，与学校领导或同事聊天时，老师的口头禅就是："我们118甲班最优秀。"

老师是践行实事求是原则的典范，做学生的思想政治教育从不假大空。记得班会上，老师开宗明

义、语重心长地告诫我们："现在，你们只有一个目标：考上大学！"

恩师唐朝：向着梦想出发

唐朝，最儒雅、最激情的语文科任教师。老师身形瘦小，鬓有白丝，腰板笔直，目光炯炯。唐装和中山装是老师最爱和最常穿的服装。老师着装十分整洁。冬天，他常常搭配一条暖色调、印有格子条纹图案的羊毛围巾。

"志于道，据于德，依于仁，游于艺。"老师内仁外义，谦谦君子，儒家风范，让人平添几分爱戴和敬仰。

老师讲课，常有年轻老师和理科班的同学争相旁听。课堂上，老师就是一个强大的聚光点，像磁铁石一样，牢牢吸住每一个听讲者的目光和思想。

传道授业，以文化人。老师教授语文，从不拘泥于课本，十分注重对学生的思想启迪和情商开发。或和风细雨，娓娓道来；或激昂慷慨，酣畅淋漓。读"诗经"，品"三国"，赏"红楼"，讲"史记"。老师口若悬河，字字珠玑，意境深处，几近忘我。润物无声，增长才智，涤荡心灵，同学们陶醉在书香四溢的文化大餐中。

老师附议孔圣人"学而优则仕"的倡导，点赞毛主席"问苍茫大地，谁主沉浮"的豪迈。鼓励学生积极入世，建功立业，只争朝夕。我犹记老师的深情号令："向着梦想出发！"

恩师朱阳明：把政治课讲得像故事会一样好听

朱阳明，最富哲理、最能说会道的政治课任教师。

"哲学是一把万能钥匙。"犹记老师竖起右手的食指，用一口地道的武冈县城话说道。

老师是武冈城关镇人，高高的个子、黝黑的皮肤、坚定的眼神、铿锵的声音。乍一看，不像政治老师，倒像体育老师。

老师记忆力超好：所有教学内容，早已装进脑袋；所有教学安排，早已成竹在胸。老师讲课，要点突出，条理清晰，语言生动，从不照本宣科。

老师授课，从来不带教材和备课本。上课铃响起，老师迈着矫健的脚步，踏着铃声，拈纸粉笔，跨上讲坛，从容开讲。老师把多少有点枯燥的政治课，讲得像故事会一样好听易懂。老师喜欢联系社会现象和生活案例，把深奥的哲学原理当作故事来讲、当作聊天来谈，深入浅出，通俗明了。于是，书本上的条条框框不再抽象、不再晦涩，立马生动起来、鲜活起来。"什么是物质决定精神？"老师曾说："人们只有吃饱肚子，衣裳穿暖，才能去开会、唱歌和跳舞。"

作者介绍

刘东生，男，1963年9月出生，现任湖南省轻工盐业集团纪委书记。1979年至1981年在武冈二中就读高中，应届毕业考入湖南师范大学。

远近武冈二中

杨少波

前些年，家乡武冈一友人在朋友圈里出上联求对，该联为"云中云，山中山，云中云山"。我不懂对联，但一想在武冈能跟"云山"相比的自然文化景观，也就是"法相岩"了，于是就随手写下："洞见洞，庭见庭，洞见洞庭"。

站在法相岩的那个大洞口，抬头就是武冈二中。二中很近，低头不见抬头见，二中却来得远，这里是原"黄埔军校武冈分校"旧址，当年军校为了解决子弟及周围孩子上学的问题，于1939年创立了"湖南私立初级洞庭中学"，武冈二中的前身就是这所"洞庭中学"。看见不一定是"洞见"，可能只是"孔见"。先不说历史，二中的地盘本身就挺大，其校歌还是当年洞庭中学的那首《大哉洞庭》，豪气冲天、壮志凌云。

关于"黄埔军校武冈分校"，以前的宣传很少，她和"洞庭中学"的影响力却远超我们武冈人的想象。有一年，我在北京见到一位长沙籍的将军，他得知我是武冈人后，嘴里突然冒出一句武冈城里话："你是哪条街上的？"我非常吃惊！原来当年将军的叔叔是黄埔军校武冈分校的教官，他投奔叔叔在武冈洞庭中学读了几年书，对武冈城的街道很熟悉，对武冈很有感情，他退休后还来过几次武冈。我当时忘了问将军，他是喜欢武冈的城墙？还是喜欢南门口的米粉……

作为一个武冈人，不管你自己是不是二中的学生，二中多少都会影响着你，生活中你会发现，"二中"有时离你很远，有时又很近。回想起来，我心里还是喜欢二中的。小时候从乡下步行进城，快到黄木冲的时候，经过二中，看到围墙上方的木鱼岭就有一种莫名的感觉，远望校门后的古树，学校一直有一种神秘感，总让我有想进去看看的冲动。

七七年我从村里初中毕业，参加"文革"后的第一次"中考"，考上了武冈二中，但我父亲当时在武冈一中教书，就将我转学至一中，就这样我与二中擦肩而过。我虽然没在二中上过一天学，但应该也算是当过二中学生，后来在北京，二中校友搞活动的时候，他们有时也会叫我参加，但我自己不好意思去。有些朋友问我："你是喜欢一中，还是喜欢二中？"我笑道："都喜欢。"

七七年那时二中只有"高中"部，一中还有"初中"部，但高中的规模比较小。那个时候是"科学的春天"，老师和学生的积极性都很高，县里各种学习竞赛活动不少。一中和二中两所学校隔江相望，自然有竞争，但也有合作，双方交流其实很多，领导和老师相互调动也不少，比如我获得县里高中作文比赛一等奖时的指导老师语文潘老师，后来就调到了二中，还当过行政领导；数学肖老师以前也曾经在二中工作过……所以我和不少二中学生虽然不是同学，但却有共同的老师。同年级的二中学生认识也不少，我们同场学习竞技过，一起去邵阳参加过数学比赛，大多成了朋友，虽然后来分布在世界各地，有的人一直还有联系。我喜欢二中，可能是因为喜欢二中的人。

武冈二中被社会广泛称颂，是湘西南文化教育的一颗璀璨的明珠。自"洞庭中学"建校以来，二中为国家培养了数以万计的青年才俊。出门在外，武冈老乡第一次见你一般会问："是不是二中毕业的？"老乡聚会，千万不要随便说二中的"坏话"，因为你旁边可能就是二中的毕业生，他可能是官员，是教授，甚至可能是院士，后一种场景我前几年在广州碰到过。

二中培养的人才很多，在武冈名头大，学生和家长都以二中为荣，能在二中当老师就更光荣自豪了。20世纪80年代初我在武冈县医院工作，当时武冈二中年轻的大学毕业老师不少，他们好像喜欢成群结队骑着自行车到武冈城里街上遛遛，一路铃声，一路欢笑，令人注目，算是小城一景，回头率超高。我碰到过几次，心里有点小羡慕。

由于历史的原因，我在上学的时候基本上没怎么学过英语，工作了想考研究生，但英语太差。我

家周老师八四年大学毕业分配在二中教书，我就奔二中跟周老师学英语去了。学了有一两年，我的英语成绩产生了质的突破，后来考研究生时英语获得高分。我能考上研究生应该算是托了二中的福。

有人说我找周老师学英语的动机不纯，我干脆就来了个"一心二用"：在学英语的同时，顺带着谈个恋爱，周老师就变成了我永远的老师。当时的那些学生和周老师年龄相差不太多，总到周老师窗前来围观，想看看老来找周老师的人长得如何？是不是能配得上他们的周老师？……后来我和当年那些学生在一起时，他们开玩笑说我当年找周老师对他们的学习有影响。我说如果是有影响的话，应该是鼓舞了他们，使他们加深了对"书中自有黄金屋，书中自有颜如玉"的理解。

木鱼岭上的"别墅"

我和周老师结婚时住在学校木鱼岭上的"别墅"，我到北京读研究生后，周老师和儿子搬到了中山堂对面的平房里。儿子从小在中山堂周围玩耍，对"黄埔军校"有感情，长大后我们去广州黄埔军校参观的时候，一进去他就找"武冈分校"的介绍，他说踏在广州黄埔军校楼板上产生的吱呀声，跟二中那个中山堂的是一模一样的……儿子在二中的附属幼儿园度过了一个快乐的童年，身心都得到很好

的培育。记得当时流行"呼啦圈"，他在全校师生大会上做表演，一动起来他就不肯停下来，最后是被老师强行抱下台的。

周老师在武冈二中工作了九年，教了一届又一届的学生，把青春献给了二中，培养了众多人才，可谓桃李满天下，周老师最自豪一句话是："某某某是我的学生"。同时，周老师也在二中练就了一身过硬的教学本领，调到北京后，她先后在育英中学和中央民族大学附中教书，学生中出过北京英语高考状元。周老师近些年在全国各地讲学，处处展现出了"二中教师"风采，成绩斐然，成了名副其实的中学英语教育全国名师，我们心目中的"Somebody"！

《卜算子·周晓鹰老师》
万般潇洒行，
仙子凌波步。
洋话连篇三尺台，
最是风流处。
桃李次第开，
回首斜阳暮。
一瞬流光六十秋，
向晚红无数。

作者介绍

杨少波，男，现居北京。医学博士，解放军总医院主任医师。

二中的味道

刘小平

我是 1978 年去二中读初中的，那一年，是二中自"文革"以后恢复初中招生的第一年。由于二中在武冈的声名大，它的复招，引发了众家长和学生的追崇，我家就是其中之一。

二中真的好大，我从巴掌般的村小来到偌大的校园，眼前一排排美轮美奂的建筑，目不暇接，真的如刘姥姥进了大观园——当时的我，就是这样的想法。二中坐落在风景秀美的法相岩风景区，校址是原黄埔军校武冈分校核心区域，关于二中的景色，好多老师和同学们都有记述，我在这里就不赘言了。在二中三年，给我留下最深记忆的是二中一股特别的味道，那是校园与家融合在一起的特别的味道。

父母当时在园艺场工作，从落子铺到法相岩，距离有十好几里，妈妈心疼我来回奔波，便给我报了寄宿。

宿舍安排在中山堂，我记得，拾级而上，进到大堂，左右两边的厢房中各自摆上五六张高低铺，一帮半大孩子就宿在里面。每逢八月，桂树黄花点点时，一缕缕清香便会穿堂入室，充盈宿舍，这便是二中自然的气味，也是我多少年来在梦里常寻到过的情境。

二中还有一样气味，不管春夏秋冬，它一直弥漫在那青砖瓦顶的食堂内，那便是饭菜的味道。

下课铃响起，随着老师一声"下课"，学生们便操起饭盆踢踢踏踏地往食堂飞奔，饥肠辘辘的少男少女们奔腾的身姿诠释着他们对食物的渴望。进到食堂，一股杉木香混合着米香的气味便会扑鼻而来，让人喉结大动，排队，递票，伸碗……从来不曾改变的程序日复一日，年复一年。老旧的食堂里摆着几张黝黑方桌，边上围着几条长凳，落寞地横

陈在堂中，学生大抵是不会去坐的，他们或站着，或蹲着，更多的是踎着……一边将饭菜塞入口腔一边和熟稔的同学扯着闲谈……

二中蒸笼里的米饭真香，特别是那种陈年的杉木香味，让我至今犹忆。二中食堂菜的味道，也是我拂之不去的记忆。

当时，国家贫弱，民不丰、物不阜，每每奔到食堂后，总会看到一大盆水煮黄瓜抑或水煮白豆腐，学生们大多会皱上一下眉头。一个星期的一次牙祭，大抵是众多配菜中掩着几片白白的肥肉。当时的我，被同学戏称为"胖老板"。几个月的寄宿生活，让父母心酸起来。一天，我隐约听到他们的对话："咯（这）何得了（怎么办），正是长身体的时候，总要吃滴（点）子东西嘛！"

我当时也没往心里去，直至有一天，晚饭过后，我往宿舍去，远远看见一个熟悉的身影，好像是妈妈。她一路走着，一路还在向周边的人打听着什么，我快步走过去，真的是妈妈！她一见我，连忙将手里的网兜扬起，是一个饭盒和一个罐头瓶。妈妈将饭盒打开，一盒白白的米饭还冒着热气，揭开罐盖，腊肉的香味扑鼻而来。妈妈递给我一双筷子："崽，快吃。"我接过温热的饭菜，找一个石阶坐下，大口大口地嚼着妈妈做的饭菜，没多时，打了个饱嗝，妈妈微笑的眼神和我满足的眸子交融在一起。

我想，那应该是傍晚二中校园里最温馨的一幕了。

从此，二中校园里经常会重演这个故事，只是罐头瓶里会不断地更换着内容，有时是血酱鸭，有时是腊肉炒猪血饼，有时是苦瓜炒碎鱼仔仔，有时是大片牛羊肉……

这么多年过去，每每想到二中，就会闻到校园的味道——这也是妈妈的味道。它一直激励着我从事着烹饪工作。我想，这也是母校给我的原动力吧。

作者介绍

刘小平，1978 年在武冈二中读初中。武冈市餐饮行业协会会长、中国烹饪大师、中国湘菜大师、中国湘菜文化大师、中国烹饪艺术家、中国注册裁判，国家中餐特级评委。1978 年在武冈二中初 56 班就读，2018 年回家乡推广武冈美食，2018 年带领武冈厨师团队制作的《武冈铜鹅宴》被评为中国十大省级地域名宴，2022 年《武冈血酱鸭》被评为中国地标美食名菜。

将《哥哥德贵》一文推荐给大家

曾昭伟

"袅袅兮秋风，洞庭波兮木叶下"，武冈二中（洞庭中学）校庆的喜讯，如八百里洞庭的滚滚波涛，迅速在这所拥有85年辉煌历史的学校的数万学子中传递，一个个平凡而伟大的校史事迹，一篇篇发表在各类报刊网站上的熠熠闪光的校友文章，不断向校史馆云集。其中发表在中共中央宣传部"学习强国"网站平台上的《哥哥德贵》就是其中绚丽夺目的一篇。

我一口气读完了《哥哥德贵》。它通篇以真挚深刻的感情、优美动人的文笔打动读者的心，字字句句，低回婉转。穿越长长的时空隧道，我依稀回到当年在武冈二中当班主任的黄金岁月。那时我刚从湖南师大毕业不久，学校安排我当初45班的班主任，在众多的学生中，周德贵在我的印象中特别抢眼。他勤奋实在，忠厚守纪，任劳任怨，班上很多杂七杂八的费体力的难事，如搬桌凳，打扫卫生，

去校农场看管菜畦，他总是争先去做，而且很会组织同学，在同学中很有威信。于是我就安排他担任班长。此后，我经常去他家做家访。每次到他家，都能看到门口堆着锤碎得闪闪发光的石头，看到这位瘦长个子的学生在辛勤劳作，为家里减轻负担。在悠悠岁月中，他作为班长，为我这个班主任料理班上各种事务的点点滴滴，常会一幕一幕呈现在我眼前……现特将《哥哥德贵》一文推荐给武冈二中85年校庆活动筹备组。

哥哥德贵

我只有一个同胞哥哥，他叫德贵。

昨天晚上我在梦里见到他了。他还是那么瘦高的身架，还是那么有点忧伤的眼神，还是那么向往新生命的表情。

我依稀地觉得，他去了很远的地方，但是想不

起来究竟是去了哪里。我问他："你在那里，还好吧？""你准备到哪里去？"他没有回答。只是一个人孤寂地前行。

我望着他远去的背影。他单薄得令人心酸。我多难受啊！我不知道他孤零零地去哪里？我呼喊，但是喊不出声音。我用手去拉他，但是抓不住他，他走远了……我醒了过来，睁开眼睛，在黑暗的背景里面，我分明看见一张苍白的脸对着我痛苦地微笑。

那时候家里比较贫穷，母亲为了带孩子做家务，辞去了自己的工作。父亲一个人的工资，养活一家七口，确实是比较的艰难。开朗坚强的母亲对我们说："孩子们，没关系！""我们都有一双手，劳动可以创造财富。"德贵是家里五兄弟姊妹中的老大。他从小就自觉地担负起一个老大的职责。他关心弟妹们，凡事甘愿自己吃苦。带领弟妹们劳动挣钱，为家里减轻一些经济的负担。

譬如，周末假期，以及平时有空闲的时候，他都按照父母的要求，带着我们几个下乡寻找石头。白石一般生长在青灰色石灰石岩的根部。通过在青灰色石灰石往下挖寻，可能找到纯白石块。我们先用大铁锤把白石块敲打下来，拉回家，再用铁锤将大石块锤成小石块，用小铁锤将小石块锤成碎末，然后过筛子，筛去粉末，分别留下米粒、玉米粒般大小的白砂石，送到建筑工地，用作高大建筑的外墙粉饰。当时，白石砂粒的时价是三元钱50公斤。每年我们家会卖出白石粒好几千公斤。为了碎石子，我们几姊妹的手像砂纸一样粗糙，到了冬天手背上面裂开的缝渗出鲜血来，母亲常常摸着我们的手流泪，并且帮我们把手洗干净然后抹上凡士林。德贵的手最糟糕，不仅开裂，还被铁锤子击伤多处，十个指头常常有四五个用胶布裹着。

另外，热天里，德贵会带着我们上街叫卖冰棍。一般是他和母亲在大街的十字路口选好摊位，然后摆好长木凳，安排弟妹们坐摊叫卖。我和他则负责进货、搬运和流动销售。只要是天晴，我们会从放

学开始一直叫卖冰棍到夜晚九十点钟光景，才回家洗澡休息。每次回到家里，还有一项工作是数钱。清好纸币之后，再把那些金属的分币按一分、二分、五分的毫子（硬币）分开卷成纸筒。最后母亲宣布一天的收入是几块几毛几分。然后，大家带着疲劳和劳动收获的喜悦进入梦乡。半夜，我常常听见德贵在睡梦里叫卖冰棍："要冰棍吗？""要冰棍呀！"我推醒他，他嘟嘟囔囔地说，刚才是你在叫大街吧。然后翻个身又睡着了。

还有，每年暑假我们兄弟俩会自觉地把家里一年所需的烧火煤球储备好。当时家家户户烧煤球革新灶。首先我们得出东门去离城二三十里的一个叫尖山的山区挑煤，再把煤送到加工厂粉碎，又从城郊黄土山上挑回黄土，再把煤和黄土按一定的比例用水拌和稠。然后是用煤球机压制煤球，待湿煤球晒干后，收藏使用。当时德贵十二三岁样子，带着我，每次两人各挑一担竹子编成的挑子，两人合挑一筛子煤。所谓"一筛子煤"就是采煤的师傅从煤井里用吊车一次吊上来的一筐煤。这筐煤的重量很有讲究，多的时候可能达到百七八斤，一般大约八九十斤，这全凭师傅的高兴。计划经济时代，物资比较紧俏，政府实行计划供给制，无论米面、肉食、豆腐、菜油、糖果、棉布等，都按人头发票。因此，如果去挑煤的时候能够给煤窑师傅带点供给品，煤窑上自然感激不尽，除去照价付款外，师傅们还会大大地表达心意。这时，井上的师傅会对着井下喊话："香油筛子啊！""豆腐筛子啦！""香喷喷的肥肉筛子呀！"立马，吊上来的煤自然比平时多出许多。

那天，我们又出发了，街坊有好几个头天晚上约好的大大小小的上高小、中学的孩子陆陆续续地从家里走出来一同去挑煤。天上的星星还没有隐去，青灰色的光照下，我们急急地行走着。这时沿途的狗儿都对着你狂叫一阵，过一路叫一路的，过后也就不吭声了。间或，也有一只夹尾巴狗冷不丁地钻出来，咳咳几声。大家说，莫非你还想咬人不成？！狗儿通味，低头又跑远了。大家笑哈哈的。远处不

时传过来鸡鸣狗吠的声音，沿途又碰上哪天挑煤偶遇过的校友、街坊，大家友善地打个招呼。在脚步嗖嗖声中队伍不断地增长起来，等到得煤窑的时候，这个队伍已经有好几十人了，这时天也已经放亮了。大家这才真正地看清楚，哦，原来有不少人面善，大家笑笑，算是知道了。然后大家把从家里带来的早餐米加上水放进自带的铁杯子、罐子、缸子里，放在煤窑烧的大火炉子上煮。大家秩序井然地一边购煤，一边煮饭。这时，天已大亮了，煤井上下的吆喝声此起彼伏，大家忙着煮饭、吃饭、装煤，煤窑里热气腾腾的。

那天头晚（昨天晚上），德贵和我问娘要了供应票，到南门外的豆腐加工厂买了十块豆腐干，还在家里拿了两斤面条。这时，德贵把这些东西交给煤师傅。师傅对着井下大声吆喝道："豆腐筛子，又加面啊！"这就是告诉底下的兄弟们，除了豆腐，还有面条，这是需要再多加个意思的。一筛煤吊上来了，我们一看，可乐了。满满一筐！不少旁观者好生羡慕，有的还发出"哼唷"声。我们兄弟俩各人吃了二两米早饭，只是垫了个底，肚子不叫了。于是，捆紧腰带挑起担子上路了。老兄挑了90多斤，我挑了70多斤，担子重一斤都不得了，今天何况翻了番，真是饥肠咕咕，脚如铅注，步步艰辛。那时也没有什么通信工具，老兄叫我在后面慢慢移，他先走，再来接我。我望着他那瘦削的身体肩负着如此重担，摇摇晃晃但是坚定不移地向前行走，我的眼泪止不住地流下来，心想，我难，老兄更难啊！父亲下班后见我们还没回家，就和母亲带着饭盒来接我们。他们在环城河玉带桥接到德贵，在三里亭接到我。我们回到家时已经是"月落乌啼霜满天"的时节。

老兄真正是父母亲的得力助手。1969年他16岁，在武冈二中初中毕业。那年正逢工矿企业大招工，他被招工进省水电安装公司工作。该公司属于省级国营企业，长年累月在野外工作，负责水电安装，是个流动单位，生活条件比较艰苦，但是工资待遇比较其他企业要高出不少。过后两年，我被安排到县城大集体企业工作，三年学徒出师，一级工月工资26元，二级工月工资31元，三级工月工资36元。而德贵来电话说，他做电焊工。那是一门真正的技术工，劳动强度比较大，而且有毒气，对身体有点影响。但是，有岗位津贴，还有营养费，加上各种补贴，学徒时期每月收入就有30多元。德贵顾家是闻名单位的。他每月寄15元回家，帮衬养家，并且多次叮嘱母亲少外出打工。

老兄为人忠厚老实，吃得苦、霸得蛮。他爱自己工作单位，爱好电焊技术，也爱所有的人。他每次回家与我们讲起电焊技术，什么水下焊接、不锈钢焊接、生铁焊接，什么仰焊、蹲焊、侧焊，什么光度、气泡、表面处理、x光检查等，都是眉飞色舞，乐此不疲。我们虽然是外行，但总是感觉得到他对于焊接技术的一往情深：他钻研技术，可以说是一丝不苟，精益求精；他言谈之中流露出来的敬业精神，确实令人神往和敬仰。子曰："知之者不如好之者，好之者不如乐之者。"他对于电焊技术的热爱可以说达到了"乐之"的境界。由于他的人品、技术和他吃苦耐劳的工作态度，受到了单位上下的广泛赞誉和认同。他很快担任了焊工班长、质量监理，多次被评为技术、工作先进，并且晋级。

后来在他的追悼会上，我听他单位的领导和同事介绍，他一心扑在工作上，不知多少次无偿地为其他有困难的同事代班，他心里只有工作，只有别人，唯独没有自己。他创造了许多"第一"，其中有一个"第一"如同刀刻般地留在我的脑海里：在抗洪抢险中，他曾一次蹲在直径一米多的水管里连续电焊六个多小时。由于长时间呼吸毒气和位差影响，他晕倒在水管里。还有一次他在沅陵凤滩水库安装时，夜晚从几十米高的脚手架上掉下来，昏迷过去十几个小时，幸亏同事们及时发现并且及时送医院抢救方才脱险，但是后来留下了严重的脑震荡后遗症。每每想到这些，我就觉得鼻子酸，心里难受。真的，我们对他的关心太不够了！但是他也从来就没有和我们、和家里谈及这些，他留给我们的印象是工作愉快开心。他也从没因此给组织给单位提出任何的特殊要求：既不要求在城市固定工作，也不要求更换工种，即便是组织上给他一些经济方面的考虑，他都一概谢绝。领导夸他是一个最好管理的人，同事们都夸他是一个最好共事的人；大家都说他有一颗金子般的心！

在参加出国电焊技术考试中，他理论实践考试成绩优秀，获得出国技工证书。据说，这种考试只有百分之几的通过率。但是在出国体检时发现老兄肝硬化。为此，他没有再下工地，单位安排他在单位的建安公司负责。大家都知道这是单位对他二十几年出色工作的表彰。在建安公司，他亲自带领保安人员每天从早到晚，又是值班，又是流动巡逻，既负责厂区治安，又负责社区治安，还关心职工家庭的安全：不仅管防火防盗人身财产安全，而且管打架斗殴、黄赌毒。一天半夜，有人举报在家属宿舍有几个年轻人在打牌赌博。他立即起床只身赶到现场，发现果然有一位职工子弟邀了几个社会青年在家属宿舍打牌赌博。他先是好心劝阻，年轻人正玩在兴头上，根本不听他的劝阻；他再是勒令制止，年轻人烦他多事，把他推出现场；这时，他高声警告他们这是违法行为，再不停止，他将告知派出所。那位组织了牌局的职工子弟觉得没面子，带头动手打他。当时老兄的一颗门牙被打掉了半截。但是，当派出所的警察同志闻信赶到时，老兄对他们说：“没什么事，这是我们单位内部的事，我们是能够处理好的。”后来那小伙子清醒过来，后悔不迭，直向老兄道歉。小伙子心里明白，如果老兄如实举报的话，他至少是刑事拘留，说重了被判刑什么的也说不定。事后我问老兄为什么这样处理，他说，都是一个单位的，出了事，人人心里都难受。他就是那么善良，那么仁慈，那样的胸襟开阔。

1992年年底的一天，老兄单位办公室电话通知我，说老兄的肝脏硬化已经腹水，也就是说已经到了晚期。我急急忙忙地乘火车直奔衡阳405医院。二十几年过去了，但是那天的情景还不时清楚地出现在我的眼前。他的病房在一排病房的当头，我一跨进甬道，向右边侧转过头来，看见一间两个床位的病房里，老兄正坐在两张病床中间面对墙壁的小床头柜前，他头顶上面有一个电灯泡闪着昏黄的光。他正在吃饭，他转脸看见我，没有起身，也没有哭出声，只见他的泪水不断线地滴向饭盆里面。嫂子坐在床沿，见我进来立即站起来，喊着我的名字，大声地哭起来。我忍不住泪水夺眶而出，但还是不断地说，“没关系的，总会有办法的，总会有办法的”。接下来的两天晚上，我同他睡在一张床上。他要我去单位的招待所住，我没有答应。他对我发出了痛苦的微笑，我看得出他是希望我陪他过夜的。他要我借用一张临时床睡在他的床旁，我说没有必要。我说，我俩小时候睡一张床十几年，现在正好多住几次。他很高兴。但我知道他有疑虑，怕传染我，就说，“我是学生物的，我知道轻重，没有关系的”。两人都没说敏感的问题，但是心里都是明镜似的。

那两个晚上，我们说了许多话，只是没有讲生死。他与我讲家乡，讲往事，讲父母亲和弟妹们，就是没有讲病。他兴奋地告诉我他已经加入了中国共产党。他说在他们单位一个普通工人能够入党，那是最大的荣誉和最高的评价了。他说他已经考完了全国高等教育自学考试法律专业的全部课程，拿到了自考大专文凭，只差英语和论文答辩就能拿到本科文凭。他对于通过自考本科充满了信心。我说他，你工作起来太不注意身体了。他说，人活着，总得为社会、为家庭做一点事情。他如数家珍般地讲起东方红水电站、江华水电站、韶山灌区、沅陵凤滩水库……我感觉得到他的心已经飞向那里。他仿佛像一滴水，在那些飞流直下的洪流之中找到了生命的力量和归宿。

他在病床上忍受着巨大的痛苦，却还是表现得那么的平静安详。当夜深人静的时候，他以为我睡着了，其实我能听见他强忍痛楚之下发出的轻轻呻吟。我轻轻问：“很痛吧？”他不无抱歉地说：“影响你睡觉了吧？”我说：“你要坚持啊！”他坚定回答：

"我会坚持到最后的。"我鼓励说："坚持到胜利！"我们相互温暖着，希望看见黑夜之后的曙光。我在心里虔诚地向诸位神灵祈祷：请给一个凡事总是想着别人的与世无争的人多一些慈爱和温暖吧！

1993年4月12日，不足40岁的他，带着一千个不愿意离开了人世间。我赶到医院，工作人员拖出太平间里的一个抽屉，我看到了老兄。他的面容是那么的黄瘦，两眼微微张开，好像有点茫然。我默默地在心里呼唤他的名讳，然后用右手轻轻地帮他把上睑合上。一方面我真想大叫几声，把老兄逝去的亡灵拖拉回来；另一方面我觉得自己的心忽然要停止了跳动，仿佛随着老兄的魂灵远去！……

前年我因公出差去了沅陵。工作之余，县委领导问我是不是去沅陵的几处风景宝地瞧瞧。当听到"凤滩水库"几个字的时候，我的脑海里立即浮现出老兄的影子。我说："去凤滩水库看看吧，我要去那里寻找一个亲人的足迹。"

凤滩水库坐落在沅水支流酉水下游的沅陵县境内，东与永顺交界、西与古丈相邻。凤滩水电厂由原水利电力部长沙勘测设计院设计，凤滩水电工程指挥部组织施工。1970年开工，1979年建成投产。在这里，建设者们曾经创造了几个历史性的第一：一是凤滩大坝是我国最高的混凝土空腹重力拱坝，坝高112.5米；二是拥有国内目前传送距离最长的过坝滑道，全长达1060米；三是大坝空腹内发电厂房安装有多台水轮发电机组。据说这座水库的设计者因此设计而被评选为中国工程院院士。这个工程的施工管理单位因此项建设获得了巨大的名誉。也有不少的建设者在这里献出了他们的宝贵生命。我们一行在这里参观了工程建设历史陈列室，凭吊了那些为工程建设献身的人们。

我久久伫立在高高的凤滩水库大坝上，我想起哥哥德贵——一个平凡的电焊工，曾经在这里奋斗了几千个日日夜夜。他没能创造什么奇迹，但是他流下了汗水和心血。

我凝望着凤滩水库四周静悄悄的青山，连声追问："我想念你，亲爱的哥哥！""我到哪里去找你呢？！"我低下头，在那奔腾飞舞的波涛里面，我似乎看见他，那张清瘦的脸，那么亲切的目光，那么善良的眼神。我相信，德贵哥哥在这奔流之中将得到永恒！

《哥哥德贵》作者简介：周德义，湖南省武冈市人。哲学家，中国哲学"一分为三"学派代表人物。曾任武冈农民中专学校校长、武冈二中校长、湖南省教育厅教师处处长、湖南省广播电视大学副书记副校长、湖南省人民政府副主任督学、中共湖南省委教育纪工委书记、省纪委派驻省教育厅纪检组长、省高校巡视组长。现任湖南省教师教育学会会长、湖南省教科院博士后指导教授、岳麓书院客座教授等。主要著作有：《我在何方：一分为三论》（2002年12月湖南人民出版社出版，2003年重印，2014年中国社会科学出版社再版）、《心觉》、《心仪》、《心知》、《人权与法治》等。

作者介绍

曾昭伟，男，湖南洞口人，教授，硕士生导师，湖南师范大学毕业后，长期从事教育工作，曾先后任武冈二中教导主任、副校长，中共武冈市委常委、宣传部部长、市文联主席，武冈师范党委书记，邵阳市电大党委书记，湖南省社会主义学院工会主席、院务委员、教务处长，长沙医学院党委委员、宣传统战部部长、思想政治教研部主任、教授。主持晏阳初教育思想研究和国家级课题3项，省部级课题12项，主编和参编过各类专著教材17部，在国家级和省部级报刊上发表各类论文80余篇。

诸子铜像的文化解读

林彰增

学校明灏图书馆正前方的马路边，有一道朴实厚重的文化景观——诸子铜像雕塑。多少次我漫步铜像前，都要思考铜像及箴言的要义。铜像是95届高中毕业的校友捐建的。我联系到这届校友会的秘书长龙明学先生，询问他捐建铜像的初衷是什么？他高兴地用微信给我发来了文字说明："2015年，我们同学毕业20周年聚会，想为母校捐赠点有意义的东西。经过组委会慎重讨论，为了使学弟学妹们在中学时期就能够受到诸子百家思想的熏陶，我们决定以思想为内涵，以铜像的形式向学校进行捐赠。我们认为，诸子百家思想是一种自由的精神，也是中华传统文化的瑰宝。所以我们选了诸子百家六位代表性人物的塑像，配以他们的简介和箴言。这与学校教育很契合，也利于潜移默化地影响人。铜像是我亲自在山东订货制作的。算是一份成功的礼物吧。感谢林老师的询问。"学文科的龙明学先生的真心回复，进一步加强了我对诸子铜像进行一定的文化解读的想法。

95届校友希望学弟学妹在中学更好地接受优秀传统文化的熏陶而捐建诸子铜像的义举，寄托了他们对母校的深厚情感和对学弟学妹们的无私大爱。虽然中学课程中有些诸子百家思想的介绍，但都是零碎松散的。我以为，较系统地介绍诸子百家的思想，让师生了解学习和践行，用他们的思想智慧浸润感染师生，更好地推动学校的发展，是有积极的现实意义的。

据《四库全书总目》等书记载，"诸子百家"实有上千家。但流传较广、影响较大的有十余家，分别是儒家、道家、墨家、法家、名家、阴阳家、纵横家、杂家、兵家、农家、小说家等。95届校友捐建的诸子铜像人物，选取了在中华传统文化中享有崇高地位的六位先哲人物——分别是道家学派的老子、庄子，儒家学派的孔子、孟子、荀子，以及墨家学派的墨子。本文从他们的主要思想及他们思想的文化影响、对学校发展的启示等方面加以说明。

一、上述六位先哲人物的思想简述

1. 老子、庄子的道家思想

（1）老子的思想

春秋时期的老子，是我国道家学派的创始人。《史记》载，老子离开故土，骑青牛准备西出函谷关云游，关令尹喜留住老子，要求他留下一部著作，就是后来传世的《道德经》。作为自然主义哲学家，老子思想有三大方面：一是天道理论。认为"道"是宇宙的本体，是万物的规律，也是人生的准则。"道"是天地之始，万物之母，是化生万物的根源。创建起"道生一，一生二，二生三，三生万物，万物负阴而抱阳，充气以为和"的宇宙观和哲学体系。认为"道"视之不见，听之不闻，持之不得，不可言说，但无处不在。天地万物之理是"不自生，故能长生""以其终不自为大，故能成其大。""道"的本性是自然无为，一切因其自然，顺其自然，无为而成就一切，即是"无为而无不为"。这里的"无为"，是按自然规律行事，不是违背自然规律的乱为或不为。二是深刻的辩证法思想。老子认为任何事物都是相对存在的，不是一成不变的。在一定条件下，事物必然会向自己的对立面转化。有此才有彼，有是才有非，有善才有恶。"有无相生，难易相成，长短相形，高下相倾，音声相和，前后相随""反

者道之动""物壮则老"。三是社会理论。对于个人，安适生存的根本法则是不争，不敢为天下先。"夫唯不争，故天下莫能与之争""后其身而身先，外其身而身存""以其无私，故能成其私"。个人完善的人格是坚忍负重，居卑忍让。对于国家，天下有道，一切自然而然，不标榜仁义，而自有仁义。所以治国的根本手段与方法是无为而治，"无为而无不为。"

（2）庄子的思想

晚于老子约两百年后，道家学派另一位代表人物庄子出现了。庄子因身处战火纷飞的战国时代，其思想更偏向于如何在乱世中生存的人生哲学。他继承发展了老子"道法自然"的思想，认为"道"是先天地生的精神性东西，但无处不在。认为万物自生自灭。他将老子关于对立面转化的观点引向了极端，坚持相对主义认识论，认为任何事物都具有既相互对立又相互依赖的正反两个方面。同时指出，由于事物的转化总是朝着对立面转化，因此，尽管宇宙万物千差万别，说到底又是齐一的。主张齐彼

此、齐是非、齐物我、齐生死。尺有所短，寸有所长，彭祖为夭，殇子为寿，生命短暂而珍贵。提出了"天地与我并生，万物与我为一"的天人合一思想。提出了"人类不可以从自我中心论的立场来理解和评判万物，而要从事物的自然本性来理解事物"的可贵主张。由于受到人自身局限性和外界环境的影响，一个人发挥自己的自然本性而得到的幸福只能是相对幸福，人生绝对的幸福只有通过对事物的自然本性的深刻理解中获得。人生就是乘物以游心。因此要顺应自然，安时处顺，知其无可奈何而安之若命。人生精神的自由最宝贵，所以要忽略无足轻重的东西，放下多余的欲望，返璞归真，才能摆脱人为物役的状态，接受自己的不完美，发展自己的强项，悦纳自己的独特性，以求得自由、自得、自处的快乐人生。认为理想的社会是"至德之世"，国家治理要"无为而治"。

如果说道家有超越自我的智慧的话，那么儒家更强调安身立命的智慧。

2. 孔子、孟子、荀子的儒家思想

孔子的思想孔子作为儒家学派的创始人，他以"仁"立学。认为"仁"是人的本质属性，人心之本然状态即仁。"仁"就是怜爱，就是亲亲为大的有差别的爱人，就是善于处理人与人的关系。孔子的仁爱思想包含了孝、悌、忠、恕、礼、智、诚信、正义等观念。认为孝道是仁的基础。孝道是什么？是尽心赡养老人，对父母与长辈有敬重之心，态度恭敬，不让父母难受。悌是兄弟姐妹的敬爱之情。忠是不虚伪，对亲人、朋友、国家忠诚。恕是能将心比心，换位思考，"己所不欲勿施于人。"礼是讲求礼节、礼仪，礼貌待人。智是好学上进，智慧处世。信是与人交往守信用，言行一致，对国家信任。义是言行合乎伦理道德规范的正义。孔子推崇"中庸之道"。"中庸"即是恰到好处，倡导凡事"持中""适度"，既不过，也无不及。政治上主张举贤才和德治仁政，以礼治国，以德服人。其最高的政治理想是建立"天下为公"的大同社会，认为国家安定人民幸福的必由之路是重教化，轻刑罚。践行仁学，以六艺为途径，重视内在修养和外在实践的统一，道德理性和科学理性的结合。孔子在教育上认为人"性相近，习相远"；提倡有教无类，因材施教，道德教育为首；要温故知新，学而不厌，诲人不倦。认为立国的三要素是关注人口、发展经济、重视教育。

（2）孟子的思想

孟子进一步发展了孔子仁学的思想，让儒家学说发展出十分注重人的道德理性的一大学派。他提出了"人性本善"理论，认为人心即仁心，仁心与人性相统一。提出"仁心"有四个根基——"恻隐之心，仁之端也；羞恶之心，义之端也；辞让之心，礼之端也；是非之心，智之端也。"仁义礼智根植于人心。主张性善是人内在固有的。人之所以不善，是由于受到私欲蒙蔽。因此，人要加强自我修养，全力扩充存于自心的内在的善端，使人格完善。认为人本来就是充满仁爱精神的，求仁之路是一条内

圣之路，即守住仁心，去除不合理的欲望，善养浩然之气，积累善心善行。在人生价值观上主张"舍生取义"。其天命思想认为"诚"是天的本质属性，客观世界有其自己的规律，人不能违反，所谓"顺天者昌，逆天者亡。"在政治上，主张法先王，行仁政。仁政的内容是亲民用贤、尊重人权、有同情心、铲除暴君污吏。他把周武王推翻商纣王视作为民除害。认为国运在于民心。仁政的具体表现是实行王道、为民制产、反对霸道。提出"民本"学说，认为"民为贵，社稷次之，君为轻。"统治者实行仁政，才能得到人民支持，国家才能长治久安。孟子的教育思想是有教无类，因材施教，为政者要身体力行，率先垂范，教化百姓，以促进社会和谐。

（3）荀子的思想

荀子晚于孟子约百年出生。他发展出儒家学说重视科学理性精神的另一大学派。荀子顺应时代发展潮流，以儒家内外有分、亲疏有别的仁爱精神为本，结合了道家、墨家、法家的思想观念，成为中国古代朴素唯物主义集大成者。在本体论上，认为"气"是构成世界的总根源；天是无意志无目的的自然存在，有自身的运行规律。国家兴亡、人类命运与上天没有什么关系。认为人之所以最为天下贵，就在于人有区别于万物的地方——人不仅有气、有生，而且有知（智）有义。认识论上，主张"天道有常""制天命而用之""应时而使之"。人尊重客观规律，发挥自己的主观能动性，就能认识自然，利用自然，改造自然，造福人类自身。顺应自然规律，明天人之分，应天以治，可达到天人合一的境界。他猛烈抨击孟子的"性善论""内铄论"和"知行观"，提出"性恶论"。他说，"人之性恶，其善者伪也。"唯有修心养性，方可学以成人。因此，要用礼义法度来约束人性，在不断学习实践中达到至善至美的境界。圣人不是天生的，好学修身，诚心守仁行义，人人都可成圣人。在为学之道上，强调实践第一，行是认识的出发点和归宿；特别坚持学而知之，学以致用。在政治理论上，提出隆礼重法，认为治理

国家要"礼""法"并用，"王道""霸道"并重。而"礼"是治国安民之本，"法"是治国理政不可缺少的手段。

3. 墨子的思想

墨子是后于孔子而先于孟子出生的墨家学派的创始人。墨子思想是对儒家思想批判而创立的与儒家相对立的学说。针对孔子的"仁爱"学说提出"兼爱"说，即主张君臣、父子、兄弟、天下人都应在平等基础上相互友爱。针对孔子的"畏天命"提出"非命"论，即反对"生死有命，富贵在天"的命定论，认为一个人的富贵贫贱是由于自己努力与否的结果，一个国家的治乱兴衰是君主努力与否的结果。一个人的幸福生活，要靠自主自立，自己掌握自己的命运，发扬合作与利他精神，在勤奋劳动中得以实现；反对儒家的久丧厚葬和贵族的奢侈浪费，主张节葬节用；反对儒家的"音乐教化"，主张"非乐"以避免时间和资源的浪费；反对儒家不敬鬼神，主张"天志明鬼"，坚信鬼神存在，并且鬼神有能力对人特别是君主和贵族赏善罚恶；墨子看到战争给人民造成的灾难，因此在政治思想上，在"兼爱"基础上提出"尚贤、非攻、尚同"等主张。他反对战争，主张贤者治国，百姓和君主都应顺应上天的意志，上下一心，使天下归于正义祥和状态，实现国家长治久安。认为真正的"义"是能给他人和社会带来实际好处和价值的行为。要"兼相爱，交相利"，来实现真正的义。墨子特别强调求真务实，名实相符，提出了从"本""原""用"三个维度来判断言谈是非的三条标准。

二、上述诸子的文化影响简析

1. 老子、庄子的文化影响

（1）老子的著作《道德经》共81章，被誉为"万经之王"。书中阐述了自然之道、修身养性、治国、用兵之道，是中国历史上最伟大的著作之一，对传统哲学、政治、科学、宗教影响深远。联合国教科文组织统计认为，《道德经》是除了《圣经》以外，被翻译成外国文字发布量最多的文化名著，堪称人类文化史上一部不朽的思想丰碑。来自《道德经》的成语，有五六十个之多，我们今天仍在广泛使用。而最能代表老子智慧的成语，如有无相生、功成不居、和光同尘、天长地久、上善若水、宠辱若惊、虚怀若谷、如登春台、道法自然、自知之明、知止不殆、将夺固与、无中生有、大器晚成、根深蒂固、大巧若拙、出生入死、祸福相依、以德报怨、慎终如始、知雄守雌、天道好还、被褐怀玉、知足不辱、知足常乐、千里之行始于足下、天网恢恢疏而不漏等。它们深刻地影响着古今中国人的思维方式、生活方式、国家治理。

（2）庄子最早提出"内圣外王"的思想，这对当时的儒家文化和后来的中华文化有深刻的影响。庄子开创了兼容并蓄、儒道互补的思想格局。他提出的"内圣外王"的人格理想和超然适己的生活精神，极大丰富了中国文人的精神世界。庄子的文章被称为"文学的哲学"和"哲学的文学"，想象奇特，大气磅礴，引人入胜；其文辞汪洋恣肆，瑰丽多姿，深刻地影响了中国古典文学的发展方向和艺术审美情趣。来自庄子寓言故事的成语难以计数。"望洋兴叹"让我们认识到山外有山、天外有天的道理；"庄周梦蝶"使我们欣欣然想超越思维认识的局限性，向往自由境界的美好；"鹏程万里"提醒我们要有志存高远的追求；按规律办事，毫不费力的状态，那是"庖丁解牛"般的游刃有余；不看对象，好心办坏事，如同"鲁侯养鸟"般的可悲可笑；某某人见识太浅了，如同"井底之蛙"；为了鸡毛蒜皮的小事而闹起纠纷，那叫"蜗角之争"；学些没用的东西那是"屠龙之技"；穷于应付某事的窘境叫"捉襟见肘"；某人塑造的艺术形象太逼真了，真是"栩栩如生"；盲目模仿、照搬照抄他人做法，结果会如"邯郸学步""东施效颦"那样"弄巧成拙"的；不守本分越权办事就是"越俎代庖"。再比如螳臂当车、贻笑大方、文过饰非、虎口逃生、沉鱼落雁、神乎其神、入乡随俗、善始善终、莫逆

之交、唇亡齿寒、吐故纳新、学富五车等成语的出现，无一不是庄子的文化创造。

2.孔子、孟子、荀子的文化影响

（1）孔子是中国古代伟大的思想家、政治家、教育家。被后世统治者尊为"至圣先师""万世师表"。孔子的思想对中国和世界都有深远的影响，其人被列为"世界十大文化名人"之首。孔子创立的儒家文化影响和铸就了中华民族的基本性格特征、思维方式和行为模式，对中国历史和世界历史产生了深远影响。朱熹曾赞美孔子："天不生仲尼，万古如长夜。"陈独秀曾评价孔子："科学与民主，是人类社会进步之两大主动力，孔子不言神怪，是近于科学的。"英国传教士李提摩太曾曰："余虽隶耶教，于孔子之道，莫不乐闻之。"日本作家井上靖说："孔子不仅是中国文化的先哲，而且是全人类的老师。"美国思想家、哲学家爱默生评价："孔子是全世界各民族的光荣。"英国历史哲学家汤恩比甚至断言："能够帮助解决21世纪的世界问题，唯有中国孔孟的学说。"

（2）孟子被称为"亚圣"，儒家学说又被称为"孔孟之道"，可见孟子在中国儒家思想史上有举足轻重的地位。孟子是坚定理想信念，为实现理想矢志不移顽强进取的精神典范。孟子说的"浩然之气"是至大至刚的昂扬正气，是以天下为己任的道义担当之气，是为了理想一往无前、无所畏惧的勇气，是大丈夫光明磊落挺立于天地之间的大丈夫英雄气概。孟子豪情满怀、独与天地自在精神相往

来的人格魅力，感染了中国一代又一代的仁人志士。程颐曾说："孟子有功于圣门，不可胜言。"还有很多学者将孟子比喻为"东方的亚里士多德"。孟子善用形象化的事物和语言，来说明复杂的道理。其文章感情洋溢，逻辑严密；既滔滔雄辩，又从容不迫。这对后世散文的影响深远。孟子的名言"生于忧患死于安乐""君子莫大于与人为善""吾善养浩然之气""道之所在，虽千万人吾往矣""尽信书，不如无书""富贵不能淫，贫贱不能移，威武不能屈"等名言是何等的霸气又让人深思。

（3）荀子作为先秦时期重要的哲学家和政治家，在儒家文化中别树一帜，闯出了一条学而知之、下学上达、由智而仁的科学理性之路，对后世有广泛而深远的影响。荀子主张性恶论，要用教育和制度来约束和纠正人的行为，用德行修养和个人的努力实践去达到高尚道德的境界，用严格的法律和刑罚维护社会秩序，强调君主的权威和统治的稳定性，这对于后来的中国道德伦理发展，教育发展，对后来的中国政治理论与实践，均产生了积极的深远的影响。荀子的"天行有常""天人相分""制天命而用之"等辩证法思想，对后世人们认识和改造世界有着重大的积极影响。荀子的"学不可以已""锲而不舍，金石可镂""不闻不若闻之，闻之不若见之，见之不若知之，知之不若行之，学止于行之而止矣。"充满了人文关怀和科学理性的光辉。

3.墨子的文化影响

墨子是中国古代科学理性精神的丰碑式人物。

作为我国古代自然科学与逻辑学的先驱，其思想兼具科学精神与人文关怀。墨子学说在认识论方面有巨大成就。首先，在逻辑学研究上，强调"名副其实""以辞抒意"。没有"实"，各种类的"名"就失去了意义。提出论辩方式和意义表达（直言命题、假言命题、全称命题、特称命题、必然命题、可能命题）要合乎逻辑推理。其次，墨子哲学将经验主义认识观、实践主义方法论和实用主义价值观三合一为一，有高度的现实使命感。最后，提出了判断言论知识的是非、真理性的三个评价标准——三表法：一表为"上本之于古者圣王之事"（即找出有没有历史依据）；二表为"下原察百姓耳目之实"（即考察老百姓耳闻目睹的实情，听取群众的反映）；三表为"废以为行政，观其中国家百姓人民之利"（即看实际效果是否符合国家和人民的利益）。三表法重视理论与实践的统一，经验与现实的结合，是很有见地的智慧。墨子在30岁以前，就创办了人类历史上第一个设有、文、理、军、工等科目的综合性平民学校，培养了大量实用型人才。墨子教育理念的核心是"兴天下之利，除天下之害"，十分重视教育的学以致用，对后世教育有重大影响。《墨子.墨经》中阐述的光学、力学、机械学的许多自然科学知识，代表了先秦时期世界自然科学的最高水平。

道家学派、儒家学派、墨家学派在春秋战国时代的兴盛，对于推动中国传统文化的多元化发展起着极为重要的作用。老子、孔子、墨子、孟子、庄子、荀子，他们心系天下的博大情怀和深邃的思想光芒，深刻地感染着无数后来者的心灵，甚至照亮了中华民族发展前行的漫漫长路。他们是中华文化灿烂星空中耀眼的几颗恒星。"人事有代谢，往来成古今""不失其所者久，死而不亡者寿"，他们就是这样千秋万世的不朽者。由此言之，每一位中华文化的继承者，驻足于诸子铜像前，怎能不虔诚敬畏，思绪万千？

三、上述诸子思想对二中发展的启示

总而言之，文化兴校；大而言之，文化兴邦；小而言之，文化育人。赫赫先秦、大汉雄风、盛唐气象、典雅宋韵、明清风采，近代中国的艰辛求索，新中国从站起来到富起来到强起来的伟大飞跃，以至新时代中国特色社会主义的阔步前行，都可以在文化继承和创新中探寻答案。针对上述诸子的哲学观念、道德信条、治国之方，处世之道，教育智慧等思想，坚持"取其精华，去其糟粕，古为今用"的态度，取其所长，不责其所短地加以学以致用，对于我们二中学校的发展和每一个二中人的为人来说，有着诸多有益的启示：

1. 牢记教育初心

教育的初心就是要"全面贯彻党的教育方针，落实立德树人根本任务，发展素质教育，推进教育公平，培养德智体美劳全面发展的社会主义建设者和接班人"。

守住教育的初心，教师要热爱教育事业：坚守教育的岗位不动摇，无怨无悔。要学而不厌：不断提升自己，要能给学生一滴水，自己要成为一眼泉。要诲人不倦：乐于奉献，热情指导学生有理想，会学习，会生活，乐付出，爱劳动，明是非，讲文明，懂感恩。要常思育人之责：教育是完善人的素质，培养人才，助力家庭，振兴民族国家的大事，大意不得。常怀爱生之心：既要讲儒家的仁爱，爱生如爱己，更要讲墨家的无差别的大爱，平等无差别地对待起点基础、兴趣爱好有差别的各类学生；要有教无类，因材施教，尊重每个学生的正当爱好，激发潜能，扬长避短；关注每一个学生，相互信任，亦师亦友，建立融洽和谐师生关系，推动每一个学生快乐成长。要常修为师之德：有理想信念，爱国守法；有道德情操，品行端正；有扎实学问，有教育艺术和创新素养；心系学生全面发展。要常树教师之行：立德立身，为人师表，努力做"四好老师"。守住初心，学校领导特别是校长，要潜心思考学校的办学理念、办学条件、教师队伍建设、办学经费问题、内外环境优化、课程体系建设、学生管理与服务、学校教育改革等问题。

坚守初心，要坚持以人为本，坚持师生发展为本。没有合格的高质量的教师，搞不好教育。同时，没有学生全面素质的提升，就无所谓学校教育质量的提高。今日的二中，坚持"立德树人，质量兴校"的办学理念，谨遵"严谨、求实、文明、创新"的校训，培养"忠诚、奉献、求真、创新"的校风，落实"尚德、敬业、精准、扎实"的校风和"勤学、好问、博学、笃行"的学风，全体师生上下一心，风雨同舟，一定能使学校再上台阶。

2. 教育需要建立"以和为贵，和而不同"的人际关系

儒家文化、道家文化、墨家文化，都是强调人生修炼的文化。儒家教化"求仁"，更强调人与人的人际和谐；道家教化"求道"，道法自然，更强调人与自然的和谐相处；墨家教化"求实"，兼爱利他，更强调个人、社会、国家三者的和谐稳定。三者的共同点可以看作"以和为贵，和而不同。"人际和谐、人与环境和谐是学校发展要十分关注的问题，特别是人际和谐方面。学校发展的内外人的因素方面，包括学生、教师、领导管理工作者和其他服务工作者、家长、周围百姓、有关部门人员。每个人都是独一无二的存在，这是讲平等的基础。同时，学校目标、班级目标、家庭目标、个人目标有差别又有统一性，所以人与人之间要合作共赢，团结一致，讲大局。最重要的是：领导与老师要合作共赢，师生之间要合作共赢，其他服务工作者与领导、老师、学生要合作共赢，学校老师与家长要合作共赢。要求大同，存小异，就要求有包容精神，在遵守法律与规章制度的前提下，将心比心，换位思考，坚持"己所不欲勿施于人""己欲立而立人，己欲达而达人"的原则，处理各种人际关系。例如，师生关系要和谐，要善于沟通，师生双方相互尊重理解，教师包容理解爱护学生，学生尊重认可信任老师。班主任要在任课老师与学生之间架起正面的

沟通桥梁。一个爱对学生吹毛求疵的老师不会受学生欢迎，也不合格；一个爱挑剔老师的学生也不可能安心读书，成不了合格学生。师生关系不和谐，就不可能有好的教学成效，不会有教学相长。

3. 教育要促使学生追求真善美

教育是培养人的事业，是促进人完善的工程。儒家道家墨家都强调人生修炼是一个止于至真至善至美的过程。人的一生，要处理好人与自己、人与自然、人与社会的关系。这要求学校教育要促使学生追求真善美。

教育家陶行知曾对于教育说过这样的话："千教万教，教人求真；千学万学，学做真人。"教育要启发学生，什么是"真我""真我"就是：我是独一无二的求真求善求美的独特的自由的我。教育要通过各方的共同努力，弘扬道德理性和科学理性的精神，成就学生的真我。求真，就是追求科学理性精神及实践。求真是求真理，探寻科学的真理性知识，有正确认识万物的能力，把握事物的本质和功用，对人对事物有正确的思考与判断，避免误解、谬误、虚假的观念，让思想和行动合乎客观实际，合乎规律，达成造福人类和保护自然的目的。墨子强调求真务实，掌握科学知识和技能去促进社会进步；老子讲道法自然，庄子讲站在事物的自然本性角度理解万物；孔子说知之为知之不知为不知，荀子讲实践第一知行合———这些思想都是讲要求真。没有真知识真能力真实践，学生是不会有真素质的。求善就是要弘扬道德理性精神，努力向内发力，重在自我的修心养性，完成道德伦理的人格塑造，实现自我完善。就是遵循正确的价值观，依据社会主义道德和法律，选择和实践对他人和社会有益的行为，追求自身的幸福和人类的福祉。道德理性精神与科学理性精神又是统一的。科学规律的把握，让人形成规律意识，转化为内在的自觉意识和行动。当内在的道德理性外化于外在的客观世界时，会转化为人们提改造社会的能力，如转化为完善社会国家的政治法律制度和道德规范的动力与行动，

以及转化为掌握科学知识改造自然的能力和行动。道家讲求上善若水、人要像水利万物一样利他而不争功；儒家讲究志存高远、担当天下、无愧于心；墨家强调心系天下，讲求实效、爱利百姓。这都是讲要把道德理性精神与科学理性精神结合起来的。求美就是追求心与物的和谐一致，追求美感与美学体验的自由彰显，就是欣赏和创造艺术，感悟自然和人类文化的美妙之处，培养个人的审美能力和鉴赏力。优雅的言行举止会给人美的享受，美会给人以大爱，给人以活力，给人以精神的愉悦！追求真善美，就是追求品位，追求觉悟，追求快乐的人生。让学生学会追求真善美，反对假恶丑，是学校教育的一个重要的责任。

今日的武冈二中，文化底蕴深厚、自然风景秀丽，师生豪迈，朝气蓬勃，即将迎来八十五周年华诞。过去，薪火相传的代代二中人，用他们的汗水，创造了辉煌的历史。面对历史，对于每一个后来者来说，对历史最好的继承，就是热情付出，创造二中新的历史。学习诸子思想，弘扬优秀中华传统文化，是学校发展的需要，也是每个人发展自身又悦纳自我的重要途径。

凡益之道，与时偕行。今天的二中人，让我们领悟诸子先贤思想的精髓，以墨家服务人民、求真务实的态度，以道家宠辱不惊、淡定从容的心态，以儒家志存高远、厚德载物的胸襟，永葆道德理性和科学理性的创新精神，坚持高度的文化自觉和勇毅的文化担当，踔厉奋发，勇毅前行，共筑武冈二中新的辉煌。

作者介绍

林彰增，男，武冈二中政治高级教师，动力催眠心理师。担任班主任多年，曾被授予武冈市政治教改学科带头人。爱好文学、音乐，在省级及以上杂志发表专业论文9篇。

拾遗《散落的珍珠》
——怀念父亲柳秀木

柳春芳

时间如奔腾的泉水飞快流淌着，转眼间我也从而立奔向不惑向知天命之年，猛然意识到父亲已离开我们整整二十年（父亲于2002年9月11日仙逝）了。

父亲自1978年至1998年执教于湖南省重点中学——武冈二中。前几天我先生偶尔在网上发现一本几十年来我一直引以为豪并提了无数次的书——由父亲在20世纪80年代初主编的中学生作文范例《散落的珍珠》，而且网上有且仅有一本，先生毫不犹豫地买了，今晚刚好到货。打开包裹，苍劲有力的五个大字——"散落的珍珠"映入眼帘，这几个字是父亲的手笔。看着父亲的字，往事一幕幕浮现出来。

记得在收集这本书的素材时，我还在读小学。那时候出版前首先要刻蜡纸，父亲让我一笔一画地帮他誊写稿子，好用来刻蜡纸，其实也是想借此督促我练好钢笔字，我也十分听话地配合着，总觉得是在干一件非常伟大的事情。为了收集典型的稿件，父亲费尽心思：一方面培养教导学生习作，并帮忙反复修改；另一方面发动同学同行朋友们征集好的稿件。那时候我们家经常有聚会，妈妈在厨房忙碌着，父亲则和朋友们边喝酒边讨论书的形式和内容。经过无数次收集和父亲没日没夜地整理，终于汇编成一本册子，可以印刷出版了！而那时候整个武冈县城都没有出版社，父亲只能通过各种沟通联系到武冈县印刷厂，印刷厂只能帮你依葫芦画瓢般印出来，如何编辑成册、样式如何、插图等是要自行思考解决的。只见父亲那时白天除了上课，还奔走于学校、印刷厂之间，晚上甚至深夜一口接一口地抽着烟，思考着，改动着，任由烟雾把自己包围，长期抽烟使父亲食指和中指之间夹烟处被烤成了焦糖色。

这本书发行在全国刚刚恢复高考后，在全国各地的中学里反响十分热烈，订书单像雪片般飞来。父亲以及编写组的老师们那个忙碌而兴奋的场景多年来一直萦绕在我脑海里，并影响着我对学习、工作和生活的态度，不抛弃不放弃的念头植根于心底。如今重新翻开这本书，它分成10个章节，分别是：记叙文的叙事与记人＋范文＋小结，记叙文中的情与理＋范文＋小结，记叙文中合理想象＋范文＋小结，记叙文中的材料积累＋范文＋小结，说明文的结构类型＋范文＋小结，说明文的形象性＋范文＋小结，怎样学写议论文＋范文＋小结，怎样写杂感＋范文＋小结，议论文的中心论点＋范文＋小结，议论文的中心结构＋范文＋小结。再次仔

细阅读后，发现即使现在时隔40年，仍然可以拿来作为中学生们学习的典范，非常钦佩父亲及他的团队成员们的高知卓见和捕捉市场的敏锐洞察力！

虽然那时候还小，但我仍然清楚地记得有些插曲：书本发行量巨大！父亲一次又一次地奔跑于学校和印刷厂之间，洽谈和跟踪时间及质量，一批一批印刷好后邮寄出去，忙得不亦乐乎。可也正因为是刚刚才开始吹改革开放的春风，在我们那样的小县城里，偶尔还会有些思想落后的人在提"割资本主义尾巴"！父亲从小在大地主成分的家庭里长大，由于家庭成分问题使得他许多事情不能如愿以偿，性格中的风险意识十分强烈！父亲因此要求妈妈把彩电换成黑白，把好多汇款单都退回去了，而答应寄给别人的书，不管有没有收到钱，一本也没落下地寄了出去。父亲在家里主外，从不碰钱，所以书款交由另外一位老师收取，听说直到现在还有一笔款项在账上留存着，父亲不太在乎这些。我也还隐约记得：这本书只写了武冈二中编写组，并没有把具体人名放上去，还是因为父亲非常低调和谦虚的性格！毫不夸张地说，除了他的大脑长在自己头上无法借给别人，其他任何可以拿走的东西，他都会毫不计较地给予需要之人！

时至今天，我还记得当时编写组里有：柳秀木、郭荣学、苏建明等老师，不知道还有没有被我落下的？另外，出这本书时也得到了当时学校各级领导的大力支持，在这里，我代表家人向学校各级领导以及这几位老师表示真诚的感谢和敬意，你们不仅仅教书育人，桃李满天下，还是那个时代敢为人先、勇于开拓的典范！正因为武冈二中有这样优良的教师队伍，以及优良风范的代代传承，使得武冈二中得以长效持续稳定地向阳而生，一直稳居于湖南省重点中学排行榜上。

每逢佳节倍思亲！今年教师节和中秋节是同一天，也是父亲的忌日前后，我的思绪更像是开了阀的水闸，止也止不住。父亲原本是大户人家的后代，可自幼丧父，加之家庭成分不好，尽管学习优异、

德才兼备，仍然一生坎坷，直到中晚年才算有所转机。但我们姐弟几个从未看到他郁闷过、抱怨过、心态不平衡过，在我们眼里他一直是那个顶天立地，沉默是金，才华横溢的好老师、好父亲。父亲多才多艺，热爱运动，年轻时各种球类玩得娴熟，擅长摄影并会自行冲洗照片，会烤烟制烟卷烟。父亲是一个头脑非常灵活、非常有市场意识的人，随着改革开放的进一步深入，父亲在假期带领部分老师办过假期补习班；在做好教师的本职工作之时，为学校开过造纸厂、球墨铸铁厂。当时，我们家的生活也发生质的改变：洗衣机、电视机等当时非常紧俏的物品不经意间就出现在家里面！每到周末，我家门口及楼梯间坐满老师和学生，大家人挤人一起观看稀罕的电视剧，是多么的幸福美好啊！

在一路开拓拼搏的过程中，家里有了一点财富积累，90年代初有许多老师和朋友纷纷到沿海开放地区打工，向父亲借钱周转，父亲倾囊而出尽力帮助，而据我所知，父亲从不催人还款，也不准妈妈去催，总说钱是赚出来的，不是省出来的！最令人敬佩的是父亲退休之后仍然干劲十足、豪情满怀，把他对教育事业的热爱继续薪火相传，将湖南省武冈市同道中学重新修整，发扬光大，办得有声有色。在1999—2000年间，父亲觉得租地办学稳定性差，教学质量难以保证，更为了满足他的一众退休的同学同事朋友想要继续发光发热，参与办学的愿望，所以萌生了自己买地建楼恒久办学的念头！他是说干就干，为学校选址及筹集费用四处奔波，日夜操劳，丝毫不顾及自己的身体。功夫不负有心人，在千禧之年，终于买下了武冈市花塔路一块地并马上动工修建，并在两年时间内完工。2002年8月28日，新学校正式建成开张投入使用，共可容纳20多个班1000余学生。而我亲爱的父亲，由于操劳过度，积劳成疾，于2002年9月11日上午带着对人间美好及亲人团圆的无限留恋与世长辞了！同道中学的一草一木一物一瓦倾注了父亲的无数心血，每一位学子的成长成才都有父亲殷殷的期望！

及至父亲去世多年后，只要一回到同道中学，都隐隐感觉到父亲就在那儿，他一直都在！

终其一生父亲宅心仁厚，学富五车，谦虚低调，乐善好施。他无数次帮助朋友、同学、同乡找到工作，无数次帮助各地学生解决入学及生活问题，无数次辅导培养学生参加各种竞赛并取得丰硕成绩，无数次为遇到困难的老师及朋友们提供资金资助和精神鼓励，无数次将该属于自己的荣誉和业绩让出来。他培养的学生不计其数、遍布天下！在我的记忆中，我家以前有个小本本，挂在家门口的外墙上，那里面是学生们自行记录来借生活费的情况，我从来没看见父母亲让他们还钱的场景，好像他们并不关心这些，也许在父母亲心中这是帮助他人的最佳方式吧。

父亲对子女的要求严格而有温度。在我两三岁时，父亲闲暇时常带我去附近的山上拾柴火，暖阳下，休息间，父亲会找个树荫坐下来，点支烟，慢慢抽，任由烟雾缭绕，漫不经心地教我背诵唐诗宋词，而我，就像一个快活的小精灵，在树荫周围不停地跳动着，嘴巴里念念有词，回到家里又经常手把手教我写字、算数和拼音，到5岁去学校上课时，我已经算是"知识渊博"的好学生了。可当我沾沾自喜，不认真学习，偶有逃课的念头时，父亲也绝不心慈手软！在初中的某个暑假，我自觉期末考得不错，想放飞自我，就跟闺蜜约了去她家玩两天，怕父母亲不同意，就没告诉他们偷偷出去了，等过两天回家，父亲在客厅黑着脸坐着，妈妈已经

准备好了瓷瓦让我跪下……就这样在客厅对峙两小时后，父亲轻声说：你知不知道错在哪里？一个小女孩不跟家里打招呼就擅自到别人家过夜，是非常危险的！以后再也不要这样做了，知道吗？！后来我才知道，父母亲通过县邮电局给我的好几个同学的父母单位打电话询问我的去向！可见他们着急坏了，而我却自顾自地在外面逍遥自在。1988年我高中毕业，顺利考上大学后，跟父母约定每月一封家书，而每一封来自父母亲笔的家书的第一句话便是：大学四年期间坚决不准谈恋爱！我严格遵从教诲，按部就班地完成自己的学业！回想起来，这是父母对我的浓浓关切和深深爱护呀。及至工作和成家，父亲对我的关心和教导一点儿也没有减少，鼓励我和先生胸怀宽广，坚持学习，夯实专业，敢于创新，建设好家庭，培养好下一代。我们一直在认真而努力地践行着父亲的殷切希望……

往事如潮涌，父亲的一点一滴就像那散落的珍珠，尽管散落在回忆的各个角落，却难掩它们靓丽光彩的本质。它们是我以及我的家人们时刻检点自己、勉励自己的一面面小镜子，它们的光芒一直在照亮我们前行的方向！

在今天这月圆风高的日子，老爸，您在天堂可好？可还是那么高瞻远瞩，正在运筹帷幄？可还是那么烟不离手，思维敏锐？可还是那么少言寡语却总能一语中的？……想念您！愿您一切安好！我们家人都平安康宁，事事圆满，谢谢您的庇佑！

作者介绍

柳春芳，柳秀木老师之长女，1982—1988年就读于武冈二中初高中，1988年考入华中科技大学电气学院就读本科，华北电力大学工程硕士。目前就职于广东省佛山电力设计院有限公司，担任副总经理职务，教授级高级工程师，注册电气工程师。

忆武冈二中德高望重的老校长宁同魁

沈生福

我于 1964 年毕业于武冈二中高 38 班，同年考入湖南师范学院（现湖南师大）物理系，1968 年毕业后，赴洞庭湖军垦农场劳动锻炼，1970 年才被分配回母校工作，以校为家，至今已有 50 多年。我先后接触过李咸清、宁同魁等 22 位历任校长，其中宁同魁老校长治校严谨、博学多才、关爱师生、清正廉洁、政绩突出，在我心中留下了深刻的印象。

宁同魁先生

宁老校长的治校能力在当时是一流的。他于 1978 年 8 月调入我校任书记、校长，同时还兼任武冈县人大副主任和县委落实知识分子政策办公室主任。当时"文革"刚结束，很多领域都有待拨乱反正。学校应属重灾区，教师队伍伤了元气，学校设施破坏严重，教学质量处于低谷，宁校长的到来担负着拨乱反正、振兴二中的重任。

要办好一所学校，关键是要有一支强有力的教师队伍。宁校长来到二中首先就是抓政策落实和教师队伍建设。当时的二中师资力量十分薄弱，许多优秀教师因被错划为右派等原因导致被调离或下放老家当农民。宁校长借着中央出台为被错划为右派人员平反政策的这股强劲东风，为 12 名被错划的"右派"平了反，把他们重新请回了武冈二中，并安排他们的子女就业。与此同时，宁校长还给其他多名在"文革"中受迫害、回乡当农民的教师平反，落实政策，调回二中。如二中原教导主任杨钺，因受其父亲的历史问题牵连而被开除，回了新宁老家当农民。宁校长亲自到新宁县飞跃公社调查此案，经多方努力，按政策把杨钺收回二中，且官复原职，仍然当教导主任，后来还当了副校长。又如成诗雨，在"文革"挨整后，其爱人王玉文受连累，被下放回湘乡县谷水老家。宁校长第一次派人去处理，当地干部不予理睬，徒劳往返。第二次宁校长亲自去，先找到湘乡县委，再找谷水镇委，后找大队，逐级沟通思想，要他们签具意见，终于把王玉文从湘乡农村迁回武冈县城落户，并在林春苗部长的帮助下，安排王玉文在城西山岚铺医院当医生。成诗雨感激涕零，表示"今后愿在武冈鞠躬尽瘁，死而后已"。后来果如他所言，成诗雨工作卓有成效，为武冈的教育事业献出了自己宝贵的一生。还有语文教师彭秋琴全家受牵连下放到秦桥乡的边沿山村（前进大队），宁校长前后两次到秦桥公社和前进大队做工作，把彭秋琴老师调回二中，恢复了其妻儿子女的城市户口。

宁校长还不拘一格从外校和各高校毕业生中选调优秀人才来校充实教师队伍，很快，一支学科齐全、水平较高的教师队伍基本建立起来了。

为了合理使用教师，更好地发挥每一个教师的水平和作用，宁校长采用了科学的管理方法，实行岗位责任制。他把教师分成三个层次：其中有 25 人是第一层次，叫做把关教师，他们都教毕业班；其次是中间层次，这些教师主要担任高一、高二的班主任或教研组长；第三层次是刚从大学毕业，教学经验还较欠缺的青年教师，他们一般要教三年高一后才能逐步上升为高二、高三教师。还规定把关教师要上一定的公开课、示范课，以搞好传帮带，培养青年教师的教学能力。

同时，他还注重培养和选拔有管理能力的教师到领导岗位。先后提拔两名把关教师任副教导主任，两名任副校长。还无私向社会输送优秀人才，向上级推荐优秀人才。如推荐了教导主任覃松桂担任武冈县教育局局长，后来升任了邵阳市主管教育的副市长; 另一名副校长曾昭伟任武冈县委宣传部部长，后升任为湖南省社会主义学院的教育工会主席。宁校长常说，"武冈二中不仅有培养人才的责任，还有向社会输送人才的义务"。这种做法不仅有利全社会的优质资源共享，还提高了学校在社会的知名度和美誉度，实在令人钦佩。

为了提高教师的工作积极性，宁校长千方百计为他们解除后顾之忧。如为教师解决家属子女的就业问题，解决夫妻两地分居的调动问题，调整工资时向教师大幅度倾斜，对工作积极、工作量过大的教师发放奖金、补贴等。这些都大大地激发了教师的工作热情，很多教师非常感动，从而更用心地投入工作，使学校教学质量快速提升。

宁老校长工作深入，爱校胜家。如果他要外出几天，总是对学校放不下心，首先要叮嘱副校长注意学校的运转情况，防范突发性的事件。他还安排一些有管理能力且工作责任心强的教师作为自己的"眼睛"密切注视学校动态。回校后他顾不上回家放行李，而是先去被嘱咐的人那里问长问短，了解情况。所以他开会发言或作报告，对发生的事情总是能讲到实处，没有虚言，好像他亲眼看见的。学校师生无不佩服。

他对学生的管理更是细致入微。他经常带着笔记本到学生中去了解情况，有时甚至悄悄躲进学生宿舍听他们聊天。特别是对那些高三学生，哪些人一定能考上大学，哪些人缺什么、应补什么，哪些人添乱，学生有什么思想动态等等，他都如指掌，心中有数，并以此指导班主任工作。在处理学生中的偶发事件时，他总是用父母心肠考虑学生的前途，从不草率处理。例如1979年高考前，为一件小事一个学生无意中把另一个学生的脚踢断了。那个断脚学生的父亲火冒三丈，多次来学校要求处理对方，不准他考大学，还扬言要来闹考场。宁校长为此事多次走访双方家长，劝说打人方的学生和家长向对方承认错误，赔礼道歉，负担医药费，还买了补品去看望伤者，从而缓和了矛盾。该学生得以顺利地参加了高考，并考上了大学。至今他还常说，"宁校长是我的恩人，没有宁校长，就没有我现在的一切"。

宁校长对二中校园设施设备的完善同样立下了汗马功劳。他来校之前，学校的围墙从来没有完整过，只要一补好，就被外面的群众损坏，学校操场也成了看牛坪，校群关系十分紧张。为此，他多次找周围的乡村干部来学校商议，求得他们对学校的支持，做好当地群众的工作。同时，他将围墙补好后又沿着围墙一周相隔适当距离修了6座房子，每座约80平方米，能住一户人家，安排了6个带有家属的教职工住进去，等于为学校增加了6个岗哨。这样一举多得，既加强了学校的安全性，排除了外界对教学的干扰，改善了校群关系，还缓解了教职工的住房问题。与此同时，宁校长为解决教师的住房紧缺问题，还组织新建和维修了教职工宿舍等配套设施。

宁校长来校时，我校只有24间教室，其中两层楼的教室两座共10间教室，平房教室两座共8个教室，其余6间教室是老洞庭中学遗留下来的木瓦房且破烂不堪，只有物理、化学两个实验室，教学条件相当简陋。学生寝室更为紧张，连中山堂里面都住满了学生。宁校长任职6年中，带领师生克服重重困难改善办学条件，修建了一座四层楼的教学楼共设20个教室和8个教研室；修建了一座四层楼的实验大楼，内设12个实验室、4个电教室和一个拥有237个座位的阶梯会议室等。两座大楼并排相连，中间筑有假山、巨龙和老虎，寓意是"武冈二中是藏龙卧虎之地"。既改善了办学条件又美化了校园容貌。1980年，武冈二中还在邵阳地区率先实现了闭路电视教学。

学校原来的大操场只有现在的一半宽，周围都是两三米高的土坡；另一个小操场仅有两个篮球架子。学校中心地带则是一块几亩地宽、几米深的低洼地，中间有个溶洞与校外的法相岩相通。宁校长大刀阔斧，发动全校师生以"愚公移山"的精神，采用"大跃进"修水库大坝锄挖肩挑一样的方式，带领师生搬掉了大操场周围的土坡共 10 余万立方的土方，填平了校园中心的那片洼地，扩建了一个具有 8 条跑道的标准田径场和一个拥有 18 个篮球架的篮球场，使学校的体育场地和校容校貌焕然一新。

经过宁校长带领全校教职工和学生奋力拼搏，武冈二中越来越兴旺，教育教学质量逐年提高，高考的升学率由原来的百分之几上升到百分之六十左右，这个比例在刚恢复高考的 80 年代初期是十分惊人的。师生在全省乃至全国获得多种荣誉和奖励，宁校长本人的《我当中学校长的几点体会》也在中央教育科学研究所编辑的《中学校长工作经验选编》上刊登，并向全国发行。学校从此跨入了全省先进学校的行列，先后获评"湖南省重点高中"和"省示范性高中"，为学校后来的发展奠定了良好的基础。

我作为学校校长和党支部书记，是如何当好"班长"，发挥一班人的作用，同时在自己的岗位上，切实履行校长的职责的呢？下面我摘录宁同魁当校长的几点体会：

我当中学校长的几点体会

宁同魁

解放思想，知人善任

我搞了几十年学校行政工作，深刻认识到提教育质量，关键在教师。要怎样依靠和正确使用教师呢？我认为要解决三个问题：

一是要敢于用人。武冈二中是一所具有四十多年历史的完全中学。原来教学力量比较雄厚，经过十年浩劫，教师队伍惨遭破坏，教学质量严重下降。通过落实党的知识分子政策，收回了十名被开除公职的教师；改正了十二名错划的"右派"；二十六位受迫害教师和四名被迫害致死的教师也都得到平反昭雪。对收回任教的人敢不敢用，这是做领导工作的必须作出回答的一个重要问题。回顾我的坎坷历程，"文化大革命"中批我斗我的一个最大的"罪名"，就是包庇重用坏人，依靠资产阶级知识分子办学。一九七三年，我被"解放"在武冈三中工作，因安排两个出身不好的教师当教研组长，又被说成是"走资派还在走"。其他几个领导成员也和我有类似的遭遇。为了彻底解放思想，消除顾虑，我们再一次学习了党的知识分子政策，认为要为"四化"提高教育质量，就要敢于在用人问题上拨乱反正。一位年近花甲的教师，"文化大革命"前是武冈有声望的高中数学教师，在"文化大革命"中被戴上"反

动学术权威""和平演变的大染匠"等帽子，开除出教师队伍。虽经落实政策收回任教，但政治上仍然没有抬起头来，业务专长没有得到发挥。为此，我与其他几位学校领导商量，按照党的政策，重新安排他担任高二年级的把关数学教师，聘请他为校务委员会的顾问，多次安排他上观摩课，让青年教师拜他为师，当他在教学中取得成绩时，又评他为先进工作者，出席全县教育先代会。他异常激动地写诗言志，表示"愿将残岁献人民"。他虽然身患几种慢性病，但干劲不减当年。由于我们真正把教师作为党的依靠力量，使他们的积极性得到了很好的发挥。

二是要善于用人。如何把教师队伍安排好，使他们发挥各自的特长，这是一个校长应该时刻考虑的又一个重要问题。两年来，根据我校教师的具体情况，按照"展其所长，切其所用，补其所短"的原则，注意抓了三点：第一，发挥老教师传、帮、带的作用。我校有老年教师三十二人，大多数教学经验丰富，业务水平高，但身体和精力一般较年轻教师差。为发挥他们的作用，我们聘请八位老教师作校务委员会的顾问，各学科都成立了以老教师为主的学科指导小组，研究教学动态，解答疑难问

题。第二，发挥中年教师的主体作用。我校中年教师绝大多数是"文化大革命"前的大专毕业生，受过系统的业务训练，基础好，年富力强，我把他们看成是承上启下的纽带，从中推荐任命了两名副校长和两名副教导主任，还安排了五名当教研组长，二十五名作为各学科把关教师。第三，大力培养青年教师。青年教师一般精力充沛，积极热情，有上进心，但业务基础差，缺乏教学经验，要成为教学骨干还需有一个培养过程。对此，我们采用"拜老教师为师"、进函授学校、业余大学、上实验课等多种方式，把教学、进修结合起来，使他们在实践中不断增长才干。由于我们不拘一格用人才，该表彰的表彰，该提拔的提拔，该发展入党的发展入党，调动了全校教师的积极性，做到了人尽其才。一位五十多岁的语文教师，翻阅了不少资料，写了几十万字的读书笔记，给高中毕业班编写了《语法常识》《古文选注》《写作漫谈》等复习资料；一位中年教师坚持业务进修，钻研了《集合与逻辑代数》《线性代数》《概率论》《教学过程》等书，成为数学组的把关教师；一位青年教师发奋攻坚，水平提高很快，也成了高二的数学把关教师之一。

三是建立岗位责任制。学校是一个有机的整体，各个岗位上的教职员工必须有明确分工，严格制度，使每一个环节都效率高，运转自如。为了建立一个有权威的教育教学指挥系统，我们根据《全日制中学暂行工作条例》（试行草案），制订了实施细则，规定校长、教导主任、教研组长、年级备课组长、班主任、任课教师、图书仪器管理员等各自的职责，实行岗位责任制。

尊重客观规律，提高教育质量

学校的中心任务就是提高教育质量。要提高教育质量，就必须按教育规律办事。学校领导认识和掌握教育规律的过程，也就是由外行变内行的过程。

1. 只有懂得教学，才能取得领导教学的主动权

作为一个校长，应该是教育行家，而不应该是门外汉。为此，我给自己提出了两点要求：首先不但要当好政治上的班长，而且要当好业务进修的"班长"。为了促进学校领导成员都来熟悉教学业务，自己就以身作则，订出自修计划，钻研语文、历史等学科和《教育学》《心理学》教材。其次是既当指挥员，又当战斗员。为了取得教学工作的第一手材料，每期我都坚持承担一定的教学任务，一有空闲就下班听课，参加评教评学，随时发现问题，解决问题。这样逐步取得了领导教学的主动权。我坚决克服过去按照行政命令、"长官意志"办事的作风，认真贯彻"百花齐放，百家争鸣"的方针，各种意见允许争论，各种方案允许试验。本期各科共上了试验课四十九节。每教完一节实验课，我们都及时召开教研会议，让大家各抒己见，畅所欲言，活跃了学术空气，促进了教学改革。

2. 只有坚持按教学规律办事，才能不断提高教学质量

我刚到武冈二中时，学校教学质量很差。"四化"的需要、领导的期望、群众的要求和高考的压力，都迫使我不能不考虑如何迅速提高质量的问题。教学是一个有规律的活动。按规律办事，则事半功倍；违背规律蛮干硬干，则事倍而功半。为了探索教学工作的规律，我主动选择了一个基础在中等程度的教学班和语文教研组作为联系点。通过同任课教师一起对该班进行摸底，发现他们除了数理化学科水平很低以外，还有轻视语文的严重偏向。针对这一情况，我在强调加强数理化基础知识的同时，也强调加强语文课基础知识的教学。经过近两年的努力，这个班学生的学习成绩提高较快。高考中，百分之六十的学生上了录取线。

3. 只有全面贯彻党的教育方针，才能为"四化"培养出更多合格人才

前段时间，有些教师和学生只重视智育，忽视德育和体育。有的同志甚至认为只要抓住了提高升学率，其他方面出点问题也没有关系。面对这一情况，我组织全体师生再一次学习了党的教育方针，

指出德育、智育、体育是互相制约、相辅相成的，使三者和谐地发展是培养人才必须遵循的客观规律。广大师生端正思想路线，把认识统一到全面贯彻党的教育方针上来，正确处理了智育与德育体育、毕业班与肄业班、主课与副课、理科与文科、新课与复习课、"双基"与综合运用、优等生与一般学生、发挥教师主导作用与加强学生的主观能动性等一系列关系，不但学生学业成绩稳步上升，取得显著成绩，而且学生在思想道德和体质方面也有了很大进步。两年多来，涌现好人好事一千七百三十五人次，评出优秀团员一百零七人。其中团县委表彰的"新长征突击手"四人，团地委、团省委表彰的一人，团中央发给"新长征突击手"奖章的一人。全校学生中没有一个违法犯罪的；两届高考中，没有一个因身体不合格而落选的。

关心教师生活，做教师贴心人

知人贵在知心，知心才能贴心，贴心才会被引为知己。我们受党的委托，做党的工作，就要做知识分子的贴心人。他们认为党最了解他们，就会真心实意地为党的教育事业贡献力量。

"四害"横行时，教师尝够了苦头。我来到二中后，时刻提醒自己要彻底改变过去的那套工作作风，把教师的冷暖挂在心上，热心帮助教师解决生活中的实际困难，以保证教师集中精力从事教学工作。我了解到，一些家务事常常占去教师的时间，分散教师的精力，为此，我和有关同志商量和协作，主动为教师办了七件事：（1）积极与有关部门联系，解决夫妻两地分居的问题。我校有三十四个教师长期同爱人分居两地，现解决二十八对，其余同志的问题，也正在积极联系解决。（2）关心教师的油盐柴米问题。为教师运煤，从校办农场适当划拨土地让教师家属抽空自种蔬菜，解决吃菜问题。

（3）与有关部门联系解决教师家属子女的就业入学问题。使二十六个教师的家属子女都得到妥善安排。（4）关心教师疾苦。经常给教师防病治病，夏天发蚊烟，冬天发木炭。对终生从事教育事业、积劳成疾的教师，我们除在工作、生活上予以照顾外，还安排住院治疗或离岗休息。有的教师得急病，及时送医院治疗。教师家庭遇到天灾人祸，我们在可能范围内多方予以资助。（5）贯彻多劳多得的原则，对负担重经常加班加点，超过正常工作量的教师，适当给予补贴、报酬或发放营养滋补品。（6）开展尊老敬贤活动。每逢节假日，我们把有二三十年教龄的教师和退休教工请来开茶话会，慰问贤老，听取他们对学校的意见。（7）做好家属工作，建立和睦家庭。我们不信"清官难断家务事"，经常深入教师家庭，召开家属座谈会，表扬家属中的好人好事，鼓励他们支持和协助爱人搞好教学工作。

学校关心教师生活，教师集中精力教学。全校七十三名教师同心同德，致力于党的教育事业。一位有多年教学经验的教师因病退休，但他看到学校对他一家的生活安排得很熨帖，病一好转，就重返教学第一线工作。一位年近六十的老教师，夫妻团聚以后，生活安定了，他见学校外语教师少，主动承担了每周二十节英语课的教学任务，还编写了六万多字的英语辅导材料。许多中年教师也摆脱了家务拖累，把全部精力倾注到教学工作上来。

武冈二中是一座冶炼人才的大熔炉，为社会主义建设提炼出大批"优质纯钢"，尖端人才遍布海内外。有中国工程院院士刘筠，有中国科学院院士戴永久，有中科院科学家周斌，有全世界十大杰出青年发明家之一、研究纳米材料的教授段镶锋，有中央公安部的，有外交部的，有省、地、市的各级领导，有商界精英，各行各业人才辈出，真可谓桃李满天下。

宁校长是一位博学多才的领导者。他于1948年以优异的成绩考入湖南大学中文系，后为寻求革命真理，他又加入了共产党领导的地下武装——湘中二支队，并任第七大队大队长。新中国成立后，他先后担任邵阳县政府秘书，县文教科长，武冈师范、武冈三中、武冈五中、武冈二中校长等职。他一直从事教育教学工作，学校工作经验十分丰富。他常说，"懂得教学才能取得领导学校的主动权"。他自己就是这样一位才艺双全的领导者，他是一个十分优秀的语文教师，还可兼教政治、英语、历史等文科类课程，对数、理、化、生也略有所知，所以他对各科都能听课、评课，有很强的驾驭能力。他自己也以身作则，经常站上三尺讲台挥洒自如。老师们都说"宁校长是全挂子，令人敬佩和尊重。"他离休后还笔耕不休，前后编撰《往者如斯》《回忆录》《孔孟儒学新解》（湖南大学出版社出版）《桑榆晚霞》等著作，共300余万字，被吸纳为全国孔子学会会员、全国诗词协会会员等，声名享誉国内外。

他的政策水平和马列主义理论水平都很高，对党的教育方针领会深刻，始终坚持正确的办学方向，非常重视教师在学校的作用。1979年调工资时，他偏重向教师倾斜，受到很大阻力。他就用马列主义理论解释高级的创造性劳动和低级的简单重复劳动的不同，报酬也应不一样，不能实行平均主义。并强调振兴学校的当务之急，是要有一支强有力的教师队伍，学校发展了大家就都受益了，讲得大家心服口服。

宁校长对教职工和学生的关怀可说是无微不至，就像对待自己的亲人一样贴心。他除了千方百计为教职工解决住房、就业等困难外，对待个别教师的特殊困难更是考虑周到，胜似家人。如有的教师家里父母去世，他会抽时间亲自去参加葬礼。有的教师"文革"中被抄家，给后来的生活带来困难，他亲自去找当地政府交涉，把所抄走的东西追回来，使得很多教师都感动流泪。这一点我深有体会。当时我爱人在农村，有4个未成年的儿女。1983年

农村体制改革时田地分到了户，家里缺乏劳动力，家里离学校有一百多里地，我就不能兼顾家庭。于是我向宁校长请求把我调到离家近一点的农村中学去，好利用教学之余帮助老婆去种田。宁校长像对待自家兄弟的事情一样考虑周到，既不想让我调离二中，但又考虑到我确实困难需要照顾，于是采取折中的办法：让我暂时借调一年。他对我说"困难是暂时的，形势好转后再把你调回来，二中的前途更光明"。宁校长真是料事如神，1984年按政策我全家就"农转非"，不用种田了，他又把我调回二中。我非常感动，常将宁校长对我的教诲和希望牢记在心，因此我更加努力工作，取得了骄人的成绩：我先后评上全国优秀教师、湖南省先进工作者、特级教师，并获三项国家专利，其中一项又获国际爱迪生发明金奖，为学校也为自己赢得了荣誉。

宁校长对待学生就像对待自己的子女一样。他家有一台缝纫机，他夫人经常无偿为师生缝缝补补；那时候学校没有统一供应茶水的条件，他家就是学生免费的茶水站；在他家灶台上经常有几个药罐子为生病的学生熬中药；还常为家庭困难的学生解决食宿问题。他对学生的前途更是特别重视，有位学生高考上线后，因有点眼疾问题，体检不过关，被许多学校拒之门外。他就亲自去到湘潭大学找到自己的大学同学（时任湘大中文系教授），向学校说明情况。由于他的努力争取，该学生最终被湘大录取，毕业后在省里工作，发展很好。他至今对宁校长心怀感激。

宁校长对自己则是严格要求，清正廉洁，堪称

领导干部的楷模。他刚调入学校不久，工会搞活动，每人发了一个热水瓶，他认为自己到校时间不长，不能享受这份福利，所以坚决拒领。为解决教职工住房问题，他千方百计新建和维修教职工宿舍，先后为几十户教师解决了住房问题，特别是落实政策的老教师都是优先安排。而他自己从进校至调离共6年多时间，都是住在中山堂旁边学校用于存放劳动工具的低矮潮湿的小平房里。1979年调整工资，国家规定的比例是40%，我校因高考成绩突出，加之宁校长积极向上争取，前后三次追加指标，最后评到了80%左右的面，而他自1953年工资定级后从未调过工资，却坚持不要指标。邵阳地区教委的领导了解到上述情况后，在最后的扫尾指标中，以红头文件的形式点名下达了一个指标给武冈二中宁同魁，但他又把这个指标让给了另一名老师。他的这种高风亮节感动了全体教职工，有位老师撰文投寄湖南省广播电台，被采用后，电台向全省播送了他的事迹。

宁校长骄人的工作成绩和过人的人格魅力得到上级领导的高度肯定和社会的赞扬。可以说，那时候的武冈人没有几个不知道武冈二中的校长宁同魁。1984年，上级领导将他调入邵阳师专（现邵阳学院）任党委书记，他站上了一个更高的施展才华的舞台。

众所周知，办好一所学校，关键在于造就一批骨干教师，而能否造就一批骨干教师，又关键在于校长，有什么样的校长，就有什么样的学校。宁同魁先生是让武冈二中兴旺发达的一个重要人物，是所有中学校长的楷模。宁校长是一位当之无愧的、德高望重的教育家，他的一言一行让人终生难忘。

作者介绍

　　沈生福，男，汉族，生于1943年10月，湖南武冈市邓家铺镇永兴村人。1964年7月毕业于武冈二中高38班，考入湖南师范学院（今湖南师范大学）物理系，1968年7月大学毕业，本科文凭。曾获全国优秀教师、湖南省劳动模范、湖南省特级教师、湖南省先进科普工作者等荣誉称号。

大学生的摇篮
——武冈二中小史

匡前蔚

"大哉洞庭，八百里洞庭！我们是国难的鲜花，我们是民族的明星……时间是我们的，祖国正需要我们……"这是武冈二中的前身——洞庭中学校长刘侃元为洞中写的校歌歌词。它告诉我们，80多年前的洞庭中学是在抗日战争的烽火中诞生的。

1938年武汉会战前夕，国民党中央陆军军官学校（即黄埔军校）武汉分校从武汉迁来湖南武冈，于是武冈就有了黄埔军校第二分校（即黄埔军校武冈分校）。第二年秋天，军校主任李明灏将军为了培育抗战人才，在武冈县城关镇创办了"湖南私立洞庭初级中学"，并请国民党元老于右任先生题写了校名。

1939年8月，洞庭中学开始招生。没有校舍，李将军把城内原驻扎军校官兵的李、周二姓宗祠腾出来，给洞庭中学作临时校舍。1941年3月，学校迁往离城约八里的塘富冲许家大屋，才有了自己的校舍。

学校办起来了，但没有一点校产，学校经费没有着落，李将军又立即着手解决校产问题。他邀集当时邵阳专区所属五县（即邵阳、新化、武冈、新宁、城步）的巨富豪绅成立董事会，分别筹集校产。他被推选为董事长，周磐、许辰章为副董事长。经过董事们分头串联、捐募，洞中校产从无到有，从少到多，不断扩大，到1942年春季备案时，洞中已拥有学田数千亩，散布在五县。武冈县仅许辰章一人就捐献学田60多亩。

教师队伍的解决，得益于当时的战争形势和洞庭中学的经济优势。1939年9月至1941年12月，日寇连续进攻长沙，在湘北展开三次大会战。长、浏、醴临近战区，这些地区的学校纷纷向后方迁移。武冈远离前线，交通不便，但有军校在此，信息灵通，比较安全。洞庭中学是私立学校，每学期每一个学生要交俸谷（学费）三石，学田收入也是稻谷。由于收费高，又有学租补充，洞庭中学教师的薪俸比公立学校高。薪俸发实物（大米），不受物价上涨的影响，教师的收入比公立学校稳定。此外，教师还可在黄埔军校挂一军衔，领取另一份薪金。安定的生活环境，优厚的经济待遇，帮助了洞庭中学，使它能从长郡、明德、广益、岳云等省内著名的中学聘来大批著名的教师，刘侃元、谢行恕、段德饶、王鉴清、喻科盈、廖六如、刘林、李度、萧敏颂、谢甲南、董公健、李石静、张健甫、黄河、李左黄、陈平一、陆承新、谢羡安、李昌董、罗世凡、周用吾等三湘教育界名流，都来洞庭中学执教。洞庭中学的教师队伍当时在省内是一流的。

有了适用的校舍、宽裕的经济条件、一流的师资队伍，就能够办出一流的学校。洞庭中学自1939年秋季创办后，每年分春秋两季招生，每次招收两个初中班。1942年夏季，初一、二班学生毕业，参加全省中学生会考，取得了初中第一名。第二年夏季，初五、六班参加中学生毕业会考，又名列全省第一。两次会考获得桂冠，洞庭中学名震三湘四水，省教育厅为此颁发奖金一万元购买图书，以资鼓励。洞庭中学初中会考两次夺冠，为开办高中创造了条件，1943年秋，教育厅批准洞庭中学增办高中。从此，洞庭中学去掉"初中"二字，更名为"湖南私立洞庭中学"。洞庭中学成为完全中学以后，仍实行春秋两季招生，每次高、初中只各招一个班，仍维持12个班，与开办高中前的初中班数相同，这一规模一直维持到1948年。

为了办好洞庭中学，李明灏将军为学校提出"恭信勤朴"四个字的校训。他要求学生把这四个字作为座右铭，严谨律己，真诚待人，使自己成为品德高尚，能对国家民族作出贡献的人。在这个校训的鞭策和陶冶下，洞庭中学形成了一种敦品励学、助人律己的好校风。

洞庭中学录取新生，只看考试成绩，不讲私人关系。成绩不合格的考生，即使是校长、董事长的子女律不予录取；成绩合格的考生，即使是工农大众的子女也不歧视，一律录取，真正做到"有教无类"。为了帮助家境贫苦的学生上学，学校设立了"优秀贫寒奖学金"，凡语数两科成绩不低于80分，各科总评在80分以上、家境贫苦的学生，经过申请，可得到这项奖学金，学费全部免交。此外，还设立"品学优秀奖学金"，只要这个学生学业成绩在班上能列在前三名，操行列在甲等，不管家庭贫富，都可享受此项奖学金。

在洞庭中学，校规校纪非常严格，有行凶打人、偷盗、恋爱、打牌、赌博等行为者，一律要受到记过、辞退或开除处罚，任何人也不例外。如一位副董事长的儿子因谈恋爱被开除，董事长的侄女因违反校规被辞退。这种"王子犯法，与庶民同罪"，从不偏袒的做法，教育了广大学生，使他们不敢触犯校规。洞庭中学的良好纪律就是这样形成的。

学校课程开设齐全。初中三年，先后共开设了国文、数学、英文、物理、化学、历史、地理、动物、植物、生理卫生、公民、体育、音乐、美术、劳动15门功课。高中三年，动物、植物改为生物课，音乐、美术停开，其他课程开设与初中同。

很重视课本的选择和编写。抗战时期，没有统一的各科齐全课本，中华书局、广益书局、开明书店出版的课本学科都不全，有的已不适用。在这种情况下，长沙等地的中学教师自己动手编教材，私人编写的教材有的在省内公开发行。洞庭中学学生用的课本来自三个方面，即从中华、广益、开明等书局出版的课本中选择，从长沙教师私编的课本中选择，鼓励教师自己编写教材。初一年级的地理教材，是地理教师李琼珍自己编写的。她先将自编教材油印发给学生，再讲课。她编的教材很特别，如中国地理，以湖南为中心，讲了湖南，才讲湖南周围各省，再讲离湖南更远的其他各省等。她对湖南讲得特别详细，把乡土教材放在重要地位。她还注意指导学生运用比例尺绘地图，通过绘图，巩固所学知识，培养绘图能力。初二年级王汉藩老师自己编写历史教材，他的教案本上只有几条极简单的提纲，他在课堂上边讲边在黑板上书写，从容不迫，讲的内容学生能全部记录下来。他选择的史实精当，内容详略得体，语言精练，分析明确，是很好的历史教材。喻科盈老师教化学从来不拿课本，他边讲边板书，边做实验。课后，他把讲稿油印发给学生，讲稿和课堂上讲得完全一致，装订成册，是极好的化学课本。

教师都有较高的文化素养，不少的老师博学多才，能教几门功课。他们有丰富的教学经验，注意因材施教，根据学生的爱好和兴趣，培养能力，发展智力。他们重视课堂教学，语言力求简练生动，深入浅出，循循善诱，得到学生的好评。教师教得积极，学生学得主动，这是洞庭中学学生学业成绩优异的原因之一。

在艰苦的条件下，洞庭中学注意不断改进学生的学习条件。买不到煤油，就发动学生自备桐油灯或菜油灯。没有图书，李明灏将军从二分校拨来一批图书，成立了图书室。学校还发动教师和社会贤达为图书室捐献图书，如罗世凡、谢羡安等老师将他们收藏的大批珍贵图书捐赠给学校。周调阳从他办的都梁图书馆拿出了许多书籍赠给学校。初一二班、五六班会考成绩并列全省第一，教育厅奖励的那万元，全部买了图书。各班还成立图书角，把同学手中的图书集中起来，交换阅读。学校为图书室订的报纸、杂志也比较多。学校还注意不断改进教学条件。没有理化设备，李明灏将军从二分校拨来一批仪器和药品，成立理化仪器室。后来，还陆续从长沙、桂林，并通过秘密渠道从上海、广州买回一些仪器和药品，不断充实仪器室，支撑了理化实验。为了使学生有病能及时得到治疗，李明灏将军从二分校拨来一批药品，办起了医疗室，还专门派来一名医生常驻学校，为学生看病。患重病，须住院治疗的学生还可住进二分校的军医院，得到较高水平的治疗。

为了增进学生身心健康，洞庭中学非常重视开展文娱、体育活动。每年国庆或元旦，学校组织大规模的文娱活动，从揭露社会弊端和激励爱国热情方面着手选择节目，如《放下你的鞭子》《岳飞》《孔雀胆》等这些大型的、师生同台演出的现代戏和古装戏表演得非常成功，博得观众的好评。学生还多次和二分校、国立十一中、省立六师开联欢会。二分校的教官、学员为学生表演国术（武术）、相声、说书、快板、京剧、话剧……特别是他们的国术表演，往往赢得经久不息的掌声。各班还成立文娱小组，在同学中开展文娱活动，周末或节假日，班级之间开展联欢，表演多种短小节目，非常活跃。课余，殷德饶校长、黄河老师、李左黄老师的京剧独唱，喻科盈老师的二胡伴奏，往往招来大批同学围观。体育活动方面，除了上好体育课，学校非常重视师生的课外锻炼。活动项目有球类、田径、游泳等。各班体育组在同学中开展活动，课余组织同学打乒乓球、排球、篮球，练习单双杠、掷铁饼、扔标枪、扔手榴弹、跳高、跳远、赛跑、球类和田径比赛。节假日，学校还开展越野赛跑、爬山活动和游泳比赛。此外，每期学校还利用假日或课余时间，组织校队，与二分校、省立六师、国立十一中等学校的代表队进行篮球排球友谊赛。由于重视体育锻炼，洞庭中学师生健康状况良好，戴眼镜和神经衰弱的人是少见的。

学校在行政管理方面，设一室两处：一室，即校长室，设校长一人，总揽全盘校政；两处，即教育处和总务处。教育处设教务主任和训育主任各一人，教务主任管教学，训育主任管学生思想。教务主任和训育主任由校长通选资深望重的教师兼任，下设教务员、训育员干实际工作。总务处设总务主任一人，总管全校的财务，下设会计、出纳各一人。

学校在学生中成立了学生会，学生会的职能是协助学校管好学生学习和生活，下面设有食事会和自治会。食事会是协助总务室进行工作的，负责保管学生食堂的油盐柴米。食事会每天要派两名同学去厨房监督工友工作，名曰监察。每天派一名同学上街监督工友买菜，名曰采买。食事会每期还要选定两位同学负责食堂大米的收入和量出。自治会下设学习、风纪、卫生、文娱、体育等部，各班设组，协助教育处开展工作。此外，学生会下面还成立了合作社，出售学习、生活用品。学生会是学校开展工作的得力助手，是提高学生工作能力的重要课堂，它不是虚设的，其成员必须扎扎实实工作，做出出色的成绩来。

洞庭中学把劳动作为学校教育的重要内容。学校在城内时，组织学生每天早晨或黄昏到离校一里多的武陵井挑水，每月到离城五里的五里牌运柴。学校迁到塘富冲后，买了四十多亩地、两口塘，师生自己动手种菜、养鱼。每届新生入校时，必须交一把锄头、一根扁担、一担畚箕。谢行恕在任校长前担任动、植物课教师，兼管学生劳动。在他的指导下，学生的蔬菜种得很好，白菜大个的上十斤，冬瓜大个的七八十斤。除了种菜，还要扯草养鱼、喂猪。每个学期，学生食堂要养几十头肥猪。此外，每期还要到安乐桥去运三四次柴，有时要爬到南山寨腰上才搬到柴。年近50的校长刘侃元也不避寒暑，爬山越岭，与学生同往。由于自己动手生产了蔬菜，节省了开支，食堂伙食办得很不错。虽然萝卜、白菜、豆豉、辣子、油炸豆腐只是家常菜，但一周两次打牙祭能吃到大钵子的猪肉、牛肉，有时吃羊肉，在艰难的抗战时期也就很不错了。

1944年7月，衡阳陷落，8月日军进逼邵阳、武冈，学校决定迁往绥宁。几百人迁移，兵荒马乱，吃饭、住宿和安全问题如何解决？殷校长经过周密考虑，从军校领来40支俄式步枪，每支枪配备50发子弹，组成护校队，由一位姓许的军训教官带领，跟随大队伍向绥宁前进。有了这支武装力量，沿途的乡政府在住宿和吃饭问题上不敢给校方出难题。到了绥宁，县政府划孔庙给校方作校舍，给校方拨来了粮食。后来听说校方要长住下去，态度就不太客气了，要校方自己到市场上去买粮食。为了使绥宁县政府重视我们的存在，校方的护校队进行了一次实弹射击，每条枪打了 20 发子弹。此后，绥宁县政府对校方恢复了原来的热情，与校方相处得较好。在绥宁期间，由于教师不全，教室不够，又缺乏课桌、课凳，不能正常上课，许多同学请假回家。学校基本已经停课，实际上只是维持不散而已。

1944 年底，日军进攻贵州独山失败。第二年 4 月日本又调集 10 万大军进犯湘西，企图摧毁我芷江空军基地，阻止中苏美英盟军发动全面反攻。这时，绥宁地处前线，学校又迁会同。8 月 15 日，日本宣布无条件投降，学校从会同迁回武冈。学校离开武冈，避难绥宁、会同的时间整整一年。

洞庭中学避战难于绥、会期间，留下总务处陈子哲老师和一个老工友守校。图书仪器转移到江塘夏胜如同学家里，日本强盗逼近武冈城时，陈老师和老工友寸步不离学校，学校一草一木未受到损失。寄在夏胜如家里的图书仪器，虽有土匪抢劫，但这些东西都不是他们所要的，他们只能自认晦气，骂了几句娘就走了，学校的宝贵财富得以完整无损地保存下来。陈子哲、老工友、夏胜如护校有功，殷校长在庆功会上每人授予一块金牌，以资奖励。

抗战时期来洞庭中学执教的老师，抗战胜利后，纷纷离开武冈，奔赴家乡，奔赴大城市。学校逐渐增加本县及邻县的教师，周调阳就是在这种情况下辞去了教育厅主任秘书的职务，回到武冈当洞庭中学的校长。中华人民共和国成立前，总计洞庭中学的五届校长是：刘侃元、谢行恕、殷德饶、王鉴清、周调阳。

1949 年 10 月，武冈解放了，学校由县人民政府接管，仍称湖南私立洞庭中学。1953 年 9 月 20 日改校名为湖南省武冈县第二中学。这一年下学期，县委和县政府为学校派来了党员校长。在中国共产党的领导下，学校继承和发扬了洞庭中学的优良传统，又不断创新，为建设和保卫社会主义新中国培养了大批德才兼备的人才。1966 年，学校规模大体稳定在 21 个班（高中 12 个班，初中 9 个班），在校学生人数保持在 1200 人左右，最多达 26 个班，学生近 1400 人。学校教学质量不断提高，历届高考升学率都较高。特别是 1958 年至 1961 年三年间，高中毕业生升入大专院校的比例每年都达到 90% 以上。

1978 年 5 月，在县委领导下，调整加强了领导班子。在此基础上，学校加强了教师队伍的建设，恢复和订立了一系列符合教育规律的规章制度，并认真贯彻执行，使教学工作重新纳入健康发展的轨道。随着国家经济和政治体制改革的不断深入，在新的历史条件下，学校总结了一套比较完整的办学经验，开拓了学校工作的新局面。1977 年恢复高考以后，升学率又不断上升，到 1987 年，10 年中为大专院校和中等专业学校输送了 1532 名合格新生。

武冈二中一直以教学质量高而享誉湘西南，1980 年被定为全省重点中学。1985 年高考生人均总分获邵阳地区第一。1986 年高考，张先杰同学获全省理科"状元"。1987 年下学期，林朝阳同学又以全省总分第一而被选入国家集训队，准备参加国际奥林匹克化学竞赛。同年，学校被定为省体育传统项目学校，又被评为省文明卫生先进单位，武冈二中为祖国的教育事业作出了自己应有的贡献。

作者介绍

匡前蔚，武冈市司马冲镇田心村人，1955 年 7 月毕业于江西师范学院。武冈二中优秀教师，湖南省历史学会会员，武冈政协委员，邵阳诗社社员，《武冈文史资料》编委。善诗文楹联，其佳作选入《中华当代诗词大观》《邵阳诗刊》《都梁文钞今编》《洞庭诗文选集》《洞庭诗声》《武冈文史资料》等。

二中"二王"

王军

取这个题目，我是忐忑的：一来，两位老师并无多大交集，一个教语文一个教数学，彼此为当时二中文理科教学骨干；二来，其中一个是我父亲，写自家老父，让人看来，终究有点仿摹"布袋和尚"之嫌，也生怕倒出来的都是腌臜石头。时逢二中校庆，想来这两位终究都在二中做过老师，忐忑间，也就释然了。

王耀楚

高中阶段，我有过四位语文老师，耀楚老师是我在二中读高二时的班主任。

王老师生于 1936 年，1960 年毕业于湖南师院，学成后一直执教于武冈二中。1982 年，我有幸做了他的学生，他是我的班主任。

老师个子高，脖子长，瘦削的身材再配上当时最常见的军绿色的中山装，给我的印象除了威严还是威严——这是我对老师的第一印象。

老师当年住在学校的"应钦楼"（黄埔军校二分校时建，后已拆）的二楼，就在我家的楼上，每每听到木质楼梯响起踢踢踏踏，沉稳有力的声音时，我就知道那是老师在上下楼，我的心里也会怦怦地跳动——那时的我，是很惧怕老师的。直到有一次。那天，我从教室返家，突然一只手搭在我的肩上，我扭头一看，老师正嘿嘿地冲着我笑着，宽宽的嘴唇夸张地咧得很开很大，本来就不低的颧骨更显突兀，一时的我，忐忑得手足无措。"小王，你这次的作文写得蛮好的，看不出来啊！"说完，他的手在我的肩上重重地捏了捏，那力度分明是对我的鼓励。从此，我对老师的惧怕便荡然无存了；从此，我也爱上了老师的语文课。

老师是优秀的，从他得到的荣誉就可以佐证，全省优秀教师、全国优秀班主任……八五年第一个教师节，《湖南日报》便刊登了老师与学生们交谈甚欢的照片。

老师的教学是有特质的，从早读便可以领略到。每次语文早读，老师都会从报纸上选一篇千把字的时文点评。我记得，他评点最多的是《羊城晚报》一个叫"微音"的专栏文章，他会从文章的选题，到结构到论述层次细细地分析，让同学们了解时事的同时也学会了论述的方法，一举两得。学生们的议论文水平在潜移默化中得到极大的提升。

老师是有大爱的，他有一本厚厚的《心血》。这本书是老师编著的，其间收集了许多学子们写给老师的文章和信笺，我经常会拿出来读读。看到那些熟悉的同学熟悉的文字，总感觉老师是为教育而生的，教育的情怀一直融在他的血液中。

他曾搬行军床和被褥去到学生宿舍，只为监督学生们按时就寝。当年学生宿舍的条件是极其艰苦的：难闻的气味，无处不在的臭虫跳蚤……可老师却甘之如饴，因为，他心中只有学生，罔顾其他。

老师除了严肃，也有他孩子气的一面，记得在他 70 寿辰的宴会上，各地学子齐聚武冈，为老师祝寿。席间，年已古稀的老师兴奋得像一个得到珍奇玩具的孩子。在"云山巍巍，资水汤汤，先生之德，山高水长"的横楣之下，老师带着学生们给他化的妆颜，腰上缠着红绸带，上到台上，一边扭着他略显僵硬的腰肢，一边唱着《花儿与少年》，声音之洪亮，音调之精准，又让我感觉回到了多年前的课堂，再次聆听耀楚老师朗读课文的情境当中。

王端午

数学老师是我的父亲，叫王端午。

端午老师出生于1937年的五月初四（阴历）。当时爷爷在淞沪打仗，奶奶在武冈做裁缝。临盆那天，武冈涨起了大水，城里的水涨到了脚肚子。我的奶奶正拿着脸盆弯腰往外勺水时，突然肚子一阵剧痛。待街坊慌忙地喊来接生婆时，我父亲已在脚盆里哇哇地唱着只有他自己才能听懂的歌了。按惯例，名字是应该由爷爷起的，可那一年是1937年，父亲的爷爷已去世，父亲的父亲在拼命，奶奶没文化，就直接叫他端午了。端午老师在武冈城里的水西门渐渐长大，水西门有个武陵井，他喝着井里的水，一天一天地茁壮成长起来。

父亲打过架，卖过豆豉，卖过毛烟……最后还是觉得读书好。1955年他考上了湖南大学数学系，又碰上了院系调整，1959年毕业于湖南师大数学系。

端午老师最初是分配在湖南大学教数学的，那时的奶奶说家里没人担水，便说服儿子回到邵阳二中，四年后，又哭天抢地地将儿子弄到了武冈师范，20世纪70年代被借调到了二中，1980年正式入编武冈二中。

父亲做我的老师只有一年，我也算是领略过父亲的风采。父亲数学的高深我是无法探究的，因为，我的所有科目中，最不喜欢的便是数学了。父亲个子不高，一米六五左右，眼睛鼓着，牙齿龅着，皮肤黝黑，龅着的牙齿上还有一层深黄的烟垢。但是，父亲也还是有优点的：他的声音洪亮，但凡他的学生上他课时，没人睡觉；他有几个绝招，横平竖直，一笔画就，特别是画图，侧面对学生，伸展右臂，信手画来，一个又大又圆的圈圈便跃然黑板，在同学们诧异崇拜之时，关于几何的教学便开始娓娓开讲。很多同学跟我说，端午老师的课是他们这辈子听过最好的课！于我，始终无感。我对他的感觉是，父亲的粉笔头打得很准，我那时喜欢讲小话，父亲在台上讲着讲着，突然手臂一挥，一颗粉笔头不偏不倚地就会砸在我脸上，生疼！父亲的准头应该是在他打乒乓球时打落点时练就的吧，因为家里至今还有他在乒乓球比赛时获得的奖状！

父亲是很聪明的，大凡聪明的人打牌不得差，所以，闲暇时也会被朋友和同事拉去组局。有一次，许是熬了一个通宵，当他惺忪着眼去到教室，发现黑板上还留着上一节课老师的板书，脱口就问："今天哪个坐庄？"同学们一片愕然，还是一个同学机灵，一边说："是我，是我……"一边冲上讲台，操起板刷将黑板刷干净，端午老师在一旁颔首微笑……有时，我会将这个故事讲给老婆孩子听，每每这时，父亲会用手掌遮住眼睛，其实，他是从指缝中观察他们的反应，他的眼神里流露着的分明是快乐和调皮。

作者介绍

王军，1981年至1983年在二中就读，1989年毕业于湖南师大中文系。毕业后，在一国企子校教了四年语文，转行做了企业销售，企业改制后，在长沙从事与化工销售有关的工作。

我心中的武冈二中

柳导书

1987年秋，我从偏远山村秦桥考入武冈二中初中部93班。自此，武冈二中在我心中难以忘怀。

那时的武冈二中，在武冈，乃至在邵阳地区，名字响得很。我们秦桥乡一年最多考上一两个初中生，甚至几年才考上一个。你如果考进了武冈二中，就相当于一只脚跨进了大学。当初，邻里，亲朋，认识的和不识的，见到我都这样夸赞起来。

初识二中，耳目一新。乡里伢子进了城，何况一进就是武冈二中。那时学校只有法相岩路的校门，校门是门框式，上边"武冈二中"四个字，两侧写着校训"严谨求实，文明创新"，颜色是朱砂红，格外庄严。初中部教室在前面的新教学楼，当时整个县城只有二中有这样高大上的校舍；枞树山到教学楼有一座天桥，天桥对面有一座刚启用的厕所，听说也是武冈城最好的；再就是运动场，标准的400米跑道，那时武冈一中开运动会，或者某些工矿企业开工运会，时不时地来借用场地；二中最显眼的莫过于大树，古樟、枞树、枫树和银杏等，上百年的乔木巍然屹立，它不仅镇住了这里的人，更是镇住了人们的心；红楼和中山堂就不用说了，一直以来是千万学子魂牵梦绕的图腾。

睡觉打通铺时，疥疮肆虐。我们初一年级住在红楼到学生食堂之间的一座二层砖木结构楼房。楼下是放体育器材的仓库，上面是初中部92班、93班和94班男生的集体宿舍。刚入住时有上下铺的木床。我个子小，带的被子也薄，我父亲跟同样处境的胡小山的哥哥商量了一下，决定让我和胡小山同铺，于是我就这样与胡同学同住了一个学期。不知道什么原因，后来学校把木床撤了，三个班的同学都打通铺，睡在木地板上。大约初二年级，疥疮流行，男同学调皮，跳来跳去，滚来滚去，加上常年不洗被窝，为疥疮细菌打开了一条高速发展通道。

得过疥疮的人晓得，那种痒痛刻骨铭心。然而这种同学记忆更刻骨铭心。

在二中六年的学习生活是我人生最快乐的一段时光。20世纪八九十年代，家庭经济水平普遍较低，从小学开始，大部分人要一边读书一边劳动，重活有抢收抢种、上山砍柴，轻活是放牛看水、照顾弟妹。直白地讲，考上武冈二中的学生除了勤奋，一般来说主要靠天赋，但进了二中读书单靠天赋就不行了。每当临近期中考试和期末考试，很多同学吃了晚饭就把书卷成筒塞进裤衩口袋，假装若无其事地走出教室。花坛旁，古樟边，操场里，枞树山上，法相岩下，有走着背诵的，有坐着读书的，有侧倚着看书的，有躺卧着把书本画来画去的——整个校园都是一片求知若渴的盛景。考试后等成绩的几天是非常焦虑的。记得初一时英语老师是刘鸿峰同学的妈妈袁玉艳老师，她当时住在枞树山上的一个小房子里，我们会趴着窗瞄老师改卷，有时跟着刘同学去偷看分数。优秀的学生一般比较注重成绩，这也是我在二中求学的最深回忆。

在二中的学习习惯我一直保留着，也传承着。今年我女儿能够顺利地考入复旦大学，或许就因为她也有良好的学习习惯，她就是武冈二中的徒子徒孙。

我打小喜欢看报。记忆里母校还有两条报刊长廊，对我影响很深。一条是两幢新教学楼之间的架空走廊，另一条是中山堂到老教学楼（原高二、高三年级教学楼）之间的风雨走廊。走廊两侧的箱框里有《人民日报》《湖南日报》《参考消息》《新民日报》等。到了礼拜天，我有时一读报就是一整天。直到现在，如果有同学小聚，我还会开玩笑地说，"在二中我读书不是最多的，读报可能是最多的"。所谓"秀才不出门，能知天下事"，在没有新媒体

的时代，报纸杂志就是我吸吮新闻时事的唯一窗口，它打开了我这个农村娃的眼界。

1993年我走出武冈二中，考入了湖南城市学院。

2013年武冈二中高九三届同学会成立，我担任秘书长。

"滴水之恩当涌泉相报"，母校的教育之恩，想必每个学子都心存感激，都期待有朝一日能为母校做点什么。在邓丽萍、周孝平等很多校友的策划下，我们九三届同学会决定成立"追梦奖学基金"。追梦奖学金的宗旨就是激励二中学子发扬黄埔军校精神，努力学习，报效国家。追梦奖学金至今已连续发放六年了，追梦奖学基金定将会随着母校的发展而不断增长。正如2023年7月，我与周孝军校长交流时，我们有一致的共识，那就是"我们的努力就是振兴武冈二中，让母校重回那时的荣光，再创辉煌"。感恩母校，祝福母校！

作者介绍

柳导书，高级建筑师，全国注册造价师，1987—1993年在武冈二中学习，1993年考入湖南城市学院，武冈二中高九三届"追梦奖学基金"会秘书长。

永恒的记忆

赵挹云

1960 年秋天，我挑着一担简单的行李，出武冈东城门，过玉带桥，沿着通往新宁县的公路向东行走约两公里，再转上一条往北的小路，行约二三百米，迎面是一座灰色的高大的门庭，上书湖南省武冈县第二中学。这所省级重点中学原名"湖南省私立洞庭中学"，是彼时湖南名校。我跨门而入，有幸成了武冈二中的一名学生，在这里，我度过了高中三年学习、劳动生涯。

三年后的 1963 年秋天，我依旧挑着一担简单的行李，从这里出发，远赴千里之外的长沙岳麓山，跨入了湖南师范学院（今湖南师范大学）的校门。六十余年过去了。六十年，人类历史的长河中只不过是短暂的一瞬，而对于单个的人，却是一道漫漫长途，甚至于是有的人的整个人生。

六十余年即两万多个日日夜夜，人生经历过的事情何止万万千千，有的事情，在人们的印象中一拂而过，如天边稍纵即逝的一缕云烟，而有的事情，会在人们的记忆中留下深刻的印象，久久不会忘怀。我在武冈二中度过的三年求学岁月，正是我脑海中一段永恒的记忆。

我经常回忆起母校的校园，那是我心目中一道亮丽的风景线。校园三重三进：学校的大门是第一重门，进门后是第一重校园，这里没有什么建筑，主要是花草树木，是师生们的活动场所；第二重门里面是初中部；第三重门里面是高中部。学校门口是当地有名的喀斯特熔岩群落法相岩。校园地形高低错落，校园里有小山，有平地，有低洼的水池。学校的教学楼、办公楼、图书楼、大礼堂、大操场、花圃、教工宿舍、学生宿舍、食堂等建筑就着不同的地形依势而建，一条条小路和一条条林荫大道将这些建筑连接起来，这一切就像是一座精心设计、匠心独运的大型园林，一切显得那么和谐多姿。整个校园占地宽广，从学校南部大门步行到北面的尽头需二十多分钟。校园绿树成荫，参天古树遍布，常年鲜花盛开——这是一个适合读书求学的幽静之所。当然，我这里所描述的是当年的校园，我心目中的校园。据说今日的校园已经发生了翻天覆地的变化，可惜我常年工作生活在外地，不能亲眼一见，但是我相信，新校园更加现代化，更加美好。

我还经常回忆起与校园有关的历史往事。

母校武冈二中的校址，曾经是抗日战争时期黄埔军校即中央陆军军官学校第二分校的校址。在那艰苦卓绝的战争年代，二万余名中华民族的优秀儿女在这里接受军事训练，然后奔赴疆场，抗击日寇，英勇悲壮，马革裹尸，绝少生还。当年的抗日英雄早已逝去，但是他们的英灵长在，浩气永存！有幸能在这样的校园里学习成长，呼吸着先辈们留存在校园的气息，我以之为荣，因之而傲。

母校最北端的最高处有一座三层楼的灰色砖木建筑中山堂，纪念堂坐北朝南，俯瞰着整个校园。中山堂修建用了近三年时间，建成于 1943 年，是黄埔军校第二分校为纪念孙中山先生所建，极具历史纪念价值。在抗战当年，它有如孙中山先生威严的目光，注视着、鼓励着、鞭策着黄埔学子学好军事技能，抗击日寇，保卫祖国；在往后的和平年代，中山堂依然挺立，有如孙中山先生依然威严地注视着、鼓励着、鞭策着新时代的学子努力学习，报效祖国，振兴中华。

这个校园，还有一点有关我私人的记忆。进入学校大门小路的左侧，曾经有过一座灰色的高大的砖木建筑，这座建筑是"二邓先生祠"。"二邓"者，清末湖南文坛领袖、湖湘五子中的邓弥之、邓葆之

合"，正是凭借着"教育与生产劳动相结合"的精神，我们一边读书，一边劳动，度过了那段艰难的日子。

那时学校每周五天上课，一天劳动，一天休息。劳动的项目有：

去煤矿挑煤以提供学校食堂澡堂燃料，这大大降低了去市场采购燃料的成本。

种菜。学校的大片空地、学校周边的大片荒地，通通被师生们开发出来，种上萝卜、白菜等各种蔬菜，所得成果供全体师生食用，其产量自食有余，还可以用来养猪。我们居然还种了许多油菜，采集到的油菜籽用以榨油，那时食用油也是定量供应的，每人每月好像只有四两，根本不够，我们自产的菜籽油算是有了一点补充。

打猪草、切猪草。这是女生的专项劳动，煮猪食喂猪则是由食堂工友兼职。那时猪肉同样是定量供应，大约每人每月半斤，根本不够，自产的猪肉也能增加一点肉食量。

帮厨。去食堂当食堂师傅的帮手，其中也有监督厨师行为、保障学生利益的任务。

甚至，在专业师傅的指导下，学生们还自己烧制修建校舍的砖瓦并参与校舍的修建。为了激发学生的劳动积极性，学校将国家平均供应给学生的粮食进行再分配，那时每天只开两餐，按学校新规，每餐粮食定量分别为8两（当时是16两制，8两相当于现在半斤，以此类推）、7两、6两三个等级，谁每餐吃几两，采取自报数量，班上民主评定的方法。那些体力强、承担主要劳动的男生一般自报8两，体力弱者次之。我是体力最弱的女生，只报6两。应该说，这项举措符合多劳多得的原则，公平合理，得到学生们的认可。所以几年来，举措有条不紊地实施着，从来没有发生过纷争和混乱。这是学校领导的组织管理能力的有力体现。

两个正餐之外，学校再外加一个晚餐，不过没有主食，只有学生自己种植的萝卜白菜，里面也没

二位先生是也。二位先生乃兄弟关系，出身于武冈大甸邓家，邓家是当地有名的"耕读传家久、诗书继世长"书香世家。二位先生学富五车、著作等身，与当时清朝名臣曾国藩、左宗棠等多有交往。在武冈故乡，二位先生多有慈善之举，兴义学、济灾民，深得当地民众敬重。由此，清朝末年时武冈乡贤及二邓先生的众多弟子共同筹款修建了这座"二邓先生祠"，一是为了表彰纪念二位先生学识上的成就及其对家乡的善举，二是为了给乡民们树立学习的榜样。

二邓先生中的邓葆之，乃吾先母邓慧秋先生之曾祖父，母亲生前常以邓家先祖往事言传身教，督导于余，余从中深得启迪，受益良多。

这座"二邓先生祠"今天已经没有了踪迹，毁于何时我不得而知，但是我在校学习期间，其旧址尚在，我曾多次去那里漫步流连、瞩目沉思。听老人家讲，当年这里曾经香火旺盛，前往祭拜纪念者众多，二位先生成为人们的美谈，也是众多人物特别是读书人的学习榜样，看来这两位民选楷模粉丝团数量有点规模。但是时过境迁，世易时移，在我前往旧址凭吊之时，这里只是仅余建筑屋宇，其他的已经荡然无存了。

更多的是，我经常回忆起当年在母校就读时大搞劳动的情景。1960年至1963年间，那是一段极其艰苦的岁月，我们国家的人民之前经历了前所未有的三年困难时期，从那个时代走过来的人，对当时的情景应该会记忆犹新。当时我们的教育方针是"教育为无产阶级政治服务，教育与生产劳动相结

什么油水，盐当然是足量的。今天人们也许对这样无油素菜不屑一顾，但在当年，是难得的美味佳肴，一碗素菜下肚，多少会产生一点饱腹感，实际上也的确增加了营养。不要小看这碗素菜，这里面承载的，是学校领导和老师们对学生的一份深沉的关爱。为了保障学生体力，很长一段时间，学校取消了体育课和晚自习，每当夜幕降临，学生们享用完了那场蔬菜晚宴，便打道回寝，躺在宿舍的木板床上，黑灯瞎火的，倒也有一种恬静安适之感。此刻寝室里又开启了另一场精神盛宴，同学们各自将自己曾经享受过的，或者听说过的美味佳肴绘声绘色地描述一番，然后带着遗憾和向往，加上些许的满足，沉入了梦乡。

取消体育课和晚自习，这其实就是对人体的节能减排，让人体得以休养生息，这种方式可以防止体力过度消耗，对保护学生身体有一定作用。学校领导知道学生们营养缺乏，但是没有能力为学生提供食物，只能用这种消极方法来保护学生，真可谓竭其心力，用心良苦。其中饱含的深情厚谊，如果当年因为少不更事而体会不深，如今，我是深切地感受到了。

当年的大搞劳动有利有弊，其弊是长时间的劳动侵占了学习时间，影响了正常教学；另外，有的项目劳动强度过大，当时尚处于身体发育阶段的学生难以承受。其利有二：（1）当时人们普遍贫困，许多家庭无力供养孩子上学，正是由于学生们参加生产劳动，自食其力，降低了伙食成本，近似于学生在搞半工半读，因此减轻了学生家庭负担，使许多寒门学子得以完成学业；（2）艰苦的劳动磨炼了学生的意志，培养了学生吃苦耐劳的优秀品德。当年的我们，课堂学习之余，挑水浇园、制瓦砌砖、煮饭烧菜，十八般武艺样样都能来那么一手，和今天那些娇娃娃学生比起来，在综合能力方面，当年的我们似乎要强那么一点点。

当然，最是让我难以忘怀、最是让我经常忆起的，还是我们当年的学习生活。饥饿的困苦丝毫没有影响老师的传道授业和学生们的寒窗苦读，学校教学成果依旧斐然。当时国家高等教育不太发达，每年招生数量有限，高考录取率很低，我们周边的一些县如城步、新宁、洞口、绥宁等，多年来在高考中都是零录取率，俗称"扫光头"，但是我们武冈二中，每年都有一定数量的学生被高校选中，有的学生还进入了北大、清华。那些没有能考入大学的，也一个个学习基本功扎实，都是人才，其中许多人直接进入社会承担社会公职，也能独当一面，尽显才华。譬如我的同届同学中那些没有上过大学的，后来有许多人直接进入中学担任老师，都能胜任其职，有的还干得非常出色。

犹忆高中求学当年，晨曦初露，学校晨钟响起，随后校园的大树下、亭榭旁、操场边、教室里便传来了琅琅的读书声。上课时间，课堂秩序井然，各种考试考核如期举行，各种学习墙报层出不穷，内容丰富，多彩多姿。各种课外比赛也竞相展开。这些墙报和竞赛，大大增加了学生们对学习的浓厚兴趣，大大地提高了学生们在课外自行获取知识的能力。

在众多课外竞赛中，我最感兴趣的是作文比赛，多次在比赛中的胜出，大大地激发了我对语言文学的兴趣，这浓厚的学习兴趣，又激发我积极地去学习索取。课余时间，我有空就泡在学校阅览室，不到关门不肯出来。我还千方百计从其他途径去获取课外阅读资料，如饥似渴地从这些资料中获取知识养料。这大大地拓展了我的知识领域。我之所以能考入大学中文系，而且在后来的职业生涯中从事文学创作，成为一位专业作家，应该说，这段经历起到了十分重要的作用。

记得1961年的作文比赛题目是"给卡斯特罗的一封信"，以这样的题目来考学生，说明老师们的教学理念不是让学生只关注书本读死书，而是将学生的视野引向社会，引向历史，引向世界。1963年我们参加高考，作文考题之一是"唱国际歌时所想起的"。而正是由于老师平时的引导有方，我们才能在遇到这样的考题时气定神闲，应付自如。

我是一个偏科生，强于文科却弱于理科，这种现象如不加以控制任由发展而导致数理化中任何一科不及格，我就没法拿到高中毕业文凭。一个没有高中毕业文凭的人，莫说被大学录取，就连报名参加高考的资格都没有。在这种情况下，是老师们对我善意提醒，并且严加督导，使我正确处理好了文理科之间的关系而顺利毕业，并且在高考中获胜。

特别是我的语文老师张子铭先生，我对他的印象尤为深刻。他戴着近视眼镜，说话慢条斯理，细语轻声，文质彬彬的。张老师待人和蔼，教学认真，书又教得好，所以深受学生喜爱和尊敬。同学们私下里亲切地称他"张老头"，说他"老"，其实不然，他那时实际年龄应该还不满五十岁，也许因为他寡言少语，似乎总有一番心事在心头，加上他又有些夫子气，因而显得有点老而已。据说他曾经是上海《文汇报》的编辑，因政治原因被"打落凡尘"而到中学来任教。可能是因为我的语文成绩比较好，同学们说我是张老师的得意门生，张老师确乎给予我诸多鼓励鞭策指引和关爱。

1964年我返回武冈时曾经专程去学校探望过张老师，那时正值"四清"期间，张老师已感觉到秋江水寒，情绪低落。1966年，张老师也和当时许多不幸的知识分子一样，以一种特殊的方式结束了自己的生命。

记得高考录取通知书寄达学校后，是班主任成诗雨老师亲自将通知书送到了我的家中。

上大学离家之前我去学校向老师们告别，在学校林荫道上碰到了校长李咸清先生，他向我表示祝贺。以校长之尊祝贺我这样一个普通学生，当时我真的是意想不到，被惊到了。慌乱中我只是向李校长鞠了一躬便匆匆与之擦身而过，傻傻的我竟然连"谢谢"都没道上一句，我至今为此感到遗憾。

在武冈二中的三年，是艰苦的三年，是奋斗的三年，是奠定我人生基石的三年，是我接受老师深情教诲，在智力和人格上迅速成长的三年。如果说母爱如山，那么师恩则似海！

六十多年过去了，世事变幻，沧海桑田，我们的校长李咸清先生，我们的老师张子铭、成诗雨、王楚逊、赵爱民、肖子慎等诸位先生，我知道其中有的已经仙逝，不知是否还有健在者。这里，你们的学生赵挹云在向你们深情呼唤，并向你们表达由衷的敬意！

六十多年过去了，世事变幻，沧海桑田，我的同班同学，你们在哪里？前不久在网上看到一份母校发放的校友名册，我迫不及待地翻看高三十五班学生名单，一个个熟悉而又陌生的名字赫然在目。可是，我却只见其名而不见其人。毕业后分别几十年来，我只与周林成、刘趣芳、唐武思、向荣正、许毓民、肖洪灯、张士元等同学保持过通信或微信联系，这几个人中，除了张士元和刘趣芳二位，其余的均已先后作古。

我至今健在的同学们，你们在哪里？你们的老同学赵挹云在向你们深情呼唤！愿你们多多保重！

值此武冈二中八十五周年华诞即将到来之际，我写下了如许文字，抒发我最真诚的心意，表达我最热烈的祝贺，并以此献给我尊敬的母校，献给我敬爱的老师、献给我亲爱的同学。

作者介绍

赵挹云，女，当代作家，当代画家。1960年就读于武冈二中高35班，1963年毕业考入湖南师范学院（今湖南师范大学）中文系，中学高级教师，长期从事中学语文教学，在国家级、省级教学刊物上发表过多篇教学论文，参与编撰《中学语文教学参考资料》。

一篇写于42年前的母校采访稿

唐谟德

我叫唐谟德，是武冈二中初33班、高46班毕业的学生。毕业后，入伍在海军南海舰队服役。1981年底，根据当时对外宣传形势的需要，受部队领导指派，我回母校进行了一次采访，得到尊敬的教务处主任杨钺老师热情接待。说是采访，但作为二中的学子，走进心目中神圣庄严的红楼，面对又敬又畏的老校领导，还是有点诚惶诚恐，就像当年课堂听讲一般，毕恭毕敬地聆听杨主任侃侃而谈。

那天，杨主任谈得很多、谈得很细。我虽然在二中度过了初中高中六年时光，采访杨主任后，才知道母校的历史是那样的厚重璀璨。我当时虽然离校才十几年，听了杨主任介绍，发现母校的发展变化是那样的快速巨大。我饱含激动且不乏自豪之情，很快完成了稿子。下面便是当时写的原稿（个别文字有改动）。

法相岩的情思

访前陆军军官学校第二分校旧址——武冈二中。在雪峰山脉西部的云山脚下，离武冈县城三里许，有一处洞岩棋布、古树参天的风景胜地，这就是前中央陆军军官学校第二分校旧址——法相岩，现在是湖南省武冈二中所在地。不久前，我访问了这所学校，接待的是教务处杨主任。杨主任过去是二分校子弟学校——洞庭中学（武冈二中前身）的学生，他首先和我谈起了二中的校史：

抗日战争全面爆发后，中央陆军军官学校武汉分校于一九三八年从武汉迁到武冈，校本部设在法相岩。当时，许多教育界人士也从敌占区逃难到武冈。为了培养抗日救国的人才，在二分校主任李明灏先生支持下，于一九三九年创办了分校子弟学校——湖南私立洞庭中学，李明灏先生任董事长。

周围地方怀抱抗日救国理想的热血青年，纷纷前来求学。杨主任就是在抗战最紧张的一九四三年考入学校的。当他回忆起这段历史时，还情不自禁地朗诵起当时校歌的歌词：

> 大哉洞庭，八百里洞庭！
> 我们是国难的鲜花，
> 我们是民族的明星；
> 铁扇担起百年的国耻，
> 身世遭逢抗日的艰辛。
> 莫说我们小，
> 只要我们忠诚；
> 时间是我们的，
> 祖国最需要我们……

说到这里，钟声响了。杨主任下节有课，我便独自漫步校园，寻觅二分校的旧迹。雄伟的中山堂依然保持着古朴的风格，但它周围的荒坡野林已换了新颜。一幢幢教室、宿舍和办公楼，隐映在芳草翠柏之中，使校园显得格外秀丽而又幽静。中山堂旁边又新盖了一栋宿舍大楼，可容纳学生四百多人。从中山堂出来，顺着林荫道走去，从前的鹅卵石小径，已经铺上了水泥路面，两边的沟壑填得平平整整。右侧是图书馆和阅览室，左侧是篮球场和体育场。体育场上各种设施齐全，环形跑道修葺一新。我不禁暗暗赞叹：像这样的大型体育场，别说在中学，即使一般大学也不多见。林荫道尽头，就是原二分校的办公楼。中正楼和应钦楼至今尚存，现在是学校初中部的教研室。在原崇禧楼的位置，已经盖上了教学楼。中正楼前的两溜平房也经过了改建，红砖墙代替了过去的泥糊竹壁。左侧的松树山上，松涛阵阵，与学生的读书声融合一起，组成一支动听的交响曲……

我回到办公楼，杨主任也正好上课归来，他又接着刚才的话继续讲下去：

新中国成立后，洞庭中学改名为武冈二中，三十多年来，学校有了很大发展。目前，学校有学生一千九百多人，教职工一百二十多，有九个教研组和十栋教学楼。由于武冈二中的特殊地位，党和政府对学校非常重视，一直将其作为邵阳地区的重点学校，一九七八年又列为湖南省重点中学。政府每年不但拨下大笔经费，而且发来大量教学器材。现在，学校有了闭路电视、投影仪、电影放映机、录音机、幻灯机及各种教学仪器，还准备修建大礼堂、体育馆和现代化的实验大楼。

听到这里，我忍不住赞叹说："这么好的条件，同学们学习一定更勤奋了。"

"那没说的，早上一片读书声，晚上鸦雀无声。"杨主任说。

"升学率怎么样呢？"我又问。

杨主任脸上露出满意的微笑："八一年高考，五百零几人参加考试，录取了二百六十三人。"

"真的？"我惊叹地叫起来。

听到这里，我心里在想：二中的变化真是太大了，如果能让二中的校友们都回来看看母校的变化那该有多好！

杨主任好像猜透了我的心思，高兴地说："每年都有不少在外地工作的校友要来学校看一看，去年，还有两位洞庭中学毕业的、已经加入外国国籍的老校友，特意回到学校看望……"说着说着，杨主任突然沉默了。顿时，办公室里变得异常寂静，只有窗外从松林山上不时传来一阵阵低吟的松涛声。那声音，好似法相岩在呼喊，又像是在倾诉绵绵情思。这时，我心里不禁也在暗暗地问：古老的法相岩，见证了母校从二分校到洞庭中学，再到今天的武冈二中，母校哺育的学生成千上万，连那已入外籍的人尚能远渡重洋，回到母校看望，为什么在海峡彼岸的校友，却不能回来看一看呢？

我遥望着二分校的同学们曾经野营过的巍巍云山，望着附近他们曾经演习过的大小山头，思潮滚滚。一九三九年十一月，二分校第十五期生毕业时，在武冈县城郊的河道坪举行毕业典礼，李明灏先生曾领着大家高呼：

"不要忘记武冈，不要忘记云山！"

二分校的同学们，洞庭中学的校友们，你们还记得老校长这话吗？你们回来吧！回来看一看你们曾经学习和生活过的地方，看一看你们的母校！

好客的武冈人民期待你们，热情的武冈二中师生欢迎你们！

作者介绍

唐谟德，男，1949年9月生，湖南武冈市人。1961年就读武冈二中初33班，1967年毕业于该校高46班。

1969年2月，入伍到海军南海舰队601船任战士。1972年4月至1975年8月入南京大学历史系学习，毕业后分配到舰队直属政治部，先后任干事、副科长、科长、副主任、主任，海军大校军衔。1987年3—4月，曾作为副总指挥与战友率舰艇编队，首次完成我军对南沙群岛海域海洋调查，为收复、开发南沙做准备。1998年担任421医院政委。2005年退休。

爱好写作，著有《中老年人三维保健法》。小说曾获《解放军报》优秀作品奖，中篇以首篇入选海军《"水兵文艺"十年（1982—1992）小说佳作选》。

心 香

罗毅

唐朝是人名，我的高中语文老师。他的生命定格在 65 岁上。

在我们八一届那班蒙昧初开的乡下孩子眼里，唐老师既是传道的导师，也是慈爱的父亲，更是知心的朋友。他喜爱学生的标准永远只有一个——好学上进。这使后来见多听多了种种不合师道行为的我们，益发为自己能遇上这位高尚、纯粹的恩师而庆幸。

我是决然想不到那么健康乐观、那么生机勃勃的唐老师会被病魔夺去生命的。而且还听说其始本是一种常见病，仅仅因为庸医误诊乃至无法挽回。恐怕也只有这样残酷的偶然，才能解释一个精神那么坚强的人何以肉体如此脆弱。

还记得那是 1990 年的初秋，"闯海"的我带着满身疲惫风尘仆仆归来，却只能在邵阳一家医院里与躺在病床上骨瘦如柴的唐老师匆匆一见。斯人也亦有斯疾也！其时他已神志渐昏，口不能言，明亮的眸子黯淡了，见到我时却咿咿呀呀坚持要表达什么意思。师母弄懂了，他是嘱咐师母把他将要出版的一本《古汉语字词句例解》送给我。当我意识到恩师送书的含义时，我没法控制自己，跑到病房外大哭了一场。

现在想想，唐老师送书时我早已用不着它了。他教过的那个学生大学中文系毕业后又读完了古代文

学研究生，一心想在外面的世界干出点名堂回去"告诉成功"。然而，对着即将远行的我，同样即将远行的他却那样执着地要将它送给我，以致现在我一捧起书，就能清晰地记起自己当时那种对幽冥相隔的恐惧和对人生无常的绝望来。好沉好沉的书哟！

这是我跟唐老师的诀别。我没能给他送行，据说送行时那个小城万人空巷，其中就有我成百上千的师弟师妹——对唐老师的爱戴又传承了几代。第二年芳草萋萋的季节，这本书辗转千里到了我手里，是师母寄的，书上没有我所熟悉的苍老的签名，只盖着一枚唐朝的印章。

这一别已是六年。我从湖南到海南，又从海南回湖南。多少衣物、家什、书籍和情感都抛落异乡，

这本书却一直伴随着我，成为唐老师给我的唯一念物。

后来我看到了师母祭扫的照片。唐老师坚持要回自己的故乡，一个比遥远的小城更远的地方，从照片上看倒是山清水秀。每当春风吹湿眼帘的时候，我总是想，那里该有杜鹃鸟的啼啭吧？

后来我回到了离小城较近的省城，成为百万市民中的一员。后来我为人夫、为人父，日子平平淡淡地打发着，有常人的烦恼，也有常人的欢乐。只有在夜阑人静的时候，梦魂才常常飞到那个山清水秀的地方。

又到清明，窗外雨扑簌簌地下。城区停电，一烛如豆，明明灭灭，就像我贡献的一炷心香。

作者介绍

罗毅，生于 1964 年 2 月，中共党员。1978 年 9 月考入武冈二中，在 116 班就读。第二年转入文科 113 班，1981 年被录取到湘潭大学中文系，1985 年成为该校恢复高考后第一批免试研究生，1988 年获文学硕士学位。

毕业后先后在《新闻图片报》《海南特区报》工作，1993 年调入湖南省计委旗下《湖南经济报》，历任新闻部主任、总编室主任、副社长、副总编辑。2011 年起任《长株潭报》编委兼总编室主任。2016 年调入湖南日报报业集团，任集团子报《大湘菜报》执行总编辑。2019 年至今，历任湖南日报社永州分社、株洲分社社长。除新闻报道外，还有散文、格律诗等多篇作品公开发表。

梦想从这里起航

张鹏飞

从朋友的微信中获悉，2024年武冈二中将迎来85周年诞辰。通过陆续阅读同学们转发给我的一些征文，我突然产生了一种冲动，想把自己在武冈二中求学时的几点感受，也用文字表达出来，献给我敬爱的老师，献给我亲爱的母校，因为这里是我梦想起航的地方。

梦想的力量

我的微信名为"追梦人"，这个网名我已用了二十多年。我之所以喜欢这个网名，是因为追梦与我有着不解之缘，追梦的过程，也是我成长的过程，更是激励我克服前进道路上各种坎坷、怀揣希望向着既定目标奋发前行的过程。记得当年在武冈二中读高中时，有一次我参加学校作文比赛，老师出的题目就是"做一个追梦的人"。当看到这个作文题时，我心里窃喜，感觉自己有话可说，心想这次比赛可以好好发挥一下了。

其实，每个人都有自己的梦想，有的梦想很遥远，有的梦想却很现实，但人人都在为各自的梦想努力着、奋斗着。当时我的梦想就是：要做一个有定力的人、一个能够坚持的人。因为小时候，母亲曾说过我，对任何事情都是"三分钟热度""浅尝辄止"：上高中之前，我学过绘画、练过书法、拉过二胡，也学过打乒乓球，但都是没坚持几个月就放弃了，因此，能坚持做成一件事情，便成了我当时最大的梦想。

我把自己这些内心真实的想法写进作文里，没想到一鸣惊人，荣获了年级作文比赛一等奖！班主任李丽君老师也特别高兴，对我给予了表扬和高度肯定，还将我所写的作文，在班里以墙报的形式展现出来。当时的我别提心里有多高兴了，就像六月里喝了雪水一样痛快极了！每次放学走过墙报栏时，

一种自豪感便油然而生。

我当时的写作能力并不强，对老师布置的作文常常也是力不从心，很难按时完成。后来，在李老师的精心指导和帮助下，我逐渐养成了每天读报和"剪辑"报上好文章的习惯。通过大量地阅读和坚持写日记的办法，我慢慢地喜欢上了写作，作文水平也逐步得到了提高。更重要的是，这件事情对我后来的一生也产生了重大的影响，在坚持追梦的人生路上，我始终牢记初心，克服了转业、当官、下海等各种诱惑，在国防教育上坚持躬耕四十载，努力将其做到极致，用实际行动践行坚持的力量，实现自己心中的梦想。

李丽君老师是邵阳人，从湖南师大毕业后跟随爱人张鸿孝老师来到我的家乡、我的母校武冈二中教书，在这里辛勤耕耘了几十年，把最美的青春和年华奉献给了我家乡的教育事业。李老师给我们讲授语文课，通俗易懂，绘声绘色，让人听得如醉如痴，有身临其境之感。李老师长期从事高中的语文教学，还担任班主任，因此得意门生很多，可谓是桃李满天下，比如我的师兄李辉忠司令、师弟中铁建的董付堂财务总监等，都是各个行业的翘楚。而我只是李老师千万学生中较为普通的一位，但李老师对我却是格外地关心和惦记。

记得有一年，李老师全家到北京参加其弟弟——国际著名油画家李自健——在人民大会堂的个人画展。活动结束后，在北京工作的很多同学都闻讯前去看望李老师，其中有政府官员、有专家教授，也有商界精英等。老师在接见完同学们后，突然问道："我还有一个学生叫张鹏飞，听说也在北京工作，你们有他的消息吗？"老师的这一问，把在场的同学们都惊到了。晚上，一名同学打电话告诉我说："李

老师到北京来了，她特别地惦记你呢！"那些年由于我在部队工作的特殊性，平时与同学们来往不多。后来父母去世以后，家乡变成了故乡，就很少回家乡探亲了。再加上李老师在我高中毕业后不久即举家迁往邵阳，我便逐渐与她失去了联系。在收到同学信息后的第二天，我就急忙携家属赶到宾馆，专门去看望李老师，述说心中感恩，共叙师生之情。

谆谆的教诲

李老师不仅学识渊博，而且身材好，人长得漂亮，应该说是当年武冈二中女老师中最有气质的。她穿着很讲究，喜欢穿高跟鞋，走起路来时高跟鞋总发出"滴答滴答"的响声，同学们只要一听到这声音，就知道是谁走过来了，喧闹的教室就会突然安静下来。李老师表面看起来很严肃，但对每一位同学都很有爱心和耐心。

还记得在高考前夕，因为年少贪玩，我私自邀请了同年级的几位同学，偷偷跑到县城里，去观看了正在热映的80年代第一部爱情电影《生活的颤音》，晚上回来时学校大门已关闭，我们几个人只好爬围墙悄悄地溜回到宿舍，自以为神不知鬼不觉。可第二天上午上课前，学校教导主任就在全校广播里对昨晚跑去看电影的同学提出了严厉批评，并责令各班班主任将我们的课桌撤出教室以示惩罚。当我带着沮丧的心情走进教室时，却看到我的课桌仍静静地摆在原地，一种既欣喜又愧疚的复杂情绪涌上心头。课间休息时，我赶紧跑到李老师办公室，主动承认了错误。老师没有过多地批评我，只是语重心长地说了一句让我至今难以忘怀的话："你是一班之长，响鼓就不用重锤了，知错而后勇才是你要去做的。希望你珍惜高考前这几周宝贵的时间，争取考上一所好大学。"老师的包容和耐心，教诲与鼓励，让我深感自责和内疚，更备受感激和激励，同时我也从老师身上学到了妥善处理问题的方式方法。

1983年我高中毕业后，投笔从戎考入军校，1987年又考上国防大学研究生。在部队带过兵、当过领导，对于身边犯过错误的年轻同志，也会像李老师当年一样，以一颗真诚、包容的心来对待。如今，我投身戎马生涯已41年，依然坚守在热爱的国防教育事业上，并多次受邀参与军委重大课题的研究，撰写的研究报告受到军委领导的重要批示，撰写的数十篇论文获得全军和国防大学优秀论文奖，培养的学生很多都走上了军队重要领导岗位。八月下旬，我还将再次为国出征，就以一首小诗来为此文收笔吧：

出征

如今已近六旬翁，
挎枪策马啸西风；
三度出征南掌国，
赤子之心报党恩。
追梦路上虽艰辛，
牢记初心言必行；
来年春天再欢庆，
吹尽狂沙始到金。

2023年8月1日于北京西山

这是作者张鹏飞在国防大学读研时与两位高中同学的合影。左一为戴永久院士，中间为作者，右边为夏吉勇（北京友谊医院脑外科主任医师）。

作者介绍

张鹏飞，祖籍湖南邵阳新宁，毕业于武冈二中，现为国防大学教授。

一颗初心只系农

肖洁

我叫肖洁，是武冈二中初 33 班、高 47 班学生，我的丈夫李慎典系武冈二中高 38 班学生。

我家四兄妹都在武冈二中就读过，时称"学霸"。哥哥肖海 1964 年从高 37 班毕业直接考上北京大学；姐姐肖红武冈二中初 30 班毕业后考上邵阳市二中；本人肖洁 1967 年从武冈二中高 47 班毕业，恢复高考后 1978 年考上南京气象学院；弟弟肖军"文革"期间在武冈二中初 41 班读书。

丈夫李慎典一家三兄弟也都毕业于武冈二中。丈夫李慎典 1964 年毕业于武冈二中，考上北京农业大学；二弟李金田 1962 年毕业于武冈二中高 30 班，考上中南矿冶学院（现中南大学），退休前曾在湖南省地质勘查局任局长、书记（正厅）；小弟李慎治 1979 年从武冈二中考上湖南省环境保护技术学校（现长沙环境保护技术学院），毕业后被分配至洞口县环保局，任副局长、纪检书记，现已退休。

丈夫生前为中国科学院长沙农业现代化研究所研究员、第九届全国人大代表；湖南省纪委、监察厅（现监察委员会）特邀监察员，湖南省农业系统工程学会理事长、中国系统工程学会农业系统工程专业委员会理事、全国核心期刊《农业系统科学与综合研究》杂志编委；九三学社湖南省常委兼参政议政委员会主任、长沙马坡岭农业高科技园（现"隆平高科技园"）顾问；曾任湖南省政协第七届常委。

2021 年 7 月，中国共产党百年党建庆典活动，湖南省委统战部组织百年统战活动，受九三学社湖南省委员会推荐，特约邹嘉昊记者采访了我。我的这篇口述稿发表在《文史博览人物》杂志 2022 年第 05 期上，并收录入九三学社湖南省委员会所编《我的初心 | 湖南九三学社社员口述史》一书中，且还由九三学社湖南省委将采访录像制作成光盘播放。感谢母校的教育与培养，现正逢武冈二中 85 周年校庆征文，我将采访口述稿原文发至校庆征文，以供校友参阅。

李慎典：踏实、诚恳的"农业现代密码"

每每回忆、介绍我的爱人李慎典时，记忆好似封存的箱子被打开一样，埋藏在我心里近 20 年的点点滴滴又掀起了阵阵波澜。

想起过去，我和慎典在贵州大方的日子。我在小学教孩子们唱歌，他在村里教农民们如何制作土火箭增雨、防旱、防雹（防止田地常因干旱、冰雹而颗粒无收）。

想起过去，我们家的和睦气氛。节假日若有时间，我们家四口人也打打扑克牌玩升级，玩输了，慎典会按规矩钻桌子，有时小桌子不好钻，他的动作常逗得孩子们哈哈大笑。

往事如烟。往事，却又始终写在了我心间。

（一）从武冈走出的农业专家

我的丈夫李慎典 1942 年 7 月出身于武冈市水浸坪乡竹山村的一个贫苦农民家庭。竹山村是武冈最穷的小山村之一，田少人多，人均田地面积不足 0.5 亩。这里既无青山也无绿水，满目是山岩碎石，土壤贫瘠，土层很浅，稻田都是望天水田，下雨涨水，雨停天旱。

在这里，农民靠天吃饭，水稻平均亩产不足 200 斤，往往半年时间靠吃红薯度日，青黄不接之际就得挨饿。童年的经历让慎典深知农村的艰苦和农业的重要性，他从小就立志要为中国农业发展、农村繁荣、农民富裕而奋斗。

慎典从小就身体弱，个子也不高，但读书很刻苦，老师们都很喜欢他。他从荆竹中学考上了武冈县重点中学武冈二中，读高中一年级时因营养不良，体弱生病休学一年，而后进入武冈二中高38班。武冈二中对学生校园农场种菜实践活动很重视，慎典任劳动委员，并当过学校劳动部长。父母供他读书很不容易，他体恤母亲一针一线纳鞋底的辛苦，常常把布鞋背在书包里，先打赤脚步行下山12里，再走平路60里，到了学校才穿上鞋子。

他为人诚恳、忠厚孝顺的性格，从某种意义上来说，源自家庭、武冈二中教育和成长环境。

慎典的母亲是一个任劳任怨还很实在的老太太。虽然她老人家没读过书，不识字，但是做事讲话都很讲道理。慎典的孝顺也闻名于乡邻间，他当上研究员后，80岁的老父亲病在床上，浓痰堵住了咽喉，出现窒息症状，是他和两个弟弟嘴对嘴将浓痰吸出，才使父亲缓过气来。

我和慎典是武冈二中校友，他和我哥肖海（武冈二中初23班、高37班学生，后考上北京大学）高中同届。当时我们的接触也不多，周日偶尔我哥也带他回我家，吃餐饭打个牙祭，我们互相点个头打个招呼。

1964年，他们又一同上北京读大学，我哥考上北京大学，慎典如愿以偿考上北京农业大学。节假日时，在北京上学的武冈老乡喜欢上北农大玩，包括我哥和后来的成为我姐肖红的丈夫、武冈一中毕业考上北京大学的朱祖雄。那一批北农大的学生中有武冈老乡五六人，而且北农大有自己的农场，学生食堂饭菜相对品种多且便宜，饭票还可以一个月内机动使用。

毕业时，慎典和我在北大毕业的姐夫一同被分配至贵州。我姐夫先是被分配在锦屏县，后被选调至贵州人民广播电台工作。慎典被分到了贵州毕节地区大方县气象站——他实现初心的起点。在这里，慎典开始了他人生的新篇章。

（二）贵州大方，人生的新起点

初到贵州，一切都是重新开始。慎典学的是生物物理专业，到了气象站，则主要从事气象观测、天气预报业务和人工消雹、人工增雨试验研究工作，所有的专业知识必须从头开始学习。

云贵高原上的大方县，同样是穷山穷县，城里仅一条两边茅草搭茅草，常年不见天日的窄街。春天，冰雹频繁，常造成作物颗粒无收，瓦房破碎；夏天，久旱无雨，干旱的山体焚风效应明显，田地常因此绝收。

一到春夏，慎典便深入农村，教农民制作土火箭，利用高炮将土火箭射入云层防雹、增雨。他一待就是好几个月，春季人工消雹，夏季人工增雨，以保证粮食作物增产增收。他亲自给民兵讲课、培训，严格按照制作流程，手把手教民兵，在天上云层符合条件时，确保安全发射，实现消雹、增雨效果。

那时候交通很不方便，慎典若要回武冈探亲，得先乘从早上6点开到晚上6点的长途汽车到贵阳，然后第二天再在贵阳乘火车至湖南。中途慎典常在我姐夫那儿睡一宿，往返都如此，免不了捎带东西。

我姐姐结婚后住在姐夫乡下老家，那时我家住在城里，所以姐夫捎回及要带去的东西都由我过来打理，我们也因此熟络起来。慎典是个忠厚的人，一来二往，我俩先是写信告知物件捎带情况，慢慢变成信中无话不说，我也进一步了解到慎典是一个忠厚可靠，挺容易打交道的人。

1972年10月，我与慎典结婚了。结婚物什也很简单，我母亲给了一床被子，在皮鞋店定制一个皮箱，请人做了床麻布蚊帐。婚后，我俩一同去到贵州，也带了这床被子。

婚后的点点滴滴，让我更能感受到他为人的诚恳。当时在贵州，考虑到条件有限，我们都是自己种菜，去十几里地外的煤窑背煤回家。慎典利用休息时间还和我一起挑土方、砂石，赚点生活费。

那时，慎典下到离城60里的响水村，定点进行人工消雹和人工增雨工作。那儿的山区孩子上学难，村里有40多个从6岁至15岁的学龄娃娃，响水村支书划出一间教室，要我在那里给村里的娃娃们当老师，按正规小学课程开课。

一有空，慎典就给我做教具。我上音乐课时，他负责找儿童歌曲，用大幅白纸将歌曲写出悬挂在教室墙上，便于我教唱。他把树枝削好后，用彩笔上色，做成漂亮的教鞭，以便上课指出黑板上的词、字、句、数学算式。夜幕降临，慎典也不闲着，专心给孩子们讲故事。教孩子们到三年级时，我需要回湖南竹山村生孩子，感受到孩子们依依不舍的心情的慎典，拿出珍藏的熠熠生辉的毛泽东主席像章，四十几位学生一人送一枚，孩子们都非常喜欢。

慎典在贵州工作到了1981年。那一年，他调入中国科学院长沙农业现代化研究所，此后便一直从事农业系统工程的理论和应用的研究工作，是该学科的带头人。

我常常在想，人的每一次经历与经验都不是孤立的。慎典在大方工作11年所积累的学养，为他后来在业务上的成长及学术上的研究打下了坚实的基础。

在大方，慎典从事的气象业务工作是为农业服务的。他常深入农村调研，农作物的生长、农民的增产增收，这些要点应该是他当时最厚重的积累。

在长沙，慎典的农业生产研究着重于现代农业理论，着眼于如何从传统农业向现代农业过渡。过渡，是为了生活更美好、农民更富有、祖国更强盛。

从武冈走出的慎典，从小就希望农业发展、农村繁荣、农民富裕，这是他最早的初心，他也一直呕心沥血地践行着这份初心。

（三）走读中国，致力于中国农业现代化

1978年，我在国家恢复高考后的第二年考上南京气象学院。慎典在大方气象站带着儿子，1岁的女儿放在武冈老家由爷爷奶奶带。家里经济很拮据，儿子上小学后，入冬了，慎典连夜用气象站搞宣传剩下的、分给职工的一段小花布和红布，亲手缝制了一件棉袄，儿子穿上很暖和也很合身。

4年后，我被分配到了长沙，一家人终于得以

团聚，在长沙落户安家。慎典开始忙碌起来，一年有300天在外面出差。但只要有空在家，慎典定会让我好好休息。他会亲自下厨，一人包揽做一桌好饭菜。他的溜鳝鱼片、红烧鲫鱼、卤牛肉等堪称一绝。

20世纪80年代中期，我们回家过年，我与慎典在我父亲工作的武冈师范教学楼前留影。

进入长沙农业现代化研究所从事现代农业理论研究并晋升为研究员的20年中，慎典的足迹遍及湖南、湖北、广西、云南、四川、贵州、江西、福建、浙江、河南省等十多个省（区）。他主持完成了包括国家攻关、中科院重点、湖南省软科学重点攻关在内的科研项目9项，如《东海沿岸开放及发达区经济发展战略研究》《岷江上游半干旱区合理农林牧结构研究》《南乐县开发治理战略研究暨综合规划》《亚热带农业生产潜力与土地承载力研究》《湖南省农业技术市场发展机理与调控途径研究》等。

在研究中，慎典也发现了许多新的矛盾。例如千家万户的分散经营与千变万化的市场的矛盾，稳定家庭经营与实现规模效益的矛盾，农村劳动力过剩与人均占有土地等资源较少的矛盾，农产品普遍剩余与农民增收缓慢的矛盾等。

这些矛盾都迫切需要通过加快农业现代化进程来逐步加以解决。在资源环境有着硬约束的情况下，在不同的科技、经济机遇与挑战下，必须另辟一条与发达国家传统现代化道路不同的蹊径。

慎典在调研中发现，那时我国的农村存在土地流转、劳动力转移、大幅度提高农业科技含量和发展农产品加工四大难点。

土地流转难，首当其冲。土地家庭联产承包责任制在当时打破农村生产"大锅饭"，调动农民生产积极性，解决温饱问题方面发挥了重要作用。但经过二十多年，到了20世纪90年代，农村土地家庭联产承包责任制暴露了一些明显的弊端。为此，慎典提出，要使农民承包的土地能依法流转，必须大力宣传，正确引导，使广大农民有土地流转的热情和自愿；还需要采取措施，保护农民的利益，使

农民在放弃土地经营使用权后增加收入有保障；同时要制定合理合法的土地流转政策和办法。承包转让的方式可以有多种：如租赁，入股，抵押，有偿转让等。

着眼于农业劳动力转移时，慎典认为农村要实行规模化经营，大幅度提高劳动生产率，必须有大量农业劳动力转入非农产业。要大力发展农村小城镇，使农村二、三产业的发展有载体，如愿意进城居住的都可以申报登记为城镇户口，大幅度地增加城镇户口的比重等。

（四）一颗丹心，系农业、农村、农民

慎典慎思敏行，心系农民，想农民之所想，急农民之所急。上述这些设想和可行性建议，没有一颗情系于农业、农村、农民的丹心和较高的学术水平是很难做到的。他设想的现代化农业示范区，他提出的农业和农村现代化建设途径和探索的理论、方法、建议与实践，现今已获得长足的发展和可喜的进步。

位于长沙市东部 20 公里的黄花镇黄龙新村，在 1984 年以前是一个土地贫瘠，自然条件差，生产力极为落后的村，人均收入只有 121 元。慎典最早进驻黄龙，为其绘制规划蓝图。现在黄龙新村按照规划前行，发展相当可观，到 2011 年全村总收入达 5.42 亿元，人均纯收入达 18000 元，98% 以上农户盖起了楼房。

通过村集体经济兴办工业企业，这个村相继建起了邮电器材厂、银辉镀锌厂、电力线路器材厂、农副产品加工厂等企业，年产值达 7000 万元。集体经济的壮大，促进了农民增收，推进了各项公益事业发展。

如今的黄龙新村，相较于过去焕然一新：村里大兴水利、电力、田园化建设改善生产条件，使全村耕地旱涝保收，稳产高产面积达 100%；耕治荒山，绿化造林 2800 亩，使全村山地森林覆盖率达 100%，成林成材面积达 80%；建起了免费入学的现代化教学设施齐全的黄龙学校，新建了一所可同时容纳 400 幼儿学习和生活的高标准幼儿园；建起了集居住、生活、生产、健身娱乐休闲于一体的黄龙老年康乐中心，免费为黄龙新村五保户服务，并优惠为社会上有困难的老人服务。

1995 年，慎典主笔的《湖南省现代农业示范试验方案》确定把以黄龙新村为重点的黄花镇作为示范试验区。2020 年底，黄花镇已连续五年入选全国千强镇。

20 世纪八九十年代，带领农民致富不易。我们国家幅员辽阔，东部发达地区和西部欠发达地区不一样，北方与南方地理环境、气候、条件、人文地理、农业基础也大不相同。慎典一头扎进农业现代化的研究当中，无怨无悔，更不曾回头。

慎典这份动力，不仅来源于他对农村与农民的初心，某种程度上来说，也与我的父亲有着千丝万缕的联系。

我的父亲肖心刚，新中国成立前毕业于浙江大学，新中国成立后在上海市教育局任督学。在校时，他同新中国成立后的武冈县第一任教育局局长曾明洲相识。

武冈地域很小，交通不发达，农民对文化教育也不重视。那时曾明洲邀请我父亲从上海回到武冈，协助他办教育。我父亲毅然决然地从上海回到了武冈，开始了他毕生为之奋斗的事业。

要办好教育，需要从教育的源头抓起，我父亲选择在武冈师范扎根。那时候武冈师范校园内的柏树、桂花树都是由我父亲种下。他曾说，松柏傲雪凌霜，四季常青，有风骨；桂花芳香四里，小学老师要同桂花树一样，言传身教，芬芳四里。尽管在"文革"期间受到了很大冲击，但我父亲从未后悔。

我父亲为人处世的风格也潜移默化地影响到了慎典。无论是在大方，还是在长沙，作为农民子弟的慎典始终踏踏实实地做好每一份工作。只要能为人民为国家做一点有益的事情，他从来不会计较，人到了哪儿，便在哪儿生根、开花。

（五）结缘九三学社

自 1981 年调入中科院长沙农业现代化研究所以来，慎典参加各类学术活动的频次逐渐增多。在这期间，他便接触到一些"九三"成员。慎典了解到，九三学社是以科学技术界高、中级知识分子为主的具有政治联盟特点的政党，也是中国共产党的亲密友党。毛泽东主席曾多次鼓励、关心和支持九三学社的发展，是九三学社存续并成为中国特色社会主义参政党之一的重要契机。

于是，慎典毅然选择加入九三学社，成为九三学社的一员，并且在中科院长沙农业现代化所组建了九三学社小组，在农业生态的研究中取得了较好的成果。

从 1988 年开始，慎典先后出席九三学社湖南省的第二、三、四次代表大会。他是九三学社湖南省第三届委员、第四届常务委员。并于 1997 年 11 月，出席了在北京召开的九三学社第七次全国代表大会。

1999 年 3 月 6 日，慎典在第九届全国人大第二次会议上提出《关于重视现代农业实验工作的建议》，针对调动科研人员积极性的激励机制，建立以技术开发为核心、市场为导向的农业科研和技术推广转化新机制，形成一体化的现代农业管理体制等方面，为新一轮农业现代化建设改革试验的思路和重点提出了建议。

1999 年 3 月 7 日，他对农业现代化新理念的诠释登在了《人民政协报》的人大专版上。慎典在人大代表发言中强调："在人们的印象中，'农业现代化'仅仅是农业机械化的代名词。改革开放以后，尤其是我国确立了建立社会主义市场经济体制以后，农业现代化问题作为一个全新的理念，不再只是一个物质装备问题，其中更包含了农业生产和环境保护的现代化，农产品加工和营销的现代化，生产者素质和经营组织的现代化，以及微观经营管理和政府宏观调控的现代化。"

慎典一生与农结缘，潜心探索现代化农业科学理论，沉醉于探索农业现代化研究二十余年。加入九三学社以后，他的科研成果转化更是卓有成效，从而激励他一如既往践行初心。

（六）出点子、替民言

在参政议政方面，慎典往往在自己熟悉的领域和事件中深入研究，急民众之所急，想民众之所想，着力为建设社会主义强国"出点子"，好的提案自然诞生了。

1996 年，慎典执笔完成的《关于进一步加快乡镇企业发展的建议》提案被湖南省政协表彰，列入湖南省政协表彰的"建国 70 年 70 件有影响的提案"之中。

在这份提案中，他提出的八项建议中肯可行。慎典认为，目前我省的乡镇企业，相当一部分还沿用扩大了的小农经济观念在经营，厂长等于家长，不懂市场经济规律，难以在更加激烈的市场竞争中取得一席之地。因而很有必要加强领导，强化科学管理，组织和发展乡镇企业的联合、联营、股份、合作互助性集团公司。

在 20 世纪 90 年代，汽车制造业在湖南省是一个有相当发展优势的行业。但是当时多处建厂，彼此互相设防、互相倾轧，争原料、争市场，生产规模难以再扩大，产品质量难以再上档次。湖南汽车制造厂等国营厂家已处停产、半停产状态。

前几年效益还好的农用汽车制造厂家也萎靡不振，难以完成原计划生产任务。慎典提出，如果像福建龙马集团公司那样，以农用汽车生产企业为骨干，将食品、房地产开发、电脑开发等多个企业，按照紧密、半紧密、松散三种形式，组成联合集团公司，集中优秀科技力量进行产品开发，实行民主管理、科学决策，保持乡镇企业灵活机制，则有可能出现湖南省汽车生产新格局。

20 世纪 90 年代以来，慎典主持多项重点课题研究工作。还完成了中科院重点课题《农业生产潜力与土地承载力网络试验研究》《岷江上游半干旱区经济防护林营造技术及防护效益研究》《南乐县开发治理战略研究暨综合规划》等。其中《南乐县开发治理战略研究暨综合规划》获 1997 年国家科技成果证书。《湖南省洞庭湖区整治开发规划软科学研究》被评为 1998 年湖南省十大研究成果之一。

1998 年，在第九届全国人大常委会第一次会议上，他提出《将长沙马坡岭农业高科技园转变为国家级南方农业高科技示范园的建议》提案，共有 13 个省市的 57 名代表联名，引起强烈反响，受到国务院有关部门的高度重视，为长沙马坡岭农业高科技园的跃进式发展创造了良机。

这么多年过来，慎典走遍了全国 10 多个省，几乎每个地方都有慎典对农业现代化研究的现成例子。他始终守居乡村第一线，让许多曾经的穷乡僻壤之地，纷纷蝶变为农民致富典范乡村。

（六）守居乡村第一线

慎典已经离开我们快 20 年了。他为浏阳、南乐等地描绘的蓝图与规划，如今大多成为现实，有的甚至执行得更完美。农村发生了天翻地覆的变化，与慎典上学时一双解放鞋都买不起的日子相比，农民也越过越美好。慎典也实现了那份为中国农业发展、农村繁荣、农民富裕而奋斗的初心。

2002 年元月，省里在李慎典的追悼会上送了一副长长的挽联："慎思敏行，纳采舆论替民言，参政议政各界朋友遍神州；典型风范，鞠躬尽瘁为事业，肝胆相照一代名流殒湖湘。" 这副挽联刻在了他的墓碑上，也是慎典一生的真实写照。遵照遗愿，慎典的骨灰乘坐小车，沿着他费心费神修建的乡里第一条村级公路回到了竹山。

这些年来，慎典为农民农村的所思所想所做，也在诉说着一个道理：不能眼高手低，也不能好高骛远。只要脚踏实地，认认真真地干一件事，也可以在平凡的工作岗位上做出了不起的成绩。

作者介绍

肖洁，1949 年 2 月出生于湖南武冈，系武冈二中 1967 届高 47 班毕业生。1968 年上山下乡成为知青，1978 年考入南京气象学院，1982 年大学毕业分配至湖南省气象局工作至退休。在湖南省气象局工作期间，其所主持的课题多次获省部级科技进步二、三等奖，并获湖南省气象局科技发展突出贡献个人奖。

感恩二中

陈扬炎

我崇敬和向往二中！

我们一家更感恩二中！

武冈二中，相伴黄埔军校二分校而生，拥有近85年办学史，文化底蕴深厚，人才辈出，自建校以来一直弦歌不辍，谱写出一篇又一篇波澜壮阔的办学徽章。

我们家在武冈城东南方向的一个偏僻山区——稠树塘镇法新村。幸运的是：自20世纪50年代开始，我们家三代共有七位家人相继就读于武冈二中，而且"七考七捷"，相继走进了大学院校的大门。他们是得益于母校武冈二中的学生期的最佳培育，才为后来的发展打下了良好的基础。

我本人没上过武冈二中，但二中在我的心中"重千斤"。1966年我高小毕业，正赶上"推荐升学"的教育政策，因家中兄弟五个已有两位兄长"文革"前考入了大学，在"文化翻身，让大家翻身"的"潜规则"下，我只能就读于本公社的农业中学……即使作为一个"非二中"学子，我也和所有"二中人"一样，在关注着武冈二中的发展。近期，品读到贵校公众号校庆特刊推送，我感慨万千。往事历历，在即将到来的武冈二中85周年校庆之际，情不自禁地要写一篇发自肺腑的以"感恩二中"为主题的文章来祝贺校庆，并表达我们全家对武冈二中培育之恩的感激之情！

感恩二中，往事历久弥新。

我的二哥陈扬明曾就读于武冈二中。听他本人说，当时因家中贫寒，1960年高考时，是拿着李咸清校长的钢笔和教导主任的墨水瓶进入考场的。二哥不负厚望，据说当年是以邵阳地区文科状元的优异成绩考入中国人民大学中文系。二哥1965年大学毕业后任教于厦门大学，几十年的从教生涯，

桃李芬芳。他创办了全国高等院校第一个"新闻传播系（学院）"，被《人民日报》称为"填补了国内学科空白"，为国家培养出一届又一届高端新闻人才；他本人也曾获得新闻行业最高奖"韬奋教学成果二等奖"等诸多殊荣。

二哥对武冈二中有着浓厚的母校情结，时时挂念着母校。我亲身感受过二哥对母校和恩师们的深厚情感。那是1965年秋，二哥大学毕业后首次回家探亲时，为当年从二中毕业的考上大学的三哥送行，把我这个最小的五弟也一起带到了武冈县城。二哥特意带着我去了二中，他要去拜访母校领导和曾经的任课老师！他要用自己毕业后的第一份工资中的钱，去（送）还给母校的恩师们！当他见到李咸清校长时，不由眼泛泪光。因为在当年我家捉襟见肘的家境下，李咸清校长爱生情深，私人资助过二哥五块钱。想想当年中学教师平均工资也仅三十来块啊，这使二哥久久铭记在心。当他见到李咸清校长时，不由眼泛泪光。而在他拜访的多位任课老师中，都有着一个个让他永难忘怀的师生情感故事……

我的三哥陈扬泉，初中高中均就读于武冈二中，并一直担任校团委学生干部。他与同学李仲恒（注：湖南师大毕业后，曾任过邵阳市委政策研究室副主任）、李迪清（注：常德医学院毕业后，就职于宁乡县人民医院）三人，为二中文学创作小组成员，并以绰号"三泉"（即飞泉、白泉、清泉）署名发表文章，其作品时有发表在《湖南文学》《湘江文艺》及《资江报》等省市县各级报刊上。在三哥即将升入高三时，因家中贫困交不起学费而不得不中途辍学。离校前，爱才惜才的老师们给他吃了一粒"定心丸"——随时可以来复学。

勤奋的三哥，带着老师们的期望与本人求学的欲望，回家乡后一边参加生产队劳动，一边利用空隙时间挖山药、捞小鱼等"勤工俭学"方式为复学筹资。辍学了一年后，加上父老乡亲们二元、三元、五元的资助下，终于回到二中，顺利完成高中学业，并于1965年考取了武汉邮电学院，毕业后被分配到邵阳市工作，历任过八五三一厂副总工程师、邵阳市微波机厂厂长等职务。

我们家的第二代二中学子：

胞兄四哥的儿子陈垿涛（1997届毕业生），初、高中均就读于二中，获得天津大学硕士学位，毕业后定居于上海。

更让我们大家庭欣喜的是：侄子垿涛大学毕业后，与就读武冈二中的高中同班同学周源源喜结良缘！现他们夫妻俩分别就职于宝钢公司和上海外国语大学，在各自岗位上继续发扬和展示着武冈"二中人"学子的风采。

我们家的第三代二中学子：

胞兄大哥家的大孙女陈蕾和大孙子陈凯，也是武冈二中的高中毕业生。

陈蕾，2007届毕业，录取大学本科，后又获得硕士学位，现任教于湖南医药学院。她的胞弟陈凯，2009届毕业，就读于厦门南洋学院。

大哥家的二孙子陈雨川，初、高中就读于二中，2021届毕业生，以优异成绩考取了华中科技大学。

一家三代七位家人相继由武冈二中培养成才，我们对二中的感激之情不言而喻！

我至今清晰地记得，1998年教师节那天，二中的何志贤书记、赵秀璋副校长来到北京，会见武冈二中在京校友并召开座谈会，竟然邀请我去参加

（注：时年，我是北京武冈家乡建设顾问组副秘书长）。我不好意思地说："我不是二中毕业的，我来合适吗？"何书记因了解我们一家多人就读过二中的情况，盛情地说："特邀嘛！合适、合适！"于是，我有幸以"编外校友"的身份参加了此次座谈会，并有幸在会上结识到老洞庭中学毕业的原北京化工大学党委书记许英、中央民族大学教授张捐中等"老学长"，以及中央政策研究室马文余等二中的精英学子。

名校二中，桃李遍布天下！

在此，军人出身的我，深情地向武冈二中辛勤工作的园丁们敬以军礼！并祝福武冈二中85周年华诞快乐！祝愿武冈二中的明天更加灿烂辉煌！

作者介绍

陈扬炎，武冈市稠树塘镇法新村人。1972年12月应征入伍，1983年7月军转业到北京，新闻工作者，1995年中央党校经管专业本科毕业。现为中国文联直属的中国扇子艺术学会顾问、北京武冈商会顾问。

洞庭精神薪火相传

钟文晖

"大哉洞庭，八百里洞庭。我们是国难的鲜花，我们是民族的明星。" "洞庭波兮木叶下，湖光浑太清，大哉洞庭，我们的洞庭。"

武冈二中（前身黄埔军校第二分校，湖南省私立洞庭中学）校歌代代传唱，洞庭精神薪火相传。讲二中必讲洞庭，讲洞庭必讲灏公。武冈二中，师恩绵绵，名声悠悠。我曾求学二中，作为曾经的二中人，为师二中，人生幸事，往事历历，焉得不骄？洞庭精神，铭刻于心！

我叫钟文晖，别名钟启蒙。1948 年 8 月出生于湖南武冈转湾陡山钟家——书香门第。

1960 年 8 月，我高小毕业考上省重点中学——武冈二中初中部。根据当时的政策，考上城里一中、二中的学生可吃国家粮。我的迁移拨粮也就一并转到了二中，成了吃国家粮的城里人。在小学升初中

的升学考试之前，我们是不知道有这样的政策规定的。那时候的人读书似乎一切听其自然，并不像现在的小朋友一样，从小就有很大的压力。我们进入二中以后，尽管当时国家正处在三年困难时期，党和政府仍然特别关照我们在校的青少年学生，尽量使我们能多吃点饭，给我们定了六两米一餐（当时是十六两一斤制，相当于现在的三两多）的标准，伙食也好了。要知道，在考进初中之前，我们农村人在公共食堂吃饭，每个人一餐吃多少都是定量的：大人（劳动力）才吃六两米一餐（相当于现在的三两多），我们那个年龄段的小孩吃二两米一餐（相当于现在的一两二钱米），又没有油吃，总是吃不饱，肚子饿得慌。

到了 1961 年秋天，国家实行"调整、巩固、充实、提高"的八字方针政策，从农村考进二中的

学生又必须将迁移拨粮搞回原地，这样，我的户口又回到了农村。

那个时候读书，除了星期天法定休假日外，每一周只上五天文化课，而每周必须安排一天的劳动课。学校每天都安排有几个班同学搞劳动。那一天被安排搞劳动的几个班，一天的课表上全是排着劳动课，一搞就是一整天，从清早到天黑。学校师生员工吃饭的大米是学生用板车从三四里路以外的县城东门口大米厂拖回来的；饮用的水是学生用利用杠杆原理制的手推抽水机从法相岩的水岩洞里摇上来、抽上来的地下水；吃的菜大多是学生自己在学校农场种出来的；吃的猪肉来自学生自己扯猪草在学校养猪场养的猪；吃的鸡、鸭是学生自己鸡场、鸭场养的；烧的柴和煤是学生从几十里地以外的德江、勒石、大甸、尖山、文坪、三水口等地挑回来的。学校还有砖窑自己烧砖，有石灰窑自己烧石灰。学校的厨房里，每天都由劳动的班级安排同学帮厨房工友师傅做拣菜、洗菜、切菜等事情。至今我还清楚地记得初中一年二学期时的一次劳动情景：当时年龄小、没力气，有一次去离学校四十里地的文坪挑煤，天还没有蒙蒙亮就与同学们出发了，我挑了二十斤煤，来回八十里地，直到天黑时我还没走回到龙溪铺，只走到现在的石云中学对面的那个地方，离学校还有十五六里路。同班的陶大开同学拿着饭菜来接我，替我将二十斤煤挑回学校。他比我大四岁多，人也较高大，在 1961 年秋的下放运动中因年龄大而被下放回他的黄毛老家农村。直至"文化大革命"中，他因当时讲求的所谓"家庭出身好""社会关系好"，又读过初中而被安排到区粮站工作。

1961 年秋读初二时，吴正凡老师教我们的语文并兼班主任。他是老洞庭高中（新中国成立前在湖南省很有名气的学校，即武冈二中的前身）高五班毕业的，功底也不错，教学也认真负责，对学生严而有度并且关心学生。那时候，我们一个学期的学杂费、书费一共是九元五角钱。每个月的伙食费是五元钱左右。可我也还是经常有因欠伙食费而被

停餐的时候。那个时候，我父亲那一辈的国家教师的工资都不算高，每个月才 33 元钱。所以，当时社会上流行着"干部干部，当不得一只鸡婆（母鸡）"的说法，也有不少的国家公职人员主动放弃工作回到家乡当农民。家庭经济条件特别差的同学，每个学期有二十元左右的助学金，大概相当于免掉学杂费和书费以后，还有两个月的伙食费。这样的助学金我从来没有享受过，也从来没有申请过，因为有好多的同学比我还要困难。有一次，吴老师知道我因交不起伙食费，连续一个星期靠到学校厨房的煤灶膛里烤红薯当饭吃，但仍坚持学习后，想方设法向学校李咸清校长要求批给了我六元钱的临时困难补助金，解了我燃眉之急。这是我求学时代唯一的一次享受困难补助费，也是我一辈子不会忘记的。若干年后，我去看望吴老师的时候，谈及此事，吴老师却早已忘记了。是啊，作为老师，一辈子不知道为学生做了多少好事，可他们从不记在心里，这就是一个好老师所应有的胸怀！可作为学生的我，一辈子又怎能忘记呢？"一日为师，终身为父""滴水之恩，当涌泉相报"，这是我们从小就受过的教育呀！也正因为这一点，我在后来的教学生涯中对学生虽然严格，但我的确从内心关心学生。有时候，离家几十里远的农村学生因事星期六下午回家，那个时代武冈没有公交车，学生回家，几十里路全是步行，回到家里肯定已经很晚。而他们要到星期天下午快天黑时才赶回学校，学校食堂里肯定是没有饭吃了，这些学生就会走到我家里，好像是在自己的家一样，乐呵呵地自己打开煤火做饭吃。

1960 年秋，初一一个年级 4 个班，我们班是这个年级的起始班——初 29 班，全班共有 63 名学生，经过 3 年的"洗礼"，因为下放、升留级、参军、休学等情况，等到初三快毕业时，每个班的人数都不多了，学校便将同年级中的初 31 班的同学拆分到其余三个班。另外，早在 1961 年下学期学校就将比我们早进校一个学期（学校唯一的一次春季招生）的那个班——初 28 班的同学也拆分到我们这

个年级各班。事实上，在我的印象里，我们从初一进学校就在一个班的有63位同学，到初三毕业时只余30位左右，而我们拆分后的班在毕业照片上则有41个同学，也可以说是"大浪淘沙"啊！

整个高中阶段，有好多当时以至当今社会也公认的名教师直接教过我们的课：张子铭、王耀楚两位老师教过我们的语文，田传锦、张鸿孝、肖竞存三位老师教过我们的数学，成诗雨老师教过我们的生物，蒋旭老师教过我们的物理，曾荣森老师教过我们的化学，李咸清校长还亲自教过我们班的政治课。其中有两位老师对我日后的爱好和成长影响很大，两位都是数学老师：一位是田传锦老师，一位是张鸿孝老师。

田传锦老师是北京大学六年制毕业的高才生。他不仅是一表人才，而且还真的可以说是"全才"。他的解题能力相当强。我们同学中经常有人拿当时的《数学通报》上的难题去问他，他总是将头稍微一偏、对着学生拿着的数学题侧目而视一阵子，然后就拿起学生的纸笔解题。一般来说，很快就会解出来。有时碰到一下子不能解出来的题，他就说"放到这里，让我再想一下"。第二天一上完课，他就会将解出来的题交给所提问的学生，并且要详细地讲解一番，等到下一期《数学通报》的答案一公布出来，再拿他的解题答案一对照，往往是毫发无爽，让你不得不佩服得五体投地。他的歌唱得很好，学校或者县里搞文艺晚会，总有他的独唱节目。他曾经在邵阳地区（当时管辖现在的邵阳、娄底两个地级市）唱歌比赛、湖南省唱歌比赛中都拿过奖。他的诗也写得好，琴棋书画样样精通。二胡也拉得好，曾经对我的二胡技艺的提高有过相当大的帮助，因为这，我们师生之间的感情也很好。他还是运动场上的健将，篮球、排球、羽毛球、乒乓球等都打得相当好。他在20世纪70年代末被调至湖北文理学院任教，被评为教授，系九三学社成员。

张鸿孝老师是湖南师范学院（现名湖南师范大学）数学系的高才生。他是武冈当时高校毕业生见

习期满一年后转正定级时唯一的一个提前晋级晋薪的老师。20世纪的80年代中期，他还出任了武冈二中的校长、书记。他讲课总是面带微笑，教学严谨，板书相当好，讲课非常生动，同学们对他的讲课水平评价相当的高。更能影响我的是他上课以后身上很少有粉笔灰，因为他板书时很有讲究，不会随便地在黑板上擦。他擦黑板也有他的路数，不像有的老师擦黑板时龙飞凤舞、仙女散花，弄得坐在前排的学生不得不捂着鼻子、皱着眉头、眯着眼睛听课。也不像有的老师写错一两个字时就用手指或者手掌擦黑板，接着又用手去拍打身上的粉笔灰尘，结果适得其反，弄得全身是粉笔灰，一堂课下来，全身就好像一位农民伯伯刚从农田里撒了石灰上来一样的白。张鸿孝老师板书整洁这一大优点对我后来教学风格的养成也有很大的影响。

那场史无前例的"文化大革命"，让高考招生停止了，我成了后来所说的"老三届"。

1977年开始搞拨乱反正和1978年的改革开放，高考招生制度恢复了。当时，我在县城里的武冈一中（现也被确定为省重点中学）教高中语文。

当年已有两个儿子的我，分别于1977年冬和1978年盛夏连续参加了两次高考。本来自己高中是选学理科的，加之理科的招生指标肯定会远远多于文科，我便想报考理科。但主管高考报名的人士却说："你教语文的当然是报考文科嘛！"于是我就这样阴差阳错地报考了文科。我好比枯木逢春、如鱼得水，"两考两中"（高考分数上了录取分数线）。而1978年盛夏的那次高考，"而立"之年的我第二次参加高考，与我的高考补习班的学生们（如后来二中的高中物理教师张善平先生以及后来担任过二中校长的廖明智先生等）同时走进考场，我才真正圆了梦想。

其实，恢复高考后，我又成了后来人们所说的"新三届"。我成了我们那一带钟姓家族的第一个大学生。我记得当时的《人民日报》还刊登了一篇文章，说的是高考招生时要特别注意招收没有接受

过祖国挑选的 1966 和 1967 两届的高中毕业生。我深深地懂得进大学深造的机会来之不易，尽管有种种压力压得我几乎喘不过气来，但我毅然和我的妻子携手奋斗，克服了种种困难，顺利地渡过了一道道难关，完成了学业。

有人说"'老三届'和'新三届'的一大批人是青黄不接的一代，是坚强的一代，是不甘沉沦的一代"，此话不无道理。所幸的是"老三届"和"新三届"，两者我都占份。

1981 年 6 月，我大学毕业后被分配安排到省重点中学——武冈二中工作。

回到自己初中和高中就读的母校工作，心情自然不一般，自豪而又深感压力之大，自信而又心有些许忐忑。毕竟是省重点中学，物华天宝、人杰地灵，高手云集、人才济济。这所学校是莘莘学子寻梦的地方，是教坛名师施展才华的地方，是培养和锻炼人才的大熔炉，是筛选真金的淘金池！从 20 世纪的 50 年代初开始到 80 年代末，这里可真的是"藏龙卧虎"，积聚了许多教坛高手、笔杆子秀才、省内名师，可真的是得天下英才而教之。是驴是马，牵出来遛一遛便知晓！

当时的学校党支部书记兼校长是宁同魁先生。他除了担任学校的领导职务外，还兼任县人大常委会副主任。他在新中国成立前就读于湖南大学中文系，早年加入共产党的地下组织，后又加入了共产党领导的地下武装湘中第二支队，并且担任第七大队大队长；新中国成立后，先后担任过邵阳县政府秘书，县文教科长。"文化大革命"之前，他就担任过武冈师范学校的校长，抓教育教学很有一套路数。又十分关心和爱护教师，也特别注意关心和培养中青年教师，而且正人正己，德高望重，特别具有人格的魅力！在他的领导下，武冈二中发生了很大的变化，整个学校上下齐心，团结一致，奋发向上，教育教学质量不断提高，面貌焕然一新！后来宁校长也升任为邵阳师专（现为邵阳学院）党委书记。

在大学深造以后的我，在教育教学中可算是如鱼得水、驾轻就熟。我也深感自己重任在肩、压力山大，党指向哪里就奔向哪里，竭尽全力，忠诚于党的教育事业，在工作中从来就不会去讲什么价钱，领导安排我做什么就做什么。那个时候也根本没有什么加班费、超课时费和误餐费，只要领导讲一句"能者多劳，帮帮忙"，心里就顿然产生一股暖流，浑身热乎乎的，认为这是领导对自己的信任，是领导和同事以及学生和家长对自己工作的肯定，自己也就找到了自我价值之所在，哪里还会有心思去想要得到多少补贴呢？因为这样，我曾有过一个学期教高中三个班语文还当一个班的班主任的短暂经历，虽然累，但总还显得乐滋滋的。

在教学工作中，我曾经得到了好几位在当地市县"挂了牌"的著名语文老师的许多真诚帮助，他们中间有王耀楚（全国优秀班主任，后来曾担任学校校长）、曾昭伟（人称笔杆子秀才，后来曾担任学校副校长、县委常委、宣传部部长，武冈师范党委书记）、李丽君（后来调邵阳师范任教）；他们都是首屈一指的著名语文教师，是我的好师父、好前辈、好知己。

王耀楚任二中校长后，于 1986 年下半年至 1987 年上半年期间，在广泛听取和征求老师们意见之后，制定了二中的校训："严谨、求实、文明、创新。"并且将此校训镶嵌在二中校门左右，以此激励后来的二中人不忘初心，踔厉奋发，砥砺前行！

1987 年 5 月，我被吸收为湖南省教育学会会员；1988 年我获得了全国中语会授予的"中学作文三级训练实验研究奖"证书；1989 年冬我被安排为县政协委员；1990 年 3 月由海内外知名人士、首都师范大学著名教授李燕杰和郭海燕老师做介绍人，我被吸收为中华教育艺术研究会暨教育家协会会员。

1991 年 11 月下旬，我应邀赴北京参加了在人民大会堂举行的中华教育艺术研究会暨教育家协会年会学术会议。论文《真诚的力量》在大会交流，并做了大会发言，作为参会者的我，感到很荣幸，受到很大的鼓舞。

我受过评优、评先、记立功等奖励。还被评为民盟邵阳市委双文明建设先进工作者、政协武冈市委先进工作者。曾任毕业会考县评卷组副组长，几次应邀赴省参加高考评卷。先进、优秀、记立功、毕业会考和高考成绩获第一、国家级省市级教育教学论文获奖等的"红本本"证书，我得了许多本。

1992年9月，年已四十四岁的我，"不知老之将至"地跟随着改革的潮流和时代的步伐而"孔雀东南飞"，告别了武冈二中这所省重点中学，调到了广东省东莞市谢岗中学任教。真的是"挈妇将雏鬓有丝"啊！

我自拟并始终恪守的格言是："堂堂正正做人，兢兢业业办事，平平淡淡生活，是金子总会发光"。还是庄子说得好："举世誉之而不加劝，举世非之而不加沮，定乎内外之分，辩乎荣辱之境，斯已矣。"这当然是修养的最高境界，"至人无己，神人无功，圣人无名"。修养最高的人是无我、无功利、不求声名的，当然，我不是修养最高的人，更非圣贤，冷暖自知！

教师的丰碑是学生树起来的。我探索和实施"情诚"教育，相信真诚的力量，站在讲台上是学生的老师，走下讲台是学生的朋友。我时刻提醒自己，要做一个学者型的教师，而不是去做一个"教书匠"。教师要不忘初心，踔厉奋发，始终牢记以培养德智体美劳全面发展的人才为己任。没有创新思维的教师是培养不出有创新思维的学生的。只有能教给学生学习方法，"授之以渔"的老师，才是真正的好老师，全靠加班加点抢占学生的时间是教学之大忌！以培养学生的阅读理解能力为例，我向学生反复地提醒和强调的方法是：无论看什么文章或作品，都要逐一地思考并且弄懂"写什么""怎样写""为什么这样写"等三个问题。

我总认为，人们应该向天上的星星学习。你看那天上的星星一颗挨着一颗，你亮你的，我亮我的，彼此却相安无事。我们应该像天上的星斗那样相互照耀，又何必像海滩上的沙石相互撞击呢？按照时髦的说法就是要注重团队的凝聚力，发扬团队精神，发扬乐于奉献精神。

回顾和总结我的教育教学生涯，我认为自己基本上做到了几个"不"：不误人子弟，不厚此薄彼，不以大欺小，不冤枉学生，不抢占学生的时间，不留堂体罚学生，不跟学生较劲。

不误人子弟。工作兢兢业业，有较强的事业心，传授知识力求准确无误。教育学生"千学万学，学做一个大写的人"，引导学生德智体美劳全面发展。

不厚此薄彼。手掌手背都是肉，对待学生，无论成绩优劣均一视同仁，特别是对成绩不大好的学生更要善于发现他们身上和心灵的闪光点，要用爱心去点燃他们心中希望的火花。

不以大欺小。不冤枉学生，一切遵循实事求是、让学生心服口服的原则。

不抢占学生的时间。在教学中，教师应该紧紧地准确地把握住教学的重点难点，并且将这种思路贯穿于整个教学之中，充分利用好课堂上的那几十分钟，也就是说要讲求效率。不要去抢占学生白天和晚上的自习时间来加班加点地补课。每一届的学生都知道，我是从来不去抢占他们的自习时间的，所布置的作业也是有选择性、有代表性的。

不留堂体罚学生。教育要得法，要选准机会、选准切入点，要因势利导，否则就会费力不讨好：你将心脏掏出来给学生，他不仅不感动，还要说是一个"红萝卜"呢？！所以，我教书一辈子，不留堂体罚学生，充其量在放学后把学生叫到自己房里，还要给学生座位，对学生讲上几分钟，然后让学生回去自己再想一想"自己的行为究竟对不对"。这既尊重了学生的人格，也给老师自己留有回旋余地。

不跟学生较劲。学生有了过错而思想上一下子又转不过弯来，老师一定要沉得住气，千万不要跟学生较劲。老师跟学生较劲，往往是老师没有好"果子"吃的。我从教一辈子，没有干出什么惊人的成绩，也谈不上"功德圆满"，更没有得到过什么风光过人的待遇。有的只是日复一日、年复一年的平凡的教育教学工作，有的只是我尽心尽意地干好自己的那一份工作的诚心。好在做到了问心无愧！庆幸自己的教育教学生涯中，没有打过、体罚过学生，也没有受过学生和学生家长的指责！自己给自己预定的事业和家庭的目标也基本得以实现。

一个正常的志存高远的人就应该心平气和。何谓"平和"？老子说过："人法地，地法天，天法道，道法自然。"还是老子说得好："视之不见名曰夷，听之不闻名曰希，博之不得名曰微。此三者，不可致诘，故混而为一。"这是典型的道家的形神俱忘、空虚无我的修养的最高境界。这样才能真正做到"不以物喜，不以己悲"；不计成败，问心无愧；宠辱偕忘，无怨无悔。欲问何因？洞庭精神，薪火相传！

作者介绍

钟文晖，男，汉族，1948年8月出生于湖南武冈邓元泰陡山钟家，大学本科。初高中就读于武冈二中，曾执教于武冈二中。1992年9月调广东省东莞市任教。中学语文高级教师。湖南省教育学会会员，中华教育艺术研究会暨教育家协会会员，全国中语会会员，广东省教育学会会员，广东省东莞市作家协会会员。

拾忆：我和我的老师们

唐莹

最近总是在短视频上刷到一位写下了无数个她和学生的故事而走红的姚老师。她是数学老师，文字却"震耳欲聋"。我也曾遇到过像她一样优秀的老师们。

一

我初中就读于洞庭中学，班主任是刘文娟老师（现已调至武冈二中）。或许因为刘老师个子不高，有张娃娃脸，平时老是笑嘻嘻的，所以很容易和我们打成一片，对于刘老师来说，我们就像是她的孩子。但是千万别小看她，一到上课，她总能轻易镇住我们。

我想详细写下和刘老师相处印象深刻的事，可是有关于她的每一件事都令我印象深刻。她总是拿着一本厚厚的本子，给我们每个人都分了几页用来记录言行违纪的扣分情况。最初大家都是一百分，因为在她眼里我们都是最优秀的，是满分。她还有另一本本子，也是厚厚的，是账本，用来记寄宿生每次在她那里存取钱和借钱。可是她有时候记性不好，有时候太忙，总是忘了记。其他老师都在教怎么写好应试作文，怎么拿高分，但是她教我们写诗，还把她写给她儿子的《吾儿》念给我们听。年末元旦会演，每个班都要报一个节目。其他班怕耽误学习，但是她支持我们做环保时装秀，轮到我们演出时也会认真拍视频记录。她的课堂总是轻松幽默的，就连深奥难懂的古文也能让我们听得津津有味。刘老师温柔而坚定，身上有种独特的向心力，吸引我们靠近。

后来刘老师去乡村支教，我们换了班主任。某天下午放学，教室里只有十几个人在。突然有同学

进来说："刘老师回来了，现在就在校门口。"大家都围着来人问："真的吗？刘老师来了？"还没等到回答就飞快地跑出去，生怕慢了一步。一大群人在校园里狂奔，像是百姓去迎接守护了他们很久的将军。

那天刘老师的手温柔地抚摸了我们每一个人的脸，清楚地叫出了我们每一个人的名字。然后，她流下了滚烫的泪水。

二

高中终于考入朝思暮想的武冈二中，第一位班主任是教化学的邓南夫老师。邓老师相貌平平无奇，性格有点唠唠叨叨的妈妈属性，但是一到课堂上就立马展现出他独特的人格魅力。

高中化学和初中化学相比，难度提高了不止一个档次。甚至高一化学的第一堂课《物质的量》和初中化学完全不挂钩。有些同学学起来非常吃力，邓老师细心地察觉到了这一点，之后每次上课都放慢了讲课速度，还留一点时间让我们自我消化，或者有不懂的地方向他提问。

但是月考的时候，我们班化学单科还是考了全年级倒数第一。看到成绩我的心立马凉了半截。按照以往的惯例，周一班会老师肯定会把我们痛批一顿，然后说出那些"经典语录"——"同一个老师教，为什么你们就是倒数第一？""一个老师教那么多学生，要你们来适应老师，而不是老师来适应你们。"

出人意料的是，邓老师并没有按寻常套路走。他在讲台上来来回回地走，最后认真地说："这个成绩不怪你们，也有我的原因。可能这个教学方法不适合你们，我回去琢磨琢磨，下次上课换个教学方法。"听到的这些话，我内心真的无比惊喜，无

异于突然发现了一个巨大的宝藏。读书十余载，我遇到的会和学生平摊成绩不好的责任的老师少，会反思的老师也少，会当着同学们的面说出"这个成绩不怪你们"且有反思有行动的老师更是少之又少。

三

高二文理分科，我被分到了孙思老师的班上。孙老师从高一开始就教我的生物，我们也算是熟悉。虽然他脸黑，看起来凶，但实际上很好说话。我们私底下都说他是同年级男老师里的颜值担当。和邓老师整天精力充沛、脸上就差写了"欢迎问题目"五个字相反，孙老师有种慵懒的气质。

孙老师不仅有作为老师过硬的教学技能，还有作为班主任的责任感。遇到我们不懂的知识点，他会不厌其烦地讲。比如计算遗传病的概率，总觉得那节课他讲到怀疑人生了，每句"还没懂？"后面跟着的都是进一步详细的讲解。怎么会有我们这么笨的学生？不过还好我们不是他带得最差的一届。

高三夏天，只有几把老吊扇的教室像个大蒸笼，闷热得让人提不起精神。我撑着脑袋想东想西，失神发呆间听见夏云飞老师说："遇到一个好的老师是一生的幸运。"我想我是幸运的。高考后，我填报了化学公费师范生的志愿。未来我会成为一名老师，我也想成为一名能让学生觉得很幸运的老师。

教育的本质是一棵树摇动另一棵树，一朵云推动另一朵云，一个灵魂唤醒另一个灵魂。大二的中秋，辅导员找我谈话，聊了很多，最后问起我以后有什么打算。我毫不犹豫地回答："我想去我的母校武冈二中教书。"

作者介绍

唐莹，女，生于 2002 年 2 月 22 日，2017 年初中毕业于洞庭中学，2020年高中毕业于武冈二中。

在二中复读的日子

曾维君

我是在武冈二中复读了一年考上大学的。

我原来就读的高中是武冈商业职工子弟中学，因学校校址设在离城中心约十华里的同保山山麓，我们习惯称之为同保学校或铜宝中学。那是一所半工半读的学校，我们进校的时候，学校还没有完全建好，所以挖山修操场、烧砖砌围墙、垦地种树、种菜等都要我们自己动手，加之大多数同学是走读，每天来回要走约 20 华里的路程，使得我们几乎没有多少时间和精力去读什么书。因为没有相关的老师，学校也就没有开设历史、地理等课程，所以 1978 年高中毕业考大学时，两个毕业班的同学全部去考理科，仅我一人去考文科，原因是自己数学、化学成绩差得离谱，加上语文老师曾凡言认为我作文写得好，也建议我去考文科，到大学去学中文专业，将来毕业后当个语文老师。结果当年高考成绩出来，全年级只有一个叫皮建新的同学考上了湖南农学院（今湖南农大）机械系，我却以 8 分之差名落孙山。我有点不服输，打算复读一年。可就在这个时候，居委会负责人找上门来，她动员我上山下乡到农村去接受贫下中农再教育，我说我姐姐已经下乡了，我作为家里的老二是否可以不去？她说不行，这是毛主席和党中央的号召，高中毕业生都必须到农村这个"大有作为"的广阔天地去锻炼。我恳请她允许我复读一年，说如果明年考不上大学，我不用你们动员就毅然下乡。没想到她很爽快地答应了我的请求。

我选择了 1954 年就被评为省重点的武冈二中作为复读的学校。但进二中复读必须先经过考试，文科生必考科目是语文、政治和数学。因为考虑到自己数学太差（当年高考成绩只有 18.8 分），于是我耍了一个"小聪明"——只参加了语文、政治考试，数学故意缺考，结果我语文、政治都考了高分，最终被二中录取插进了应届文科重点班 104 班复读（理科有一个专门的复读班，文科没有）。事后我想当然地猜测：二中负责录取的老师肯定是认为我语文、政治考得好，数学再差也不会差到哪里去吧，所以竟然在我数学缺考的情况下也把我录取了，哈哈！进校那天，二中应届毕业班已经在暑假期间开学好些天了，等到下课的时候，一位老师领着我走到 104 班教室，把我交给了正在教室里的班主任。班主任把我安排在一个叫李建阳的同学旁边坐下（碰巧李同学的旁边空了一个座位），从此一坐就是整整一个学年——其实班主任和许多同学当时都不知道，我和李建阳同学是发小，两人家住斜对面，小学同学五年半，初中、高中就分开了。

复读的一年中，历史老师匡前蔚、地理老师张颖先后当过我们各一个学期的班主任，他们对我们要求都很严，常常有课没课都会到教室里外转悠，检查班上纪律，督促我们学习，希望我们班的同学都能考一个好大学。匡老师长得比较瘦小，皮肤较黑，不苟言笑，他穿着很朴素，手里常夹着一根自己卷的喇叭筒烟，给人的感觉总是很严肃。因为没有历史教材，他上课基本上是讲题目——既讲填空题，更多的是讲名词解释和问答题（当时高考历史的三种主要题型），并要求我们把题目及答案都抄下来背，所以他常常下课后会检查学生们的笔记。但我和李建阳同学有着共同的"爱好"——看小说和电影，所以经常不是他就是我会偷偷地在书包里塞一本小说到学校来，上课时，两人分工，他看小说时我就负责抄笔记，他看完了，两人再互换"工作"。这样一来，除了抄两份笔记，基本就没有其他听课的时间了，但好在抄两份笔记，实际上又加

深了我们对笔记内容的印象，以后背起来似更容易。后来高考成绩第一次公布时，我的历史成绩居然是五门考试课程中得分最高的。不过虽然是偷偷摸摸地看小说，但也不可避免地有时会被匡老师发现，于是挨批评、小说被没收几成家常便饭。因为小说大多是借来的（有的是手抄本），事后就不得不跑到老师那里主动承认错误，保证"下不为例"，当然实际目的是把没收的小说讨要回来。但没过几天，又旧病复发，匡老师见我们屡教不改，就把我们"告发"到学校领导那里。有一次，副校长丁光罚我们两人放学后去把学校足球场周边的水泥看台打扫干净。丁校长怕我们偷懒，披着一件穿得油光发亮的旧棉衣（丁校长是个"全才"，他本来是学生物、教生物的，但曾给我们班代过数学、英语课，且都上得很好，他上课时为图方便而常常不用黑板刷，直接就用自己的棉衣衣袖把粉笔字擦去），站在看台的最高一级上监督我们，我们只得老老实实用竹扫帚一级一级地清扫看台。约半个小时后，丁校长叮嘱我们继续自觉清扫，自己则可能赶到食堂吃晚

饭去了。丁校长刚走，李建阳便丢下扫帚，喊我一起回家，我想他高中是二中毕业的，熟悉"校情"，胆子比我大，可我是个外来插班复读生，怕因此被开除，还是没有敢和他一起跑掉，只得一个人继续留下来，直到把整个看台扫完才回家，这时天已全黑。与匡老师不同，张颖老师个子胖墩墩的，脸圆圆的，头发比较稀疏，饱满的额头常发着光亮，但他总是带着一副笑脸，特别是他的地理课没有历史课那么多笔记，还常常讲一些与地理有关的奇闻逸事、亲身经历等，听起来比较有趣。比如他讲东北的大米颗大粒长、晶莹剔透，闻起来香喷喷，吃起来软糯糯，听得在那个年代本来就吃不饱的我们一个个垂涎欲滴，口水直往肚里咽。所以，张老师的地理课我们很少开小差，后来我高考的地理成绩也只比历史低一分。开小差最多的是数学课，可能是我天生就没有数学细胞，也可能是数学老师没有找到较好的教学方法，反正我觉得枯燥无味，听不懂，不想听，因此更多的是利用数学课时间看小说，后来竟发展到若是上午的数学课，我就和李建阳同学逃课跑到寄宿生的宿舍里，不管自己袜子干不干净，把鞋子一脱，双脚塞进同学的被窝里取暖，两人"对挖"打扑克；如果是下午的课，我们就给自己提前"放学"，但又怕家长追问原因，不敢直接回家，于是或在大街小巷漫无目的地游荡，或偶尔到家附近的光明电影院去看电影。记得有一天下午看日本电影《望乡》，结果遇上了小学班主任，她坐在我们前面一排，我们怕她看见，尽量把身子往下缩，把帽檐往下拉，但还是被她回头时发现了，她问我们怎么不上课？我们虽然找了个借口应付了她，但还是感到心虚，以后白天逃课去看电影的次数逐渐减少了，但上数学课看小说的习惯却仍没改掉。就因为如此，导致我们两人在第二年的高考中再次被数学严重拖了后腿：我的数学只考了19分，仅比头一年增加0.2分，李建阳则考了5分，但因他头一年只考了0.5分，所以我笑着"表扬"他数学成绩提高了10倍。总之，数学把我们的总分都拉下来一

大截。李建阳同学当年只上了中专线，考到了邵阳供销学校学财会，毕业后回到武冈供销系统工作。遗憾的是，进入中年后的他身体一直不好，听说今年（2023年）初就永远地离开我们，去了天国。

　　我在二中最喜欢的还是上语文课的唐朝老师。唐老师虽然个子也不高，50出头的年龄已两鬓斑白，但他曾经是军队的文化教官，所以常穿着一身洗得发白的旧军装，腰杆子挺得笔直，显得精神矍铄，讲课时声音洪亮，抑扬顿挫，不像有些老师那样语言平淡，似催眠曲。让我记忆最深的是唐老师给我的作文几乎每次都打了高分，但从来没有在作文讲评课上作范文朗读过，等到大约半个学期后，有一次他突然在班上一口气就连读了我三篇作文，并向全班同学解释说，以前没发现我作文写得好，这次当他给我的作文（记得好像是写电影《江姐》观后感）打了95分后，回头翻看我前面的作文，结果发现都是90分以上，于是他才破例在作文讲评课上朗读了我一个人的三篇作文。唐老师的这一举动对我的影响很大，以后我上语文课和写作文时更加认真，高考的最后成绩出来，语文也是自己真正的最高分。可能是唐老师也有意关注了我，所以偶尔与同桌李建阳讲一下小话，就会被他发现，然后走到我们座

位前，把戴着的近视眼镜往下拉到鼻梁下端，从眼镜上方用眼睛狠狠地瞪着我们，然后敲着桌子批评道："像你们这种学习态度，怎么能考上大学？你们能考上大学，就把我唐朝的名字倒挂起（方言，意为反着写，即不可能的事）！"事后想起来，其实那应该是唐老师的"激将法"。这种激将法应该说还是起了一定作用的，那一年，二中104班同学中，高考语文成绩达到80分以上（满分为100分）的就有近10人，我就是其中之一。

　　在二中复读一年，虽然自己还是像以前读书时那样有点不守规矩（不过讲句老实话，看小说对提高作文水平还是有一些好处的，关键是不应该利用上课时间看；而适当看看电影，在紧张的学习之余放松一下自己，也许能提高学习效率——记得高考前的头天晚上，我还一个人到电影院看了卓别林主演的喜剧《摩登时代》，笑了一个晚上，第二天感觉考得很轻松，考完的那天晚上，我又去看京剧《闯王旗》），但感觉比起同保中学来，二中环境还是好多了，学风也好多了，特别是没有那么多劳动了，加上遇到了上面所说的几位好老师（当然，同保中学的老师水平大多也很好，对我都照顾有加），又正式地上了历史、地理课，我的文科成绩还是提高

了不少。1979 年高考成绩最初公布出来时，我考了 302 分，上了专科线，其中历史成绩最高，为 79.5 分，其次是语文 79 分。在填报志愿时，我不知道该填什么专业，便咨询班主任，他说为保险起见，你哪一科成绩最高，你就填报哪个专业，于是我就填报了历史专业（实际上当初历史只比语文多出 0.5 分），但在填报学校时，我把邵阳师专（今邵阳学院）放在了第一志愿，并试探性地把湖南师范学院（今湖南师大）也填报上去了，不过是放在第五志愿。但当时我很怀疑阅卷老师看错或算错了分数（因为那个时候没有电脑，都是人工阅卷和统分），认为自己应该不止这个总分，于是大着胆子给湖南省招生办写了一封信，要求查分。不知道省招生办是否收到或阅读了我的信，但估计像我一样持怀疑态度并写信的考生不在少数，所以当年省招生办最后对凡是上了中专线（260 分）的考生试卷全部重新统计了一次分数，结果在重新公布的高考成绩中，我的总分多了 23 分（其中语文变成最高分，比历史还高出 3 分），这样我就上了本科线，最后被湖南师范学院历史系录取，其实我是很想学中文的，但志愿已经填报，录取通知已经下来，只能接

受事实。当年 104 班和我一起考到湖南师院的同学还有复读的陈卫文（录在外语系）、陈美武（也录在历史系）。班上考得最好的是李伯超，他考到了湘潭大学中文系，毕业后留校任教了，退休前是该校的校长。唐朝老师的女儿唐小嫚也在我们这个班，她考到了湘潭师范学院（今湖南科技大学）学英语。

感谢武冈二中，如果没有在这里复读一年，我就可能考不上一个本科大学。这里还特别值得一提的是，大学毕业后，我和陈卫文同学、另外还有 104 班当年考到邵阳师专的部分同学（如郭荣学、唐桂秀、林彰荣、王德强等）都有幸回到武冈二中当老师，和当年自己的老师们一起共事，我还有幸与唐朝老师住在隔壁好几年，师生关系、邻里关系十分融洽。我在武冈二中工作十年，后来因为当时的邵阳师专历史系需要一位有中学教学经验的老师去任教中学历史教学法课程，我才离开二中，迄今已整整三十年了。武冈二中一直是我魂牵梦萦的地方，因为她助我起跑，给了我一个成长的平台。

最后，谨以此文献给和悼念当年在武冈二中 104 班任教的各位老师！也借此悼念我的发小李建阳同学！

作者介绍

曾维君，民进会员，邵阳学院历史学教授，原历史教研室主任、省级一流本科专业（历史）建设点负责人，现为邵阳市梅山文化研究与传播协会会长、邵阳市曾子文化研究会副会长。主持国家社科课题一项，主持和参与国家级和省、厅（校）级课题多项，在《史学月刊》《历史教学》等公开刊物上发表科研和教改论文 40 余篇，出版专著一部。曾获邵阳学院首届教学奉献奖、第二届"思考乐"杯优秀教师奖、第三和第五届优质教学奖、优秀实习（实训）指导教师奖、"三育人"先进个人，获湖南省高校优秀教学成果二等奖，省"挑战杯"大学生创业设计大赛及师范生教学技能大赛优秀指导老师奖等。曾任两届民进邵阳市委兼职副主委，邵阳市第九、第十、第十一届政协委员（其中第十届为常委），曾获评民进湖南省"双岗建功"标兵、"双岗建功"先进个人等。1978—1979 年在武冈二中复读，1983—1993 年在武冈二中高中部任教历史课程。

为了不被忘却的记忆
——写在母校武冈二中校庆之际

马桢

武冈二中的硬件：大道至简，野趣盎然
Version 1990—1996

我是 1990 年进入武冈二中初中部，1993 年进入高中部的。1990 年前所在的小学组织学生去二中参观，坐在看台上，面向一个标准 400 米跑道的绿茵大足球场，远远眺望一侧的教学楼，屋顶飞扬的檐角给我印象很深。后来如愿考进二中，进门就是一小块水泥场地，是我们上体育课的场所之一，勉强算个操场吧。穿过这块操场直上一段长长的陡峭台阶就到了第一栋教学楼，教学楼与小操场落差挺大的。教学楼前面是几棵遮天蔽日的古树，两边各一条弯弯的路环绕着小操场逐渐下降连接到校门口。所以进门后如果把抬头看到的正面教学楼当成人的头部，两边的路就像两条胳膊，弯弯地围拢来怀里抱着一个小小的操场。学生们可以通过小操场从这个"人"的"胸口"走上去，也可以从两边的"胳膊"部位慢慢地走进去。

沿着左边的"胳膊"往上走，教学楼的旁边是一座小山包，与外面的法相岩公园是一体的，只不过用围墙隔开了，我们上学的时候还经常爬围墙去公园里玩。校内的这部分有很大一片长着竹子，地上堆积着厚厚的落叶，竹林边上围绕着低矮的灌木，空气很是清新，我们高中的时候还被老师带到这片竹林旁边晨读，满满的文艺范。沿着右边的"胳膊"走上去，站在教学楼侧面往右边看，就可以看到我还是小学生时来过的那个大足球场（是真实的草皮哦，虽然维护不给力时不时有一块秃的），大课间操时全校的学生都会站在这里，颇有"沙场秋点兵"的意境。足球场再往右靠围墙的地方当时是一片山坡，种着橘子树，秋天的时候会把橘子摘下来发给学生当福利，虽然每人只能分到几个，但实打实算

是收获的味道啊！后来据说被铲掉盖房子了，估计体会不到这种乐趣了。

第一栋教学楼后面是当时的实验楼，两幢楼之间当时是一片空地，长满了野草，是我们劳动实践的地方。我们那时劳动实践的内容是拔草搬砖，清理场地，干活的时候还能看到摇曳的狗尾巴草间有蚱蜢在逃窜。

穿过实验楼后面又是两条路继续通向校园深处，分隔开 2 大片篮球场地，是上体育课、军训以及寄宿的同学们早上出操的地方。左边较大有 6 个球场，右边只有 2 个球场，穿过这些篮球场，可以看到几间平房，是当时的小卖部，供应各种零食杂物还有面条。小卖部的左边是大食堂兼大礼堂，每年在这里进行歌咏比赛和各种演出，有时候开会也在这里。大礼堂的一侧是个大舞台，其他大部分区域都是空地，我们买好饭菜就端着碗随便找个地方站着吃，侧门出去是教工餐厅和洗碗的区域，不过只有冷水。

从小卖部继续往后走，很快就到女生宿舍了，一座 2 层楼围成的小院子，中间还有块小天井。晚上会锁大门保障安全，还会统一关灯。每个屋里都是上下床，一般 4 个人一间，没有空调和风扇。楼顶可以上去，上面有天台可以晒被子。夏末秋初的时候，有的女生会拿着被褥偷偷跑到楼顶露天睡觉，睁开眼就看到浩瀚的夜空，有时月朗星疏，有时清风微云，耳边还能听取蛙声一片。如果不下雨，也不计较地面脏、地板硬的话，真的是非常浪漫。

走过女生宿舍再往右后，就是大名鼎鼎的中山堂了。很有历史特点的小楼，一体两翼的建筑，外面是青砖，里面光线不是很好，颇有时代特点的木质楼梯走在上面咚咚响，有一种穿越之感。当时

好像是兼做男生宿舍的，虽然有名，但里面的舒适度其实很一般。中山堂旁边绿树环绕，还有几个水泥桌面，可供教工家属洗衣服和学生打乒乓球。高中下课和自由活动的时候大家都踊跃地轮番上阵，各种乒乓技术流花样炫，据说有同学的乒乓技能直到大学里都还是能拿名次的！跟现在的木质桌面比较，水泥台打乒乓弹性貌似更佳。

中山堂旁边是教师的住处，都是差不多的小屋子，一排排的，许多老师都是一家人住，条件确实一般，但比学生宿舍的条件还是好一些。老师们也没有什么怨言，住在学校里至少还能省下通勤的时间，很多老师兼任班主任，看管住校的学生也方便。中山堂和教师住所的前面还有一片建筑，是著名的红楼——行政楼，听说后来拆了又重建过。旁边是另一栋教学楼，我上初二的时候搬去这栋楼，但每个教室都只留了两个窗户，据说因为该楼是"危楼"所以把其他窗户都封了。但我们还是安全地在里面待到了毕业。

回看那时的二中校园，各种设备设施可谓是相当简陋了。距我离开武冈二中已经20多年，据说已经添置了图书馆和现代化的教具，早已焕然一新。

武冈二中的软件：传道、授业、解惑，温暖而鲜活的灵魂

初中部（Version 1990—1993）

数学老师周志农

周老师走朴素风格，日常有点严肃，但五官非常标致，仔细看能体会到那时候知识分子的独有气质，一字曰之"稳"。周老师教数学也很稳，任何题目到她那里，都会先认真研究一会，然后很兴奋地开始解题，仿佛遇到了多年不见的老友一般。那时我对数学还有一点点怵，但在周老师手下没捅过大篓子，所以说二中的老师业务方面都是很过硬的。除了课业接触，私下她人也非常随和，还借给我们一些私人用品。现在班级微信群里，只有周老师还

在不辞辛劳地跟我们联系，给我们推送学校的动态，表达对我们的期待。这次校庆征文，虽然想想自己混得不怎么样，但为了纪念那些在我们中学生涯中留下浓墨重彩的恩师们，为了我们曾经"来过"的痕迹不要那么迅速地消散，我想我还是写点什么吧。

化学老师陈清艳

这是我初中生涯里最闪亮的一个记忆了，陈老师个子高，身材棒，非常漂亮。始终记得第一次见到陈老师的情景，那是初二暑假补课的时候，我坐在靠窗的位置，上课铃响过后，看到窗外一个穿火红色连衣裙的身影款款而来，刹那间感觉世界万物都静寂了。只有她是唯一的风景，就连拎着一个装满化学试剂的提篮也显得那么地与众不同。而当她走进我们的教室，面对一屋子吵吵闹闹的躁动少年们，她毫无畏惧之心，多数时候都跟我们正面硬刚。有一次她批评某个同学的时候，顺便炫了一把自己的视力：站在测视力的线上闭上一只眼，再往后退几步，最下一行的字都看得一清二楚，所以让各位企图浑水摸鱼的同学们不要在她面前有什么幻想……化学课很好玩也很魔幻，我们人生中首次接触到这么纯科学的领域，但新鲜感过了以后发现元素周期表背起来很枯燥，各种化学反应记起来也挺抽象，都要陈老师勤加督促才能完成。陈老师上课很严厉，课后其实也是天真烂漫。有一次我们在小操场排队准备开会，老师们站在学生后面，偶一回头看到她在跟旁边的同事开玩笑，脚步轻盈地蹦跳……希望陈老师归来时仍是当年的模样，一生幸福吧。

物理老师龚高仕

他是曾经有同学家长盛赞帅帅的男老师！个子高高的，身材瘦瘦的，头发有点卷，戴一副厚厚的眼镜，一双大眼睛很有神。龚老师上课十分投入，在黑板上画各种示意图和写板书时都很用力，粉笔划过黑板发出吱吱的声音，就是激动起来说话有点结巴。还记得他拿着丝绸和皮革摩擦玻璃棒，让大家每人带一节电池来做电路实验，小灯泡亮起的时

候大家都兴奋的欢呼！但我对物理实在是不得其门而入，只能混个过得去吧。那时候龚老师还是班主任，抓捣蛋的小男生可凶了！不过那时候的小男生也很皮，会跟老师对着干，班主任还是辛苦呀！

英语老师林叶青、张大雁

开始是林叶青老师，个子小小的，瘦瘦的女老师，戴着厚厚的茶色眼镜。某次英语公开课上特意叫我起来回答问题，虽然课前练习过几次，课上我还是答得磕磕绊绊，估计没有达到林老师的期望值。后来换成张大雁老师，同样是个子不高的女老师，同样是戴着茶色眼镜，但没那么瘦了。对她授课的印象不深，印象最深的是她老公也是学校老师，也是戴茶色眼镜，两人挺有夫妻相的。某年的联欢会上，他们两口子对唱了一首歌，中间张老师边唱边向她老公那边稍微身体倾斜了一下，当众表达了一下亲密，下面的学生们都起哄了，但被她老公躲了……其实放到现在来看，根本不算个啥呀！那时候的人还是很矜持的。

语文老师柳秀木

前面一个老师王清明已经没什么印象了，中途换成了年纪比较大的柳老师。他容长脸，皮肤黝黑，花白的头发梳得一丝不苟，说话气定神闲，上课也是慢悠悠的风格。可能是因为年龄的缘故，我还是比较信服他，初中毕业时面临到底上高中还是去读中专早点就业的关键时刻，我潜意识里就想找柳老师去寻求一下帮助看该如何选择，虽然他给了个模棱两可的答案，但大概是看我是女生，怕我吃不了高中的苦吧，还隐隐约约倾向于早点工作。不过我后来还是选择了高中，多读书总是没错的。

音乐老师陆资涛

这是个漂亮精致的女老师，梳着两条长长的麻花辫，教我们唱《妹妹找哥泪花流》，声音珠圆玉润如百灵鸟般悦耳，曾经被班上调皮的男同学气到哭，后来听说去广东了。二中每年的国庆都要举行合唱比赛，现场钢琴伴奏，必唱歌曲是校歌，选唱歌曲就各班自定。我曾被选中担任指挥打拍子，其

实啥都不懂，老师怎么说我就依葫芦画瓢。估计看我不开窍，下课后她叫我到她宿舍里用录音机放歌，给我训练了好久，速成一下好歹能上台了。后来上大学的时候我也混过一回合唱指挥，那点可怜的指挥技能就是得益于当年陆老师所赐。

生物老师肖豪

人如其名，豪爽大气的男老师！眼神犀利，说话铿锵有力，讲课很能吸引人，一旦你跟上了他的节奏，就是很舒服的一堂课了。他经常抱着孩子在学校里玩，平时见到不守纪律的同学会批评。还记得他在我们的毕业班会上致辞，用的居然是磅礴的排比句，虽然记不得原话词句，但如浪相逐的气势令人久久难忘。

政治老师王剑山

王老师发际线有点高，脑门有点光，多数时候都板着脸很严肃，上课的时候喜欢站在前面几排同学的桌子边，一只手举着课本，一只手在空中挥舞，时不时拍拍旁边同学的桌子。后来有顽皮的同学就在桌子上涂墨水捉弄王老师，王老师也没生气。我在王老师的课上看武侠小说被抓住过，罚抄课本三遍，我只抄了一遍不到，便去交差，王老师还是轻轻放过我了。

高中部（Version 1993—1996）

化学老师黄荣武、郑华林

高一高二时是黄荣武老师教化学，这是我非常喜欢的一位男老师，个子不高，面相正气。黄老师上起课来声音洪亮，讲知识点鞭辟入里，引人入胜，所以我的化学当时学得还是不错的。黄老师同时也是班主任，那时候的老师真真正正是一颗心都扑在学生身上的，各种抓纪律，跟学困生斗智斗勇，"push"学习。自习课时，刚看到黄老师从教学楼一侧下楼去了，同学们开始放飞，没想到黄老师就像瞬移一样迅速地就出现在教室后门，满教室的狂欢抓现行，现在想起来太有趣了。高二以后学校要求全体寄宿加强管理，有些家境好的学生住不惯宿

舍，黄老师和欧老师就让他们晚上睡自己家里，算得上殚精竭虑了。后来化学老师换成了郑华林老师，特别瘦，人是很和蔼的，就是上课声音很轻不太听得见。还记得郑老师课上问："怎样用最简单的方法鉴别一杯水和一杯重水？"大家各抒己见，最后郑老师淡淡地笑了，说："最简单的方法就是放一条鱼进去，死了的就是重水……"现在想起来还是忍俊不禁。

物理老师欧凤岳、肖大跃

高一高二的时候是欧凤岳老师，个子高高，虽然也会很严厉地批评人，但总体印象居然是很温柔的男老师。欧老师跟化学黄老师是邻居，两人经常中午一起吃饭喝点小酒，喝得脸红红的就来上下午的课。喝完酒后的欧老师上课特别上头，但大家还是很喜欢欧老师的。高三的时候改成肖大跃老师教物理，肖老师长得挺帅，比较平易近人，跟物理特别好的几个男生多有互动，课后跟大家的关系也挺好，坐在教室里跟大家聊天，还常带着他儿子来学校玩，他儿子名字很特别，叫肖一，是不是特别好记而且好写？

语文老师杨绍盛

湘潭师院的高才生，面相非常平和，讲课有如歌的行板之美，绵长悠扬，偶尔能感受到一点文人的傲气。带学生去竹林晨读的就是这位杨老师，心里还是住着一个诗人的灵魂啊！杨老师热爱文字工作，之前我得过学校作文比赛的奖，杨老师估计想多发掘我的写作潜力，还让我交日常习作，看有没有出彩的能投稿。很遗憾那时年轻不懂事，没有回应杨老师的好意，后来又在数理化上花费了大量的时间，也没有继续磨炼写作这一块，的确愧对杨老师。这次写征文的时候明显感觉力不从心，平铺直叙只能蹭个"史记"风（此处鸣谢106班帅气暖男才子赵豫同学对我的无私帮助）……各种写作技巧已经忘得一干二净了。

英语老师程显田

梳小分头，颌下留薄薄的一抹小胡须，虽然个子不高，但颇有英伦绅士的气质。感觉教英语的老师都是学校里最会打扮的那一拨人吧！程老师讲课可有激情了，会手舞足蹈的！那时我英语成绩还过得去，所以程老师对我还挺照顾的，还带着我们几个同学去长沙参加英语比赛，很遗憾没有给程老师挣个好名次回来。我其实挺喜欢英语，很多时候全凭直觉做题也能猜个八九不离十，还一度想要考英语专业，后来发现英语专业限文科生报考，只好歇了这颗心。

数学老师朱成方、庾平范

毕业照上的朱老师歪着头，带着看透一切的微笑，这很朱老师！高一高二时是朱成方老师教数学，他工作踏踏实实，上课会偶尔插几句题外话，唯一的不好之处是讲课声音会逐渐降低，导致喜欢坐后排的我听着听着就听不清了。但朱老师讲到一个段落后会突然提高声音大喊一句以唤回我们的注意力，在课上还曾直接扔粉笔头去打那些开小差的学生，是不是有一点逃学威龙的感觉了？所以数学课经常是跌宕起伏的。后来换成庾平范老师了，同时也是高三的班主任，高且瘦，脑子非常灵活，当然了，教数学的脑子必须得好使！班上还有一个姓庾的男生，同样是学霸级别的。有时候怀疑是不是老天在造庾这个姓的时候偏心，给的聪明才智额外多？表达一下深深的敬佩！庾老师管理班级也很尽心，批评起人来毫不留情面，那时候已经到高三了，每一天都很重要，还真是得靠庾老师这样严格的管教才能不跑偏。

生物老师王常龙

王老师身材高大，气质冷酷，是那时公认的颜值担当。乍一看很严厉，但人很好。上课讲染色体XY这么微观的东西也能讲得生动活泼。虽然生物课到高二会考就结束了，但王老师同时还是校领导，工作认真，对学生要求严格，每天会叫住校的同学起床、带领大家晨跑、做操，一般都是最先到足球场的一个。晚上还要查夜督促大家好好休息。最近在网上看到王老师的照片，两鬓已有斑斑的花白，好想对他说一声："您辛苦了"。

政治老师刘志会

虽然后面选了理科不用再学习政治，但刘志会老师我还是很佩服的。这位男老师个子不矮的，身材中等偏瘦一点，讲话带一点口音但影响不大，讲课也是很激昂的。那时哲学和政治是一门课，讲哲学讲马克思恩格斯理论的时候居然把社会科学讲出了自然科学的味道，关于资本和剩余价值的理论基础就是刘老师给我打下的，受用无穷，一直到大学、研究生的时候还在靠着这个基础发挥。但后面学政治的时候就开始脑子转不过来了，而政治的大论述题往往分值很高，有次答错了一道论述题直接被扣20几分，总分一下子就跌到60+……给我吓的，从此考政治都提心吊胆，心理阴影一直跟随到高三分科，坚决不敢选文科。

历史老师邓钰

这个"钰"字很容易被念错的。邓老师个子高高，身材瘦瘦，小分头，皮肤偏黑，不戴眼镜，讲课声情并茂，语气铿锵有力。尤其是讲到世界近代史部分，讲到激动起来就刷刷刷在黑板上开始画示意图，画完转身又继续挥手指点世界格局，所以我现在还记得萨拉热窝事件和圈地运动。那时候男同学们听得格外入迷，评价是"太有意思了"。

地理老师蒋松成

他是瘦瘦小小的男老师，一只手只有两个手指，但丝毫不影响握粉笔写板书，画等高线等温线回归线如巧克力般丝滑，说话也是有口音的但不影响理解。蒋老师业务水平一流，硬生生把枯燥的地理讲成了生动，听得我还萌生出一点以后去搞地理勘探的念头。我还在蒋老师家里第一次看到林青霞的黑白照片，被那种毫不留情的美丽一击而中，久久不能回神……现在回想起来，原来蒋老师也是林青霞的粉丝呀！

体育老师刘国孝

当时，高一还有体育课，高二高三就没有体育课了，所以对于短暂的体育老师还是很留恋的。刘老师年纪不小了，瘦瘦高高的，因为常年户外上课皮肤晒得黝黑，留小平头。那时候体育课上先是男女生一起做准备活动，然后分开上课，男生一般都去踢足球打篮球，刘老师多半会跟我们女生一起打篮球，问为什么，因为年纪大了打不过男生，哈哈！刘老师还给我们聊起过他的儿子，一个叫刘平平，一个叫刘常常，是不是很可爱？

校长邓立强、书记何志贤

这两位没有教过我们课，但全程陪伴我们的中学生活。邓校长个子不高，为人低调，做事雷厉风行，每天都穿得整齐干净，匆匆穿行于校园的各个角落，遇见学生打招呼会点头示意。何书记头发花白，非常儒雅，印象最深的就是每次开会的时候他会带一个小本子上去讲话，开头一定是"金秋十月，秋风送爽……"节奏舒缓的语句犹在耳边，慈祥的何书记已不在台前，转头时竟一眼万年。

之前看过很多前辈的武冈二中回忆征文，感觉他们的二中跟我们的二中已截然不同，而我写下的这个武冈二中，跟如今就读于二中的学弟学妹们感受到的估计也大相径庭。许多年后，沧海会变成桑田，二中的古树可能死去，学校也可能面目全非。我们都是尘世中的过客，被裹挟在历史的长河中一路向前，不能回头。然而我衷心希望，某年某月某日，当有人走到这附近时，能记起这里曾经有所学校，有大大的足球场，足球场边还曾经有一片橘林；能想象一下秋天时金灿灿的橘子挂满枝头，满筐的果实被摘下来分到学生手里，大家怀揣丹橘，手溢清香的场景。此情可待成追忆，只是见者各别离。但我总觉得，它不应当被忘却。

单独提起"武冈二中"，只是个三维概念，而为其填满时间的卷轴，成就了其四维含义的，则是不同时期就职于二中那些普通老师。文中记录的只是一部分我还能记住的名字，还有更多默默无闻的老师在兢兢业业地工作。他们没有做出过什么惊天动地的大事，但他们都曾真心温暖我们，教导我们于迷茫中奋勇前行。不同时期的二中回忆，就是由每一个微小的"他们"来见证和推进的。"他们"曾经指引我们，而我们也许会成为"他们"，未来的每一个个体，都有可能是"他们"。所以，"武冈二中"应该被记住，"他们"也应该被记住。

欲寻秋情众莫知，喃喃俯首叩东篱。希望我这些平凡的呓语，能和所有为武冈二中写下的文字一样，让每一个走近武冈二中，与武冈二中有千丝万缕的联系，热爱武冈二中的人，触及丝丝逝去的时光，体会缕缕昔日的美好，彼此隔着时间的长河轻轻打一声招呼："哦，原来你也在这里啊……"最后鸣谢所有给我提供素材和协助勘误的同学们，你们都是母校的荣光！

作者介绍

马桢，1978年出生于武冈，1984年启蒙于甘田坳小学后转学至稠树塘小学，1989年转学至武冈红旗小学（现武冈第一实验小学），1990年进入武冈二中，1996年考入湖南医科大学（现中南大学湘雅医学院），目前就职于上海复星集团。

走进从前拥抱你

邓颖

岁月之手终将翻过青春的诗页，但在心的一隅，总有一些记忆无法抹去。七年前，我第一次踏入武冈二中的校门，走进这个梦想启航的地方，殊不知六年的时光转瞬即逝；一年前，我从木鱼岭下、中山堂前来到珞珈山下、东湖之滨，开启了人生的新旅途，每每回想起在母校的点滴，总是倍感温暖与真切。我时常感觉到自己的幸运，有幸进入二中求学，更在这里遇到了对我影响很大的两位老师。

一

短发，条纹上衣，黑色裙子，坐在教室的讲台上，温柔地迎接着每一位前来报到的同学……第一次见她的场景在我的脑海中浮起，她是我初中的班主任——王雪莲老师。我们班是王老师进入武冈二中带的第一个班，但这并不代表没经验，反而意味着全身心。她是一位文采很好的语文老师，有感有情会表达，也是一位很负责的班主任，细心耐心且真心。

那年的开学典礼我有幸成为学生代表发言，而前一天晚上我才接到这个通知，晚自习急忙写完发言稿拿给王老师修改，她看了看并未多说什么，只是笑着告诉我写得不错。第二天上早自习时，王老师让我拿着稿子出去念一念，一遍过后她给了我一个拥抱，顿时我似乎不再紧张。金色的阳光洒在球场上，我带着这份拥抱的力量圆满完成发言，话音落，掌声起，这场在全校师生面前发言，因王老师的鼓励、信任和拥抱更显难忘，也因此成就一个更自信更优秀的我。我依旧记得教室里、操场上她的

身影；记得停电的夜晚她给我们讲解知识点，手电筒落在她身上的光与影；记得运动会接力赛场上她的加油呐喊；记得每篇作文旁的细心批注，每次动情时的闪亮眼眸；记得那甜透岁月的樱桃……这是我们1606班的独家记忆，也是我的独家记忆。后来上高中了，我也时常能在学校里碰见王老师，她一如往常亲切美好，会关注着我在高中的学习情况，告诫我考得好时不能骄傲，成绩不理想时要分析原因。高三的时候上台领奖，人海中我依旧能感受到王老师欣慰的目光和笑容。毕业之际，我们在操场拍了合影，以此定格这段在二中朝夕相伴的青春。

二

另外一位是我高三时的班主任，刘凯老师。刘老师在二中工作了几十年，是一位教学经验丰富的政治老师，他在教学上的一大突出特点就是总结框架。刘老师是一位十分负责的班主任，他几乎每个月都要找班上所有的同学谈一次话，了解大家现阶段的状况。此外他也很擅长写作，早在初中时我就读过他的书——《教育，心灵的旋律》，其中记叙了一个个触动心灵的教育故事，阐述了一段段深刻悠长的教育理念，阅读文字的所有感受都在高三的相处中化为真情，永远留在我的记忆里。

高三下学期，离高考越来越近的日子，我的成绩可以说是有点尴尬，接连的受挫不断瓦解着我的信心，每次考试成绩一出来刘老师都会第一时间找我谈话，帮我分析问题。我知道大家对我的期望很大，清楚自己的实力远不止此，但无论我再怎么调整都回不去最好的状态。倒计时的数字一天天减小，那天的第一节课下课，我收到了刘老师从窗外递进的信，是写给我的。在信中他明确指出了我的问题，与我分享他的亲身经历，鼓励我相信我，三页纸的字字真情让我感动不已，鞭策我更自律平和。我心目中最珍贵的奖，是刘老师颁予我的"610班最佳表现奖"。"外表温婉如玉，内心坚定如磐；与阳光同行，与理想做伴。低眉省身悟道，昂首励志向前；扬奋斗风帆，书青春华章。拼搏途中洒辛勤汗水，柔弱身躯蕴无穷力量。如果时代是惊涛骇浪，你就是不屈的浪花一朵；如果梦想可以开花，你的颜色是最绚丽的图画。"这是他写下的颁奖词，而于我已是方向和动力。

我们毕业后，刘老师就去了长沙教书。多年以后，我仍会记得那个因考砸而沮丧的夜晚：教室外，走廊上，师生相对，只有点点虫鸣，只有温暖的慰藉。人在时光的轮回里走着，踱来踱去，再看一次操场上的晨曦，再赏一片窗外的晚霞；再走一次逸夫楼的台阶，再听一回红楼的钟声，寻得一场真情的相遇。我多想走进从前拥抱你，我的老师、我的母校。

作者介绍

邓颖，初中就读于武冈二中1606班，高中就读于武冈二中603、610班，现为武汉大学2022级本科生。

感谢恩师

马俊辉

花儿离不开土地的滋养，鱼儿离不开水的护养，万物离不开太阳的照耀，学生离不开老师的培养。武冈二中的恩师们，没有你们的恩情，就不会有我今天的美好。四十二年后，我要对你们大声地说一声："谢谢！恩师们，谢谢你们当年的救命之恩。"

感谢你们救我政治生命

1981年8月的一天，我去武冈二中打听高考成绩。在现荣馨楼和明志楼中间过道的中间位置，我碰到了我们119（甲）班的前任班主任刘大元老师。从他对我的教育里，我听到一个惊天的秘密——自己差点在政治上被判了死刑。

其中的原因，我心知肚明的有三个，第四个则是许多年以后恩师们说出来的。

初因是学校后勤对我有意见。为何？因为那一期我实在是没钱交生活费开餐，每天早上出操的时间点，我要用农村赤脚医生煮针的那种盒子去食堂的灶火里煮饭，烧火师傅说我的饭盒挡了灶火，把我的饭盒铲出来往煤炭里面搅和。我一天就只能煮那一盒饭啊！被他"和"了，我整天就得饿肚子。我向他哀求，他不为所动，每每一心急就和他争吵。管食堂的仇主任过来帮师傅，我跟他也吵。

另一个原因，也跟煮饭有关。因为要煮饭，我没法出早操，第一节课罚跑步（对不出早操学生的惩罚）我又没力气，便总是到了球场就一屁股坐在球场边死不动步。这样恶劣的表现，并非我调皮，我每天就只煮一盒饭吃，十天有二三天还被李师傅"和"到煤炭里去了，那一整天都得饿肚子。即使吃了饭，也是光饭，两个多月未沾油星且无有一饱，我营养严重不良，哪有气力跑步啊！

最重要的原因，应该是因为我怒闯红楼办公室质问领导们的那件事情。

那是最后一次邵阳市模拟考试那天，因为那一学期我没交清学杂费，每次考试我只能独自走出教室像幽灵一样在校园里游荡。那天荡着荡着，我突然心头火起，不管不顾地闯到了红楼，在红楼办公室门口对着里面的领导和老师们一通宣泄：

"政治老师上课，总是说社会主义如何优越，资本主义如何赤裸裸的金钱关系。这个学期，我连学校的一张纸都没领到。现在他们都在模拟考试，我只能在外面游荡。我是欠着学杂费，但我欠钱的数字在那里走不脱的，今后我还是要还的。可学校扣发我的书呢，扣发我的复习资料呢，扣发我的测验及考试试卷呢？你们能补我吗？这是不是比资本主义赤裸裸的金钱关系还要赤裸裸啊！"

我这一通情绪宣泄，虽然没有被当作反革命分子抓起来，却还是惹祸了。

还有很重要的一个原因就是我们大队的大队书记曾经到学校找领导说我反党反社会主义之类的坏话。这是许多年以后恩师们说出来的。从恩师们的话语里，我知道了恩师们当时在红楼办公室听到的内容，我们大队的大队书记曾特意到学校诬告我，说我经常追着他要钱要救济，要是哪一次不给钱给我，我就骂他，并说党的坏话和对社会主义不满的言论。

因为这些事情，学校在红楼就我的政审开过一次会。会上，有关政教、后勤、纪律等方面的领导和部分老师提议要给我的政审定性为"对社会主义不满"。

在这事关我的前途命运的关键时刻，是仅仅只当过我两个月班主任的王端午老师挺身而出，以"如果你们这样对待他，我明天就离开二中"相威胁，

311

程谦老师和粟长源老师跟着求情，最后才由宁校长拍板以"不好不差"的评价定性我的政审，挽救了我的政治生命。

感谢你们救我肉体生命

除了政治生命，我的肉体生命也是因为有王端午老师的提醒才得救的。

1981年月4月下旬的某一天，刚被二中用感情牌请来的王端午老师接替了我们119（甲）班的班主任。记得老师第一次走进教室，他在介绍完自己并宣告从那天开始他就是我们的班主任后，便直接点我的大名，然后把我带出教室。在图书馆端头的空地上，老师盯着我看了好几秒钟，然后用一种难以置信的语气对我说：

"不可能吧，马昌辉，你应该还不到五十斤吧，就算人小鬼大，你这人不人鬼不鬼的样子，如何鬼得起呢？又怎么可能有那么大的破坏力呢？你是如何做到让人说你獠牙、刺毛，比粪坑里的石头还硬还臭的？"

我虽愚笨，但老师的话还是让我立马就明白，应该是前任班主任和其他老师把我在食堂吵架和不出早操的事交代给了眼前这位刚才在讲台上自称是王端午的新班主任了。好不容易啊！难得有老师找我谈话，而且还这么直言，并且谈话的内容听得出还不全是批评教育，里面明显有关切，有征询。于是我便如实地把我如何并为什么跟师傅和仇主任吵架，为什么不出早操且罚跑步时死不动步等情况都告诉了王老师。我有气无力地诉说，听得王老师目瞪口呆，愤怒无比。

"什么老师！真是的。居然把人家说得那么的坏。"

过了一会儿，老师重新盯着我的眼睛。"这样吧，马昌辉啊。我到班上为你搞一次捐款，发动家里条件好的同学给你捐些钱和粮食……"

"不行！老师。"

没等王老师说完，我马上态度坚决地打断了他的话。

"君子不吃嗟来之食！我宁可饿死，也不会接受别人的施舍！"

"好吧。我尊重你的意见。不过我得提醒你，你现在这个样子，已经不像个人样了。如果继续下去，你随时可能会因严重的营养不良而倒下去死掉的。如果你暂时无法接受捐款，等你想通了，或者你自己再也没有其他的办法了，要立即告诉我，好吗？"

老师心疼地摸了摸我枯草一样长而散乱的头发。

"你回教室去吧。一定要赶紧想办法啊！"也正是王老师的这一句叮嘱，才促使我通过亲戚在信用社借来了20元钱贷款。五月月初，我终于在食堂开了餐，吃上了那学期第一餐正式的饭。之后两个月，我天天有了饭吃。其间，恩师们还时不时借口要我送东西去他们家，然后强留我吃他们预先给我准备的大餐，以帮我补充营养。高考体检，我的体重三十一公斤。高考也发挥正常，成功上线并被邵阳农校录取。

感谢你们救我精神生命

怒闯红楼，是我气头上的一时冲动。闯过以后，我很快就害怕了，一度精神特别的紧张，心想：

"坏了坏了，会不会把我当反革命分子抓起来呢？"

那些天我课堂上幻想，深夜里梦到的，都是公安走进教室来抓我，心里盘算着要不要从学校逃走，去外面去搞副业。直到第三天，刘祚群老师的到来，才缓解了我精神上紧张。

下午的一个课间休息，不知不觉地，刘老师来到我座位边，微笑着递给我几张油印的试卷和复习资料。这不是红楼办公室的那位老师吗？那天我闯红楼出气的时候，刘祚群老师就是办公室里面的其中一个，记得她停下手头的工作，静静地听着我发脾气。她不声不响给我送试卷和复习资料来了，这说明什么？我自然而然地就理解为领导和老师们同情我了，让我相信他们不会报告公安把我给抓起来。我紧张得始终悬着的心终于放下来了，我害怕得快要崩溃的精神终于放松了。而且，从此我也有刘老师间或送来的试卷和复习资料，可以系统地复习。

如今，四十二年过去了。当年恩师们为我的政审定性据理力争，对我的苦难生活关怀备至，在我精神近乎崩溃的边缘给我以安慰。既救了我的政治生命，又救了我的肉体生命，还救了我的精神生命。这么多年来，我一直没有写成文章对他们说一声"谢谢！"去年，粟长源老师仙逝后，我开始后悔。后悔过去总是就只试着写一下，觉得写得不好就又放弃了，没有坚持把恩师们的恩情用文章写出来。程谦老师已经九十二岁高龄了，王端午老师和刘祚群老师也快上九十了。虽然他们还健在，但都已到了耄耋之年，我得抓紧时间让他们看到我讲述他们的恩情的文章，并借此机会对他们说："愿你们福如东海长流水，寿比南山不老松。"

云山巍巍，资水汤汤；恩师之德，山高水长。恩师们，再一次感谢你们，如果有来生，我愿再做你们的学生！

作者介绍

马俊辉，1978年9月至1980年7月就读于武冈二中高116班，在校时名马昌辉。1980年秋复读于武冈二中高119（甲）班，1981年高考报名时改名为马俊辉。邵阳农校毕业后一直在武冈工作，供职于武冈市科技和工业信息化局，现已退休。

武冈二中，梦开始的地方

胡晓云

又逢教师节，在北大上学的闺女忙着回她的母校人大附中，看望老师们并合影留念。其中有一张合影，背景上有条横幅，上面赫然写着"梦开始的地方"。这几个字一下触动了我的心弦，带着我的思绪飞回了我的母校——武冈二中。

武冈二中是所历史悠久的名校，它的前身是相伴黄埔军校第二分校而生的湖南省私立洞庭中学。中山堂、崇禧楼、中正楼、红楼，都是有历史的建筑，我们入校那会儿依然保存得很完整。中山堂、中正楼曾一度是我们的学生宿舍。红楼又名钟楼，是掌管全校作息的指挥楼。每次从红楼传来钟声、广播声，让人不是欢喜就是愁：欢喜的时候是下课钟声响起，可以休息可以吃饭喽；愁的时候是听到催起床的广播声和上课或者考试的钟声。

我读初中时的班级是 70 班。那时一个年级有四个班，教室还是两排并列的平房，每个教室前都有一个小花圃，花圃归每个班的学生打理，浇浇水，除除草等。课间同学们就在花圃间的小径上追赶打闹、嬉戏穿梭，一不小心还会被花圃里伸出来的月季花给刺到。

那时教我们这个年级的老师，大部分都是"文革"后刚恢复高考时，考入邵阳师专后毕业分配过来的。与现在的本科毕业生相比，那时的他们普遍年龄更大，更有阅历、有故事，也因此更成熟、更有激情一些吧。我们的班主任郭荣学老师，身材单薄偏瘦，皮肤偏黑，眼睛深邃有神。刚开始时他给我们的印象是不苟言笑、似乎有些不近人情，我们都有些怕他。他曾下过乡，据说师母就是当年下乡时谈的对象。师母温柔、美丽，曾经是我们班那帮调皮男生心目中的女神。如果我们犯了错，只要师母来了，郭老师的批评也会轻很多。没过多久，同学们开始接受并且喜欢上了郭老师。

郭老师是我们的语文老师，课堂上的他总是激情澎湃。他教我们写作文要善于观察，有察、有感才能有所作。我们班在学校的后山上有一块自留地，种了些花生，同学们轮流照看，观察花生的生长。记得有一天早自习的时候，郭老师急匆匆地跑进教室，兴奋地大声宣布："花生长势喜人啦！"受他的话感染，同学们下课后纷纷跑去后山。一群孩子乌溜溜的眼睛都盯着那一片绿油油的花生苗，心中憧憬着秋天要收获沉甸甸、颗粒饱满的花生，都叽叽喳喳地与郭老师一样激动和开心。还有一次清晨，雨过天晴，一轮朝阳喷薄而出，金光四射，灿烂炫目。全班同学都被郭老师拉去观看这让人屏息的壮观画面。这时的郭老师再也不是那位不苟言笑的老师，更像是位亲切的邻家大哥哥。多年后的一次聚会上，郭老师说，当年我们学鲁迅的《故乡》，同学们对"深蓝的天空中挂着一轮金黄的明月"有疑问，他便等到一个 9 月中旬的傍晚，带着同学们到枞树山上，看到月亮升起来了、太阳余晖还在，交相辉映之下出现了"金黄圆月"的情景。总之，在郭老师一番"折腾"之下，我们所写的东西越来越丰富生动了。我的作文也多次被郭老师在课堂上作为范文朗读过。

欧德文、杨少平、唐少东等同学的作文也都被当作范文朗诵，后来他们事业的发展也都很不错。

有激情的老师远不止郭老师一人，唐桂秀老师也是我们所喜欢的老师之一。她是我们的英语老师，教我们的时候也是大学刚毕业。唐老师长长的脸蛋上架着一副宽宽的眼镜，高高的个子略微显胖，却有着银铃般清脆悦耳的声音，似乎与她的大个子不太匹配。课堂上的唐老师神采飞扬，讲课的声音清亮又好听，听她讲课简直就是一种享受。从唐老师那儿，我们第一次知道了愚人节、圣诞节，也学着用英语写日记。课下的唐老师对我们每个同学也是极好的，大家都喜欢去她那间小屋蹭吃蹭喝，名义上是帮唐老师改卷子。肖洒是我们班比较调皮的男生，却被唐老师点将为英语课代表，他便从此"改邪归正"，英语也是他学得最好的一门课。不知道现在的他还记得这些往事吗？后来唐老师结婚了。她生孩子那会儿，我们这帮学生可开心了，争着去抱小家伙。孩子早产，只有四斤，小名便叫"四斤"。当年的"四斤"，现在也该是高高大大的大小伙、也已经成家立业了吧。

青葱的青春岁月里，我们不仅有激情似火的老师陪伴，优美的校园环境也是我们中学毕业多年后还依然念念不忘的。无论是最初的平房教室，还是后来一座座拔地而起的教学楼，前面都有漂亮的花圃。校园里处处绿树掩映，小径边常逢花草点缀。一到春天各种花儿竞相开放，一朵朵、一簇簇，争奇斗艳美丽极了。路边种得最多的是美人蕉，宽大的叶子，嫣红的花朵，花心是最甜的。有时晚自习结束回宿舍的途中，我们几个会趁灯黑无人时，偷偷摘下一两朵，用舌头去舔那甜丝丝的花蕊。到了秋天，校园里会开很多白菊花，洁白如雪、晶莹剔透。有时老师会组织我们摘下菊花，小心翼翼地装进筐里，然后卖给药店，换得的钱就成了班费。另外，校园里还有很多参天古树。走进学校的大门，迎面可见的那棵高大茂盛的银杏树，据说都有好几百岁了。一到秋天，满树的叶子都变成了金黄色的小扇

子，被风一吹，又像无数的黄蝴蝶在翩翩起舞，吹落地上的，我们会捡起来夹在书页里就成了最好的书签。路边的一棵棵古树，有的需要两三个人手拉手才能合抱得过来。树木枝繁叶茂、亭亭如盖，如果下雨天躲在下面，一时半会都不会被淋湿。这些树也常常是美术老师带着我们写生的素材。

当然最让人记忆犹新的是教学楼后面的后山。每到考试前，我们便三五成群地到山坡上背书、复习功课。在这里背书，空气清新，不受人干扰，可以大声地念，还可以来回地走，或者坐在石头上，背书的效率特别高。记得有一次考历史，我来这里连背了两天，把一本书全背下来了，竟然连书上的标点符号都记得清清楚楚，考试自然得了高分。另外印象深刻的是每次临天黑前，仰头望见天际最后一抹晚霞正在慢慢地消逝褪尽，于是起身收拾书本准备回教室的我们，心情就像得胜要回朝的将军一样，感觉收获满满、既充实又快乐。

说到后山，我想起我们那会儿还有种树的任务。记得有一年春天，学校要求我们每人挖一个树坑种一棵树，坑要三尺深三尺宽。对女生来说，这是一个"大工程"。那时我哥哥在高中班上学，平时我一遇到麻烦事，就会去找哥哥，他的好多同学都认识我。只要我趴在他们教室的窗户边，便会有人对着哥哥大声喊："晓华，你妹妹来了！"这一次自然也无例外地要去求哥哥了。当时我挖了一半，手都磨破了，但又不好意思让哥哥明着帮我。于是，等到快天黑的时候，我才偷偷地去找哥哥。哥哥二

话不说，带着他的几个好哥们，三下五除二，帮我们好几个女生都挖好了树坑。有个哥哥罩着的感觉真是好呀。

我读初三时，大姐大学毕业也回到二中当老师，同年妹妹也考到了二中上初中了。大姐的宿舍在枞树山木鱼岭。每次蹦蹦跳跳地走在枞树林的路上，听着树上的鸟儿叽叽喳喳，看着阳光从树叶缝隙斑驳地洒落，感觉校园好美、在这上学好幸福哦，于是都会快乐地哼起小曲。再后来哥哥、我和妹妹陆续都考上了大学，离开了武冈二中。我上的是医科大学，学医的种子依稀是源自隔壁班的班主任陈立玉老师说的一句话。陈老师的爱人在医院工作，他说我做事仔细认真负责，如果以后当医生，肯定会是一名好医生。那时的我觉得他说的话肯定是对的。这么多年过去了，我自认为还算是名好医生，救治了不少危重病人。

值得一提的是，我们家与武冈二中颇有渊源。家中有三代、八位是先后在二中求学、毕业的。除了我们兄妹四个，如今九十岁的老父亲多年前就读和毕业于当年的洞庭中学，另外我的姐夫、妹夫还有外甥，都曾是二中的莘莘学子，都是从此扬帆出发、开始了各自新的人生征程。父亲自毕业参加工作以后，一直兢兢业业地从事教育事业，直至退休颐养天年。姐夫和大姐，都是大学一毕业就返回到母校二中教书育人，把他们最好的年华和大半生的热忱都奉献给了自己的母校。在母校坚守最久的是大姐，至今孜孜不倦近四十年，今年也到了退休的年龄。

武冈二中是我梦开始的地方。感谢二中的老师们，感谢二中的一草一木，是武冈二中的培育成就了现在的我。值此教师节之际，祝所有的老师们节日快乐，幸福安康！

作者介绍

胡晓云，武冈二中初70班和高159班学生，后考入湖南医科大学，北京大学医学部硕士毕业，现在首都医科大学附属北京世纪坛医院麻醉科工作，副主任医师。

令我铭记的班主任杨钺

夏伯军

看过的才叫书，走过的才是路，人生如路亦如书……

1976年9月，我兴高采烈到武冈二中高98班教室报到，接待我的是班主任杨钺老师。他戴着眼镜，眼睛炯炯有神，身着藏青色的中山装，特有均衡对称的外形，看上去庄重，值得信赖。正气十足，廉洁自律，是杨钺老师的优良作风。他是新宁县人，周六下午回家，我同桌杨小永因方便，常代杨老师买车票，每次都是他先给钱后收票。杨老师的举止行为教育了我们，在他身上彰显了"以身教者从，以言教者讼"的教育理念，值得传承和发扬，为学生、老师们树立了榜样。

杨老师的发音像我们讲汉语一样标准流利，翻译准确，雅俗共赏，在杨老师耐心的讲授和仔细的引导教育后，同学们从学英语到爱学英语，受益匪浅。特别是唐桂秀同学在杨老师的耐心教导下，爱上了英语，痴迷英语，在年级英语竞赛中获得了第一。后考进了邵阳师专英语科，毕业后被分配到二中母校继续向老师学习、教学14年。杨老师曾是学校的教务主任，后升为学校的教学副校长。杨老师抓教学期间坚持每学期听教师的课并逐一点评赐教，使年轻教师的教学能力快速提高！学无止境，我的同学唐桂秀受老师的鼓励鞭策，不断进取以提升教学水平，又考进了湖南教育学院英语系脱产学习，以优秀学员的成绩本科毕业，再返回母校续教。几年后调入邵阳市一中至去年退休，其间一直坚持老师的理念"活到老学到老"，不忘初心，更好地服务于教学。她通过层层选拔考试，参加了全市中小学优秀外语教师出国留学奖学金项目全国统一考试，后留英进修。回邵后，继续送走一届又一届高三学子，备受学生喜欢，被评为"全市骨干教师"。通过杨老师的精心栽培，我班同学们在教育教学、行政机关、税务工商、电力医疗、民营企业、建筑建材、厂矿企业、种植养殖等行业涌现出许多精兵强将。

在校办工厂，车间里他用地道的新宁腔亲近和我们沟通交流，嘘寒问暖，叮嘱同学们注意安全，关怀备至。要求同学们好好向师傅请教学习，学问学问不懂就问，我们遵其教，受其益。

在校办农场，杨老师是务农能手，挑担挖土，种植施肥的技艺非常娴熟，我们的劳动收到了丰硕的成果。同学们吃上了自己种的大白菜、红白萝卜、红薯等，改善了伙食，懂得了劳动能创造财富，幸福是奋斗出来的。

在杨老师的带领下，我们还参加了二中足球场和篮球场的修建。

在学生寝室里（现图书馆正中位置）晚自习后，灯熄了他用手电筒照着我们的上下铺，清点查看寄宿生就寝与否。在我跑通学时，有一天早餐后赶到学校突然胃痛不舒服了，在教室里呕吐，杨老师知道后立马带我到卫生室确诊是食物中毒，马上洗胃，打吊针，吃药。为不影响同学们上课，要我去寄宿生寝室休息了几个小时见有好转后，杨老师才让我提前放学回家休息。真是可怜天下班主任心，尽职尽责，爱学生如爱子女，此事使我终生难忘。

在教工宿舍里，杨老师不时和我促膝谈心，不定期地叫我过去问我学习和生活起居状况，让我心感在家一般的温暖。虽然杨老师只当了我一年的班主任，却真切地感受到他大爱无疆，他外表看上去严肃可怕，可内心像慈母般温柔。他书桌上摆满了各类书籍，整洁有序。看后我恍然大悟，原来杨老师是留苏高才生，俄语、英语精通，特别对教育、教学、管理很有造诣。从此我明白了知识改变命运，哲理书中出。

在三尺讲台上，杨老师用流利英语向同学们问好，我们大多来自农村，英语基础几乎为零，但他循循善诱，说我们英语不好主要是受"学好数理化，走天下我不怕"的影响。杨老师语重心长地讲学英语的重要性，教育我们学好英语，向前看，要走出国门，为祖国科学技术的发展学习外国的先进文化、先进技术，增长知识。他慢慢地启发同学们，从写字母开始，到学音标，传授他学英语、俄语的经历，教我们练发音，规范书写，多读多记。

作者介绍

夏伯军，出生于 1962 年 8 月 1 日，系武冈市辕门口街道办事处城南村12 组人，武冈二中高中七八届 98 班学生。武冈市妇幼保健院退休，在职大专学历，高级政工师。

教我如何不想她

罗毅

高温酷暑两个多月，终于天上飘着些微云，地上吹着些微风，又到开学季了。

45年前的8月，我从"双抢"的泥田里拔出双腿，接过父亲带来的武冈二中高中录取通知书时，根本没有意识到，这是自己人生的最大转折点。

父亲高中毕业于洞庭中学，校址是黄埔军校第二分校旧址，就是武冈二中的前身。20世纪50年代中的高中毕业生含金量很高，父亲顺理成章成为武冈第一代电影人，并带出了一批批徒弟。

1969年，在武冈机械厂当工人的母亲，以"干部家属下放农村"的名义，带着5岁多的我、4岁的妹妹和出生不久的弟弟，下放到了父亲老家新东公社太平大队二小队。

作为"半边户"家的长子，我五六岁开始做饭、放牛、扯猪草，10来岁出集体工。除了没犁过田，干过几乎所有农活，还修过公路、水库。父亲给我在武冈图书馆办了个借书证，稍有闲暇坐下来读书，是我最幸福的时光。村里有几个回乡高中生，我走东家串西家，居然找齐了四大古典名著，还是繁体字的。没人教，边读边猜，小学没毕业就读完了。

高中两年毕业，1980年高考我其实考得蛮好的，全县第二名。但因第一志愿填报北大没取上，其后四个重点大学志愿都作废了。一所师专向我伸出橄榄枝，我煎熬了几天，选择复读。

于是想去学校寄宿。寝室没床位，宿管老师让我们自己想办法。我和周叶中晃荡了半天，听到老旧的崇禧楼阁楼上有人声，于是找架梯子爬上去。只见一二十个兄弟列坐两边，中间端坐一位老大模样的人，问我们是谁。当时我在学校颇有点小名，老大一听，很痛快就答应让我们"入伙"。

这位比我只大七天的何长顺同学，后来成了我一生的兄弟。

何老大可不是吃素的。校园里搭了个大棚，中午卖面条。我最多买碗一毛二的光头面，他只吃臊子不吃面。到现在还纳闷，是他家特有钱，还是店老板是他的"小弟"？

每晚睡觉前一点点时间，同学们一个个爬上阁楼，下棋、说笑、打闹。住在楼下正在备课的历史老师匡前蔚不堪其扰，拿根扁担对着楼板顶几下，我们才慢慢消停。

在那个名师云集的武冈二中，我其实还遇到了一位"私家"老师——小舅插队知青战友杨式仁。杨叔返城后在城关镇泥木队当泥瓦匠，租住的一个阁楼里全是书。高一一年，他指导我以几乎每周两部的速度，读完了当时他家藏和搜得到的所有世界名著。此外，杨叔还教我读唐诗宋词和线装《文选》。这让我写起作文来似乎比其他同学更加思如泉涌。

高一期末考试，我总成绩在全校排名靠前，获得了一笔不菲的奖学金。但因理科短腿，正好高二文理分科，我于是报了文科班。数学老师赵秀璋、物理老师粟长源、化学老师许第敏都来找我，要我不要气馁，他们都可以帮我私下补课。但杨叔已经让我无可救药地爱上了文学，分科机会来了，岂可错过？

接下来在高二113班的学习简直是一段如歌的行板。班上汇集了刘志仕（后改名为刘森淼）、周叶中、刘大洪、刘继韬等后来颇有成就的同学，既互相学习，又暗暗较劲。我的作文常被语文老师唐朝作为范文贴在墙上，但下周说不定就换成刘森淼或刘继韬的了。多年后我在省报上发了一篇怀念文章《唐朝》："在我们八一届那班蒙昧初开的乡下孩子眼里，唐老师既是传道的导师，也是慈爱的

父亲，更是知心的朋友。他喜爱学生的标准永远只有一个——好学上进。"

很幸运，我读初中时新东一中刚好分来一位从邵阳师专毕业的英语老师戴建明，教我们音标教得非常认真。就凭初中学过两年英语这点底子，我在高中同学中英语居然一骑绝尘，授课老师柳干林因此特别喜欢我。临近高考，班主任张颖老师总会在放学后留下118甲班全班同学，让我给同学们补一小时英语课。高中没毕业就上讲台，给同班同学上课，武冈二中历史上只怕绝无仅有。

42年前的7月7日，天气很热。父亲早餐给我做了油豆腐炒肉——这是他能想到的最好的美食——吃完我就骑着他的自行车去了武冈一中考点。监考老师不知道是哪所学校的，不时站在我旁边看我答题。

我的语文、英语、政治、历史、地理答得都很顺利。数学本来是弱项，我按赵秀璋老师的耳提面命，把自己会的尽量答好，不太有把握的尽量多写，争取解题步骤能得分。

记得考了三天。我家住在电影院，每天考完回家，除了温习第二天考试的科目，总要去电影院看看电影，放空脑袋。第二天早上六点起床，跑步半

小时，然后吃饭、赶考。

放榜了，我语文考了全县第二，英语邵阳地区第一（90分，当年只记45分），同题答卷，超过了所有报考英语专业的同学。其他科目都很平均，数学也得了79分（满分110分），算是没拖后腿。总成绩446分，邵阳地区文科第一，全省第六。很有意思的是，两位排名第二、第四的同年，先后成了我的同事。这就是缘分吧？

要填志愿了，宁同魁校长跟我说，湘潭大学是当时全省唯一一所文理工综合性大学，中文系主任羊春秋是他湘南游击队的战友，学养深厚，是国内一流的大家。重点大学就填湘大，其他都放空。

我其实是非中文专业不读，加之慈父般的宁校长给羊教授写了推荐信，于是进了湘大。开学第一场露天电影，广播里特意提到了我以高分进入湘大。本科毕业，正好碰上恢复高考后第一次免试招收硕士研究生，我以全班综合成绩第一名获得了唯一的保送名额。

开学了，在邵阳火车站候车，意外碰到了何长顺。得知他考上了湘大环保专业，我一句话脱口而出："你也考上湘大了？"这让他"记恨"我到现在。他这大半辈子，吃也吃了，玩也玩了，书也读了，

事业从一而终，还成了享受国务院政府特殊津贴的环保专家。和颠沛流离的我相比，他才是人生赢家啊！

何老大上周去武汉，洋洋得意地发回一张他和武汉大学副校长周叶中的合影。这段善缘是40多年前结下的！

老师一个一个走了，想回学校的我意兴阑珊。想回去看看，就怕"笑问客从何处来"的哀凉。2017年在武冈举办美食节，午餐间偶然得知政治老师朱阳明八十大寿，正在武冈大道上一家酒楼待客。我兴冲冲跑过去，奉上一个祝寿红包，但显然朱老师没认出我来。

多年以后，已从邵阳市某中学退休、参与编纂多卷《都梁文钞》的杨叔，送我一首他写的别格《少年游》，下阕是："春心在，汛潮卷岸，豪气欲吞牛。可叹双鬓，好风不染，随梦少年游。"

母校建校85周年，我也到了杨叔当年作词的年纪，也是杨叔当时的心境。微风吹动了我头发，那个不敢回去的地方，教我如何不想她？

作者介绍

罗毅，生于1964年2月，中共党员。1978年9月考入武冈二中，在116班就读。第二年转入文科113班，1981年被录取到湘潭大学中文系，1985年成为该校恢复高考后第一批免试研究生，1988年获文学硕士学位。

毕业后先后在《新闻图片报》《海南特区报》工作，1993年调入湖南省计委旗下《湖南经济报》，历任新闻部主任、总编室主任、副社长、副总编辑。2011年起任《长株潭报》编委兼总编室主任。2016年调入湖南日报报业集团，任集团子报《大湘菜报》执行总编辑。2019年至今，历任湖南日报社永州分社、株洲分社社长。除新闻报道外，还有散文、格律诗等多篇作品公开发表。

栀子花开，栀子花落

傅建成

　　每年秋天，我都会情不自禁地想起中学校园里那一丛丛盛开的栀子花，其实此时，远在千里之外的她已然全部凋零。但是，我更期盼的是那花谢之后永不凋零的碧绿正悄悄地孕育着的来年夏天的芬芳。

　　栀子花开、栀子花落，年复一年，她用三季的孕育，换来一季的盛开。秋天收获的季节，她悄然地离去，把那幽远的清香永远地留在了每个炎热的夏天，转过身去，她却又在为来年夏天的灿烂默默地耕耘着。

　　第一次知道栀子花，是从乡下来到县城读初中的时候，在校园里。记得应该是初一的下学期，快放暑假了，首先让我注意到她是因为她那幽远的清香，当时整个校园处处都能闻见，再后来便是被她那纯洁的白和永恒的绿所深深地吸引。

　　栀子花生长在南方，而且比较普遍，当时但凡有点雅兴的城里人家，家里基本爱养这种花。据说她是仙女下凡变成，因此俗称花中仙子。其实是另有缘由：一是她喜光也能耐阴、喜温暖湿润、耐热也能耐寒；二是花期较长、清香久远、更是花色洁白，而且一年四季常青。

　　看见校园内随处可见的栀子花，我不禁好奇地问曾建爵老师（曾老师是我初中的语文老师兼班主任）：

"曾老师，为什么我们校园内栽这么多栀子花？"

"这是有寓意的，每种花都有她的花语，栀子花代表着的是永恒的爱和约定、代表着一生的守候和喜悦。我也不记得是哪任校长在的时候开始在校园内种栀子花的了，当时好像就是用这花来随时提醒二中（湖南武冈二中，当时武冈县唯一一所省重点中学）的老师要永远记住作为人民教师的一生的守候和喜悦是什么。"

老师说的这话，我一直记忆犹新，只是当时太幼稚，根本不懂其含义。后来慢慢地长大了，似乎也明白了一些老师一生的守候与喜悦是什么。

后来，我又听说过，"二中只要夏天校园里的栀子花开得茂盛，当年的高考成绩就肯定牛"。于是，我就开始关注对比每年秋天校园内张贴的高考光荣榜与当年栀子花的盛开情况，结果六年的情况基本都是一样：年年花开茂盛，当然光荣榜也是越来越长。

高中毕业 20 年的时候，校友们回学校举办了一次聚会，邀请了当时的绝大部分老师，让我们感怀与心酸的是，当时意气风发、讲台上侃侃而谈的老师们，现在大部分都已经步履蹒跚，俯首和老师交谈都不得不非常不礼貌地"大声嚷嚷"。但是，从老师们的神情中，我们能毫不费力地察觉出来这就是他们一生中最快乐的时刻。当然，还有比这更让人悲伤的是，有些老师我们这一辈子也永远地见不着了。

聚会期间，我特意地去看了看校园内的栀子花，当时花期已过，但仍是一片翠绿，而且上面又挂满了小花蕾。有一些枝繁叶茂，一看就知道应该是新栽的，还有一些则枝稀叶疏、从枝干可以看出应该是很多年的老栀子花了，估计用不了多久也就会枯老而死。

栀子花开、栀子花落。校园内的栀子花，她用一生的守候和约定，陪伴着我们一代又一代的莘莘学子从幼稚走向成熟、从小苗成长为栋梁之材。而她，却在这年复一年的孕育绽放中周而复始地耗尽了自己的最后一滴心血。老的栀子花最终还是化成了春泥，但却又培育着新一代的栀子花。

栀子花开、栀子花落。您是我一生也放不下的牵挂，我牵挂的不是您盛开的花期，而是花期过后您那寂静漫长的三季的孕育与等待，每年的秋天，是我最想念您的时候。

栀子花开、栀子花落。您的纯洁、您的清香、您的翠绿，是我一生的守候与追寻！校园内的栀子花，虽然多年未曾见您模样，但是在我心中，您的模样一直清晰，从未改变！

作者介绍

傅建成，男，湖南武冈市天鹅村人。1974 年出生，1987—1993 年在武冈二中学习，毕业于河北工程大学。现就职于中国建筑二局第三建筑工程有限公司，高级工程师；国家注册一级建造师；曾获"全国优秀项目经理"称号。负责的工程曾获"鲁班奖工程""国家优质工程奖"。自幼喜好文学，工作后也一直笔耕不辍，有自己的微信公众号"湘味杂谈"。

梦想从这里起航

易江波

1976 年 7 月，我从武冈二中高 82 班毕业。

光阴荏苒，岁月如梭。离开母校已经 47 年了，尽管时间久远，但母校却时常浮现在我的脑际，勾起我无尽的回忆。

1974 年秋，我从武冈一中初中毕业后来到湖南省重点中学——武冈二中念高中。这里风景优美，古树参天，鸟语花香；这里有肃穆的中山堂、葱郁的松树山、威严的红楼钟声、闻名遐迩的法相岩。这里还有我尊敬的老师，如英语老师杨钺、语文老师程谦、物理老师沈生福、数学老师钟介澍、政治老师易多英……他们都是教学权威、名副其实的学者。

令我印象最深的要数杨钺和沈生福两位老师。杨钺老师是一个十分严肃的人，平时很难开笑脸，但对学生很关心。记得第一学期开学不久，他下课后找到我："小易，我听说你在武冈一中英语成绩很好，背了几千单词，又是英语比赛第一名，来到二中后还是要将英语更上一层楼。" 我点了点头。接着他又说了许多鼓励的话，我很是感动。沈生福老师脸上时常挂着笑容，说话风趣而幽默，是一位和蔼可亲的老师。也许是我喜欢物理实验课的缘故，与他接触较多，常常找他请教或到他的实验室做实

验，比如地球引力、电磁原理等，时间久了我便对他产生了一种崇敬之情。记得那次学习左手螺旋定则，他开讲前要找学生回答问题，看大家是否对本章节进行过预习。突然，沈老师喊我的名字，要我站起来讲左手螺旋定则这一章节的大致内容和学习它的目的与意义。还好，这一章节我预习了两次，对其内容很感兴趣，于是我按要求迅速进行了回答。他听完很高兴，当场表扬我有预习课本的好习惯。后来，在沈老师的指导下，我做了一台小型发电机，至今记忆犹新。

武冈二中不仅是名师荟萃的学校，也是学生起航梦想的地方。在这幽静的学习环境里，我们不但学习书本知识，还学工学农，翻砂做模型，种菜养牲畜，既学到了知识，又锻炼了思想。

最为值得一提的是我的文学梦想在这里启航了。那是1974年秋高中第一学期开学时，父亲对我说："你现在读高中了，你又那么喜欢文学，除了努力学习课本知识外，对自己的兴趣爱好也要有个初步设想。"我说将来想当作家。我深知父亲在大学学的是中文，我的回答正合他意。开学不久，一个偶然的机会结识了隔壁班的周飞跃同学，由于我俩都喜爱文学，都有当作家的想法，于是就成了文友，经常抽空在一起谈文学，也谈创作心得与体会。他喜欢写诗歌，对现代诗情有独钟，而我则喜欢写小说、剧本和对一些感兴趣的文艺作品不知天高地厚地进行评论，偶尔也写旧体诗，雅兴来了亦按词牌要求填词。我们交谈最多的是阅读文学名著的体会，内容广泛，从我国四大名著谈到《基督山伯爵》《傲慢与偏见》《战争与和平》《静静的顿河》，从《红岩》《青春之歌》《子夜》谈到《钢铁是怎样炼成的》《卓娅和舒拉的故事》《这里的黎明静悄悄》；作家则从鲁迅、沈从文、徐志摩谈到莎士比亚、雨果、海涅。这样，我们就成了文学知音，也相互激励去实现文学梦想。

记得有一天下午上自习，我们相约去了校门外的法相岩山坡上，探讨《青春之歌》中林道静和余永泽这两个人物的塑造及对话艺术，因观点不同而争得面红耳赤。还有1975年中秋后的一个晚上，我俩都睡不着，跑出来坐在大操场中央，面朝松树山，兴致勃勃大谈诗歌，聊得最多的是徐志摩的诗，我们都特别喜欢那首《再别康桥》。在谈了读后感之后，仰望圆月，心潮澎湃，飞跃兄当即吟了一首短诗《月夜》："悄悄，悄悄／圆月儿躲在树梢／含羞地掩着半个脸儿／往池塘边上偷偷瞧——／那四只脉脉的眼睛里／爱情的火苗儿在一跳一跳／田野里的稻穗金黄金黄／年轻人的爱情啊，也熟了……"当时的我听后评论说："表现手法较好，有幽静感，把月亮拟人化了……"

如果说对文学梦的追求初中阶段算是萌芽，那么到了高中阶段则有了明晰的概念和方向，才有了梦想启航。

其实，对文学的热爱我从来都没有停止过，从初一开始每每利用寒暑假看书练笔，好在父母大力支持，要书要纸笔随时购买。同时我也在县图书馆办了借书证，借书阅读，扩大眼界，增长知识。我几乎做到了每看一本书都要抄录词汇和环境描写句子，对兴趣大的书写读书札记，慢慢形成了习惯，目的是想写好作文，打好基础。于是开始练笔，写一些记叙文和诗歌之类，也练习写剧本，将鲁迅先生的《祥林嫂》改成歌剧，将《野火春风斗古城》改成话剧，将黄梅戏《天仙配》改成越剧……尽管语言很幼稚，人物塑造也很欠缺，但毕竟练了笔啊。

1976年9月，高中毕业的我响应伟大领袖毛泽东主席的号召，下乡插队到武冈县龙田公社和平大队，干过农活，修过水库，还随武冈县"三系杂交水稻育种队"赴海南岛制种，后来参加了中国人民解放军，在53511部队服役。虽然工作环境在变化，但我的文学梦仍在追逐中。

在军营里除了紧张的训练、野营拉练和干好文书工作，就是写作。首长将营区的几块黑板报交给我，说每月换一次内容，我欣然接受了这个光荣而艰巨的任务，从写稿到板书都由我一人负责，包括刊头设计、表扬稿、消息、通讯、小小说、诗歌、散文等，有时为了配合形势需要，每半月就换写一次。尽管很累，但让我也得到了锻炼。

回到地方工作后，我又爱上了摄影这门艺术，先是拜师学艺，尔后利用业余时间和节假日潜心创作。有耕耘就有收获，我的摄影作品不断在《邵阳日报》和省级、国家级报刊上发表。四十年来，我获省级以上摄影比赛奖30余次，2014年加入中国摄影家协会，2020年出版摄影作品珍藏集《眷恋》（由湖南大学出版社出版）。在文学方面也不断进取，看书写作：2007—2015年是我小小说、散文创作

的高峰期，在全国各级报刊发表小小说156篇、散文106篇、诗词70余首，同时也有其他体裁的文学作品和文艺评论文章发表；2016年由湖南文艺出版社出版了我的小说集《峒路》；2017年加入湖南省作家协会；2022年加入湖南省文艺评论家协会。

我现在虽已退休，但始终提醒自己牢记初心，不忘在母校读书时启航的文学梦想，坚持笔耕不辍，生命不息，创作不止，为人民而歌，为祖国而颂。

母校啊，我万分感谢您！

作者介绍

易江波，男，汉族，1959年3月出生，中共党员，本科学历，副高职称。1976年7月毕业于武冈二中高82班。下过乡，当过兵，现住邵阳市区。曾任邵阳市煤气公司党委委员、纪委书记，邵阳市公用事业局工会主席兼办公室主任，邵阳医学高等专科学校党委委员、工会主席，邵阳学院党委组织部部长。系中国摄影家协会会员、湖南省作家协会会员、湖南省文艺评论家协会会员、邵阳市文艺评论家协会理事。曾担任邵阳学院音乐舞蹈学院摄影教师，并连续两届任邵阳市摄影家协会副主席。本人酷爱摄影与写作，出版过小说集《峒路》（2016年12月由湖南文艺出版社出版）、摄影作品珍藏集《眷恋》（2020年4月由湖南大学出版社出版），其文艺作品多次获省级以上奖项。

怀念唐朝老师

邓华

唐老师，您在哪里？

又是烟雨朦胧，又是春寒料峭，又是三月来临。唐老师，您离开人世已整整两年了！两年前的三月，我正在挫折中，心情抑郁悲苦，终日以泪洗面。不知为什么，那段时间我好想见见您，似乎要从您那里得到安慰和力量。于是我第一次给您写信，是一张明信片。

很快，您回信了，也是一张明信片。当时我好激动好兴奋！即刻把它压在台板玻璃下，把那几句话读了又读。

"小邓：

"你还记着我呢，谢谢，谢谢！

"我也经常从令兄处打听你的动向。现在是春季，气候变化无常，可得注意保护身体呀！"

短短的几句话让我既惭愧又感激，既感到温暖又觉得伤心。我作为您的得意门生，得到过您特别的关心和爱护，高中两年，您额外为我批改了多少作业，讲授过多少文学知识，甚至单独为我补过多少英语。师专三年，我虽然为各种五光十色的理想

所役使而瞎忙以至于忘了看望您，也没有给您写信。可您却一直牵挂着我，只要有机会就要打听我的情况。当您听说我厌烦上文学理论课时，您来信语重心长地劝我："打好基础，丰富知识。当一个好老师不容易，要给学生一瓢水，你自己须具备一桶水。"毕业后我分回武冈，听说您还在教书，我好感动，便去看您。您果然气色很好，壮志尤盛，不仅谈了您远大的计划，还劝我既然当了老师，就要好好教书育人，一辈子为人师表。当我表现出畏难情绪时，您竟要我抽时间去听您的课，边当学生边当老师。坐在讲台下，看到您依旧抑扬顿挫，依旧激情满腔，依旧铿锵有力，不减当年，不知是为您的热情所感动，还是为我的畏难而自责，一堂课下来，我羞愧不已。第二年，我也教高中三年了，您不仅在精神上鼓舞我，勉励我，而且不辞辛劳为我捕捉信息提供资料。当我实在感激得不知说什么好时，您像以往一样拍着我的肩膀笑着说："你是我的得意门生，我听到你书教得好，送出的学生多，我就更'得意'了。"因为您的鼓励和帮助，我不敢存畏难之心，不曾有偷懒之举，一心一意，竭尽全力来教好每一课书，上好每一堂课。会考时，所教班成绩居全县第四名。您欣慰地笑了。拍着我的肩膀说："好！好！加油干。"

尔后，我调动了，来到千里之遥的湘西。也许是因为受挫太重打击太大，我竟不想给您写信，虽然常常想念您。半年后，实在抑制不住对您的思念，才下定决心给您写了那张明信片。而您一声"你还记着我呢"让我一下子想起您那半开玩笑半认真，既含责备又示宽容的别样的表情来。接下来的连声道谢透露出您内心的寂寞之感，也更令我惭愧难当。我知道，同是您的学生，多少人将您铭刻在心，多

少人却把您当过眼烟云。而我，一直受您关心、得您帮助的"得意门生"竟也只顾舔净自己的伤口而忘了您的牵挂。唐老师，我终生难忘的老师啊，我实在对不起您。"春季气候变化无常，可要注意保护身体"，这是您一贯对我的叮咛，而对于身处逆境的我，更是含义丰富而深沉！唐老师，您的傲骨、您的清高和耿直已经潜移默化了我，可是我也像您一样一直没学会保护自己。而我呢，在这倒春寒的日子里，也没有办法保护自己，一任风吹雨打，一任打压迫害。

唐老师，因为待遇差，地位低，还有其他种种原因，我们很多同学（包括我）教书不过七八年，一心只想改行，甚至大谈退休。每当这时，我就想起您，您以前常在课堂上称赞这句话："战士应死在战场上，演员应死在舞台上，教师应死在讲台上。"而今您将这句话化作了具体的事实。我的学生来信说您因食道癌病逝，逝前一个星期您还在上课，只是精神大不如前。唐老师，想起您，我很惭愧。以前我总认为"好人命不长"纯属迷信，现在想来这话是有道理的，好人积劳成疾，当然难得长命百岁了！您整年整月为学生劳心劳力，又不大注意身体，哪得不成疾呢？哪得不命短呢？记得您教我们时本已退休了，但您主动要求留用，教我们语文，当我们班主任，还要每星期上两节英语课，给我们补习

初中英语。为了我们能在课余读点课外文章以提高写作能力，您每天都要看十多种报纸，发现好的便剪下来，适当注释，还要加上评语，再贴到一块小黑板上，挂在走廊上，三天换一次，一年如一日。有时碰到特别好的，您还取下黑板拿到讲台上来阅读欣赏。讲到动人处，您总是脸色发红，点着头"啧啧"称奇。那种激情，那种全身心的投入令我至今不忘，历历如在眼前。后来我读师专了，工作了，您对教书还是那么专注，那么投入，以致忘了自己。记得我教高三时礼拜六要去您那里取资料，那时师母为照顾女儿去了湘潭，您一个人在家，既要忙工作，又要管生活。您为了节省时间，常常在看电视新闻或听抒情音乐时泡点方便面吃，就算完成一餐，然后又忙于备课，忙于改作业。

唐老师，为了教书育人，您可以说是做到了鞠躬尽瘁，死而后已。您这种精神，我终生难忘。而您对我的关心帮助，我铭刻在心。阴霾还没有过去，我的境况还没有好转，但我保证永远以您为楷模，守住自己，正道直行。

汪国真有一节诗说："往事总是很淡很淡，如烟如缕，却又令人难以忘怀；感激总是很深很深，如海如山，却又让人哑口无言。"这正是我心里的感觉，正是我想对您说的话。安息吧，唐老师！

作者介绍

邓华，女，1965年11月生，湖南武冈水浸坪人。1983年高中毕业于武冈二中，现为邵阳市第二中学高中语文老师。曾在广东发表散发随笔数十篇，在湖南发表文学评论和教学论文十数篇。

回忆录

朱恩惠

我叫朱恩惠，中共党员、高级工程师，1937年出生于武冈市，祖籍是转弯罗太冲，武冈师范附属小学毕业后进入鸿基中学就读，不久转入县立初中，1952年初中毕业，考入洞庭中学高中部22班，同年该校更名为武冈二中，班名也改为高二班。我的两个妹妹也就读于武冈二中：大妹朱淑惠1956年高六班毕业后考入武汉水利学院，二妹朱丽惠1966年高四十一班毕业后考入湖南师范学院。二中校址原为抗战时期，中央陆军军官学校武汉分校迁至武冈时成立的第二分校，位于城南法相岩旁，法相岩的天然溶洞成为军校的地下印刷厂和军火库，另外还陆续修建了多座教学建筑，主要建筑都以国民党领袖和将领名字命名，如中山堂、中正楼、应钦楼、崇禧楼等。但这些建筑基本上都已不存，唯一保存下来只有一座中山堂。中山纪念堂曾做过我们的宿舍，我就住在顶层右边的房间。整个高中学习期间，过得很愉快，学习不但轻松还很有兴趣，我经常找一些数学课外题来做，对语文也很喜欢，经常看文学方面的小说，尤其喜欢苏联的小说。在校期间与老师关系融洽，化学曾老师经常与我们一起打球，一次班主任有事请假了几天，把他宿舍的钥匙给了我，我们几个同学就经常到他房间玩耍，班主任知道后也不生气。三年高中生涯很快就结束了，临高考前，父母为给我增加营养，每天为我冲一个鸡蛋吃，要知道，在那个时候，这已是很高的待遇。为了准备高考，同学们都很用功复习，每晚在教室认真自习。当时填志愿不像现在，有家庭参考，帮助选择，我们基本上是自己或几个同学一起商量决定的。我选的是当时最热门的机械专业，一开始曾想学建筑，但与机械比较后还是决定放弃。几个数理化比较好的哥们也都选择了机械专业。由于没有出过远门，我们对外面的世界很憧憬，总想走得远远的，当时填的志愿，如东北工学院、大连工学院都有，但后来分到了华中工学院（现在的华中科技大学），专业也符合理想，是机械系的机械制造。我记得高考是在邵阳考区，当时从武冈坐汽车到邵阳，需要一天的时间，中间还要过一次轮渡（人从汽车上下来，汽车会开到渡船上与人一起摆渡到对岸）。高中的课余爱好就是打篮球，我们有几个特别要好的朋友，总聚在一起打球，篮球场总有我们的身影。等待高考录取通知期间，大部分时间是泡在王城坪篮球场上的，那个时候不像现在，有许多娱乐活动，打篮球是最好的娱乐方式，甚至大学暑假回家还要约几位好友组队，与几个单位友谊比赛，如武装部、工商联、教联等。很快，我就收到华中工学院的录取通知书，与我一起同时录取

在该校的，有我几位好友：杨启贵、肖树德、阳顺森。我班考上大学的同学有七、八名，大家陆续收到通知书后，除了准备行李，大家还是在一起玩。记得在一个晚上，几个人到东门外玉带桥玩耍后，回家的路上，大家互相跨着肩膀，排成一排，在黑夜中一边唱着歌，一边跨着大步，在马路上兴奋地嚎叫，尽情发泄青年人心中的快感。好在马路两旁均是农田，不会影响到别人。

我和杨启贵及另一位同学，一起结伴离开家乡，奔赴武汉，从武冈坐长途汽车到邵阳花了一整天的时间，从邵阳再坐汽车到长沙，又是一天，我们在长沙火车站旁的小旅馆住了一宿，第二天坐火车到武汉，车站就有学校安排接站的车子，坐卡车上，看到大城市的一切，我们都觉得很新奇，到学校后，我们分配了宿舍，我分在了东四舍，好在我们几个武冈的同学分在了一个班（07班），有杨启贵、肖树德，从此，便开始了五年的大学生活。我们宿舍在一层最东头，每间房八个人，靠墙每边两张上下床，中间是八张课桌分两排并联摆放。有时晚饭后，东头门打开了，我和同学们会在楼外演奏乐器，有拉手风琴、拉二胡、吹笛子。当时学校条件不如现在，武汉是中国三大火炉之一，夏天非常闷热，宿舍也没有空调、电扇，为了防蚊子还要挂蚊帐，晚上睡觉特别难受，为了抗暑，同学们都到操场去睡，而我有时就干脆睡在课桌上。食堂就餐也都是站着吃饭。唯一的娱乐活动是周末在食堂举行的舞会。说起杨启贵，我们俩很有缘，他家与我家都在攀龙桥附近，相隔也就100来米，他们家后院外有一条小溪，我经常去那里玩，我们俩初中、高中、大学都在一个班，毕业后也分在同一个工作单位，直到现在我们还经常联系。

大四时我们原07班被拆散分到其他的班，我和几名同学分到11班，虽然到了一个新集体，但很快融入了其中。1958年全国掀起"大跃进"的高潮，为了支援农村建设，学校要生产一百台车床，我们机械系的同学一边上课，一边到学校的实习工厂参加各种工种的劳动。武冈在武汉上学的老乡，在星期天或节假日经常聚在一起玩，去得最多的地方就是东湖，华中工学院、武汉大学、华中师范学院、水利学院及其它几所高校，均在东湖周围，所以在这几所大学的老乡，就在东湖聚会的时间比较多。大学期间共有两次实习：一次是在洛阳拖拉机厂，这是苏联援建的项目，规模很大，我第一次在这个厂见到这么大的机床；另一次就是毕业实习，在湖北鄂城为一个县办工厂做技术支援。实习期间学校通知我回校，北京国防部第五研究院到学校来招人，因为五院是刚成立不久的机构，急需技术人员，在全国许多高校招毕业生。经过单位的审查，我和同学杨启贵都被选中，来到了首都北京，从此开始了几十年的导弹研制生涯。我是1960年4月下旬大学毕业，分到北京国防部第五研究院二分院，单位将我们接到驻地，被分配在二支队（现在的二部）。由于当时导弹处于仿制阶段，支队由张立中上校副主任带队，由我们参加某型号的人员组成的队伍，到某海军基地参观、学习。我们住在基地腾出来的一间大仓库，部队的同志领我们参观了有关的武器设备，给我们许多知识，为助我们走进导弹武器系统的领域推进了第一步。基地对我们非常好，除了细心地教我们外，在生活上也是非常关心，特地为我们准备大螃蟹、大对虾，这是我第一次吃到如此美味的食物。傍晚，我常坐在海边的岩石上观看无边的、蔚蓝的大海，看到汹涌的海浪拍打礁石的壮观景象，这是我第一次看到大海，心情特别激动。当时全国许多工厂接受了国家给予的仿制任务，我们设计单位都要下厂参加仿制，某型号的仿制是在南京，因此我在南京也待过近两年。1962年实习期满，我被光荣地授予了中尉军衔。1963年分配我参加某另一型号仿制，1964年升了上尉军衔。

1965年五院集体转业，并随之成立七机部。军装是伴随我们多年极有感情的伙伴呀，虽然转业了，可我们一直还穿着，一直到夏天才依依不舍地脱下。1965年参加贵州的三线建设，首先在遵义建由上海内迁的某工厂，遵义留给我的印象最深的是与单位同志一起参观遵义会议旧址。后到桐梓县建另一个厂，位于县城东6公里处有一个"小西湖"。一湖清水旁，仿杭州西湖沿堤岸栽了柳、桃、李树，称之柳浪闻莺；湖心岛上修了湖心亭，亭柱上书楹联"一湖西子水，半壁桂林山"；湖中有"三潭映月"，还有观鱼处，钓鱼台；山上放鹤亭、望湖亭——故名"小西湖"。1936年12月，在震惊海内外的"西安事变"发生后，张学良将军曾被幽禁于此，计两年零三个月。在此期间，将军与赵四小姐住在小西湖北岸的一幢西式平房里。闲暇苦闷之时，他们会在湖心亭游玩和垂钓。附近有两幢类似的房屋，住着看押保护将军的巡逻队。

　　1967年元旦过后，我告别一年多的三线回到了北京。这时，单位正搞"下放"，我被选中，下放到湛江调顺岛，下放干部共组成四个连队，这是一个四面环海的海岛。因为与市区隔海分离，由于这里信息闭塞，交通落后，进出岛都靠小木船摆渡。我们的任务就是参加大堤建设，每天工地上都是人山人海，昼夜施工，我们的工作就是从海滩挖上海泥，然后挑着重重的担子，光着脚踩在湿滑的泥地里，踏上简易的踏板送到高于海面的工地上。由于早晨气温较低，为了抵御海里的低温，很多人在下海前都要喝几口白酒。有一次在干活中认识了在部队连队当兵的武冈老乡，很快他又联系了其他连的好几个老乡，下工后的一个晚上大家来到我住的宿舍，我们在一起开心地聊天。还有一次，我们在一起喝酒，喝完后，他们将盛酒的行军壶送给我做纪念，此物品我一直保存至今。工程进展很快，从市区和岛上向海中延伸的大堤很快就要合龙了，这是最为紧张的时刻，因为合龙口越小，海水越急，堆下去的大石块很快就会被冲走。经过指战员的艰苦奋斗，一条堤高12米，堤面宽近10米的堵海大堤终于合龙，结束了调顺岛西边与市区隔海相望的情况。大堤通车后，我们去市里可以直接走大堤。一个休息日，我到堤对面的干1连找杨启贵玩（他也

下放到这里），我们买了很多香蕉，坐在体育场边吃边聊的情景到现在还历历在目。1970年，我们全体由湛江转场到湖南汉寿县洞庭湖西湖农场。1971年8月调回北京，历时近两年的下放生活结束。

　　20世纪70年代中期，我参加某任务研究，曾有幸与同事一起到杭州出差，杭州西湖美景天下闻名，大家也必定不能虚此一行。我们到了几个景区参观，有断桥、柳浪闻莺、平湖秋月、苏堤、三潭印月、花港观鱼、雷峰塔、虎跑泉、岳飞墓等。当时天已逐渐变暖，尤其在南方更是如此，回到北京后，由于任务需要，在1976年夏天，我和组内几位同事到长沙工学院出差，该学院是原哈军工一部分迁来组建的，与我们的工作性质一样。到1979年底，我参加研制国产的某型号研制，我承担系统两个车的结构和某重点设备结构的总体设计。不久便开始了某另一型号的研制，我负责该型号的地面设备的总体，主要是地面装备的载车选型、方舱的技术要求及配置、发射车及装填车的任务书、各支援设备的任务书、供电系统的技术任务书等。

　　几十年过去了，该型号立项到定型研制的全过程我都参加过，主要负责地面装备的总体设计、提出总体方案和各设备的任务书、与军方协调、参加验收产品及各阶段的评审等。该导弹解密后在一次国庆阅兵式上还公开露面。

　　在整个型号的研制过程中，要进行多次靶场的试验。靶场靠近沙漠，因此能目睹沙漠的美，其中的胡杨盘根错节，千姿百态，美丽而独特。它们有的苍劲、有的秀美，有的如百年佛塔昂然挺立，有的如妙龄女子妩媚多姿。到了秋天，胡杨叶会变得金黄透亮，耀眼夺目，精彩绝伦，美丽无比。

　　为了型号的三化设计，我编写了多个标准。

　　在完成该型号工作的同时，还参加了它的海用型研制，为舰载导弹垂直发射进行方案论证、提出垂直发射的技术要求等。该任务由郑州某研究所承担，对其设计方案在北京和郑州进行多次讨论，并参加发射装置在该所试验场的模样试验。为了确保

所有的设备将来装舰的协调性，在上海某造船厂生产了一条试验舰，与该型号有关的设备都要在试验舰上安装，二院由有关单位组成了试验队，让我担任队长到该造船厂参加装舰的工作，同时我还承担了有关的电缆网设计，除安装设备外还要与船厂协调，经过大家的努力，所有设备均安装完毕，然后我们随舰一同前往系泊试验场，清晨开出船坞行驶在黄浦江上。时值深秋，在舰面上感到一丝丝寒意，置身在弥漫着破晓神秘的黎明中，看到两岸星星点点的灯光和不时传来的鸣笛声，顿感惬意。舰船进入系泊试验场做最后的试验，我们得以上岸到小吃馆吃了热腾腾的面条，身上的寒意即刻无影无踪。

为了给引进的某型号配套，我承担了一项重要的设备研制任务，仅根据引进型号的几张图片，便提出了研制方案，制定好任务书，由某研究所承担研制。经过双方努力，制造出来的产品与引进的原样在一起做对比试验，结果让对方的专家都惊叹不已，原来我们国产的性能与他们的一致，在某些方

面甚至还优于他们。并且这项成果直接用于海上型号上。

为了搞民品，我与同事共三人到威海出差，有机会来到荣成，它位于山东半岛最东端、威海市境内，这里风光旖旎、冬暖夏凉、春温秋爽，海洋资源极其丰富，是一座美丽的滨海城市。荣成三面环海，是中国大陆探入海洋最深的部分，这里与朝鲜半岛、日本隔海相望，其中距韩国仅94海里，自古以来是渤海湾通往外国的海上贸易咽喉之地。荣成的自然、人文景观遍布千里海岸，这里有秦皇汉武都曾前来观海拜日过的、"中国最美八大海岸"之一的成山头风景区，我们来到景区内的"天尽头"游玩，这里位于胶东半岛东端，是一块突出于大海之中的陆地，被人们称为中国的好望角。人们常说"天尽头"处的海浪声势极为惊人，颇有一种乱石迸云、惊涛裂岸的气象。但是我们到达天尽头时，却发现这天的大海是风平浪静的，海浪只是起着微波，也没有什么凛冽的海风，让人感到的是无穷的

温柔。

从 1960 年 4 月到二院工作，直至 1997 年退休，后又返聘 13 年。到 2010 年 6 月才正式离开工作岗位，整整 50 年有余，为航天事业贡献了自己的力量。我的成长离不开党的关怀，中学、大学不但免了我的学费，大学期间还有甲等助学金。纵观几十年的工作对自己的总结是：工作认真、不遗余力、成绩显著、有过贡献。退休回家后，为某型号研制的细枝末节仍令我魂牵梦绕。单位对我工作给出了很高的评价，颁发多份奖励证书肯定了我的成绩：1987 年被任命高级工程师，获航天部科技进步一等奖、二等奖两项，授予某型号研制的三等功，国防科委三等奖，授予航天创业荣誉证书，授予年度荣誉证书并颁发荣誉奖章。家乡还将我收入《武冈当代人物谱》一书。

作者介绍

朱恩惠，男，汉族。1937 年 12 月 5 日生，原籍武冈罗太冲，中国共产党党员，高级工程师。1949 年武冈师范附属小学毕业，1952 年武冈一中初中毕业，1955 年武冈二中高中毕业并考入华中工学院（现华中科技大学）机械系机制、机床与刀具专业学习，1960 毕业分到国防部第五研究院（现航天工业总公司）二院第二总体设计部工作，担任专业组长、工程组长、主管设计师、主任设计师等职务，历任技术员、工程师、高级工程师职称，被聘为总公司科技委地面设备专业组成员，参与航天武器系统地面设备规划、重要产品方案审定、设计评审与鉴定。在从事航天事业中主要参加了几代尖端武器系统研制工作，负责有关设备的研制和分系统总体工作，编制了有关的设计规范和标准作为有关专业的指导性文件，主持并带领课题组完成多项研制任务，专业特长是机械结构设计和无线电结构设计，从事军品研发任务的同时，还承担民品研发任务。

工作中取得不少成果，参加的项目获航天部科技进步一等奖一项、二等奖两项，国家科技进步奖三等奖一项，国防科委三等奖一项，院级一等奖三项、二等奖五项。由于工作出色，曾多次获先进工作者称号、先进共产党称号和立三等功。

中山堂的古樟

刘凯

武冈二中多樟树，作为南方的一个典型树种，樟树似乎偏爱武冈二中校园，这里的樟树高大挺拔，郁郁葱葱，多为古樟，许多树龄都超过了一百年。而这么多的古樟里，最吸引人眼球的，应该是中山堂前的那几棵了。凡是在武冈二中读过书的人，对这几棵樟树似乎都有一种特殊的喜爱。

中山堂前有四棵樟树，其中有一棵尚小，应该是后来补栽的，其他的三棵十分高大，听老人说，这三棵古樟在中山堂修建之前很久就长在这里了。三棵樟树的树冠是连着的，遮天蔽日，覆盖大约有两亩多地，它们相依相偎，犹如兄弟，因四季常绿，所以似碧玉流润，葱茏苍翠，生机盎然。二三个人才能合抱的躯干拔地而起，直入云霄，斜逸出的枝桠长满了苔藓和蕨类植物，向人们展示古老的生命。古樟的主干是独立的，然树枝长到高处便互相覆盖，交叉虬结成一幅立体的现代派绘画，意蕴万千。铁干繁柯，撑起一顶硕大无朋的绿冠，从校园外面远远望去，古樟树呈现出浓浓酽酽的一坨青色，活似庄周笔下鲲鹏的垂天云翅。从近处仰视之，则苍苍莽莽，葳葳蕤蕤，绿得深邃安详。中山堂的三棵古樟头顶同一方蓝天，根植同一方黑土，同样的生命，拥抱同样的阳光，展现的是一样的神韵，一样的绿装。

当和煦的春风吹拂三湘大地的时候，古樟的枝尖便萌发出嫩绿的芽苞，芽苞开始很小，像一个顽皮的孩子纷纷爬上树梢。于是树上就写满了希望。这个时候，古樟就要脱下经年的旧叶。旧叶枯黄，一片又一片，在风里跌落，有时还夹着雨声，却不显得破碎，堆满在地上，像无数枯叶蝶一样飞出一片壮观，此时，人们很少去关注芽苞的嫩黄，倒挺热衷于欣赏那美丽的陨落。

"落红不是无情物，化作春泥更护花"，古樟叶子零落成泥陷入土地，不是生命的沉睡，而是对绿的映衬与赞美，是对绿的重新酝酿，这种跌落常比另一种青云直上更为崇高而壮丽。

春天刚过，夏就来了，这时脱去旧装的古樟就会开出很多花来，古樟树的花是多瓣的，形如芝麻粒大小，呈翠绿色，绿得像翡翠，又有些洁白，远望，把整个树都染白了。香樟花开得温而不炽，没有半点娇媚之态，暖不争花红，寒不改叶绿，寓劲节于恬淡的气韵之中，仿佛一团团氤氲的雾，展示在人们面前。风拂过，也有着淡淡的香味，这时，许多学子就来到古樟树下散步，凝望古樟花开时那一片撼人的翠白，每颗躁动不安的心里就会升起许多的期盼、许多的渴望，春华意味着秋实，追梦少年当然期待着自己的人生如古樟一样硕果累累。

七月，盛夏的酷暑肆意施展淫威，中山堂前的每一棵古樟都进行了顽强的抵抗，它们托起手臂筑起绿色的天幕，为人们沁出一片清凉：聆听着一串串被汗水浸透的笑声，掩映着一个个跳动的倩影。

夏日太阳最毒，古樟绿色最盛，它们高高低低地绿，深深浅浅地绿，似乎铺了天，也盖了地，将中山堂前的一些小建筑拥簇在那宽泛深厚的绿里，星星点点的，宛如童话中满盈柔情的温馨小岛，无风时，古樟是静静地承迎着阳光，幽娴雅静；如果有风，古樟便在微斜的风里轻软软地摇，翩跹起舞，显得悠然自在。

秋天来了，中山堂的古樟却没有多少变化，武冈的秋天来得有些疲，有些躁，即便是二十四个秋老虎，也只是炎夏的末端。这时武冈二中的学生就迎来了军训，中山堂的古樟下，常常有学生正步行走，立正、稍息、齐步走、跑步走，一排排学生齐刷刷地走过，洪亮的号子，回响在中山堂上空。这个曾经作为神圣军事殿堂的地方，如今成了学生军训受国防教育的好地方。几十年的变迁，物是人非，可古樟的绿意依然没减当年，它默默地注视着浓荫下的人们，一代代茁壮成长。

十一月的风，带来了几分凉意，家乡就开始变冷了。武冈二中的秋起初是淡青色的，但一段时间后，许多乔木的叶子就落了，那些槐树、梧桐、柿子树只剩下光光的枝桠，那些树的叶子是在沉思之后悄然地垂落下来的，如一段又一段童话，一点一滴的泪珠，偌大的校园里，秋无边无际地笼罩，也无边无际地敞开。此时，中山堂前的古樟开始变得深沉，它失去了往日的激情，却比夏日要恬然，冷静得多，它少了几分喧嚣，却心怀善意，沉默不语。

如今的冬，很少有北风裹挟着雪片，因此家乡的冬季更像是秋天。当不太强劲的北风在校园每一个角落呼啸的时候，古樟的每一根枝桠，每一片叶子都投身阻挡，但不管四季如何变换，这些蓊郁的古樟，依然显示绿色的葳蕤，初心不改，本色不变，青春永驻。

我是在武冈二中长大的，无数次从中山堂前的古樟下走过，这些高大挺拔的树木，每次都能引发我无限的遐想：面对四季，面对繁杂的人生，人总是有许多喜怒哀乐，或欣喜若狂，或愁眉苦脸，或伤心欲绝，或歇斯底里，各种情绪掺杂其中，不能自持，可古樟树却不一样，它几百年一路走来，除了体积在变大，枝干在变粗变老，那些葳蕤柔劲的叶和温馨滋润的绿色，则永远没有改变。几百年的风霜雨雪，沧海桑田，它都平静面对，不愠不怒，不气不恼，它心无旁骛，只是那么一味地生长，从繁茂的夏天，到萧瑟苍凉的秋冬，再到暄暖的春天，它平静以对。这种心胸的博大和宁静，人是没法和它相比的，可人是万物之灵，有喜怒哀乐的生命，本应是生物进化的必然结果。

有一天女儿跟我在中山堂前散步的时候，她问了我一个问题，古樟树是用什么来呼吸的？我一时语塞，答不上。靠树干？靠树叶？靠树根？原来都不是。女儿告诉我说，古樟是靠树皮来呼吸的。我笑了一下，觉得古樟能呼吸真好。可是除此以外，我更希望古樟有一张嘴，如果有一张嘴，它就能告诉我几百年来树下发生的故事，从它刚栽下说起，一路说来，说到今天，说到刚才，那多好呀。

作者介绍

刘凯，原武冈二中政治教师，全国模范教师，湖南省劳动模范，湖南省芙蓉教学名师，湖南省中小学正高级教师，湖南省特级教师，湖南省作家协会会员。

红楼钟声

李泽民

从童年到老年，从小学到大学，从读书到教书，我大半辈子都泡在校园里，令我留恋的校园不少，但真正让我魂牵梦萦、由衷奉为"母校"的——非咱武冈二中莫属。

有一首教师的赞歌——《长大后我就成了你》——我特喜欢。每当我哼起这首歌，脑子里就演电影，学生时代的生活就历历在目：法相岩、校园、老师、同学……特别是那红楼钟声，镜头连着镜头，一幕跟着一幕，梦中动画似的，无不令人刻骨铭心，终生难忘！

武冈二中红楼的钟声，在外人听来，也许实属平常，可在我们学子青春年少的感受中，它可是千变万化、意味无穷的：时而深沉，时而轻扬；时而欢欣，时而沮丧；时而温柔，时而铿锵……

不过，铿锵才是她的常态，她的基调，她的灵魂。

考上武冈二中初36班不久，有一天，红楼的钟声敲得像暴击的鼙鼓，令人生畏。

班主任老师杨俊在讲台上一声怒吼："李泽民，站起来！"

我胆战心惊地站起来。

"算你狠，刚进校门，学籍未稳，就胆敢跟老师公开叫板……你以为武冈二中的校规只是咿啦呀嗬嗨——洋袜套草鞋？"

这句歇后语，词典上查不到，我是打杨老师这儿学会的。

糟了！我知道自己闯大祸了。祸起的根源好像与我之前念小学时的"斑斑劣迹"有关。具体过程我已记不太清了（年代实在太久了），只记得"导火线"好像是因为分给我的座位紧挨窗户，看黑板的视线太偏太斜，加上教室四壁是用"三合泥"抹的篱笆墙，显得又破又旧，采光又不好。内心早已窝着火，一遇发泄的机会，我便愤然发飙，要求换座位，并和老师对峙起来。

杨俊老师可不是好惹的，他果真通知隔壁同年级教室的李泽善（我胞弟）："回去转告你父母，叫你哥哥明天别来上学了！"

看势头老师不像是虚张声势吓唬我，俨然是动真格的。

下课钟声响起，这钟声的音调全变了，变得格外窝心、令人沮丧……

幸亏我的父母不是"熊家长"，儿子在校受了"委屈"，不分青红皂白，"熊"赳赳地跑去学校"扇"老师。回到家里，我的父母毫不客气地勒令我写出深刻检讨。

第二天，我把检讨交上去，不知杨老师认真看了没有，不过看势头有点奇怪，他居然没派人撵我走——难道检讨算是通过了？

我老老实实地坐在分配给我的座位上，内心忐忑不安，不敢再有非分之想。

中午，杨老师找我谈话，劈头第一句话就说："武冈二中委屈你了，破旧的校舍比你原来的红星小学差远了吧？"

"对呀！"我心里正在嘀咕，"教室的四壁居然是泥糊的篱笆墙，这就是大名鼎鼎的武冈二中？"

可嘴里不敢这么说。

杨老师一眼便看透了我的心思："你的检讨表面上披肝沥胆，实则是耍滑头，言不由衷。"

我不由得脸上发热，料想当时定然红得像关公。

也许是因了我身上散发出的大大咧咧的气息与传说中的"斑斑劣迹"不太相称吧，杨老师终于逐步放松了对我的警惕，后来竟语重心长地和我讲起武冈二中的校史来。

他说我们的教室原本是前军校留下的军营式校舍，别小看其陈旧简陋，它们的一砖一瓦都有着可歌可泣的故事……

起初，我不太在意，后来我感觉，红楼钟声渐渐转调，变得格外深沉和庄严起来……

说来奇怪，我居然被杨老师声情并茂的校史故事深深吸引。原来，武冈二中的校址前身是"黄埔军校第二分校"，通过"史无前例"的运动洗礼，

武冈老乡虽曾大刀阔斧地"破"了它不少"四旧"，但却明智地把校园内的"中山堂"及原军校部分遗址、旧校舍等大体保存下来了。

当然，军校的地下印刷厂和地下军火库就曾设在法相岩的天然溶洞里。这些溶洞是由亿万年的地质演变而形成的地下洞天，坚如钢铁堡垒，除非有人贸然斗胆动用核武器，不然很难损毁，所以毫发无损地被老天爷庇护下来了。

可以说，这些爱国先驱和英烈们留下来的军校遗址、旧校舍便是现今校园内无言的丰碑、不灭的"活火"、静静的"蓝焰"！

据史册记载，在中国抗日战争的最后一战——"雪峰山会战"中，中国军队凭借坚固的武冈古城，以一个营的兵力，血战七天七夜，终于彻底击溃了兵力十倍于我的日军王牌部队，不仅保住了武冈城，而且创造了中国抗战史上以弱胜强的经典战例。从此，中国抗战的正面战场，便由过去的被动防御转为全面反攻。而参与这一武冈保卫战的有生力量，正是当时"黄埔军校第二分校"的在读学生——咱们的热血青年！

故事感人至深，尚处青春年少的我，很少聆听过这样震撼人心的校史，它更像是一部悲壮的史诗！

我的思想也随之升华：这辉煌的校史不只是二中的历史，武冈的历史，而是一个伟大民族的历史，她不可能因为校名的更改而中断其血脉及血脉中的热血沸腾！

武冈二中校园里这静静的"蓝焰"用无声的语言，向代代的学子诉说着这段光照日月的史实。保存了这些珍贵的历史篇章、遗迹和"见证"，就等于守住了我们民族的"根"与"魂"。

人们都说学校是座熔炉，确实如此。但武冈二中不是一般的熔炉，她的校园里有两大"炉火"：一炉是用青春和热血燃起的熊熊"烈火"，可谓芳华"红火"；一炉是用辉煌校史和民族英魂燃起的潜在"活火"，可谓静静"蓝焰"。如此一动一静，一红一蓝，表面上泾渭分明，骨子里却浑然一体，

形为异曲，实则同工！

正因为珍藏着这段由"洞庭中学"继承下来的校史精魂，才有如今校园里动静互补、红蓝相济的两大熔炉、两股"火焰"，才有了校园里无穷的生机和活力，才有了今天"湖南省爱国主义教育基地"的薪火相传、生生不息。

杨老师讲的校史故事，有如及时的春雨，悄然滋润了我的心田，使我的愚顽和傲慢渐渐消逝。从此，我对武冈二中有了崭新的认识。正如恩格斯所说："物质不是精神的产物，而精神却是物质的最高产物。"

武冈二中这颗"璀璨的文化明珠"之所以历久不衰，靠的不仅仅是物质的硬实力，更关键的是依靠承前启后、继往开来的精神软实力。武冈二中的发展犹如一场永在征途、代代奋进的接力赛，每一届领导班子和师生员工都以其骄人的业绩，成功地交出各自精彩的一棒。

今天，这颗"文化明珠"在新一代领导班子的带领下，在灿烂的时代阳光下，正以其日新月异的发展继续为她那不朽的历史增光添彩！校园建设越来越美，师生风貌越来越昂扬，软硬实力越来越强，我们相信，母校的明天将更加璀璨！如果说我们这一代人基本上践行了"不忘初心"的诺言，那得感谢母校，因为是她为我们的信仰奠定了坚实的基石！如果说我们的后一代能更卓越地践行"牢记使命"的诺言，那更得感谢母校，因为是母校为我们的人生定下了可以代代传承、永续发展的基调！何谓"薪火相传"？母校承前启后的"蓝焰""红火"便是！何谓"生生不息"？母校继往开来的铿锵钟声便是！

时过境迁，母校钟声的功能可能已被信息时代的电子设施或人工智能所取代，然而，她那铿锵的韵律已浓缩为一种时代的记忆永远珍藏在我们心底，成为我们人生追根溯源时自然萌生的"活图腾"，在我们薪火相传的乡愁乡恋中魂牵梦萦！在我们生生不息的乡音乡情中历久弥新！愿红楼钟声——母校的精神象征——永远在我们代代学子的心中激荡，与天地共荣，与日月同辉！

最后，值母校85华诞、举校欢庆之际，谨奉上游子的心声和祈愿：千里乡愁千载梦，洞庭岁月忆峥嵘。谁言红楼钟讯老，早化春雨浥新红。

作者介绍

李泽民，湖南武冈人。湖南教育学院毕业。长期从事金融教育及金融传媒、宣传工作。历任中国农业银行湖南金融职工大学科研部主任、《湖南教育学院学报》主编、湖南金融系统综合期刊《金融大观》总编、北京银信《地方金融》副主编等职。在国内金融专业领域内发表各类作品百余篇。

我们罗家与武冈二中的故事

罗健

一直在热切关注武冈二中的校庆，一直在北京、在全国各地忙碌着且纠结要不要写点什么，一直快到最后截止日期才决定粗写一下我们罗家人眼中的"武冈二中"！

我们罗家人和武冈二中有或深或浅的交集。我讲几件事，有些细节只能说个"大概"，但总体事实清楚、证据确凿，不妥之处，敬请包涵及理解！

一是我们全家对武冈二中的感恩感激之情：我爸罗允松、我妈许丽芬，一个是祖籍洞口黄桥农村"地主富农"家庭，一个是祖籍武冈城里"资本家"家庭。他们结为夫妻后，在那个特殊时代，工作生活自然有诸多歧视及打压。但在武冈二中宁校长的关心帮助支持下，他们于1980年从武冈五中（邓家铺中学）调入二中，从此我们一家人的命运发生了根本性的变化。我堂哥罗小文在我父亲的关心下，

1981—1983年从二中毕业后考入吉林大学。现在已是中国建材集团广州中材矿业有限公司教授级高工、总经理。

我本人于1988年从二中高中毕业考入湖南医学院。追随大哥罗军积极向上的脚步，以优良成绩分配到北京协和医学院中国医学科学院肿瘤医院、国家癌症中心，现是内科主任医生、教授。

我大弟罗辉1983—1986年在二中就读，毕业时以全县优异的成绩考入北京交通大学，后被分配到原铁道部第四勘测设计院工作。

我二弟罗明初中成绩不错，但在高中冲刺阶段因青春期叛逆，迷恋武打小说等，高考成绩不理想，但工作之后也考上了成人本科，先后在武冈中国银行、长沙招商银行等工作，现在北京健康管理公司任副总。

我们的父母也在二中勤勤恳恳工作、踏踏实实

为人，得到了绝大多数老师领导们的认可。在宁校长、王校长等诸多领导们、老师们的关心及支持下，我父母在工作晋职、晋升上也得到了比较圆满的结局！滴水之恩，虽不能涌泉相报，但是，我们全家人对二中的感谢感激之心一直延绵不断，时至今日，我们罗家与宁、王校长二家的父辈之间、儿女辈之间都有交往，在工作、生活、健康等方面互帮互助也一直绵延不断，尽管我们几家天南海北、国内国外的，联系也不很多，但是，每逢一些特殊日期，我们都会抚昔追今，慎终望远，偶有联系。今借校庆征文之际，借问天上的嫦娥"小姐姐"一下，宁大姐、王常青老弟，你们还好吗？

二是父母亲在我哥罗军那边的养老经历：我哥罗军虽不是武冈二中毕业生，是武冈五中毕业生，但从小在我父母的关心帮助鼓励下，放弃上中专名额，发愤图强、志存高远，顺利考上湖南医学院，还成了校乒乓球队员，这也得益于小时候在武冈体校的乒乓球集训。大学毕业时以全年级前十名以内的优异成绩被北京协和医学院中国医学科学院阜外医院心血管外科优先录取，硕士毕业、晋升为主治医师后，又远赴美国读书深造十几年，获理学博士（Ph.D）及医学博士（M.D.），在威斯康星州府麦迪逊的私人诊所做医生及合伙人。工作生活初步安定后，大哥主动把已经退休多年的父母接到美国养老，从此我家六口人开启了长达十几年的"国内国外、天南海北"的生活模式。随着国内外日新月异的发展，我们一家也发生了天翻地覆的变化，父母亲也与日俱进、活到老学到老，2011年曾获洞口县政府颁发的"十佳书香人家"荣誉称号，还在85—90岁高龄期间出书二本，《部分初等基础运算的速算法》在国内外产生一定的影响！

父母亲是养生达人，开开心心地度过了十多年的幸福时光。无奈，月有阴晴圆缺、人有悲欢离合，最近几年里，受新冠疫情严重影响，母亲、大哥先后去世，好在父亲坚强乐观面对，独自一人在美国"陪伴"我母亲及我大哥。如今，大哥三个女儿已经长大，他的大女儿今年硕士毕业、顺利成婚，我爸终于可以放心地回国了，近期准备带着母亲、大哥的"骨灰"（衣冠冢）回国，叶落归根，让他们长眠于故土……

嗨，人生总得有个头、有个尾吧，在此借用唐代王昌龄的《送柴侍御》诗表达我的、我们全家、我们所有人的心声："沅水通波接武冈，送别不觉有离伤。青山一道同云雨，明月何曾是两乡。"

作者介绍

罗健，湖南武冈市人，1981年就读武冈二中。医学博士，教授，主任医师，硕士生导师。曾先后在国家癌症中心、北京协和医学院、中国医学科学院肿瘤医院工作。1988年毕业于湖南医科大学，1996年获协和医科大学肿瘤内科博士学位，1998年曾在美国西北大学做访问学者。对常见恶性肿瘤如消化道、肺癌纵隔肿瘤、头颈癌、泌尿生殖、软组织肿瘤等的化学生物靶向免疫及中西医结合综合治疗、止痛康复心理、姑息治疗及生活质量均有深入研究及实践。获省部级成果一等奖两项。曾在中央党校等八十多个部委及央企、国企、社区进行科普宣讲及义诊，并任多个协会、学会常委等职务。

挖掘曾经的宝藏

夏欢

波斯诗人鲁米有首诗叫《鹤嘴锄》，大意是让我们挥动鹤嘴锄发掘潜藏在存在深处的真正宝藏。念及母校，我也要挥动我的鹤嘴锄，在回忆的世界里寻觅属于我的宝藏。

（一）

初入初中的那一天，我告别父母，踏进教室，感受到的是一种"熟悉的陌生感"——说来矛盾却不奇怪，方寸之地的教室给我带来了安心，未知的初中生活却让我忐忑不安。怀揣着这样一种心态，我见到了相伴我整个初中生活的班主任——王雪莲老师。坦白来说，现在我已经记不得初见时王老师的着装，只是对那一头利落的短发和那抹明媚的笑容一直有挥之不去的印象。

还记得在开学那段日子里，我明显感受到周围优秀的气息，高手如林，而我只是个头不矮。我是从一个不那么好的小学考进二中的，心里有点害怕会成为一块"垫脚石"，所幸的是开学考我的成绩还算名列前茅，给了我很大的心理慰藉，唤醒了我的自信。也正是这个小小的插曲，让我一直保持着

对学习的浓厚兴趣；也让我始终相信，相比同龄人，我也许不算聪明，但也谈不上笨。

在之后的初中生活中，大部分时间里我都担任了1606班的班长一职，这使得我和王老师有了更多的联系。王老师当年是和我们一起考入武冈二中的，作为她的第一届学生，我想我们无疑是幸运的。我一直记得她在第一堂课上说过："二中，你们是初来乍到，其实我也是。那么就让我们一起去熟悉二中、融入二中、谱写二中的新篇章……"这句话一下子拉近了我们师生的距离，就这样，我们就成了一个战壕里的亲密战友，三年共进退，同荣辱，共同缔造了我们的6班传奇。毋庸置疑地说，王老师是一位认真负责的好老师，她细致、温柔、体贴，一以贯之地保持着一颗赤诚之心来对待我们。更加难得的是，她尽力去平等地对待每一个学生，就比如说我，我其实是比较顽皮好动的人，当我犯错的时候，王老师也不会因为我是班长就偏袒于我。今日想来，我反而因为当时挨训时的愤懑感到羞愧。不得不说，王老师给予了初中时那个冲动，懵懂，

无知的小男孩很多很多……

1606班是一个团结友爱积极向上的班集体，除了学习不错，其他各方面都有很好的发展，尤其是篮球。无篮球不兄弟，我们班有一帮篮球发烧友：曾博、舒鑫、陆江、廖澄登、王烨、周祥……当然还有我。我们学校有一个传统，每到初三就会举行班级篮球赛，而这成就了我们班的高光时刻：所向披靡，毫无悬念，我们班是当之无愧的冠军，成了兄弟班眼中神一般的存在。领奖台上，我们这帮篮球小子们笑容灿烂，激情澎湃；台下，王老师和同学们笑靥如花，备受鼓舞。

后来我们顺利升入高中，在逸夫楼的五六楼，王老师又教起了初一的学弟学妹。当我和亲爱的老王在逸夫楼的一楼相遇时，她仍然会亲切地询问我的近况。偶尔还会相约几个小伙伴去王老师家里，王老师也总是笑呵呵地招待我们。就是在最后临走的时候，王老师总是会语重心长地提醒我："夏欢啊，你要记得减肥啦。"

（二）

在中考中，发挥一般的我没有进入火箭班，对我说来，这并不是一个好的起点，于是我定下心来要好好学习。打破我当时心境的是班主任刘丽梅老师的点名："夏欢，你们王老师说你英语不好来着，记得好好补补，我上课会盯着你的""啊？"我小小的心里有大大的懵圈，"不会是王雪莲老师吧？不是吧，真这么巧吗？"我有点哭笑不得。可想而知在之后一年的英语课课堂，我都是刘老师的重点观察对象，但这反而激起了我的斗志，正如我读完《活着》后的感受一样：尽力去享受不能拒绝的苦难。尽管时至今日，我仍不能完全以享受的态度去学习英语，可当时我几乎是以一种发狠的态度去硬啃英语。至少这段时间后，英语已不是我的弱势学科。

随之而来的是高二的分科，出于对文科的天然兴趣，我选择了历史＋地理＋政治的纯文类学科。欢迎我的是一脸憨笑的毛爱清老师。毛老师虽说到了快退休的年纪，却仍是活力满满。还记得有次毛老师请我们吃饭，他一个人就张罗了所有的菜：荷兰豆炒腊肉，荷兰豆的清香和腊味交织，有种说不出的清新脱俗，而那道辣椒炒肉成功地挑动了每一个人的味蕾，再加上一盘必备的时令青菜，堪称完美。因为做饭而大汗淋漓的老毛（我们习惯这么亲昵地叫他）坐下时，看着自己做的菜，满意地说道："厉害吧，一个人做这些可不容易。"我们连连点头，这些看似简单的家常菜却让我们频频动筷，干了好几碗饭，只觉得这顿饭有说不出来的好吃。

高三——最后的阶段，接手我们的是王金汉老师。我们都亲切地叫他"汉子"。"汉子"看上去不苟言笑，讲起课来一板一眼，但其实是一位非常有趣的老师。他会在临考前那紧张的阶段时不时给我们讲一些冷笑话让我们放松，舒缓我们的压力。作为文科班，我们的数学成绩普遍不是太好，他也没少为此伤脑筋，想尽了办法把知识点揉碎了再揉碎，只为让我们听懂，很感激他的辛勤付出。

提笔至此，感触颇深。不知不觉之中，离开这所陪伴了我六年的学校都已一年有余，而二中的一草一木、一花一树，师生情谊、同窗故事，却深深根植于我的心中，难以忘却。《鹤嘴锄》中写道："推倒这幢房子吧，成百上千的新屋，将从此地立起。"对于每一个二中人来说，我们都在武冈二中修过一栋房子。当我们能挥起锄头挖出埋藏的宝藏并带着它们前进，这之后一定会遇到通畅的路，坚固的桥，光明的隧道。

作者介绍

夏欢，初中就读于武冈二中1606班，高中就读于武冈二中609、619、611班，现为长沙理工大学2022级本科生。

二中学子，领航中建二局

苏敬华

苏是嵋一生注定跟"二"有缘：他是武冈东坡一脉四十二代传人；在家里五姊妹中排行老二；1958年初秋考入武冈二中高二十二班；1961年考入清华大学，毕业后分配到中建二局工作；从木工到局长，20世纪90年代在深圳领导建造了两座享誉全球的大厦，率领其团队八次荣获中国建筑最高奖——鲁班奖……

一、出生于东坡后裔家族

1943年1月16日，他出生于湖南武冈东大路文仁乡（现为马坪乡）转龙村寨脚下一个清贫的书香家里。寨子四面环山，东南西三面是大石围山，北面是丘陵；寨前有一条叫大坝江的小河自东南向西北汇入资水。寨子的左前方是苏家祠堂（曾为保花公社驻地），20世纪60年代后办过小学、初中、高中，右前方是同文小学（"文革"时还保留榨油房、雕龙画凤、古色古香）现为石地完小，正前方是一片开阔的田垄，这里风景如画，人才辈出……

他是苏轼第四十二代孙。他的曾祖父母俩勤俭持家，秉承耕读传家的祖训，送大儿子上了省立第六师范；其祖父系老二，则在家操持家业；他父亲少年时在宝庆府上过中学，因战乱弃学回家种田为生。

在家排行老二的小是嵋，受父亲的影响，不到六岁的他，在父亲不知道的情况下，悄悄地请求姐姐陪同去同文小学报名上了一年级。父亲知道后非常高兴，心想虽然家里条件差，但他小小年纪就想要着要读书，将来一定有出息，也能了却自己早年的心愿，于是与其母商量，哪怕再艰难，也要送他读书。那时大多数同龄人是上不起学的，一个班级才四个同学，一个老师教三个年级班，可以想象当时小学的条件也是十分简陋的。就这样，他在家庭的支持下，克服一切困难，一边干一些力所能及的家务，一边刻苦学习，年年拿奖学金，以此减轻家里的负担，并于1955年秋顺利考入武冈一中。在一中的三年初中学习，他更加珍惜来之不易的机会，

如饥似渴、忘我学习，仍然名列年级前茅，期期能拿奖学金，又于1958年秋考入武冈二中高中部。

二、求学二中考上清华

1958年秋考入武冈二中高二十二班的他，因入学成绩优秀，当上了班里的学习委员，那时的他思想非常单纯，一心只想读书、上大学、改变自己的命运。高中三年里，除了学好规定课程，他硬是把校图书馆所存的书看了个遍，一部《苦菜花》一天就能看完。他的勤奋好学，老师同学一致认同，学习成绩期期名列年级前茅，1961年顺利考上清华大学。

那时读高中是很艰苦的，除了完成繁重的学业，还要参加社会实践，校外劳动。刚入学，正值党大势开展下乡宣传"三面红旗"（总路线、大跃进、人民公社）运动，学校停课一个月，组织师生下乡宣传"三面红旗"。紧接着便是"大炼钢铁"，全校师生都被拉到离县城五十里外的大山里面挖露天煤矿，非常辛苦。当时的他只有十五岁，是全班最小的，年龄大的也不过十六七岁。在老师的带领下，同学们自己在半山坡上搭了一个简易草棚，男同学住外面，女同学住里面，中间只隔了一个草帘。每天都要劳动十几个小时，大多数时候都在挖土，到了晚上休息的时间，大家连脚都来不及洗，不管男

同学还是女同学，累得倒到床上就能睡着，更有些时候，一些人边干活边打瞌睡。

在挖土的时候，没有任何安全设施。一群书生气十足的老师领着一群什么也不懂的中学生凭着满腔热情、凭着对"大跃进""大炼钢铁"的信念，在没有任何技术指导下拼命生产。同学们凭着在乡村中跟大人干活的点滴经验，用挖神仙土的方法开山挖沟，挖土的方式是先挖一个沟，撬沟上方的土，让上方的一大块土倒下来。沟好挖，但是谁都无法准确预测上方的土什么时候倒下来，会倒下来多少。所以，在挖土的时候，经常发生或大或小的土崩。有一次，五位同学来不及躲，被埋在倒下的土里，大家拿着锄头拼命地挖，开始救出的几个还好，最后一个救出来的同学差点死过去了，折腾了几个月才恢复了健康。

还有一次，他带领小组单独挖土，一番努力，同学们挖好了一条沟，掏空后试图用木杠把十几立方米的土撬下来。几经折腾，土方仍然无动于衷，大家只好稍事休息后再干。鉴于上次事故的教训他多了个心眼，不是像其他同学一样坐在土堆下，而是坐到对面边休息边观察。突然，土墩在半明半暗的夜幕中徐徐滑动，苏是嵋急忙大声呼叫，坐在土墩下的同学都跑出来了，紧接着土墩也轰的一声倒下来，没有造成伤亡。这些惊险的经历他至今记忆犹新。

之后的每年，他和同学们都要去农村支援，帮当地的老百姓割稻子、插秧，经常累得整个脚都肿起来，有时指甲都磨掉了。而且到农村没有人给他们供应饭，要自己交伙食费，即便如此，大家还是吃得很差。长时间的艰苦生活，导致严重的营养不良，同学们的身体得不到正常发育，且患上了或轻或重的各种病痛。

到1961年高考前进行常规体检时，十八岁的他才八十八斤，检查结果是患有肺门淋巴结核（一种小孩子缺乏营养才得的病）。患有这种病的考生是不被允许参加高考的。

可是，当时一心想进入大学的他，哪肯放弃任

何学习的机会，不管条件多么艰苦，学校的每一次考试、竞赛他总是能得第一名，特别是数学、物理、化学这三门。可因为身体的缘故，将不得不放弃高考，令他伤心欲绝，也令老师们扼腕叹息。

这时，学校领导非常重视，为了赶在高考前将同学们的病治好，立即把所有生病的人都集中到校医室，一边吃药治病，一边休养生息。恰在此时一起治疗的人中正好有一位同学被检查出与他生一样的病，这位同学不认可这样的体检结果，就自己到邵阳地区医院去检查，检查结果是没病。所以，在这种情况下他也动心了，他想："为了供我读高中，农业合作社都卖了好几担谷子，若是不能考大学，如何对得起合作社里的乡亲们呢？"

于是，他千方百计筹措资金，也到专区医院照了一个X光片，检查的结果是没有肺结核。听到这个结果，他欣喜万分，马上打电话回学校，把结果报告给了校长，校长也特别高兴。还没有等他回去，校长和他的几位老师就帮他填报了清华大学土建系。他从小就特别喜欢数学，但是当时清华大学数学系在湖南不招生，这就改变了他一生的命运。

虽然在专区医院检查的结果是没有肺结核，但是当他回到武冈以后，以前给他检查的那个医生却不肯出具体检合格证。于是，学校为他出具了体检合格证，却遗漏了体检表。当时没有体检表，学校是不会接收的，这还是等他考试完回家以后，在华中工学院毕业回家的四哥告诉他的。果然，省招生办通过二中打来电话催要体检表，电话打到乡里，乡政府又派人传话已是第三天了。于是，得到消息的当天夜里，他又赶了六十余里路，连夜赶到学校，要了体检表，盖上县医院的章，寄到湖南省招生委员会，这样后来才能够收到清华大学的录取通知书。得知他考上清华，学校领导、老师、同学、家人、乡亲们都非常高兴。

时至今日，他老深情地说："我用一生在感恩母校、校长、老师、同学们！"

三、奉献二局传佳话

1966年，大学毕业的他被分配到国家建委长江工程指挥部二公司二处五连，该单位当时是我国导弹生产的三线建设基地，位于川西的大山沟里（是中建二局的前身）。刚到单位，他从木工干起，但这丝毫不影响他要建造中国第一高楼的梦想，近30年后，在他成为中建二局局长的第一年就实现了。1995年建成的深圳地王大厦，高364米，当年竣工时为亚洲第一、世界第四高楼。在这个大型工程的建设过程中，他率领中建二局员工以平均2.75天一层楼的进程刷新了20世纪80年代由他们自己首创的，闻名中外的"深圳速度"。深圳地王大厦是他上任伊始亲自主抓的第一个大型工程。在这个工程中，他们在滑模技术的基础上再创爬模技术，克服了滑模滑动时墙体所产生的拉力作用，使施工速度再度提高。那时，工地上流传一个顺口溜："吃三睡五干十六！"为了完成好这个工程，大伙儿都豁出去了。

1999年建成的深圳赛格广场，高353.8米，是我国第一座完全由国内企业投资、国内企业设计、国内企业组织施工的超高层建筑工程，并创造了钢管砼结构摩天大厦世界第一高度。在建设过程中，中建二局再次突破"深圳速度"，创造了平均2.5天一层楼的新纪录。深圳地王大厦、深圳赛格广场，构成了深圳走向21世纪的时代坐标，也成为我国超高层建筑施工的样板。

20世纪90年代初，他率领中建二局的技术团队在深圳妈湾电厂主厂房施工过程中，首创深层振中挤密技术，被国内外专家称赞"为海上填筑重型工业建筑场地的松散地基处理提供了可靠的施工工艺和有效的处理办法"。这项著名的地基处理技术树立了品牌，为中建二局中标越南胡志明市最大的电厂建筑工程起到了决定性作用。

1997年，中建二局在广西红水河上承建的我国第一个BOT电厂——广西来宾电厂B厂，被国际权威刊物《国际项目融资年鉴》评为"1997年度亚太地区最佳电力项目"。该局采用半潜驳浮箱法，克服种种困难提前完成施工任务。法国人佩服得五体投地："中国人的这种技术，我们连想都想不到！"这项技术中建二局首次应用于20世纪90年代初的深圳妈湾电厂施工中，为世界首创，曾荣获整个20世纪国家建筑工程领域唯一一项国家发明奖。

几年来，"名牌效应"带来一系列连锁反应：中建二局曾先后承建了20多座电站，装机容量达1000多万千瓦，成为目前国内唯一一家具有核电、火电、水电、风电工程施工资格的大型施工企业。

为了二局未来的发展，他力排众议，历尽千辛万苦，把总部从唐山迁至北京。

中建二局员工的一致说法是：苏是嵋为中建二局作出的最大贡献是把指挥中心成功地从唐山迁到北京。

1995年初，他上任二局局长伊始，便将此事提上议程。经过近半年艰辛的思想工作，统一了全局上下的认识，并得到上级主管部门的同意，1995年5月，总部正式从唐山迁入北京。

这一历史性的战略转移，使这支建筑大军摆脱了在市场经济环境到来之初被搁浅的尴尬局面。背靠京城，纵观八方，从没有市场，不懂市场，到腾空而起，叱咤风云，一举跃居国有建筑企业龙头地位。1999年初，中建二局被授予"全国最佳施工企业"。

作者介绍

苏敬华，1963年6月16日出生于武冈。中共党员，大学本科学历。中国民间文艺家协会会员、邵阳市文联兼职副主席、市民间文艺家协会主席、市梅山文化研究会顾问、《邵阳文库》执行主编。

感恩我的母校——武冈二中

王叶茗

武冈二中，坐落在武冈县城东二公里的法相岩畔。这里古樟参天，绿树成荫，学校的林荫小道被高大的树木层层遮蔽，阳光没法直接照射下来，留下的只有阵阵凉风，伴随着四季鲜花盛开，鸟语花香，一步一美景，一处一惊鸿，更觉学校清幽雅静，是一个适合读书学习的好地方。

我是1978年至1980年在武冈二中学习，先后担任过高105班、高112班的班长。在武冈二中短短两年的求学生涯中，我幸运遇到一批非常优秀的老师，他们知识渊博，才华横溢，改革开放后，被压抑了近十年的老师们的工作干劲如火山爆发，将全部热情倾注在学生身上，我深深记得他们讲授讲的每一节课，都是那样的精彩绝伦，无与伦比，

他们从容不迫的教学风度，睿智幽默的教学语言，精湛高超的教学艺术，以及大胆超前的教育思想和理念，开阔了我们的视野，拓展了我们的思维，提高了我们的水平，让我们欣赏到一场场艺术大餐，视觉盛宴，让我们学到了知识，改变了我们的命运。

下面我记叙几位在我心中印象深刻的老师：

张鸿孝老师（数学老师）：张老师讲课水平高，每个数学的概念都讲得清楚，每个定理定论分析，通俗易懂；黑板板书非常漂亮；能准确把握高考数学的方向。

覃松桂（物理老师）：覃老师物理课上得很好。覃老师注重体验式教学，为了让我们爱上物理课，他会尽量琢磨出一些有趣的实验融入自己的教

学中，把一道道枯燥乏味的物理原理变得浅显易懂，让物理课堂变得生动有趣起来。

曾昭伟（语文老师）：曾老师是"语言大师"，讲课水平非常高。每次上语文课，下课前布置几个古文言词多种用法梳理的作业，包括古今异义、一词多义、词类活用等用法，让大家课后回去思考和探究，下次上课时再复习上次布置的作业，在下节课下课时再布置新的词语多种用法梳理，这是叠加记忆法，这样几月下来，我们基本上将所有的古文言词语记熟了，以后学习古文得心应手，这样，在后来的各种古典文学考试中都获得较好成绩。

曾老师文化水平非常高，文学修养非常好，文章也写得非常出彩。他会悉心指导我们写好文章。他告诉我们平时要多读范文，多记经典名句，"熟读唐诗三百首，不会作诗也会吟"；同时也会告诉我们要多动笔，"好记性不如烂笔头"，记下来的东西有空随时看看，这样能快速提高我们的写作能力。还记得1979年武冈二中作文比赛，作文题目是《社会主义好》，我以优美的文字描述了建国三十周年来所取得的伟大成绩，歌颂了建国三十年来取得的辉煌成就，如原子弹、氢弹的成功爆炸，人造卫星的成功发射，人体断肢再植手术的成功实施，南京长江大桥成功建设，人工胰岛素的成功合成等令人振奋的事迹，最后用《社会主义好》这首歌的歌词作为结尾。最终我的作文当年取得了全校第一名的好成绩。

朱阳明（政治老师）：朱老师的政治课，语言洗练，富有亲和力，他善于举例子、摆事实、做比喻，把原本枯燥乏味的政治原理讲得非常生动有趣，让人感觉不到枯燥。

时光荏苒，时间如白驹过隙，匆匆流逝，转眼我已毕业数十年。我想借此机会向母校表达我衷心的感谢和祝福，感谢母校为我提供了如此良好的学习环境和丰富的学习资源，正是在学校每一位老师的悉心教导下，我才有机会鱼跃龙门，到达更加广阔的天地去奋斗，去开拓自己的人生。

亲爱的母校，八十五载风雨兼程，积淀深厚底蕴；八十五载回首同庆，举杯再续华章。

祝亲爱的母校生日快乐！

作者介绍

王叶茗，男，1978年至1980年在武冈二中学习，1980年考上湖南中医药大学。主任中药师，广州市政协第十届、十一届、十二届政协委员，广州市中医药先进科技工作者，广州市中西医结合先进科技工作者，获国家专利25项。

附录一　历届党政组织

董事会

湖南私立洞庭（初级）中学
第一届董事会

1939.8.25—1947.10.21

（1943.9—1947.10.21 升为

完全中学）

董事长：李明灏

副董事长：周　磐　张凤翔

董　事：毛福成　李亚芬

沈清尘　刘公武　刘侃元

景凌灞　李高傅

第二届董事会

1947.10.22—1951.10

董事长：周　磐

副董事长：廖耀湘　许浩然

第三届董事会

1951.10—1953.9.10

名誉董事长：李明灏

名誉副董事长：刘寿祺

董事会成员：周调阳　石易安

谢行恕　萧国汉　向　实

谢羡安　唐庆祥　董公健

刘渭仲　曾荣森

党组织

中共湖南省武冈县第二中学
支部委员会

1957.8—1966.1

书　记：李咸清

1966.2—1970.12

书　记：朱志明

1971.1—1973.2

书　记：吴盛财

副书记：彭宗坤

1973.3—1974.5

书　记：李庆早

副书记：彭宗坤

（1970.12—1975.7）

段泽柳（1974.6 任）

1974.5—1978.5

书　记：庚根源

副书记：段泽柳

1978.5—1984.1

书　记：宁同魁

1984.1—1986.8

书　记：曾培成

副书记：张鸿孝

丁　光（1985.12 退休）

1986.8—1989.4

书　记：张鸿孝

副书记：王耀楚

1989.4—1993.8

书　记：朱阳明

副书记：李良时（1991.3 免）

周德义（1990.3 任）

王常龙（1992.12 任）

1993.8—1994.4

书　记：何志贤

副书记：王常龙

中共湖南省武冈市第二中学
支部委员会

1994.4—2004.8

书　记：何志贤

副书记：王常龙

邓立强（1995.9 任）

2004.9—2019.8

书　记：王常龙

2019.9 至今

书　记：周孝军

副书记：于建成

行政组织

湖南私立洞庭初级中学

1939.9—1941.7
校长：刘侃元

1941.9—1942.7
校长：谢行恕

1942.9—1943
校长：殷德饶

湖南私立洞庭中学

1943—1946.2
校长：殷德饶

1946.2—1947.7
校长：王鉴清

1947.7—1949.10
校　长：周调阳
副校长：萧国汉

湖南省武冈县洞庭中学

1949.10—1952.7
校　长：周调阳
副校长：萧国汉

1952.7—1953.9
副校长：曾仲珊（主持工作）

湖南省武冈县第二中学

1953.9—1954.4
校　长：陈励
副校长：曾仲珊

1954.4—1954.11
校　长：易世廉
副校长：曾仲珊

1954.11—1966.1
校　长：李咸清
副校长：李皋如（1956.8—
1957.7）
邓志中（1962.9—1962.11）

1966.1—1967.3
副校长：温安立（主持工作）

湖南省武冈县第二中学临时领导小组

1967.3—1968.9
副组长：温安立　段泽柳　赵秀璋

湖南省武冈县第二中学革命委员会

1968.9—1970.12
主任：段泽柳
副主任：温安立　周立中
戴宏铨　程融运

1971.1—1973.3
主　任：吴盛财
副主任：彭宗坤
刘文明（副校长，未任副主任）

1973.3—1974.5
主任：段泽柳（1974.6任）
副主任：彭宗坤（1975.5免）
戴宏铨（1975.5任）
温安立（1975.5任）
刘文明（副校长，未任副主任）

1974.5—1978.7
主　任：庾根源
副主任：段泽柳
副主任：温安立　戴宏铨

湖南省武冈县第二中学

1978.7—1984.3
校　长：宁同魁
副校长：曾培成（1980.9任）
舒增银（1982.9免）　丁光
曾昭伟（1982.2—1982.8）

1984.4—1986.8
校　长：张鸿孝
副校长：丁光（1985.12退休）
粟长源　杨钺

1986.8—1989.4
校　长：王耀楚
副校长：粟长源　成诗雨

1989.4—1991.3
校　长：李良时
副校长：成诗雨　刘毅民
赵秀璋（1990.9任）
周德义（1990.3任）

1991.3—1992.4
校　长：周德义
副校长：成诗雨　赵秀璋
刘毅民

1992.8—1993.8
校　长：朱阳明
常务副校长：成诗雨
副校长：赵秀璋　李茂兴
王常龙　林亲轼

刘毅民（1992.7 调离）

1993.8—1993.12
校　长：成诗雨
副校长：赵秀璋　王常龙
　　　　林亲轼　李万刚

1993.12—1994.4
校　长：（暂缺，由书记何志贤代职）
副校长：赵秀璋　王常龙
　　　　林亲轼　李万刚

湖南省武冈市第二中学

1994.4—1995.8
校　长：（暂缺）
副校长：赵秀璋　王常龙
　　　　林亲轼　李万刚

1995.9—2001.8
校　长：邓立强
副校长：赵秀璋　王常龙
　　　　林亲轼　李万刚（2001 年免）

2001.9—2006.8
校　长：林炜
副校长：沈初春（2001 年任，
　　　　2004 年免）　王常龙
　　　　林亲轼（2002 年免）
　　　　谢毅（2002 年任）
　　　　周维水（2004 年任）

2006—2010.8
校　长：廖名智
　　　　王常龙（2006 年免）
　　　　谢毅（2010 年免）
　　　　王惠福（2006 年任）

唐圣斌（2007 年任）

2010.9—2019.8
校　长：王惠福
副校长：沈初春（2014 年免）
　　　　肖豪（2011 年任）
　　　　刘兴龙（2011 年任）

2019.9 至今
校　长：周孝军
副校长：周维水（2021 年免）
　　　　刘兴龙（2020 年免）
　　　　肖豪（2020 年免）
　　　　刘建芳（2020 年任）
　　　　邓星业（2020 年任）
　　　　刘贻斌（2020 年任）
副书记：于建成（2021 年 1 月任）

工会组织

中国教育工会湖南省武冈县第二中学基层委员会

1954.9—1955.8
主席：刘瑞民

1955.8—1956.8
主席：欧德周

1956.8—1957.8
主席：徐行

1957.8—1958.8
主席：杨俊

1958.8—1964.8
主席：邓星田

1964.8—1968.8
主席：周恩德

1968.8—1972.8
主席：易多英

1972.8—1972.12
主席：邱清仕

1982.12—1986.8
主席：潘彰焱

1986.8—1990.12
主席：朱阳明

1990.12—1994.4
主席：赵秀璋

中国教育工会湖南省武冈市第二中学基层委员会

1994.4—1995.12
主席：赵秀璋

1995—2003
主席：欧凤岳

2003.8—2004.8
主席：周维水

2004.8—2011.8
主席：肖豪

2011.9—2020.8
主席：朱书邱

2021.8—
主席：邓昭众

附录二　学校发展大事记

公元 1939 年前

1936 年 1 月，国民政府决定停办陆军整理处军官教导团，恢复组建武汉分校，李明灏担任中将主任（分校校长）。

抗日战争前夕，武汉分校设有 1 个军官总队和 1 个军士总队，共 2000 余人。周磐为军官总队队长，张言传为军士总队队长，为在职军官和军士实施短期训练。

1937 年 7 月 9 日，为国民革命军出师北伐的纪念日，号外报道卢沟桥抗战消息。刘公武在全校纪念大会上，阐述国民革命军出师北伐的历史意义，赞颂卢沟桥英勇抗日的壮举，指出这是民族战争的号角吹响了，中华儿女都要奔赴疆场，挽救国家危亡。

1937 年卢沟桥事变后，南京、南昌相继沦陷，日军分两路沿长江进逼武汉。武汉危急。黄埔军校武汉分校奉命后撤，先迁邵阳，因邵阳临近通都大邑，战祸易于波及，安全堪忧，后迁往武冈。武冈地处偏僻，祠堂、庙宇、院落较多，适合办学。十四期第五总队随校迁走。另先后在武汉及长沙招考学生，在武冈编为十五期第八总队，一年内完成全程教育。1938 年秋后招考十六期，编入第八总队，驻武冈石羊桥各姓氏宗祠，1941 年 3 月 29 日毕业。

1938 年，战事吃紧，军校在宁波招考学生，途经的鹰潭至湖南的火车不通，学生分成数个梯队，丢弃笨重物品，把行李整理成 30 公斤以下的背包，由鹰潭临川、崇仁、吉安、界化陇，再到湖南。700 多公里，昼伏夜行。

二分校初到武冈，暂借茅坪里陆家院子（今花园巷）和张家花园（今武冈三中）作为黄埔军校二分校的校本部和校舍。分校一边办学，一边在法相岩宝方山修建校舍（后称李明灏别墅，今李明灏旧居）。新校舍建成后，校本部搬到该处。而学员及各教学点仍然分布在武冈县城乡各祠堂里。分别是张家花园、许氏祠堂、邓家院子、大皇城杨、李祠堂、高沙曾八支祠、杨氏宗祠，山门尹氏宗祠，公堂上周家祠堂，以及石羊其他祠堂。

1938 年 4 月 20 日，政治部创办《战斗日报》，刘公武兼报社社长，调政治教官龚钦榆任总编辑（龚原在南昌为办报能手），社址设王城民生工厂内（今政协大门处）。军校自设电台，直接收录中央通讯社和新华通讯社发布的电讯。《战斗日报》分为 4 开 4 版。1939 年 3 月，报社迁驻石牌坊 16 号（今都梁医院）。1940 年改名《党军日报》。1945 年春，日本侵略军侵入境内，报社迁到七步石（今绥宁县境内），与《武冈民报》合刊。是年 4 月，日本侵略军追踪至七步石，捣毁编辑部，杀害继任总编辑刘锡畴，另一政治部科员巩固同时被害，从此报刊终结。

1938 年，二分校在县城成立青年联谊社，下设平剧（京剧）团、战斗话剧团、军乐队和歌咏队，地址建立在三义宫（今寿佛寺巷内，建筑已拆毁，仅剩槽门门框青砖柱），被人称为"今古演义场"。评剧团演职员 40 人，其中有来自关肃霜京剧团的司鼓宋宝东，还有曹玉成、高冠、吴小峰、李杏晨等一班名角，还有从沦陷区流亡来的钟自鸣教授和吴为甚、王国民等音乐名流。文武场面高超，服饰道具齐全。"提倡正当娱乐、排除恶劣嗜好，激发抗日情绪"。县城不少青年跟班学戏，京剧在古城武冈白热化。

三义宫演出的京剧有《龙凤呈祥》《沙土国扮兵》《搜孤救孤》《苏三起解》《萧何月下追韩信》等，抗日话剧《罗果宫》《古城的怒吼》《凤凰城》《三江好》等。

公元 1939 年

1939 年 2 月 15 日，在武冈城西茅坪里张家花园（今武冈三中）召开建校发起人会议，会议议定三个项目：一是先组办初级中学；二是推荐李明灏、周磐、毛福成、李亚芬、刘侃元、刘公武、景凌灝、张凤翔、许浩然、李高傅、高瑞芝为董事，并推荐李明灏为董事长，周磐、张凤翔为副董事长，李高傅为财务董事，刘侃元为校长；三是确定 9 月开办学校。

8 月 26 日，在张家花园召开第一次董事会。会议决定校名为"湖南私立洞庭初级中学"。学校行政组织设校长 1 人，统管校务，校长以下设教导主任、事务主任、教导员各 1 人，但教导主任暂由校长兼任。教员薪酬为每小时 5 角，各主任每月支 30 元，教务员每月支 20 元，校长不支薪。

"湖南私立洞庭中学"办学宗旨：遵照中共中央颁布的教育宗旨及实施方针，以厉行三民主义教育，培养青年基础知识，健全身体与高尚人格，以资升学为宗旨。

8 月，洞庭中学开始招生。李明灏把城内原驻扎官兵的杨、李二姓宗祠（今市政府后面）腾出，给洞庭中学作临时校舍。

1939 年秋，抗日战争进入重要关头，二分校扩大十七期招生，在浙江宁波、金华，河南南阳，湖北宜昌、巴东，湖南常德、邵阳录取 4000 多人。1940 年 3 月，又在福建招生，学生从福建长汀，徒步跋涉，经江西、广东到达武冈。这批学员编为第 6、7、21、27 四个总队，这是军校的黄金时代。

10 月，洞庭中学始招初中新生，开办 8 个班，计 364 人。初中第一学期开办课程：公民、国文、英文、算术、动物、植物、历史、地理；第二学期开办的课程除与第一期相同外，另加卫生、音乐、化学、体育；第三学期开办课程：英文、算学、历史、地理、物理。教材为商务印馆、湘芬书局、世界书局、中华书局、大东书局、中国文化服务社等出版的专科书籍。

学校共通校训："礼、义、廉、耻"。

学校自订校训："恭、信、勤、朴"。

学校设立"品学兼优奖学金"，凡学业成绩在班名列前三名、操行甲等的学生，不论家境贫富，均可享受此项奖学金。另外，学校还专门设立了"贫寒学生奖学金"，凡操行甲等、科平 85 分以上，语、数不低于 80 分者，经申请可获取此项奖学金。

11 月 14 日，学校教员草容、周连等三人设计绘制洞庭中学校徽。校徽全图为三角形，上尖下广，形象如君山岿然独立。图中上为篆书"洞庭"二字，下为水纹，象征洞庭湖光万顷。

公元 1940 年

4 月 11 日，创作《湖南私立洞庭中学校歌》，由校长刘侃元填词，教师王国民作曲。

6 月，学校购武冈城东郊塘富冲许家大屋为校址，经半年建构，即新建教学楼两栋，平房两座。教室 24 间，图书馆 3 间，实验室 2 间，内外操场 2 个，及厨房、厕所等，总面积 3349 方丈又 75 方尺。费时七个月。花费国币 40 余万元。

8 月 25 日，学校在邵阳、武冈、新宁三县招收初中第五班、第六班新生计 100 人。

12 月 26 日，塘富冲许家大屋新建校舍竣工。

公元 1941 年

3 月，学校从杨、李祠堂的临时校舍迁入塘富冲许家大屋新校舍。

是年秋，因奉教育厅指令修正设班计划每期核准招收初中新一班。这年学校共有学生 9 个班，编为六学级，人数总 332 人。第一二班 36 人，第三四班 49 人，第五六班 68 人，第七班 39 人，第八班 43 人，第九班 64 人。

学校有水田 118 亩 8 分，是年虫旱交灾，仅收得市斛谷 95 石四斗，约市价 6700 余元。中央军校第二分校，给予年津贴 6000 元，学生学费年约 28000 元，年收入共 41500 元。支出经费年约 43000 元，两抵略有负数，由校董会弥补。校董会存放银行资金 30000 元，系专款储蓄，备作建筑及各项特别支出。

6 月，军校第十七期学生毕业时，李明灏将军亲自主持毕业典礼。在校歌齐唱后，李明灏作毕业赠言，他说："你们是二分校的学生，毕业后就要为二分校争光，希望你们分发到部队后，要练就百发百中的技能，一枪消灭一个敌人，进而夺取抗战的胜利。革命军人应该发扬黄埔精神，舍生取义，抗战到底。你们都要做到爱祖国，爱人民，做一个保卫祖国的民族英雄。"

学员李向武准备奔赴抗日前线，怀揣毕业证，从中山堂走到校门外法相岩的太保洞，架了云梯，咬破手指，把血滴在拌好的红土浆液里，在洞穹顶写上"好男儿杀敌去"。六个字各一尺见方，排成弧形，带着热气，闪着血光。此字至今尚存。

7 月 30 日，校董事会正式聘请谢行恕继任校长。

学校办有《童军简报》，刊登全国各省县童子军动态，童子军规程条例，以及武冈的童子军团训练学习等内容。

武冈县政府令，学校封存一半粮谷，作为代购军需。学校交了 10 石，没有过半。理由是当年旱灾，农民歉收。还有学生分布在四面八方，离校较远，不便回家拉粮。

是年，学校向学生收取俸谷每人每期 2 市石又五斗，如无谷，按市价折成法币上交。

学校教师来自湖南、湖北、河北、上海、辽宁、江苏、江西、黑龙江等各地教师，教师均是大学学历，为学者、教授，年龄大多在三四十岁之间。

中山堂于 1941 年 3 月破土动工，1943 年 7 月建成。

二分校中心位置的主要建筑布局：居中为中正楼，两侧分别为应钦楼、崇禧楼，这是校长及校本部的办公楼；应钦、崇禧两楼前面对称分布的六幢平房，是子弟学校的教室；中正楼与中山堂相隔百米之遥，中山堂前有两个八角亭子。

公元 1942 年

1 月 26 日，学校董事会决定购置 1 万元图书。2 月，谢行恕校长亲自去邵阳、衡阳、桂林购置图书。

1942 和 1943 年两届湖南省中学毕业会考，洞庭中学初中一二班、五六班毕业生科科及格，人人毕业，成绩名列全省第一，省教育厅厅长王凤喈特通令嘉奖，并颁发奖金一万银圆（分两次分发），学校用以购买图书和教学仪器。

湖南省会考地址设在竹篙塘国立十一中。在端午节前后，学生由殷德饶老师带领，前往 90 里外的竹篙塘。他们第一天到高沙市，第二天到竹篙塘，到竹篙塘后借住在国立十一中的学生宿舍里。考试前的晚上，殷德饶老师带着一名工友，拿着研磨好的一大钵墨汁，分给学生。

学校配备体育器材：篮球 8 个、垒球 3 个、排球 8 个、乒乓球网 4 副（球六打）、乒乓球拍 9 副、气筒 2 个、铁球 2 个、标枪 3 支、纪录旗 2 面、跳高架 1 座、撑竿跳高架 1 座、铁叉 3 副、皮带尺 1 把、灰车 1 个、码表 1 个、号令旗 2 面、记录板 6 块、接力棍 6 根、单杠 1 副、双杠 1 副。

学校成立"家庭教育委员会"，由学校给予一定经费，主要任务是推行家庭教育事业。学校分配教职员工指导学生家庭教育工作，协助推进学校与家庭两地教育，研究推行和解决家庭教育事业的实际问题。家庭教育委员会每年开会 3 次，分别在开学、期中和寒暑假前，推行行之有效的家庭教育方法。

学校成立"湖南私立中学山门学会"的学生组织，宗旨是联络感情，促进学行。通信处设在山门黄市正街。

6 月 13 日，学校召开董事会会议，决议中央军校二分校每月给学校津贴千元，第二分校教官继续在校服务期内，各官嫡系子女自 1942 年起免收学费俸米。

8 月 22 日，董事会决议聘任殷德饶为第三任校长。

9 月，学校召开校务会议决定：一是以国文、算学、英语为主课，并缩短授课时间，增加自学时间；二是改善伙食，原为 3700 元，后增加 1400 元，并另加牙祭费 1000 元。由于物价高涨，无法改善伙食，董事会支出增加费用，具体办法是牙祭每周吃鱼 1 次，吃牛肉 1 次等，并增加点心。

是年，学生理发、洗衣、灯油等费用，由学生、教职员工捐款 1 元至 3 元（学生 1 元，百元工资以下的教职员工 1 元，其余 2 元至 3 元），由总务处和学生自治会负责统一收取。部分欠缺部分，由学生俸米剩余折款补充。

学生本学期俸米 7 斗 2 升。

是年，学生入学时必须交一把锄头和一只下蛋的母鸡，才予以注册。锄头用于每周一节劳动课挖土、种菜、植树，母鸡交学校鸡场喂养。校长殷德饶、主任谢行恕兼任劳动课。刚迁到塘富冲时，劳动课或是课外活动，师生们一同挑土平整操场。操场平整完毕后，劳动内容改为种菜。

学校周围有几十亩菜地；还有两口鱼塘，一年可收获数千尾鱼；鸡场养有数百只母鸡；食堂喂了三十余头肥猪；校园内有十几棵橙子树、蟠桃树等。这些食物用于元旦、端午、中秋、校庆等节日改善师生伙食。

11 月 28 日，董事会决议，秋季增招高中班。

公元 1943 年

春季，新建宿舍两座于校舍右方的山坡上，距校千步，来去方便。宿舍内设堂屋 4 间，卧室 16 间，厨房 4 间，杂屋 1 大间，可供教职员 8 家住宿。后，又建一大食堂，工未完成一半，闻日寇将侵入，即撤往绥宁。后，食堂建成，又因战事逃往会同。战事稍平息即回武冈，师生暂住南门外寺背冲青云庵，日寇投降后才回许家大屋。耗资百万可容千人的大食堂全部毁于日寇飞机轰炸，木石俱焚，仅余瓦砾。六年后经董事会努力，遂建成大礼堂、图书馆、科学馆等。

8 月，蒋介石将李明灏调至陪都重庆担任警备司令。

洞庭中学两次会考夺冠后，省教育厅批准其增办高中。"湖南私立洞庭初级中学"去掉了"初级"二字，更名为"湖南私立洞庭中学"。秋季，始招高中新生，成为一所完全中学。

学校占地面积 563 方丈（市尺），建图书馆 1 间，教室 12 间，实验室 2 间，体育场 7 个（露天），寄宿生宿舍 20 间，教职员办公室 15 间，学校办公室 1 间，大礼堂 1 间，食堂 1 间，教职员休息室 1 间，厨房 3 间，浴室 2 间，厕所 10 间，公丁室 4 间，传达室 1 间，游艺室 1 间，仓库 10 间，学生自治会办公室 1 间，疗养室 4 间，会客室 1 间，理发室 2 间。

童子军实行战时服务训练：温习课程、学习战争专技、学唱歌曲、学习战时手工、学习游击、参加贫困户或征军家属服务、参加元旦联欢会或春节团拜会、参加冬季露营和游行等。

公元 1944 年

学生成绩在 65 分以上，才能升级；主课 65 分以下的学生留级；60 分以下或操行恶劣的学生予以辞退；成绩特别差的学生予以辞退。学生不能结婚，如结婚者即辞退。学生迟到一次，罚金若干元，迟到两次，罚金翻倍，迟到三次者勒令休学。

1944 年，武冈时常发出防空警报。为防日军飞机偷袭，是年 8 月，校本部搬迁至踏岭斜道张家的张家大院。

二分校学生毕业后，主要被分发到第三、四、六、九战区的野战部队，也有分到滇缅边境的远征军，赴缅甸、印度作战，还有到苏、浙、皖敌后打游击的。许多人担任排、连、营长和更高级别的干部，参加长沙、桂南、衡阳、常德等战役。他们在抗战中不畏牺牲，前仆后继，为国奋战，不辱使命，谱写了英勇抗敌的光辉篇章。

二分校有教官及其家属、子女两千多人，子女要读书，为了不耽误教官们的子女学习和前程，李明灏将军以军校财力、人力、物力为基础，联络武冈的地方开明士绅，求得地方政府的支持，成立了以他为董事长的董事会，聘请了刘侃元为洞庭初级中学校长。

洞庭中学开办之初，困难很多，为了解决这些问题，李明灏将军将学校部分教职员工安排在军校挂衔占编，领取薪酬。同时，他动员董事会成员、地方贤达豪绅募资捐款。他曾感慨地说："天下最难的事，莫过于募捐了。"即可推测当时办学的艰难。

9月初，日寇飞机两次轰炸武冈县城。第一次轰炸后，学校即通知学生做好迁校的准备；第二次轰炸后的次日，教师即带领学生经武冈县城，出旱西门向城步西岩进发。学生一人一个铺盖卷，一提篦衣物和学习用品，用一根竹扁担挑着。为了师生的安全，学校在临离开武冈以前，向二分校领了40支俄式步枪，从高年级挑选了40名身强力壮的男学生组成了自卫武装，由军训教官带领，一路行军，一路进行武器使用的训练。

由于从武冈西逃的人很多，山路狭窄，人流拥挤，行进速度一天才十几里、二十几里，最多三四十里。宿营时按小分队（班级）到村里和集镇的老乡家借宿，以小分队为单位生火做饭。在西岩停了三天，继续西进，停停走走，经过约一个星期的行军，在中秋节前到达绥宁县城。

学生被临时安置在绥宁县立中学腾出的寝室里，部分带家属的教师找民房住下。学生吃饭则利用县中的食堂，炊事员准备好饭菜，待县中学生吃完饭以后洞庭中学师生再开饭。半月以后，学校由绥宁县中搬到孔庙内，学生听课坐在地铺上，膝盖成为课桌。军事每周两节，从拆卸、擦洗、使用枪支的基本常识，到野外演习和实弹射击。晚上，学生轮流站岗放哨，保卫师生的安全。

这年腊月二十九日，洞庭中学的流亡师生在县文化馆礼堂上演大型古装剧《岳飞》。剧本由老师自行改编，曲子由老师谱成，剧中道具服装包括岳飞大将的盔甲，均是师生制作。演出在绥宁引起强烈反响，台上台下群情激奋。《岳飞》演出后，剧中高昂悲壮的《满江红》歌曲，两三日之内，在当地学生中广为传唱。

公元 1945 年

4月22日，日军第三四师团从新宁侵入安心观、五里牌一带，被国军第五十八师一七二团阻击。次日，日军2000余人迂回威溪冲、蔡家塘等地，复遭国军第五十八师阻击。4月26日，国军第五十七师与日军6000余人在安心观、踏踏岭、李家山、高沙、竹篙塘一带进行激战。5月1日，国军第九十四军第五、四十四、一二一师在荆竹铺、黄茅、李家山、转湾、踏踏岭一带形成东西夹击之势，击溃日军2000余人。第五师十四团在龙田、扶冲地带激战三昼夜，歼敌600余人。同月7日至16日，国军第九十四军在武冈荆竹铺、龙田、高沙、风神岩、花桥、曹家坳、黄家冲等地与日军激战，打死打伤日军2900余人。至26日，日军全部败离县境。

1945 年春，逃难的师生从绥宁迁回原址许家大屋。4 月，日寇再犯湘西，打到武冈，洞庭中学师生再次转移。这次师生吸取上次转移经验，将学生分成小分队，由各个老师带领，并组织部分学生打前站，安排住宿、烧做饭菜，等待大部分师生到达。

师生转移到会同县，面临粮食危机。打听到会同县县长是明德中学校友，殷德铙校长和王鉴清老师喜形于色。他俩立即前往县府求援，县长一口答应，学校才转危为安。在会同，由于条件太差，几百人到一个偏僻小城住的地方都难找，无法上课。战事稍稍平息，师生便回武冈，暂住在南门外寺背冲青云庵。8 月，日本投降后，师生返回许家大屋校舍，但校舍已多处被日寇飞机炸烂，遍地瓦砾。

在全校师生两次逃难期间，临危受命负责留守的陈子哲，誓言日本鬼子没打进大门，决不逾墙走避，擅离职守。他几个月严守岗位，未出过大门，还经常派人到绥宁、会同通报情况，消除大家的后顾之忧。师生归来，看到学校的物品和贮有几百石粮食的谷仓丝毫无损。寄放在夏胜如同学家的图书、仪器，完整无损地保存下来。殷德铙校长在庆功会上，为陈子哲和参与守校的老工友夏胜如各授一块金牌，以资奖励。

9 月 22 日，学校受灾，向省教育厅申请救济款。洞庭中学分配到救济费 184800 元，以及副食费 141450 元。

10 月，黄埔军校二分校从武冈裁撤。学校办学遇到困难，部分老师辞职离开学校，去蓼湄学校（现洞口高沙镇）等学校任教。李明灏写信叫校长殷德铙将老师们请回来，待遇不能低于蓼湄学校。李明灏建议，初中专任教师月支三百六谷三市石，高中专任月支四百八谷四市石。学生奖学金不减，但把主要科目的奖励成绩提高到 80 分以上。

学校向学生收取学费略有提高。分别是：高一 2720 元，高二、高三 2750 元；初一 2720 元，初二、初三 2730 元。

12 月，军政部部长陈诚同意柴镜蓉报告，指令中央军校第二分校主任李明灏将二分校营房拨作洞庭中学校址。二分校的房地是暂时借用，今后如军部需要，应即归还。

公元 1946 年

1946 年 1 月 1 日，二分校校舍正式拨给洞庭中学。

1 月 31 日，殷德铙因病辞职，由王鉴清继任校长。王鉴清 1929 年毕业于北平私立中国大学中国文学系，曾任中央军校二分校政治教官，省立卫阳中学国文教员兼师范部主任，明德中学初中国文教员，国立十一中高中部国文、公民教员等。

3 月 23 日，高四班学生陈继光、初十七班学生吕开政在城区赌博，屡教不改，被学校开除学籍。

9 月，法相岩社由高五班学生李庆苏和黄文品发起成立，初期每月出一期壁报。

10 月 14 日，洞庭中学从许家大屋迁入原中央军校二分校办公。

公元 1947 年

武冈地方反动势力在《武冈民报》上发表攻击洞庭中学及其学生的文章，激起师生们的愤慨。高中部学生自发冲进《武冈民报》馆，打了报馆主编。国民党县党部和地方士绅对王鉴清校长进行攻击，指责学生们的行动是王校长纵使，要求追查。王鉴清校长被迫辞职回了长沙。1947 年春，周调阳继任校长。

10 月 22 日，校董会召开第 13 次会议，选举周磐为新一届董事长，廖耀湘、许浩然为副董事长。28 日正式作工作交接。

校长周调阳为法相岩社社歌作词，王国民老师作曲。歌词："岩石奇伟，岩洞清幽，风景天然好息游。我们集体学习，我们一起藏修。寻找真理，争取自由，不达目的誓不休。我们直追急起，我们赶上迎头。"

公元 1948 年

南京国民政府教育部接连发出密令，限制学生活动，镇压学生运动。武冈县政府在学校推行宣誓"戡乱"，要求师生遵守"剿匪公约"，结果适得其反。学校进步教师在课堂内外，揭露国民党反动派的罪行，宣传迅速发展的解放战争形势，激发学生的革命热情。进步书刊、歌曲在学校流传。进步教师分别加入地下党领导的新民主主义研究会，积极开展了解敌情、发动群众、迎接解放的工作。

公元 1949 年

是年暑假，法相岩社组成两个学习小组，学习解放区文件与毛泽东著作，学唱解放区歌曲并学跳秧歌舞以迎接解放。

10 月解放军围城，法相岩社成员在原洞天小学（今机械厂内）手写欢迎标语。解放军攻入县城，巷战尚未结束，而欢迎解放军的标语已张贴出去了。

1949 年 10 月 10 日武冈解放，共产党对私立学校（洞庭私立中学）暂不接收，只做政治指导。

学校废除过去的训育制度和公民课，废除军训和童子军训练，遵循中国共产党的教育方针和不同时期的基本路线，联系学生实际，通过课堂教学、班主任工作、课外活动和社会实践等途径，向学生进行思想政治教育。组织师生批判封建的、买办的、法西斯的思想，进行革命的人生观教育。

公元 1950 年

校长周调阳被选为武冈县第一届第一次各界人民代表大会常务委员会教育界常务委员。

年末开始，学校进行"爱祖国、爱人民、爱劳动、爱科学、爱护公共财物"的国民公德教育，建立升降国旗的制度。围绕土地改革、镇压反革命、抗美援朝三大运动，进行反封建教育、爱国主义和国际主义教育。学校师生积极参加三大运动的宣传，清除亲美、崇美、恐美思想，增强了民族自尊心、自信心、自豪感。

学生积极参加社会活动，踊跃参军参干，学校高中部参军参干 400 余人。学生为抗美援朝捐献飞机大炮，每人平均捐人民币 4 元。有的学生把买草鞋的钱也捐了出来。

公元 1951 年

3 月，学校师生与全县师生集会、游行，愤怒声讨美帝发动侵朝战争的罪行；学校开展宣传抗美援朝、保家卫国的爱国主义教育运动；开展订立爱国公约、捐献飞机、大炮和拥军优属活动。

10 月，根据《湖南省管理私立中等学校暂行办法》，学校成立了新董事会，推选进步人士周调阳、石易安、谢行恕、肖国汉、向实、谢羡安、唐庆祥、董公健、刘渭仲、曾荣森等十人为校董，推选李明灏、刘寿祺为正副名誉董事长，委任肖国汉为副校长，主持校政，学校在新的董事会和校务委员的领导下，工作很快上了正轨，在校学生增至 500 余人。

公元 1952 年

本年度上学期，学校建立共青团组织。

公元 1953 年

9 月 10 日，湖南洞庭中学更名为武冈二中，定为湘西南两所省属重点中学之一。

本年度下学期，进行过渡时期总路线的教育，使学生了解总路线的基本内容，明确社会主义革命和建设的前途。同时开展学习刘胡兰、邱少云、黄继光、罗盛教和苏联的马特洛索夫、丹娘、卓娅和舒拉等英雄人物的活动。

本年度下学期，政府派中共党员陈励任武冈二中校长。

公元 1954 年

9 月，调中共党员易世廉为校长。同年 11 月，易世廉去省委党校任教，调时任邵阳市二中副校长李咸清来校任校长。

是年，在教工中建立教育工会。

武冈成立中国共产党在城中学联合支部，武冈二中李咸清任支部书记。

公元 1955 年

全县普遍增加了各级的工资分，原工资级别较低的教职工，在总人数百分之十五的范围内提升了工资。中学教职工人平月工资达到四十五元六角九分。

公元 1956 年

学校单独成立党支部，校长李咸清兼任书记。

5 月，教师程苏民代表邵阳境内中学出席全国文教战线先代会。

公元 1957 年

学校设 21 个教学班，其中高中 12 个班、初中 9 个班，在校学生 1200 人左右。

中共中央主席毛泽东在 1957 年 2 月《关于正确处理人民内部矛盾的问题》的重要讲话中提出："我们的教育方针，应该使受教育者在德育、智育、体育几个方面都得到发展，成为有社会主义觉悟的有文化的劳动者。"学校按照这一教育方针积极进行教育改革。

学校加强时事政治学习，教育学生了解社会主义革命和建设的巨大成就，认识中国共产党的领导是社会主义事业胜利的根本保证，确立坚定正确的政治方向。学校成立学生政治思想教育领导小组，对毕业班学生进行劳动教育和前途教育。

公元 1958 年

7 月，期末考试后，学校组织学生到湾头桥公社参加"双抢"。

9 月，学校停课，组织学生参加栗山园露天煤矿挖煤会战。当时的口号是"超英赶美""全民炼钢铁，万人上矿山"。会战历时 1 个月。

10 月，学校组学生到米山宣传"三面红旗"，在山坡上、田埂边、大路旁，用石灰写标语"鼓足干劲，力争上游，多快好省地建设社会主义""人民公社好"等。

当月，洞庭中学与武冈师范、一中、云山初中、鸿基初中，联合组成"红专人民公社"，统一建立教育、生产劳动体系。学校因劳动时间过多，教学计划无法完成。根据上级"半年转风气、两年半自给、三年全自给"的口号，要求不切实际，助长了强迫命令和浮夸之风。年底，中央批转教育部党组《关于教育问题的几个建议》之后，武冈二中纠正了教育革命中的一些过头做法，恢复以教学为主的正常秩序。

公元 1959 年

2 月，武冈县开始纠正学校师生劳动过多的偏向，统一安排教学和劳动时间。从 1959 年至 1966 年春，武冈县中小学的勤工俭学活动主要抓菜瓜种植，进行生产自救。

公元 1960 年

1958 年至 1960 年，贯彻"教育为无产阶级政治服务，教育与生产劳动相结合"的方针，开展教育革命。大力克服教育"三脱离"（脱离政治、脱离生产、脱离实际）的倾向，实行"三结合"（结合政治、结合生产、结合学生实际），进行"三改革"（改革教材内容、改革教学方法和教具），对原用教材进行"砍、补、换、合"。在教学方式方法上，打破课堂教学的单一形式，"走出去"进行现场教学，采取预习、讲授、参观、操作、总结等步骤。

公元 1961 年

1961 年与 1958 年、1960 年一样，高中毕业生参加高考，升学率均达到百分之九十以上，在全省享有盛名。

学生苏是嵋被清华大学录取。

公元 1962 年

学生汪兴谦被清华大学录取。

公元 1963 年

3 月，学校积极响应党的号召，开展向雷锋同志学习的活动。

公元 1964 年

学校组织教师学习毛泽东的《十大教学法》，贯彻少而精的原则，提倡启发式，废止注入式，培养生动活泼的学习空气，并进一步重视汉语拼音教学和推广普通话。

高 37 班毕业生肖海考入北京大学。

公元 1969 年

全县中学除留武冈二中仍归县办外，余均下放到公社办，小学下放到大队办。

公元 1970 年

全县公办教师集中在二中办"一打三反"学习班，不少教师又遭到迫害。

公元 1971 年

是年冬天，吴盛才任学校党支部书记，刘文明任副校长。

学校整顿教学秩序，狠抓教学质量，恢复了"文革"前一些行之有效的做法，并面向社会办起了农机、财会、卫生、植保等专业班，学校面貌有所改观。

公元 1972 年

是年，县教学辅导站建立，兼管在职教师的培训。从 1972 年至 1973 年，县教育行政部门委托武冈二中办师资短训班。1976 年粉碎"四人帮"后，又委托武冈县"五七"大学办半年制、一年制中、小学教师短训班。

公元 1973 年

下半年，根据江青、张春桥、姚文元等定的调子和县政府的指示，学校掀起学习"白卷英雄"张铁生和"反潮流小将"黄帅的浪潮，学校教学秩序再度陷入混乱状态。

公元 1974 年

武冈县公交系统办的子弟学校，校址先设在县柴油机厂内，后借武冈二中前栋平房做教室，1976 年迁入城内红卫中学。

是年，"批林批孔"浪潮席卷学校，不少人又被卷入派性斗争的漩涡。

公元 1975 年

学校开办卫生、农机、化工、植保专业班，共培训 545 人。

公元 1976 年

9 月，二中学生在王城坪参加武冈县举行的毛泽东主席逝世追悼会。追悼会上，学生和群众哭成一片，部分师生昏迷过去，即被卫生人员抬到王城坪旁边的招待所（今政协大楼）里，进行治疗或休息。

11 月，学校师生员工集会、游行，庆祝粉碎"四人帮"的伟大胜利。

公元 1977 年

学校因"文革"大伤元气，是年恢复高考时，10 个应届毕业班仅两人考上邵阳师专。

教育战线拨乱反正，学校以"理论与实际相结合"的教学原则，开办了钢球厂，并开辟了生物园地。

公元 1978 年

5 月，县委调整学校领导班子，调宁同魁任党支部书记兼校长。

下学期起，学校恢复招初中班（中断了七年），每年招 4 个班。

秋季，学校根据教育部颁《全日制十年制中小学教学计划（试行草案）》开课。初中开设政治、语文、数学、外语、物理、化学、地理、历史、生物、生理卫生、农业基础知识、体育、音乐、美术。高中减去生理卫生、音乐和美术。全年"兼学"（学工、学农、学军）时间：初中 6 周，高中 8 周。高中二年级实行文理分科，理科班不设地理、历史；文科班不设物理、化学、生物。

根据《武冈县人民政府文教办公室教师岗位责任制》的要求。教师实行岗位责任制。

公元 1979 年

学校被评定为武冈县重点中学。

公元 1980 年

当年高中毕业班 8 个，被大中专学校正式录取 124 人，其中重点大学 27 人，一般本科 45 人，中专 52 人，占全县大中专录取总人数的 42%。其中，朱建业考入清华大学。

公元 1981 年

1 月，校长宁同魁任武冈县第八届人大常委会副主任；教师王耀楚被选为武冈县第一届政协委员。

公元 1982 年

根据湖南省1981年颁发的《全日制重点中学教学计划（试行草案）》的要求，学校在当年秋季改高中二年为三年制。

学校开展"五讲四美三热爱"活动："五讲"即是讲文明、讲礼貌、讲道德、讲秩序、讲卫生，"四美"即是心灵美、语言美、行为美、环境美，"三热爱"即是热爱祖国、热爱社会主义、热爱共产党。

公元 1983 年

是年，全校 421 人参加高考，共录取 252 人，升学率达 60%，其中被清华大学和北京大学各录取一名。

公元 1984 年

教师王耀楚被选为武冈县第二届政协副主席， 教师成思雨被选为武冈县第九届人大常委会副主任。

学校在武冈县首次实行校长责任制与教师选聘制试点。校长由群众推荐，经上级考核后委任，任期三年。学校教师实行选聘制，从原有的 124 名教师中选聘了 108 名。落聘的教师由县教育局另行安排。

公元 1985 年

这年高考，文科平均总分居邵阳市第一名。

公元 1986 年

这年高考，学生张先杰获湖南省理科状元；高二学生邹江鹰以优异成绩考入武汉大学少年班；学校获武冈县委、县政府颁发的"誉满三湘"奖牌。

学校提出"严谨、求实、文明、创新"的八字新校训，全面贯彻中国共产党的教育方针，为社会主义事业培养"四有"（有理想、有道德、有文化、有纪律）新人。

公元 1987 年

学生段云峰被北京大学录取。

学生童平森被清华大学录取。

湖南省教委、湖南省体委对学校进行检查验收。学校被命名为湖南省体育传统项目重点布局学校，试办邵阳市普通中学第一个体育班。

王耀楚校长撰写新校训：严谨　求实　文明　创新。

公元 1988 年

这年高考，过重点大学录取线者 56 人。

高二学生林朝阳以湖南省总分第一名被选入国际奥林匹克化学竞赛国家培训队。

公元 1989 年

高二学生林朝阳免试入北京大学。

公元 1990 年

进入 90 年代以后，学校进一步深化教育教学改革，无论是硬件建设还是软件建设逐步迈上了新台阶，办学条件进一步得到了改善，教育教学质量也在逐步上升，充分显示了二中师生顽强拼搏的精神和默默奉献的传统。

公元 1991 年

3 月 26 日，县财委、教委决定，表彰参加"三九"灭火战斗中抢救国家财产的武冈二中师生，并授予"雷锋精神，永放光芒"锦旗。

周德义校长将复读班节余资金注入洞庭奖学基金会。

公元 1992 年

8 月，武冈二中高二学生段镶锋被中国科技大学少年班录取；陆波被清华大学录取；朱小辉考分居邵阳市第三组第一名，被上海同济大学录取。

8 月，武冈县第一所少年军校在学校成立，这期招收 184 名学生，从严军训半个月。

公元 1993 年

学校新的领导班子以邓小平同志提出的"三个面向"为指针，加大学校管理力度，确定"以育人为根本，以教学为中心，努力造就合格加特长的跨世纪人才"的办学宗旨，提出"建设一流的领导班子，培养一流的教师队伍，创造一流的管理水平，拥有一流的教学设施，办出一流的教学质量"的办学目标。学校实行党支部领导下的校长负责制，形成了校长负责，支部保证、工会监督的总体工作网络。提出了讲奉献、抓作风，讲师德、抓教风，讲管理、抓学风，讲发展、抓校风的管理方针，逐步形成了"严、活、准、实"的四字教风和"勤学、好问、多思、多练"的八字学风。

这年，学校有教学班 34 个（初中班 16 个，高中班 18 个），在校学生 1791 人（初中 891 人，高中 900 人），教职员中 133 人，其中有中学高级教师 15 人，中教一级 50 人，中教二级 49 人。

学校建筑面积 2.1577 万平方米，各种教学仪器物品 12938 件，总值达 9.8511 万元。电化教学设备有电脑、电影机、电视机、投影机等，总值达 30.7568 万元。图书室藏书 4.244 万册，师生人均 20 余册。

公元 1994 年

8 月，学校高 197 班学生霍勇以高考成绩 686 分获邵阳市总分第一名、湖南省第四名，被清华大学录取。

公元 1995 年

7 月，全省高中毕业会考，普通高考排队，学校名列邵阳市第二。

9 月，省市各级纪念抗日战争胜利 50 周年歌咏比赛，学校获一等奖。

12 月 26 日，学校被正式批准为省级重点中学。

公元 1996 年

学生周斌被清华大学录取。

学校评为湖南省园林式单位和百佳文明卫生先进单位。

学生周曙黎在全省第八届全运会上荣获中学生女子组标枪金牌。

钟介澍老师被评为武冈市第一位中学特级教师。

公元 1997 年

学校被评为省《实施国家体育锻炼标准》先进单位。

市委、市政府加大示范学校的建设投资，改善示范学校的办学条件，投资学校近 400 万元，新征校门口水田 10 亩，解决校门狭窄和师生进出困难的问题，修建建筑面积 2800 平方米的教工宿舍一栋和高标准的图书馆一栋。

学校被评为湖南实施国家体育锻炼标准优秀学校和全国体育传统项目学校先进单位。

学校被邵阳市教委定为邵阳师专教育实习基地。

沈生福老师发明的"简谐振动投影仪"填补了国内空白，获得了国家专利（专利号为 94237095·3），并荣获 1997 年国际新发明、新技术及名优产品博览会暨荣誉评审会国际发明爱迪生金奖。武冈市委、市政府对沈生福给予通报表彰，并发奖金 1800 元。

参加全省第三届中、小学、幼儿园艺术节歌咏比赛，学校获省二等奖。

公元 1998 年

4 月，学校被国家体育总局、国家教育部评为"全国体育传统项目学校先进单位"。

5 月 18 日，湖南省教委授予武冈二中"湖南省重点中学"匾牌。

学生罗洁洁被北京大学录取。

1996 年、1997 年、1998 年连续三年被评为湖南省优秀考点。

被评为全国体育传统项目学校先进单位及 21 世纪中国学校体育发展研究优秀实验学校。

1998 年、1999 年、2002 年三次被评为"湖南省青少年科技发明创造优秀组织单位"，先后为国家培养两万多名高、初中毕业生，为大专院校输送逾万名合格新生。

11 月，被中国体育科学学会、孙晋芳全民健身服务网络评为"21 世纪中国学校体育发展研究实验学校"。

12 月，被授予"湖南省青少年科技活动示范基地"铜牌，并被评为湖南省青少年发明创造活动优秀组织单位。

公元 1999 年

4月，学校获得市委、市政府授予的"示范性学校"匾牌。

5月，刘金鹏同学在全国残疾人运动会上4次破4项世界纪录，同年入选国家队，赴法国、韩国参赛。

6月，肖艳萍、戴完菊同学在全省第三届青少年运动会上荣获赛艇女子甲级公开级200米双人桨金牌；肖艳萍获单人单桨金牌，戴完菊获该项目银牌。两人参加第六届中国少数民族运动会龙舟赛获金牌2枚，银牌4枚。周洁同学在省第六届体育传统项目学校田径运动会上获甲组女子1500米、3000米两枚金牌。

8月，荣获湖南省体委、湖南省教委评定的1998年湖南省体育传统项目学校先进单位。

8月，周栩可同学获科技项目"人工招引益鸟防治松毛虫"获全国第五届青少年生物与环境科技实践评奖活动二等奖，并应邀到内蒙古参加论文答辩。

六十年校庆之际，校办公室主任谢毅设计了新校徽。

公元 2000 年

武冈市委、市政府提出"实施名牌战略，办强办大重点学校"的口号，通过三至五年打造武冈教育自己的名牌，把武冈二中建成全国千强示范高中，在现有基础上扩大规模，形成特色，办出名气，成为王牌。仅用三年时间，武冈二中投入3373万元，新征土地45亩，扩建1.5万平方米的高中部教学楼，建设校园局域网、网络教室、电子图书室、后勤服务大楼、校园文化广场、学生公寓、劳技综合大楼等。

学生肖毅被清华大学录取。

公元 2001 年

6月，曾艳同学在全省第七届体育传统项目学校田径运动会上获得甲组女子1500米金牌。

在省教委举行的文艺汇演中，学校的舞蹈、歌咏节目获一等奖。

学生张黎被北京大学录取。

是年，学校被评为湖南省文明卫生先进单位。

学校重启洞庭中学初中部。

公元 2002 年

学校被授予"湖南省基础教育教学改革实验学校"牌匾，并被评为"湖南省现代教育技术实验学校"。

教师谢毅的《中学化学导学式计算机辅助教学实验》论文，获湖南省基础教育教研教改成果奖。

11月，学校被评定为第三批"湖南省中、小学现代技术实验学校"。

学生姚岱被清华大学录取。

曾艳同学获得湖南省第九届运动会女子乙组 3000 米第三名与湖南省中学生田径锦标赛女子乙组 3000 米第一名的好成绩。

公元 2003 年

3 月，被湖南省教育厅确认为湖南省中小学现代教育技术实验学校。

曾艳同学获得田径 3000 米一级运动员光荣称号。这一年，她在省中学生田径 3000 米锦标赛中取得好成绩。

包括女子组 1500 米第二名与湖南省体育传统项目第八届田径运动女子组 1500 米第一名。

公元 2004 年

3 月 20 日 学校聘请喀麦隆籍英语教师 Loveline Shurri 女士和 Along Godwin Okia 先生到校任教。

4 月 26 日，在湖南省第二十五届青少年科技创新大赛中，学生萧乔的作品《斜置软壁水下振源水波特性演示器》获优秀项目一等奖，并报送国家参评。

学生陈中杰被清华大学录取。

12 月，被中共湖南省委、湖南省人民政府评为湖南省 2004 年文明单位。

曾艳同学获得湖南省中学生田径运动会 3000 米第二名与湖南省中学生田径运动会 1500 米第二名

公元 2005 年

4 月，荣获张三丰杯全国书画大赛组委会、《书画教研》编辑部举办的，首届张三丰杯全国书画大赛中华书画教育团体铜奖。

10 月 24 日，武冈市市长周晓红进入学校，对高中部 400 余名师生作"让和谐之花在武冈绽放"的专题演讲，激励师生做到"责任、诚信、自立"即诚信为人，自立自强，勇敢地承担起建设和谐武冈的伟大使命。

12 月，中国民主促进会湖南省委员会评为 2004 年"组织建设年"先进基层组织。

公元 2006 年

9 月，荣获中央教育科学研究所教育与人力资源研究部《新读写》月刊社举办的，中央科教所"十一五"重点科研课题《传统文化与语文教学》实验学校。

公元 2007 年

1 月，被湖南省电化教育局、湖南省教育技术协会聘为《教育信息技术》理事单位。

这年高考，学生上线人数 704 人，被高校正式录取 628 人，其中一本（重点大学）118 人，二本 244 人、三本 266 人。

是年，学校教师在省级以上的各类教育教学刊物上发表论文 46 篇。课件制作评比竞赛获国家级奖 3 项、省级奖 7 项、邵阳市级奖 16 项。

在"奥林匹克"信息技术竞赛中，学校第一次派学生参加，获省级二等奖 1 人、三等奖 3 人，占邵阳全市获省级奖总数的一半以上。

学校所承担的教育部"十五"规划课题子课题《现代教育技术在中学研究性学习中的运用》获省一等奖、《中学化学创新教育》获省二等奖。

公元 2008 年

学校组织高三备课组组长赴师大附中，雅礼中学、冷水江一中和绥宁一中交流学习；高二备课组组长赴雅礼中学学习取经；有五个教研组率先进行校本课程的开发工作。

何红继、刘辉君老师辅导学生在省机器人比赛中获省二等奖一人，三等奖两人。

教师参与"十一五"期间省级课题申报工作，《高中数学学科内容考法分析研究》课题被省教育科学规划办立项。

"五四"表彰中，学校肖玮同志被评为邵阳市优秀团干部，377 班工亦银同学被评为邵阳市优秀共青团员，390 班何叶青同学被评为武冈市优秀共青团干部，374 班罗哲恒同学、370 班唐宏享同学、385 班荆艳云同学被评为武冈市优秀共青团员，379 班团支部被评为武冈市优秀基层团支部，学校团委也被评为邵阳市红旗团委。

公元 2009 年

郑东、肖颉、戴鹏同学分别以 667 分、661 分和 647 分的高分考上了北大、清华的录取分数线，郑东在全省排名第 19 位，邵阳市第 2 名；肖颉在全省排名第 44 位（实考分第 12 名），邵阳市第 3 名（实考分第一名）。

武冈市理科的第一名、第二名、第三名、第四名被学校囊括。全校文、理科重本上线 107 人，二本以上上线 358 人，三本以上上线人数 913 人。

学校投入 300 余万元修缮旧教学楼内墙、门、配电线路、照明、女生公寓的后窗与图书馆到男生公寓、锅炉房的电缆，完成体艺馆内塑胶跑道的安装工程，新配置通用技术室 2 间，新添置学生电脑室一间，添购办公电脑 25 台，增添多媒体教室 26 间，硬化道路 400 余米，新砌围墙 300 余米。

《高中数学学科内容考法分析研究》课题被省教育科学规划办立项。国家级课题《传统文化与作文教学》结题。

何红继、刘辉君老师辅导学生在省机器人比赛中获得二等奖一人，三等奖两人。

省科协对省青少年科技活动示范基地的复评，学校被评为湖南省"十佳"青少年科技活动基地学校。

学校完成了张明为励志助学金的申报和资助工作，学生获资助金 116500 元；完成福利彩票资助金的申报工作，学生获资助金 207000 元；全校师生为贫困学生捐款达 32442 元；全年资助贫困学生资金共计 35 万余元。

学校组织学生参加邵阳市"三独"比赛，4 人获一等奖，占邵阳市一等奖总人数的一半；参加省"三独"比赛，2 人获二等奖，三等奖 3 人。学校田径、球类运动员在省、市级竞赛中荣获金牌一枚、铜牌三枚；在省体育传统项目竞赛中获铜牌 2 枚；参加邵阳市第三届全运会，获金牌 13 枚、银牌 7 枚、铜牌 5 枚。

12 月，被湖南省科学技术协会评为湖南省青少年科技活动示范基地先进单位。

公元 2010 年

学校获得邵阳市高中教学质量综合评估一等奖，并被评为武冈市综合治理先进单位、邵阳市校园文化建设示范学校、全国艺术教育先进单位、湖南省文明单位等。

是年高考，学生李回洲被清华大学录取；学校文化及艺术二本上线人数 633 人。

学校文科科目任课教师的教学比武，两名教师获一等奖，三名教师获二等奖。

教师参加各级各类竞赛，获省级以上奖励 17 人次。组织高二、高三学生参加了数学、物理、化学奥赛，获省级以上奖励 21 人次，邵阳市级奖励 24 人次。

高一政治组在教改教研方面，被评为湖南省优秀备课组。

公元 2011 年

这年高考，刘宇浩、李章誉同学上清华大学录取分数线，刘宇浩以 687 分荣获武冈市理科状元，在湖南省排名第 64 位；全校重本上线人数 206 人，其中 600 分以上 77 人，二本以上上线 593 人。

高二年级的马志英同学获全国中学生作文比赛国家赛区的一等奖。

10 月，被湖南省爱国卫生运动委员会评为文明卫生单位。

公元 2012 年

学校高三毕业班重本上线 216 人，二本以上上线 612 人，分别占全市总人数的一半。

学校组织安排高三各科备课组长、骨干教师参加由省教科院组织的高考研讨会，高三任课教师赴郴州一中、长沙等名校参观学习取经。

公元 2013 年

学校获得湖南省文明单位、邵阳市教学质量先进单位、邵阳市综合治理先进单位、武冈市教学质量先进单位等荣誉称号。

学校高三毕业班全校重本上线人数 236 人，二本以上上线人数 658 人。

张华老师代表武冈市参加邵阳市青年化学教师说课比赛获得第一名；邓南夫老师代表武冈市参加邵阳市青年教师上课比赛获得一等奖；刘跃华老师代表武冈市参加邵阳市青年体育教师基本功大赛获一等奖。

学校邀请长郡中学欧光太、许富生两位教师来校讲座。

"洞庭之声"广播站，开通"心灵驿站""校园综合""美文欣赏"等栏目，传播文明、丰富生活、塑造灵魂、陶冶情操。

学校制定《学校寄宿生管理条例》《宿管员职责管理条例》《单车管理员职责》《物业公司、保安公司管理职责》。

学校完成韩国依恋集团、高中家庭经济困难学生国家助学金、90 届校友基金会、邵阳上海商会资助金、武冈市团委希望工程"一元捐"资助金、国家彩票基金金滋蕙计划助学金、国家彩票基金励耕计划助教金等七项助学金的申报和发放工作，全年资助贫困学生资金 155 万余元，累计 880 人次，约占全校人数的 27%，基本解决家庭困难学生的就学问题。

10 月，由湖南省体育传统项目大赛组委会举办的湖南省体育传统项目，学校荣获第 13 届田径锦标赛体育道德风尚奖。

公元 2014 年

全国高考，聂奇缘被清华大学录取，学校重本上线 339 人，二本以上上线 758 人。

公元 2015 年

是年，有在职教工 293 人，其中特级教师 2 人，高级教师 93 人，一级教师 117 人。有教学班级 72 个，学生 5000 余人。

在"第十七届全国中小学电脑制作和机器人竞赛活动"中，2 名同学获武冈市特等奖。在"第九届湖南省青少年机器人竞赛"中，2 名同学荣获综合技能高中组一等奖，4 名同学荣获二等奖。在"第十三届湖南省中小学机器人竞赛"中，2 名同学荣获 WER 能力挑战赛高中组一等奖，2 名同学荣获二等奖。

邵阳市"三独"比赛中，学校 2 名同学获一等奖，并代表邵阳市参加湖南省的比赛。

是年高考，张勇被北京大学录取，2 人被空军飞行员大学录取；一本上线 184 人，二本以上线 633 人；高二学业水平考试九科参考有六科居邵阳市第一名。学校被市教育局表彰为 2014—2015 学年度教育工作先进单位。

12 月，被湖南省体育局、湖南省教育局评为，湖南省体育传统项目学校（2013-2014 年度）优秀单位。

公元 2016 年

李基权老师参加湖南省高中数学核心概念教学设计暨微课展示评比活动荣获二等奖，刘胜武、邓文婷分别获邵阳市中小学课堂教学改革教学比武高中地理特等奖、高中化学二等奖。

曾锦涛同学以 642 分，为邵阳市文科状元，被清华大学录取；学校有 6 人被飞行员大学录取；一本上线 227 人，二本以上上线 678 人；学校被市教育局表彰为 2015-2016 学年度教育教学工作先进单位。

在"第十七届全国中小学电脑制作和机器人竞赛活动"中，2 名学生获武冈市特等奖。组队参加由湖南省科协、湖南省教育厅、湖南省科学技术厅联合举办的"第九届湖南省青少年机器人竞赛"，2 名选手荣获综合技能高中组一等奖，4 名选手荣获二等奖。在"第十三届湖南省中小学机器人竞赛"中，2 名选手荣获 WER 能力挑战赛高中组一等奖，2 名选手荣获二等奖。

10 月 27 日下午在学校新教学楼、足球场、教学楼前举行了消防安全逃生演练，学校共有 58 个班级集体，共 4000 余名师生共同参加了主要以人员疏散为内容的消防应急疏散演练。

11 月，被湖南省爱国卫生运动委员会评为文明卫生单位。

12 月，历时 4 天的邵阳市中小学田径运动会闭幕，武冈二中运动员取得 14 金 11 银 9 铜的好成绩，王素洁等 15 名同学入选邵阳市代表队，将参加明年举行的省青少年田径锦标赛。

美国劳伦斯国家重点实验室科学家，武冈二中杰出校友彭旗宇全家于 2016 年 12 月 22 日专程回到母校寻找儿时的梦想。彭旗宇和妻子陆春叶都是武冈二中 90 级学生，现居美国。彭旗宇曾考上湘潭师院，大学三年未毕业即破格考入上海同济大学自动化专业硕士研究生，毕业后又考入清华大学电机系生物医学工程博士，攻读博士学位。2003 年远赴美国西北大学就读博士后，一年后又转入美国斯坦福大学博士后工作站。2004 年通过三个月以上的全球公开招聘，包括美国医学科学院院士，美国工程院院士和美国核医学学会前主席在内专家组成遴选委员会和人事部门组织的 8 小时面试和公开答辩并报国家实验室人事委员会核准通过正式聘用程序聘用成为美国劳伦斯国家重点实验室科研科学家，美国加州大学伯克利分校客座教授。

公元 2017 年

是年高考，学校一本上线 245 人（不含专业生），二本以上上线 554 人（不含专业生）；肖彦同学以 682 分的实考成绩获武冈市理科状元；李孝杰以 677 分的实考成绩获武冈市理科第二名，两人均被清华大学录取；陈晖以 652 分获武冈市文科状元；学校 600 分以上人数 45 人。

学校组织美术队到浪石古民居等地写生。

学校开展教师思想作风和师德师风主题活动、"知足感恩、爱岗敬业"心态教育活动、"讲师德、做师表、树正气"活动，倡导教师热爱工作、甘于奉献、关心学习、爱护学校的优良师风，涌现了一批师德标兵和服务标兵。

11 月 24 日，武冈二中高二年级在操场举办"不忘初心，牢记使命"主题演讲比赛。本次演讲比赛增强了同学们的爱国爱校之心，树立了正确的人生观、价值观，有利于青年学生学习贯彻十九大重要讲话内容并以此来规范、提升自己。

公元 2018 年

1 月，被湖南省科学技术协会、湖南省教育厅、共青团湖南省委评为"湖南省科学素质大赛 2017 届青少年网络科普知识竞赛"优秀组织单位。

学校有 96 个教学班，6000 余名学生；教职员工 349 人，其中正高级教师 1 人，中学特级教师 8 人，高级教师 125 人，一级教师 140 人。

林丹老师荣获湖南省教学能手称号；刘凯老师被评为邵阳市高中政治骨干教师、湖南省首届湖湘名师；何红继老师被评为邵阳市高中科技互动骨干教师；

邓彬老师被评为邵阳市高中生物骨干教师；霍华军老师被评为邵阳市高中数学骨干教师。

教师参加各级教学比武取得的成绩：林丹、罗婷婷、王佳莎、李基权4位老师分获省级一、二、三等奖；林丹、李基权、刘丽梅、肖立杰、张银、罗婷婷、肖霞、王佳莎8位老师获邵阳市一等奖；教师发表及评奖的省级论文20余篇。

是年高考，学校一本上线340人（不含专业生），二本以上上线645人（不含专业生），600分以上45人。高二学考合格率达99.17%。

公元 2019 年

学校被评为武冈市中小学教育教学质量评价高中组单项先进单位、邵阳市文明卫生单位，湖南省绿色学校、国家体育传统项目先进单位、湖南省教育督导与评价协会第二届理事会单位。

10月，在中国物理学会、全国中学生物理竞赛委员会举办的第36届全国中学生物理竞赛中，学生钟红健、刘权豪、尹子骏、邱长洪、邓柏榕分别荣获二等奖。

是年，学校学生在各级各类体育竞赛中，唐巧等获国家级奖3人次，省级奖13人次，邵阳市级奖37人次，武冈市级奖184人次。在机器人竞赛中，学生队获邵阳市高中组4项一等奖、4项二等奖，湖南省赛4项一等奖，2项二等奖，2项三等奖。

国培（2019）武冈市"送教下乡"初中英语、初中语文组开班。校长周孝军同志致欢迎辞。戴娟老师作为培训师代表发言，介绍了培训师团队的魅力以及她自己在培训师队伍中成长的经历。学员代表谢芳老师，表达了以最饱满的姿态迎接这一次精神的洗礼。

10月14日，武冈二中举行新老教师师徒结对仪式。这是为了快速提高新上岗教师的业务素质和教育创新能力，充分发挥学校骨干教师的引领、辐射、示范作用,特别为每一位新教师指定了优秀的骨干教师作为他们的导师,以指导、帮助他们尽快地实现角色转换,尽快适应教学需求,担当起教书育人的责任。

在第36届全国物理竞赛中，武冈二中高三学子5人参赛，5人全部获奖！其中564班尹子骏同学荣获省246名，邵阳市第7名；565班刘权豪同学荣获省351名，邵阳市第13名；566班张柏榕同学荣获省443名，邵阳市第17名；564班邱长洪同学荣获湖南省650名，邵阳市38名；566班钟红健同学，荣获省739名，邵阳市第44名。此次竞赛，我校5名学生分别获武冈市第1、2、3、5、6名！

武冈二中高三参加全国第35届数学奥赛的莘莘学子尹子骏获湖南赛区二等奖，成永亮、张柏榕获湖南赛区三等奖。564班尹子骏获全省232名，邵阳市第5名；564班成永亮获全省341名，邵阳市第9名；566班张柏榕获全省371名，邵阳市第11名。分别名列武冈市1、2、3名。

10月16日，在党总支书记、校长周孝军的带领下，由学校办公室、教务处、相关学部主管领导、教师代表组成的学术交流团队来到实验中学进行学术交流。

10月15日至18日，由年级部主任刘铁弟同志率领高三年级30余位教师，赴湖北黄冈中学和湖南师大附中进行了为期四天的考察学习。

10月，武冈二中社会实践组带领高二584班同学前往浪石古村开展社会实践研学活动。

11月1日、2日，武冈二中师生来到南山牧场，开展了以"读万卷书，行万里路"为主题的冬季研学实践活动。

11月9日上午9点，武汉大学党委常委、副校长、博士生导师周叶中教授一行回到母校——武冈二中，在学校田径运动场举行了主题为"我的专业、我的大学和我的建议"的精彩演讲，为我校师生呈现了一场视听盛宴。

11月12日上午，武冈二中开展了"党员团员作表率、无偿献血显爱心"活动。

12月19日，武冈二中组织高一70名师生深入铜鹅养殖基地开展社会实践研学活动。

2019年高考，特殊类上线570人，本科上线886人。

学校积极改善办学条件，向上级争取资金，科教楼基本竣工。体育馆正在抓紧建设，学生宿舍的兴建已进入征地、设计阶段。学校办学条件的进一步改善。

公元2020年

9月9日，学校高中语文组在图书馆第一次集体备课。

9月14日7时，学校组织高二全体师生在水泥操场举行"学宪法、讲宪法"主题教育活动。

9月28日是孔子诞辰2571周年，学校在孔子广场举行以"爱国敬业，尊师明理"为主题的首届祭孔典礼。典礼由肃穆致敬，献祭，诵读祭文，行拜礼，诵读经典，教师代表讲话，学生代表讲话等环节组成。师生们铿锵誓言，表达了对夫子的崇高敬意和不忘初心矢志不渝地追随先贤足迹的决心，表现了二中人奋发图强，积极进取的精神风貌。

9月30日，在学校图书馆三楼举行广州武冈同乡会校友资助捐赠座谈会。广州同乡会秘书长陈长虹和肖颂红等9人及学校师生21人参加本次活动。广州武冈同乡会成立于1983年10月，武冈经济发展促进会广东分会成立于2004年8月，本着组织广东游子扶贫纾困，捐资助学回报家乡。2008年冰冻灾害募集21万元在武冈南桥中学修建一栋学生宿舍，从2008年至2013年每年在武冈一中、二中2所公立高中捐助6至10名不等的贫困学子。

10月，在中国物理学会、全国中学生物理竞赛委员会举办的第36届全国中学生物理竞赛中，学生刘超、杨挂分别荣获二等奖；陈雨川、刘超荣获三等奖。

10月，由中国数学会举办的全国高中数学联合竞赛中，学生廖宇鹏荣获二等奖，杨璞霖、易勤、刘嘉璇荣获三等奖。

10月9日，由中共武冈市纪委、共青团武冈市委联合举办的"武冈市廉洁文化进校园"活动在武冈二中启动。武冈市纪委常委、市监委委员姜方创、市纪委常委周晓龙、团市委书记喻凯、市纪委派驻教育局纪检组长李乐鸿、第二中学校长周孝军出席活动。市纪委常委、监委委员姜方创以"传承廉洁美德，争做时代新人"为题授课，引用名人典故、历史故事，从廉洁的内涵、廉洁教育的时代特性、廉洁文化对中学生的具体要求这三个方面为同学们生动阐述了廉洁意识、自律意识的重要性，教育引导同学们从小树立清正廉洁的价值理念。

10月14日，武冈二中诚邀长郡名师胡昆做学科团队建设专题讲座。胡昆老师强调："一个团队应有明确的目标，重视办学思想，形成励志向上的校训，奠定一个学校的灵魂；人是构成团队最核心的力量，考虑学校的发展就必须优先考虑教师的发展，团队建设要体现人文关怀，要努力实现各个年龄段教师的优化组合并为教师个人发展提供平台，实现集体个人共成长；要科学地进行团队定位和个人定位；要明确在团队发展的不同阶段学校领导人的权限，以更好地引领团队建设；而目标的最终实现则需要一系列具体行动计划。"

学校克服重重困难，修建松树山旁的挡土墙，加固了学校的围墙。

公元 2021 年

1月，被湖南省电化教育局、湖南省教育技术协会评为现代教育技术"十五"课题研究先进单位。

学生李雨轩、廖宇璇考入北京大学。

9月，被湖南省电化教育馆评为百佳文明卫生单位。

9月16日，学校党总支开展"我为群众办实事"主题党日活动，在学校党总支书记、校长周孝军的带领下，学校党员干部志愿服务队深入乡村振兴联点村——法相岩社区新泽村，全覆盖走访监测对象户、脱贫户、疑似有致贫返贫风险的低保户、独居老人户等，零距离解决群众"急、难、愁、盼"问题。学校党总支书记、校长周孝军亲切地询问帮扶对象——重残户周宜生（化名）老人的身体状况、经济收入、家庭生活等情况，并将结对服务便民卡交到老人手中，叮嘱老人如有困难就打电话，并希望他多保重身体，老人激动得连连说好！

10月，荣获湖南省教育厅举办的2021年湖南省中小学"心理健康月"三等奖。

同月，在中国物理学会、全国中学生物理竞赛委员会举办的第38届全国中学生物理竞赛中，学生王思钧、王誉涵、张荣峰、钟卿分别荣获二等奖。

11月，由中国化学会举办的第34届中国化学奥林匹克竞赛中，学生陈雨川、刘超、陈宇鹏、荣获三等奖；张荣峰荣获第25届中国化学奥林匹克（初赛）二等奖，戴阳、刘鑫、陆立涛荣获三等奖。

12月，由湖南省教育厅中小学教师信息技术应用能力提升工程领导小组办公室，评为2021年湖南省中小学（幼儿园）教师信息技术与学科教学融合创新应用在线集体备课三等奖。

同月20日下午，武冈二中在学校科教楼会议室举行"春蕾计划 梦想未来"物资捐赠仪式暨高一女寄宿生安全健康知识讲座。此次活动由学校妇委会副主任唐花老师主持，武冈市妇联副主席陈莉参会并致辞，学校政教副主任柳晓华老师作主题发言，高一全体女寄宿生参加。

2021届高考，1053人参加考试，特控人线548人，上线率52.0%。本科上线875人，上线率83.0%。1066人报名，13人单招。

学校多方筹措资金用于校园基础设施建设，改善了办学条件。成功修建前南校门，前校门口实现提质改造。新建的科教楼、改造的运动场，已投入使用。增设了智能一体教学设备 95 套，新增 2 个多媒体机房和 1 间精品录播室。完成了二中标志性建筑即红楼（办公楼）、青砖楼（校史馆）的重建及改造。升级改造了高三老教学楼、后勤服务楼。维修了 161 间老旧学生宿舍，同时对学生宿舍的水电、下水管道进行全面清查与维护。充分改善了寄宿条件；完成了理、化、生实验室的升级改造，新的师生活动中心（体育馆）正在建设中，新增学生宿舍已完成征地。

在热心校友的支持下，红楼重建并投入使用。

公元 2022 年

学生廖丁鸥、肖育涵、张荣峰考入北京大学。

荣获湖南省教育厅举办的 2022 年湖南省中小学"心理健康月"三等奖。

12 月，被湖南省电化教育馆评为第二十一届湖南省中小学生电脑制作活动（线上交流展示项目）

2022 届高考，1073 人参加考试，特控人线 570 人，上线率 53.12%。本科上线 868 人，上线率 80.89%。

学校积极筹措资金改善办学条件，完成了同兴楼电脑房的建设及初三明志楼 12 间教室的智能一体机黑板的采购安装。花了近三个月的时间（耗资超十万）完成了劳技大楼、女生大院的天面防水工程。花了近百万元完善了高考考点的设施、设备，包括装订室的改造、行远楼 22 个教室的一体机黑板、窗帘的安装、600 套学生用桌凳，还有视频监控设备、校园广播系统的升级等。着力推进校园的绿化美化及基建工作，对校园路径、主建筑进行了重命名和维护，并增设校园导视图、引路牌、楼栋名，提升了校园文化品位。启动了荣馨楼、明志楼提质改造工程，规范并美化宣传栏，全面启动校园亮化工程。

公元 2023 年

2023 届高考学生黄文博考入北京大学。

在 2023 年湖南省中小学"心理健康月"活动案例评选中，学校"为心赋能，共助成长"心理健康活动案例荣获湖南省二等奖。

学校高考参考人数为 1098 人。本科上线 906 人，上线率为 82.51%。一本（特控线）上线 618 人，上线率 56.28%。600 分以上 63 人，最高分裸分为 674 分，最高档案分 677 分。

5 月 22 日下午，湖南科技大学马克思主义学院副教授钟声教授莅临我校，在同兴楼会议室开展"弘扬伟大建党精神，争做新时代好少年"专题讲座。钟声教授首先向同学们展示了二十大报告中关于对青年人的寄语：广大青年要坚定不移听党话、跟党走，立志做有理想、敢担当、能吃苦、肯奋斗的新时代好青年，让青春在全面建设社会主义现代化国家的火热实践中绽放绚丽之花。随后，通过《人民日报》改编的建党百年版歌曲《错位时空》向同学们明确了新时代广大青年的时代使命——在世界百年未有之大变局中实现复兴伟业。为了实现这一目标，要矢志不移地弘扬伟大建党精神，这也是中国共产党的精神之源。

她向同学们提出四点要求：坚持真理、坚守真理，做有理想的好青年；践行初心、担当使命，做有担当的好青年；不怕牺牲、英勇斗争，做能吃苦的好青年；对党忠诚、不负人民，做肯奋斗的好青年。正是对伟大建党精神的坚持与践行，才构建起中国共产党人的精神谱系，激励中国共产党与中国人民创造了人间奇迹，希望广大青年学子们能弘扬伟大建党精神，争做新时代好青年。

11 月 4 日，中南大学文学院教授、中国作家协会会员、《沧浪之水》的作者阎真莅临同兴楼进行文学讲座。参加听课的有武冈市作协会员、学校学生约 1000 人。

12 月 30 日上午，武冈二中 2002 级优秀校友、香港理工大学副教授姚岱回母校讲学，与同学们进行了一次亲切的交流。

2023 届高考，1098 人参加考试，特控人线 650 人，上线率 59.19%。本科上线 907 人，上线率 82.6%。

在上级领导部门的关心和支持下，我校有序推进校园基础建设，完成了荣馨楼、明志楼工程内审工作，升级了高考设备设施，采购了 5 条智能安检门，落实国考考点双安检制度。着力推进了体育馆项目落地，已成功申报为湖南省县域高中重点建设的"徐特立建设项目"，争取到上级专项资金 2000 万元，同时积极配合上级部门力促前期工程进行调改审计。积极多方筹措资金用于校园基础设施建设，师生活动中心正在建设中，新征地将用于学生宿舍扩建和修建游泳馆等，计划实施博才楼改造工程及行远楼侧后的运动场地、围墙的建设工程；规范并美化宣传栏；全面启动校园亮化工程。

公元 2024 年

3 月 16 日，武冈二中团员志愿者赴南山寨开展以"传承雷锋精神，守护青山绿水"为主题的"向阳花开"志愿服务活动。志愿者们分工合作手持垃圾钳、环保垃圾袋等工具，分工合作，清理山上的废纸片、包装袋、饮料瓶等生活垃圾。在此次"向阳花开"志愿活动中，用行动传承了雷锋精神。

4 月 3 日上午 9 时，武冈市第二中学党总支组织该校全体党员、学生会成员、团员代表等 200 余人，来到法相岩革命烈士纪念碑开展"向阳花开·党建带团建·清明祭英烈"主题党（团）日活动。奏唱国际歌之后，全体师生在革命烈士纪念碑前肃立默哀，团员代表向革命先烈们敬献花圈。党员同志在周孝军的带领下面向党旗庄严宣誓，全体学生在少先队辅导员王建青老师的带领下面向团旗宣誓。全体师生手执鲜花，绕纪念碑一周，表达对革命先烈的崇敬与怀念之情。

完成了校内主干道的草砂路改造。利用"徐特立建设项目"资金收尾的体育馆正式投入使用。从空中俯瞰，校园就像一个巨大的调色盘，风景这边独好。

今年高考，周卫宇、肖奇锋与肖震宇三名同学考上清华大学，邓子洋同学考上北京大学。五名同学考上航空兵飞行员，四名同学考上国防科技大学。

附录三　武冈二中部分考取北大、清华的学生

1961 年：苏是嵋（清华大学）

1962 年：汪兴谦（清华大学）

1964 年：肖海（北京大学）

1980 年：朱建业（清华大学）

1983 年：蒋久炜（清华大学）、唐琎（北京大学）

1986 年：张先杰（清华大学）、李祎（北京大学）

1987 年：段云峰（北京大学）、董平森（清华大学）

1989 年：林朝阳（北京大学）

1992 年：陆波（清华大学）

1994 年：霍勇（清华大学）

1996 年：周斌（清华大学）

1998 年：罗洁洁（北京大学）

2000 年：肖毅（清华大学）

2001 年：张黎（北京大学）

2002 年：姚岱（清华大学）

2004 年：陈中杰（北京大学）

2009 年：郑东（清华大学）、肖颉（清华大学）、戴鹏（清华大学）

2010 年：李回洲（清华大学）

2011 年：刘宇浩（清华大学）、李章誉（清华大学）

2014 年：聂奇缘（清华大学）

2015 年：张勇（北京大学）

2016 年：曾锦涛（清华大学）

2017 年：肖彦（清华大学）、李孝杰（清华大学）

2021 年：李雨轩（北京大学）、廖宇璇（北京大学）

2022 年：廖丁鸥（北京大学）、肖育涵（北京大学）、张荣峰（北京大学）

2023 年：黄文博（北京大学）

2024 年：周卫宇（清华大学）、肖奇锋（清华大学）、肖震宇（清华大学）、
　　　　　邓子洋（北京大学）

　　韶光流转，盛世如约。转眼间武冈二中迎来了她的 85 周年华诞，亦是黄埔军校建校 100 周年。八十五载，巍巍学府绘锦绣；黄埔遗风，灼灼其华曜洞庭。武冈二中的前身为湖南省私立洞庭中学，1939 年由著名爱国将领、黄埔军校第二分校中将主任李明灏将军和留日进步学者刘侃元教授创建，1953 年更名为武冈县第二中学，后因武冈撤县设市，1994 年更名为武冈市第二中学，1980 年被评为湖南省首批省级重点中学，2000 年被评为湖南省示范性普通高中。武冈二中从抗日烽火中一路走来，备尝艰辛、饱经沧桑，85 年栉风沐雨，85 年砥砺耕耘，赓续荣光，砥砺笃行，风华正茂，人才辈出，高质发展，大道其光，全体师生勠力同心共同谱写了精彩篇章。值此盛典，学校特此整理校史《大哉洞庭　岁月芳华》并编辑成书，受到了各级各界的热情支持和倾心指导。

　　一幅幅图片，可证沧桑；一行行文字，再现历史。一张张二中人的面孔历历在目，一个个寻常或不寻常的场景念念难忘！校史凝结着新老二中人的拳拳爱校荣校情怀，诠释着二中八十五载的壮美华章，岁月积淀而成的"立德树人、质量兴校"办学理念，将不断激发二中师生的最大热情，凝聚共识助力学校事业发展。在整理编辑校史的过程中，我们得到了广大校友的大力支持和积极响应。校史对母校 85 年历史的深情回顾与记载，充满了大家对学校的热爱与赞美，凝聚着大家的热情与汗水，让我们深刻感受到了二中的深厚文化底蕴和二中人的真挚情感。感谢每一位参与收集整理与编辑校订的校友和师生，是你们让母校焕发出了独特的魅力。

　　作为武冈二中的书记、校长，我深感荣幸能够见证 85 周年校庆这一神圣时刻。我想通过这篇后记表达感激之情和传承之意。武冈二中从抗日烽火中走来，相伴黄埔军校二分校而生。这个特殊的背景，使学校的文化底蕴更加丰富和独特。在校史里，我们也特别收录了一些关于黄埔军校二分校的历史资料。这些资料有助于我们了解武冈二中的历史和文化，让我们更加深刻地认识到兴办教育的重要性和意义。

在编辑这本校史的过程中，我们得到了许多领导和专家的支持和指导，他们为我们提供了宝贵的意见和建议。在编写过程中，我们不断思考、探讨、修改，力求做到最好。即便如此，囿于人力、物力、经验等方面的不足，难免存在遗漏和错误之处，敬请谅解。借校史出版之际，向所有为二中85周年校庆付出努力的人们表示衷心的感谢！有大家的支持和参与，我们才能够完成这样一本具有历史意义和文化价值的书籍。我相信，这本校史不仅能够激发广大校友爱国爱校的情感，也能够为更多的人提供一份宝贵的历史资料和教育启示。

岁月如歌，校史留痕。历史在这里定格，但不会止步；我们在这里凝思，但不会驻足！薪火相传，弦歌不辍。抚今追昔，启迪未来。教育是国家发展的基石，是民族振兴的希望。教育强国，实任重而道远。武冈二中将豪情满怀再启新航程，再攀新高峰，再创新辉煌。让我们秉承优良传统，携手并进，共同创造武冈二中的辉煌明天，为中华民族的伟大复兴做出最大的贡献！

周孝军

2024年10月于武冈市第二中学